高等院校工商管理专业系列教材

组织行为学(第2版)

程志超　主　编

清华大学出版社
北　京

内容简介

全书共分五篇，十三章，分别为绪论篇、个体行为篇、群体行为篇、组织行为篇和工作设计与组织文化构建篇。每一篇由2～3章构成，各章的选排以组织管理中最常见的核心行为要素为线索来编排，如价值观念、心理归因等。全书每章之后，均有本章小结及实训课堂，用于引导读者快速掌握和加深理解该章课程的核心内容。

本书可以作为高等院校管理学院本科生、MBA、EMBA 学员以及相关专业学生的教材或教学参考书，也可作为组织管理人员的培训教材。同时，对企业中上层管理人员了解企业管理中的组织行为亦有裨益。

图书在版编目(CIP)数据

组织行为学/程志超主编. —2版. —北京：清华大学出版社，2019(2024.11 重印)
(高等院校工商管理专业系列教材)
ISBN 978-7-302-51439-8

Ⅰ. ①组…　Ⅱ. ①程…　Ⅲ. ①组织行为学—高等学校—教材　Ⅳ. ①C936

中国版本图书馆 CIP 数据核字(2018)第 242168 号

责任编辑：汤涌涛
封面设计：刘孝琼
责任校对：周剑云
责任印制：沈　露
出版发行：清华大学出版社
网　　址：https://www.tup.com.cn, https://www.wqxuetang.com
地　　址：北京清华大学学研大厦 A 座　　邮　　编：100084
社 总 机：010-83470000　　邮　　购：010-62786544
投稿与读者服务：010-62776969, c-service@tup.tsinghua.edu.cn
质量反馈：010-62772015, zhiliang@tup.tsinghua.edu.cn
课件下载：https://www.tup.com.cn, 010-62791865
印 装 者：三河市龙大印装有限公司
经　　销：全国新华书店
开　　本：185mm×230mm　　印　张：20.25　　字　数：436 千字
版　　次：2013 年 5 月第 1 版　2019 年 1 月第 2 版　　印　次：2024 年 11 月第 7 次印刷
定　　价：52.00 元

产品编号：077392-02

前　言

企业，乃止于人的事业，无人则止业。

人的因素永远是组织中最核心的要素。《高绩效劳动力研究》(High Performance Workforce Study)曾对全球 311 位 CEO、COO 调查，询问他们最需要优先处理的战略性业务是什么？答案竟然惊人的一致：Business Priorities are People Priorities，即与人有关的事项。

人是组织中最复杂的要素。组织行为学是以组织中所有成员的行为规律为研究对象，探索和揭示在组织中个体行为、群体行为发生、发展的规律，以及这些行为在不同的组织文化背景、不同的组织设计和工作设计环境中，如何共同发挥作用来实现组织目标。它为实现有效管理、充分发挥组织效能而服务。

当今社会，已经没有人可以脱离组织而存在，在我们每个人身上，都或多或少地被组织打上了各种各样的烙印，可以说，组织已经无处不在。

了解和认识组织几乎是每个人一生中的一门必修课。组织到底是怎样运行的？组织中最为核心的要素是什么？为什么有些组织的生命周期只有短短的几年，而另一些组织却有着百年甚至千年的历史？内在的规律是什么？

本书是从行为的视角，以应用为目的，突出实用性，在参阅国内外已经出版的组织行为学教材基础上，运用结构性思维方法去繁就简，重点在于对组织内成员行为规律研究成果的介绍而非研究过程，目的是试图使读者在较短的时间内能够快速了解这一学科的整体结构和思想体系，并能够学以致用。同以往教科书不同的是，本书不追求繁复的研究假设和理论验证过程，而是注重将那些管理者比较关注的、与企业组织发展直接密切相关的、且已有明确研究结论的理论观点简洁地展示给读者。而这些都是作者对自身 10 余年企业管理经验和 20 余年 MBA 教学经验进行选择取舍的结果。

本书第一版出版于 2013 年。在本版的出版计划中，新增了第十三章组织文化与组织发展；在其他章节，根据学科的发展做了适当的修改和补充，对每个章节的引导案例和课后习题进行了更新，以达到管理学理论与管理学实践的结合。

本书的主体由作者在参阅国内外有关人员的研究资料和论著基础上编写而成，每章之后的实训课堂由吴印博、徐艺文、熊洋、潘阳、顾童非等人协助编纂而成。全书的编校工作得到了杨丹阳、吴印博的全力协助，在此谨向他们表示衷心的感谢。由于作者水平有限，编写过程中某些文献的参阅标注疏漏、不当之处在所难免，在此谨向同仁致歉，并恳请广大读者批评、指正。

编　者

前言

目　录

第一篇　绪　论

第二篇　个 体 行 为

第三篇 群体行为

第四篇　组织行为

第一篇 绪 论

第一章 什么是组织行为学

【学习要点及目标】

- 描述企业和管理者要做什么。
- 了解和掌握组织的定义及特征。
- 给组织行为学下定义。
- 了解组织行为学需要面对的挑战。

【核心概念】

组织　组织行为学　管理

【引导案例】

人际关系技能的重要性

克莱斯勒公司(Chrysler)的首席执行官罗伯特•伊通把他的员工看成是为公司提供可持续竞争优势的资产。他说："我们能赢得竞争的唯一途径就是人。这是任何人都拥有的唯一财产。不同之处在于公司的文化，即你如何激励你的员工，如何给他们授权和如何教育他们。"

以西雅图为基地正在迅速成长中的咖啡零售商店星巴克(Starbucks)的经理进一步指出："我们唯一的可持续竞争优势是我们劳动力的质量。"

一项研究调查了《幸福》杂志排行榜上前 500 家公司中 6 家公司的高层主管，请他们解释：为什么管理者会失败？根据这些高层主管的回答可以看出，最主要原因是人际关系技能的缺乏。

(资料来源：斯蒂芬・P. 罗宾斯. 组织行为学[M]. 北京：中国人民大学出版社，2004.)

【案例导学】

20 世纪 90 年代，我们认识到，对成功的管理者来说，技术技能是必要的，但并不充分。在当今竞争日趋激烈的工作环境中，管理者不可能单纯通过技术技能来获得成功，他们必须具备良好的人际关系技能。写这本书的目的，就是帮助管理者和将来可能从事管理工作的人们，开发他们的这种人际关系技能。

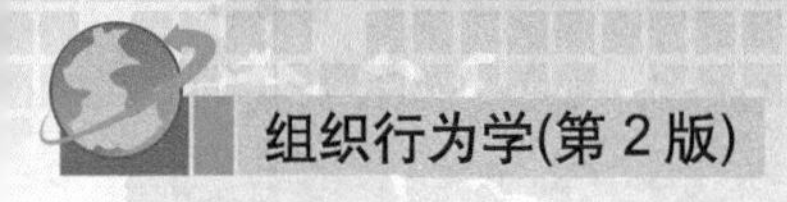

第一节　对企业与管理的再认识

一、企业

研究一个领域、观察一个现象，要尽可能从问题或现象的原点起步，最基础的、原始的往往更能揭示事物的本来面貌。

对组织行为，尤其是企业组织行为的研究，应当从“企业”与“组织”这两个坐标的基本原点起步，从而揭示那些代表企业组织行为的曲线的变化规律。

那么，“企业”是什么？

翻阅资料可见，在中国文化中，是没有“企业”这样的概念的，取而代之的是“作坊”这样一个概念。“企业”一词实际上是一个舶来品，是从英文中的Company一词演变而来的。但Company作为名词在《朗曼英语词典》中的解释首先是伙伴的含义，即：companionship、fellowship、companions、the people whom a person spends time with。

什么是伙伴？这个概念有什么特征吗？

第一，至少有两个或两个以上的人。

第二，既然是伙伴，就需要围绕某个事件而会聚到一起，即要有共同目标。

第三，要有一定的游戏或活动规则。

概括而言，Company包含三个要素：两个以上的人；某种规则；从事某项特定的活动。

如果把“企业”中“企”字上的“人”去掉，“企业”这两个字就变成了“止业”。如果没有了“人”这一要素，事件就会处于停滞状态，即“止业”。

二、管理

假设有一位卖冰激凌的老大娘，冰激凌卖得特别好，所以就想买一台电脑，然后引进一套ERP管理系统。请问她这样做行不行？肯定是不行。反过来，假设有1000人规模的企业，由于目前效益很好，转而放松管理，只保留考勤管理制度，这样做行不行？肯定也不行。实际上这里用了两个非常极端的现象，一头轻一头重，所以应该从整体上理解为什么要实施管理以及管理的本质是什么。

(一)管理的本质

有人说管理就是计划、组织、指挥、协调；管理就是指挥一些人来实现某个目标。其实，前者是管理的职能，后者是通过管理所要达成的目标。

管理工作的好坏用什么来衡量？对这个问题的回答，就揭示了管理的本质：即要以最小的投入换取最大的收益。

如果这个命题成立的话，那么什么样的管理方式是最好的呢？显然，当投入为零时仍能获得收益是最好的。但在这个世界上不存在只受一种因素制约的事物，任何事物都受到多种因素制约，至少是受两个相互矛盾的因素制约，也就是中国人所说的相生相克。比如，由于风险规律和价值规律等同时发挥作用，人们通常不会选择诸如偷盗、抢劫、贪污之类行为去获取最大收益。因此，需要把上述命题加以修订之后再使用，管理的目标就是以最小的投入换取合理的最大收益。

(二)重塑理念——合理的，才能长久

为什么要换取合理的最大收益呢？因为合理的，才能长久。

不合理的事物不会长久，所以经营企业之前首先要给自己做一个定位，我做什么，我这个企业要做几年？是五年还是三年？还是用来过渡的一年？

当交易行为只发生一次的时候，人们可能不一定会坚守合理或诚信原则。古语说得好“行商坐贾”“无商不奸”，为何这样说呢？因为“商”字顶上是一个“立”字，商人是在走动过程中完成交易的。古时候，商人来到某地做一次交易，什么时候再来这地方就不知道了。所以这就是为什么面对一次性交易行为的时候，人们会采取极端策略或者极端手段的原因，因为没有长久的前提，就会有行骗的可能。如果将这个行为进行变形的话，从性质上来看，火车站站前的饭店就属于行商，因为客户在流动，客户什么时候再回到这里不得而知，所以往往是“能宰一刀就宰一刀”，这就是大家对站前饭店感觉不好的原因所在。“贾”是什么？“贾”字的上半部分像是个房子，下半部分是个“贝”字，其含义是屋内有奇货可居，家里面有珍贵的东西，像珠宝、字画、古玩或做钱庄一类的生意等，这类行业面对的是多次博弈或者交易过程，所以必须要以诚信为主。

我们讲合理的才会长久，它涉及如下三个理念。

第一，企业与社会之间要合理。就是说你企业要开发西部，不能把东部有污染的项目拿到西部去，否则这个项目就不可能长久。企业更不可以主观地去坑害社会、欺骗社会。有些企业卖给你一个产品时，说给你提供终身免费维修等，其实这也是欺诈。因为这个承诺是不现实的，兑现不了。企业自己存活多少年还不知道，怎么可能提供终身维修呢！

另外，消费者是社会的代表。倒过来看，消费者对企业也要合理。如果在采购过程中试图把价格压到最低，压到企业没有利润，这就意味着你作为消费者一定要受到损失。做什么事不要总想占人家便宜，因为便宜就是上当，就是吃亏，只不过你不知道这个亏在什么时候吃、在哪儿吃和怎样吃。买的没有卖的精，这是古话，一定有它的道理。所以，买卖双方要相互留有空间。

第二，企业和企业之间要合理。有些人做公司总是希望把整个产业价值链的所有利润都归自己(包括所谓的垂直整合)，这个理念很有问题。实际上，商品交换之所以成行，就是因为不同产业之间、同一产业不同价值链层级之间存在着价值分布差异。如果价值分布是均匀的，那么就很难存在价值流动。在价值链层级里，每个人都应该获取相应的利润，而

不是试图把整个利润链条全部吃进。比如，英特尔如果把由CPU应用所引发的整个产业链条的价值利润全部拿走，那么联想、方正这些企业也就不会再生产了。因此，英特尔一定会留一部分利润给它的下游一起分享。同样，联想也要给下游渠道留有一定的利润空间。反过来也一样，下游渠道也不能过分挤压上游厂家，把利润都拿走。否则，没有厂家会愿意和你合作。渠道铺得再好，有枪没有子弹也是摆设。

第三，企业和员工之间一定要合理。这是指企业赚了钱之后，要和员工分享，要有一个利润分享计划。首先要尽可能满足员工基本的生活保障，例如，要给员工购买保险，为他们未来的生活储备一定的资源。其次，企业利润每达到一定增长，就应该拿出相应比例与员工分享。企业合理对待员工，骨干就不会离职，队伍稳定，就等于有了可持续性发展的动力。

另一方面，员工与企业之间也要合理。员工拿了企业的钱，股东承担了风险，公司自然要获取相应的回报。因此，作为员工，就要敬业、出业绩。否则，二者关系也不会长久。例如，贪污、索贿等都属于不合理的行为。

(三)现代企业管理的核心特征

当进入一家传统企业/作坊和现代生产制造企业之后，人们不难发现其间的外在差异：环境不同、作业设备不同、员工的精神面貌也不同。当与员工讨论工艺方法时，传统企业更强调这是祖宗的方法，而现代企业的员工强调的是作业程序和规范标准。如果将两家企业的生产规模都扩大一倍，不难发现，现代企业的复制能力会强于传统作坊。其实，这其中的差别已经揭示了现代企业管理的核心特征：有序性。

这部分概念看似与组织行为无关，实质上涉及组织内每个角色的行为的根本原则和导向。

第二节　组织的定义与组织特征

“组织”一词在中文里有两个词性：名词和动词。我们这里讨论的是作为名词的“组织”(Organization)。从字面上理解，当把不同事物整合在一起时，称之为“组”；当使事物与事物之间发生关联时，才称之为“织”。比如，把很多线放到一起，只能是“组”；当运用经纬交叉方法把线与线之间连接起来，才称之为“织”，于是就有了布的出现，而布的功能已经完全超脱了线的概念。

这个词最早起源于生物学，由形态相似、功能相同的一群细胞和细胞间质组合起来，称为组织，如上皮组织、神经组织等，后来演化到社会科学等领域。但是从其原始含义可以看出单一细胞的功能与其整合在一起形成组织的功能有着明显差异。

不同学科的学者都曾经给“组织”一词下过定义。路易斯·A. 艾伦(Louis A.Allen)将正式的组织定义为：为了使人们能够最有效地实现目标而进行明确责任、授予权力和建立关系的过程。切斯特·巴纳德(Chester Barnard)将一个正式的组织定义为：有意识地协调两个或多个人的活动或力量的系统。根据巴纳德的定义，组织的三个要素是：共同的目的、服务的意愿和沟通。多数对组织的定义似乎都强调如下因素。

1. 协作与管理

管理学家曼尼(J. D. Money)指出，当人们为了一定的目的集中其力量时，组织也因此而产生。也就是说，不论是多么简单的工作，为了达到某个明确的目标，需要两个以上的人的协作劳动时，就会产生组织问题。在这里，组织几乎成了协作与管理的代名词或同义词，因此，曼尼给组织下的定义是：组织，就是为了达到共同目的的所有人员协力合作的形态。为了达到共同的目的并协调各组织成员的活动，就有必要明确规定各个成员的职责及其相互关系，这是组织的中心问题。

2. 有效管理

管理学家布朗(A. Brown)认为，组织就是为了推进组织内部各成员的活动，确定最好、最有效果的经营目的，最后规定各个成员所承担的任务及成员间的相互关系。他认为组织是达成有效管理的手段，是管理的一部分，管理时的目的是经营，而组织的目的是管理。也就是说，组织是为了实现更有效的管理而规定各个成员的职责及职责之间的相互关系。根据布朗的解释，组织有两个问题：一是规定各成员的职责；二是规定职责与职责之间的相互关系。例如，直线系与参谋系之间的协调问题等。布朗以职责的概念为出发点，提出了权利与责任的概念，并且根据职责的分类，提出要合理地形成组织的主要部门、辅助部门和参谋部门。这是布朗关于组织概念的一个重要贡献。

3. 分工与专业化

泰勒(Frederick Winslow Taylor)、法约尔(Henry Fayol)的组织理论中所谈的组织，主要是针对建立一个合理的组织结构而言。为了使组织结构高效、合理，他们强调了分工与专业化，强调了职能参谋的作用，强调了直线权力的完整与统一性，强调了规章制度与集中。他们把组织分为两个层面的形态：一是管理组织；二是作业组织。所谓管理组织，主要是规定管理者的职责以及他们之间的相互关系，研究人与人之间的关系问题。其重点是研究合理组织的社会结构问题，即人们在组织内部的分工协作及其相互关系。所谓作业组织，就是规定直接从事作业的工人的职责，包括作业人员与作业对象的关系，其重点是研究人与物的关系问题。按照法约尔的观点，作业组织是研究合理组织的物质结构问题，即主要研究如何合理配置和使用组织的各种物力、财力资源。物质结构又常常是通过社会结构的组织来实现的。

4. 协作群体

在现代组织理论中，巴纳德认为，由于生理的、物质的、社会的限制，人们为了达到个体与群体的目标，就必须合作，于是形成协作的群体，即组织。这是一般意义上的组织概念，它的核心是协作群体即组织，目的是实现个人及群体的共同目标。它的隐含意思是人们由于受到生理、物质及社会等各方面的限制而不得不共同合作。也就是说，如果人们没有受到任何限制，凭个人的力量也可以实现个人的目标，那就没有必要组织起来了。从这个意义上来说，组织是一种从被迫到自愿的协作群体和协作过程。那么，从管理学的意义上来说，什么是组织呢？根据国内外有关学者的最新研究，可以给组织做出如下的定义：所谓组织，是为有效地配置内部有限资源的活动和机构，为实现一定的共同目标而按照一定的规则、程序所构成的一种责权结构安排和人事安排，其目的在于确保以最高的效率使目标得以实现。

在本书中我们把组织简单定义为：由一群拥有共同目标和一定角色分工的人所组成的集合。在这个定义基础之上，组织拥有如下几个特征。

(1) 构成组织的人。

(2) 每个人都有各自要完成的特殊任务。

(3) 这些任务必须协调起来。

(4) 通过各专业协调实现价值与效用的增值。

(5) 这种增值是相对组织所生产的产品或提供的服务而言的。

(6) 这些产品与服务是能够提供给需要它的顾客的；也就是说，上述所有协调工作的价值，必须通过最后的这个环节体现其价值，才有意义。

以某企业的生产计划部为例，其考核指标为供货及时性。为满足该指标，部门经理通过协调采购和生产车间加班生产，大幅度提高库存量来满足供货需求。当库存大大超出市场需求时，其协调结果不能够通过市场销售在客户端实现购买行为，于是形成了大量的库存积压。这时，该企业以前为满足供货及时性而进行的协调工作不仅不能体现其工作价值，而且还会造成价值损失。因此，在设计考核指标时应该把供货及时性和库存周转率两个指标协同运用。

企业组织在法律上被赋予了另一个称谓：法人。即不管企业是由多少人组成的，它都以一个虚拟的人格主体存在于社会之中，与自然人的概念相对应。

现代意义上的组织是一个开放的社会技术系统，这个概念是由英国塔维斯托克研究所提出的。其含义是组织不断地以各种方式与社会进行各种形式的资源交换：从社会摄取物质、资金、人员、信息等资源，向社会输出有形的产品和无形的服务。与此同时，组织内部由制度系统、文化系统、技术系统、结构系统、社会心理系统等多个子系统构成。其中一个子系统的变化，必将引发其他子系统的相应改变。这个概念给我们提供了从人—机—环境系统工程的角度来全面审视组织内各种行为现象的思路。

第三节　组织行为学及其相关的概念

一、组织行为学与行为科学

组织行为学(Organizational Behavior)是综合运用各种与人的行为有关的知识研究各类工作组织中人的工作行为规律的学科。组织行为学尤其是指对组织内部人的行为和态度所进行的系统研究，即以系统的研究代替直觉的解释。

行为科学(Behavioral Science)的名称最早出现在美国。1949 年，在美国芝加哥召开的一次有自然科学家和社会科学家参加的讨论会上，第一次提出行为科学的名称。1953 年，美国福特基金会召集各大学的科学家开会，在这次会议上才正式肯定了行为科学这个名称。

关于行为科学的定义，在国内外文献中有各种不同的解释。例如，1980 年出版的英文版《国际管理词典》将其定义为：“对工作环境中个人和群体的行为进行分析和解释的心理学和社会学学说。它强调的是试图创造出一种最优的工作环境，以使每个人为实现公司和个人的双重目标有效地做出贡献。”这样的定义显然是把行为科学看成是一门管理学科。另一种看法则认为行为科学应包括比上述定义广泛得多的内容。例如，1982 年出版的美国《管理百科全书》中的定义是：“行为科学是包括类似运用自然科学的实验和观察方法，研究在自然和社会环境中人(和低等动物)的行为的任何科学。已经公认的学科有心理学、社会学、社会人类学和其他学科中类似的观点和方法。”

二、组织行为学的层次分析

组织行为学可以从不同的角度或不同的层次来分析。在第一个层次上，可以把组织看成是为追求组织目标而工作的个人集合体，也就是说，从个体层次上分析人的行为。这部分涉及个性、感觉、知觉、能力、情感、态度、价值观念等因素，管理者尤其要关注的是个体的非逻辑行为。在第二个层次上，可以把分析的重点放在组织内的班组、车间和科室等工作环境中人们的相互影响，也就是说，从群体的层次上分析人的行为。这部分内容涉及群体分类、沟通、冲突以及群体决策等行为。最后，可以把组织看成一个整体，从组织层面分析组织行为，这部分内容涉及组织战略规划、架构设计、组织变革、组织激励、工作设计与组织文化。

第四节　组织行为学面临的挑战

一、稳定与变革

过去的管理特征是：在长期的稳定中，偶尔穿插短期的变革。而今天的情况正好相反：

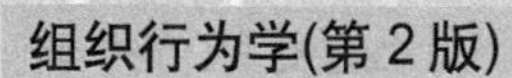

长期持续的变化中，偶尔有短期间歇的稳定。对今天的大多数管理者和员工来说，他们面对的是一个由无数的“暂时”构成的世界。劳动者所做的工作处在不断变化的状态中，因而要完成新工作的要求，劳动者必须不断地更新自己的知识和技能。工作群体也日益呈现这种流动的状态。过去，员工被分配到某个特定的部门，其岗位相对比较稳定，每天和同样的人一起工作让人有相当的安全感。然而现在这种安全感已经被临时工作群体、经常变动的团队，以及岗位轮换制所代替。最后，组织自身也处于一个流动的状态，需要不断地改组其不同的部门，卖掉业绩较差的业务，精简经营活动，以临时员工代替永久员工。

二、创新的压力

组织内的员工既可能成为创新和变革的推动力，也可能成为主要的绊脚石。对管理者的挑战在于如何激发员工的创造力并说服他们理解和接受变革。为帮助实现这一目标，组织行为学的研究领域提供了丰富的观念和技巧。

今天，成功的公司必须鼓励创新并且掌握变革的艺术，否则可能面临破产的危机。如果公司能保持灵活性，不断地改进产品质量，并且通过连续不断地向市场投放创新的产品和服务来击败竞争对手，那么它将注定走向成功。亚马逊网站将许多独立的书店淘汰出局，因为它用实践证明了通过因特网销售图书的可能。

三、授权

在二十世纪初期，管理者就开始让员工参与到与工作相关问题的决策中来。而现在的管理者们走得更远，允许员工完全掌控自己的工作。越来越多的组织开始运用自我管理的团队，工人在操作中基本不需要老板的管理。而在很多组织内，员工现在已被称作合作人。管理者现在被称作指导、顾问、主办者或协助人。而且管理者和工人之间的角色也逐渐变得模糊起来。决策权已经下放到基层，这样工人就有了选择进度和程序以及解决与工作有关问题的自由。管理者应当学会放弃控制权，而员工必须学会对自己所做的工作负责并且能做出正确的决定。

二十世纪六七十年代，典型的员工从周一到周五每天 8 个或 9 个小时的整段时间都要在车间里工作，工作地点和时间都明确指定。然而，这已经不再是今天许多劳动力所面临的局面了。员工们日益抱怨工作时间和非工作时间的界限已经非常模糊，导致工作与个人生活之间出现矛盾并产生压力。

多种因素导致员工的工作和个人生活之间的界限变得模糊。首先，全球化组织的出现意味着其工作没有止歇。例如，在任何一天的任何时候，都有成千上万的联邦快递公司的员工在某个地方劳作。由于必须和相差 8 个或 10 个时区的同事或客户进行磋商，许多全球化公司的员工往往一天 24 小时都处于待命状态。其次，先进的通信技术使得员工们可以在家中、车里甚至旅游胜地的海滩上工作。这让许多技术和专业人士可以在任何时间任何地点完成工作。再次，组织要求员工延长工作时间。例如，1977—1997这20年间，人均每周工作时间由43小时增加到47小时；而且每周工作时间超过50小时的人数也由24%增至37%。最后，仅依靠一个劳动力赚钱养家的家庭越来越少。现在的典型情况是已婚夫妻双方都有自己的职业。这使得已婚员工越来越没有时间为家庭、配偶、子女、父母和朋友承担过多的义务。

员工们逐渐认识到工作占用了太多的个人生活时间，因而感到不满意。最近的一项研究显示，员工希望拥有一份时间灵活、弹性制的工作，这样他们就能更好地处理工作与生活之间的矛盾。此外，这也将是下一代员工有可能关心的问题。大部分大学生把达到个人生活和工作之间的良好平衡作为主要职业目标。他们不但需要工作，更需要“生活”。如果组织不能帮助员工实现工作与生活之间的平衡，将会很难吸引和留住那些最具才能的员工。

四、劳动力的多元化与单一文化规范

多元化问题更明显地表现在跨国公司和区域经济组织之中。这就要求开展跨文化的组织行为研究。而这一问题与全球化问题密切相关。劳动力的多元化是指劳动力的性别、年龄、种族、民族等方面的多样化。从美国的情况来看，20世纪80年代以前，大部分劳动力是男性白人，他们一般从事全日制的工作，负担没有工作的妻子和孩子的生活。现在，这样的家庭已成为少数。

劳动力多元化的趋势对管理工作有着重要意义。管理者需要改变管理和经营观念。研究表明，这种管理观念已由最初的“人人平等”过渡到“承认差别”和“重视差别”。

五、组织承诺与员工忠诚度下降

过去，公司员工通常认为老板应当对他们的忠诚度和良好的工作表现给予回报，如工作保障、丰厚的退休金以及收入的稳步增加等。然而从20世纪80年代中期开始，为了应对全球化竞争、接管以及融资收购等挑战，许多公司逐渐抛弃关于工作保障、资历和补偿等方面的传统政策。通过关闭工厂、把经营转移到低成本国家、出售或关闭低利润的业务、解雇整个管理层、以临时员工代替永久员工、将基于资历的分配方案替换为基于业绩的收入分配体系等措施，公司变得“节俭而吝啬”。

所有这些变化导致员工忠诚度的急剧下降。员工认为老板对他们不够负责，结果他们对公司也就不再那么忠诚。对管理者来说，一个重要的组织行为学挑战，就是在维持公司的全球竞争力的同时，如何想方设法激励那些对老板不够忠诚的员工。

六、道德困境

近年来，区分对和错之间的界限也变得更加模糊。不道德的做法在员工周围随处可见，

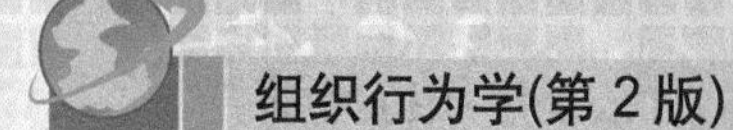

如由公众选举产生的官员被指控挪用公款或收受贿赂等；成功的主管利用自己掌握的内部信息为个人谋取利益。而这些人在被抓获以后，都找出各种借口，如“每个人都是这么做的”，等等。在以激烈的市场竞争为特征的组织社会里，如果有些员工走歪门邪道、破坏规则，或者从事其他值得商榷的实践，一点儿都不会让人感到惊讶。

组织成员愈来愈多地发现自己经常处于道德困境，即要求他们判断某种行为是对还是错的情形。例如，他们是否应该为保住自己喜爱的员工的饭碗而夸大他们的绩效？他们是否可以为获得提升而在组织内“玩政治手腕”？

管理者和组织往往采取多种方法解决这一问题，通过制订和分发一些道德规范和规章制度等来指导员工处理道德困境。

本章小结

管理者想要在工作中卓有成效，就必须掌握良好的人际技能。组织行为学(OB)是探讨个体和群体对组织内部行为影响的研究领域，应用这些知识可以使组织的运作更有效。具体地讲，组织行为学关注如何提高生产率，降低缺勤率，减少流动率，提高员工的工作满意度。

关于人的行为概括，我们每个人都有自己的一套见解。虽然其中的一些看法可能是正确的，但往往大多数是错误的。组织行为学采用系统的研究，有助于我们改善过去单纯根据直觉预测人的行为的弊端。但是，因为人存在个体的差异性，我们需要用权变的观点来看待组织行为学，用情境变量来调整因果关系。

组织行为学为管理者提供了挑战和机遇。

实训课堂

求贤若渴，知人善任——时装大王斯瓦兹的发家之道

纽约的第七街是美国时装工业的中心。约南露珍服装公司在美国近5000家大服装公司的激烈竞争中居于首位，董事长大卫·斯瓦兹由此获得“时装大王”的美誉。

但凡一个人在事业上有一番成就，往往在成名成家之后，对他的各种猜测、议论、传说便随之而来，有人说斯瓦兹之所以能在时装王国出尽风头，是靠幸运、靠机遇；尽管他自称是由于努力工作不怕失败、冒险；但纵观他的发家史就会发现，使他受益最大的还是他知人善任的能力。

斯瓦兹15岁开始打工，后来在一家服装公司当伙计。19岁时，当他声称要辞职自费开店时，老板斯特拉登科还以为他在说谎。他从打工起就开始储蓄，那时已存了3000美元，于是与人合伙办了一家小服装厂。

他马上意识到，老是做和别人一样的衣服是没有出路的，必须有一个好的设计师，能设计出别人没有的新产品才能在服装行业中出人头地。他为此终日茶饭不思，精神恍惚。

一天，他到一家零售店推销成衣，该店的老板看了一眼他的衣服说：“我敢打赌，你的公司没有设计师。”这句话一下子说到了他的心里。

老板从店内请出一位身穿蓝色新装的少妇，并问：“她这件衣服比起你们的怎么样？”“好看多了！”斯瓦兹不禁脱口赞道。“这是我特地为我太太设计的”，老板骄傲地说，并且不屑地撇了一撇嘴角，“别看我开这么个小店，也没把你们这些大老板放在眼里，你们除了固执、褊狭以外，有几个懂得设计？连点儿艺术细胞都没有！”

对这种接近侮辱的话，斯瓦兹却毫不在意，仍然笑容可掬地问：“你为何不找一家大公司一展所长呢？”没想到那老板发泄开了：“我就是饿死，也不再去给别人当伙计了！我做过3家公司，明明是他们不懂，偏偏说我固执。我灰心透了。他们懂个屁！”

斯瓦兹感到，像这种倔强自信、高傲暴躁的人，往往都非常有才华，因此决心争取他做公司的设计师，但被他断然拒绝了。

斯瓦兹找到了一贯支持和帮助他的原先的老板斯特拉登科，了解到那个人名叫杜敏夫。

“你的眼光不错，他的确是怀才不遇。要是我年轻10年，这个人就轮不到你了！”

“你是怕留不住他？难道历史悠久的公司反而无法雇用优秀的青年人？”

“要知道，我们作为管理人员，因为本身有实权，所以只要真有一套，别人根本排挤不了你；而设计人员就不同了，全看他们的才能是否被主管欣赏，看主管是否有魄力。杜敏夫这个人脾气很坏，不好相处。”

“只要他真有本事，脾气我倒不在乎。”

“他指着你的鼻子骂大街，你也不在乎吗？”

“只要他不是无理取闹。”

斯特拉登科频频点头：“只要你有这种精神，将来的前途不可限量，杜敏夫是个人才，只要你会用他，也许会有惊人的表现。”他继续说：“你可知道为什么有些大公司逐渐衰微，有些小公司却迅速成长吗？全在于用人的观念。如果老抱着‘我有钱还怕请不到人’的心理，有时一辈子也用不到一个真正的人才，因为那种人是不肯为一点儿薪水而唯唯诺诺的，这个道理你懂吗？”

这番话促使斯瓦兹以“三顾茅庐”的精神几次三番地登门拜访、诚心相待，杜敏夫终于被感动了，出任斯瓦兹的设计师。在他的建议下，斯瓦兹首先采用人造丝做衣料，一步领先、占尽风头，约南露珍服装公司的业务扶摇直上，在不到10年的时间内，就成为令同行侧目的大公司。

斯瓦兹由此开始大批起用年轻人。他认识到，在服装业中，你永远不可能独占衣料和式样，只有不断地领先潮流，抢在最前面，而这唯有年轻人才能胜任。基于这种理念，斯瓦兹在功成名就之后，又决定任命他25岁的儿子理查任公司总经理，成为当时美国大企业中最年轻的领导人。

“理查是不是我的儿子，并不是问题的关键”，他回答众人说，“他升任总经理前，担任了两年的副总经理，我是个最会吹毛求疵的人，但我觉得他的确做得很好，这点无话可说。很多富翁得不到儿子的帮助。这是很不幸的，因为他们不给孩子表现他们能力的机会，在事业的扩展中，把自己的儿子给忘了，我认为这是他们自己的过失。”事实已经证明，斯瓦兹的选择是正确的，理查不负众望，使公司获得新的生机。

(资料来源：百度文库，http://wenwu.baidu.com)

思考讨论题

有人认为斯瓦兹的成功是靠他自己卑颜屈膝乞求来的。此外，他一直坚持大量起用年轻人的做法使公司的管理层中充满了没有管理经验的年轻人，这样会使他的企业走下坡路，对此你是怎样认为的呢？

第二章　组织行为学的起源与研究方法

【学习要点及目标】

- 了解组织行为学的起源与发展历程。
- 掌握组织行为学的主要理论。
- 掌握组织行为学的研究方法。

【核心概念】

分工理论　科学管理　官僚结构理论　群体动力理论　决策理论

【引导案例】

组织行为学的历史

为什么要研究历史？美国高级法院大法官奥立弗·温德尔·赫尔姆斯(Oliver Wendell Homes)简明扼要地回答了这个问题。他说："当我想知道今天正在发生什么或想确定明天会发生什么时，我就会往后看。"通过回顾组织行为学的历史，你可以更深入地了解这个领域在今天的发展过程。例如，它会使你明白，管理者是如何将规章制度强加于员工的；以及组织中的许多工人在生产线上从事标准化重复性工作的原因。

那么，我们从哪里开始呢？人类和组织化活动已经存在了几千年，但是，不用越过 18 世纪或 19 世纪，我们就可以找到组织行为学的根基。

(资料来源：斯蒂芬·P. 罗宾斯. 组织行为学[M]. 北京：中国人民大学出版社，2004：4.)

【案例导学】

这几年，组织行为学研究中最热门的主题是动机、领导、工作设计和工作满意度。尽管二十世纪六七十年代发展出很多新的理论，但是从那以后的重点放在了对现有理论的充实完善、澄清先前的假设以及判别相关的权变变量上。这就是说，研究者一直在试图鉴别什么变量以及哪些变量是与理解各种行为现象相关的。这实质上反映了组织行为学作为一门科学学科的发展不断成熟。在不远的将来，组织行为学的研究可能会继续把重点放在完善现有的理论之上，以便帮助人们理解其在何种情境下是最有用的。

一、组织行为学的起源与发展

尽管组织行为学直至 20 世纪 30 年代才起步，20 世纪 50 年代才正式命名，但在它形成

一门学科之前，却有着一段理论准备和不断发展的过程。从理论观点来看，其发展大致可分为结构观点、行为观点和整合观点。

最早的理论集中于研究工作和组织的结构与设计，包括分工理论、科学管理、古典管理理论和官僚结构理论。

(一)分工理论

关于组织理论发展的起源，可以追溯到 19 世纪之前。1776 年，著名经济学家亚当·斯密(Adam Smith)在其《国富论》中提出了劳动分工理论。他指出，组织和社会将从劳动分工中获得经济优势。他以针的制造为例，说明了分工的优越性：①提高了工人技能的熟练程度；②节省了由于变换工作而损失的时间；③有利于创造出节省劳动消耗的机器和方式。劳动分工理论为以后流水线和装配线的生产方式奠定了基础。

(二)科学管理

众所周知，科学管理的代表人物是泰勒。20 世纪初，泰勒在伯利恒钢铁公司(Bethlehem)进行了著名的“搬铁块”试验，为搬铁块的工人设计了一套标准的动作方式，按照这套标准动作干活，使每个工人的日产量由原来的 12700 千克提高到 48260 千克。这就是后来被称为“时间-动作分析”的试验。以后，泰勒又相继进行了“铁锹试验”“金属切削试验”等一系列试验，提出了“劳动定额”“工时定额”“工作流程图”“计件工资制”等一系列科学管理制度和方法。

科学管理又称泰勒制，它提出了以下四条管理原则。

(1) 管理者把工人的工作划分为一个个基本动作单元，而不是像过去那样凭经验随心所欲地工作。

(2) 科学地挑选、培训和教育工人。

(3) 管理者与工人各司其职。

(4) 与工人合作，确保工作符合科学原理。

(三)古典组织管理学派

与泰勒处于同时代的古典管理理论的代表人物是法国的法约尔。法约尔于 1916 年出版了他的著作《一般工业管理》。在该书中，他系统地论述了自己的管理思想，其中最主要的是提出了管理基本职能的观点和管理的一般指导原则。

(四)官僚结构理论

德国社会学家韦伯(Max Weber)于 1910 年在其《社会与经济理论》一书中论述了组织、权力、领导等一系列管理问题，其中主要是提出了官僚结构组织模式。他认为，组织应是一个权力集中、职责明确、管理严格的金字塔式的结构。这种结构的特点为：①劳动分工；

②明确界定的等级层次；③详细的规章制度；④非人格化的人际关系。

总之，上述理论都是从工作或组织的结构上来论述管理问题的。分工理论强调了分工的优越性，科学管理侧重研究基层工作的结构，古典学派侧重高层管理的工作原则，而官僚结构理论则提出了组织结构的模型。它们分别对管理理论的发展做出了重要贡献。但也应指出，它们的共同缺点在于只重视工作和组织的作用，往往忽视了人在工作和组织中的作用。

从 20 世纪 30 年代开始，重视人的行为的观点逐步发展起来，主要有下述各种理论。

(五)人的关系学派

这一学派建立于 1927—1932 年期间，以美国哈佛大学著名学者梅奥(Elton Mayo)为首的一批科学家在美国西方电气公司所属的霍桑工厂进行的一系列实验——霍桑实验(Hawthorne Studies)为标志。

该研究以“照明实验”为起点。假设在工作现场照明度提高，必然会促使生产率增长。但实验结果并未证实照明与生产率之间有正相关关系。深入的分析表明，员工的士气、员工的生产积极性主要取决于社会因素和心理因素，取决于员工与管理人员以及员工之间的关系，而物理环境、物质刺激只有次要意义。应当指出，霍桑实验在西方的管理历史上第一次提出以人为中心的管理思想。

(六)群体动力理论

群体动力理论的创造人是德国心理学家勒温(Kurt Lewin)。勒温的理论被称为“场”理论。“场”是借用物理学中“磁场”的概念。勒温认为，人的心理、行为取决于内在需要和周围环境的相互作用。当人的需要未得到满足时，会产生内部力场的张力，周围环境起着导火线的作用，而主要的决定作用是内部力场的张力。根据“场”理论，勒温提出了著名的行为公式：

$$B=f(P, E)$$

如前所述，其中 B 是行为、P 是个人、E 是环境、f 是函数，行为是个人与环境相互作用的函数或结果。

勒温的“场”理论最初只用于研究个体行为。1933 年他移居美国后，把“场”理论用于研究群体行为，提出了“群体动力”的概念。所谓“群体动力”就是指群体活动的动向，而“群体动力”就是要研究影响群体动向的各种因素，因为群体活动的动向同样取决于内部力场与其情景力场的相互作用。

“群体动力”理论对组织行为学的形成和发展有很大影响，特别是对研究群体行为做出了重大贡献。勒温的学生对影响群体行为的诸因素(群体规范、群体压力、群体中人们之间的沟通、冲突、交往等问题)进行了详细的研究。这些研究成果构成了组织行为学有关群体行为问题的主要内容。

(七)有限理性决策理论

西蒙(Herbert Simon)提出了有限理性决策理论。这一理论对20世纪40年代出现的理性决策(又称优化决策)理论做了重要的补充和发展。理性决策理论认为，人们在进行决策时，应逐一考察所有可能的行动方案及其后果，然后选择最好或最优(Optimum)的解决方案。但西蒙认为，虽然人类有无限的创造力，可是个人在认识上、在处理信息的能力上是有局限性的。因此，不可能在解决复杂的问题时考察所有的备选方案，从中选出最优方案，而只能在有限的方案中进行选择。决策的标准只能是“满意的”或“足够好的”，而不可能是最优的，从而提出了有限理性(Bounded-rationality)决策模型。

西蒙的理论并不是完全否定理性决策。他认为，组织中的决策可分为程序化决策和非程序化决策。理性决策模型可以用于解决组织中的程序化的、常规性的问题，而非程序化的、复杂的高层战略问题则只能求得满意的、过得去的解决方案。西蒙把人的行为因素引入决策过程，是对决策理论的重大贡献。有限决策理论也称为行为决策理论。西蒙也因此获得了诺贝尔经济学奖。

(八)社会-技术学派

社会-技术学派是由英国塔维斯托克人际关系研究所(Tavistock Institute of Human Relations)以特瑞斯特(Trist)为首的一批学者创立的。20世纪50年代，特瑞斯特提出社会-技术系统的观点。这种观点认为，任何变革不能只考虑技术因素而忽视人的心理和社会因素。在管理工作中，人的因素与技术因素是相互联系和相互作用的，必须同时考虑这两方面因素以及它们之间的相互作用和影响。这是最早提出的整合观点。引入现代系统论的观点后，人们已经意识到组织的设立、变革，应该从“人—机—环境”系统工程的角度来考察和规划。

近年来，美国学者往往把组织行为学划分为宏观组织行为学和微观组织行为学。宏观组织行为学有时也被称为组织理论。它主要以社会学和经济学的理论为基础，着重研究组织结构、组织设计和在一定社会经济背景下的组织行为。微观组织行为学则以心理学的理论和原理为基础，着重研究个体的态度和行为以及个体行为与组织系统的相互作用和影响。

宏观组织行为学和微观组织行为学似乎是两个分开的独立学科。在美国，宏观组织行为学的研究者往往是社会学家，他们都属于美国社会学会的“组织与职业”分会的成员，而微观组织行为学的研究者则是美国心理学会第十四分会，即“工业与组织心理学”分会的会员。而美国管理学会设有的组织行为学分会，把宏观方面和微观方面的研究者联合在一起，无论是宏观方面还是微观方面的研究者都在美国各大学商学院内的同一系科任教。到目前为止，这种联合已取得某些成果，两方面的研究者已有了共同语言，但由于学术背景的不同，多数人依然在不同的层次水平上进行各自的研究。

宏观研究与微观研究的另一区别是：前者侧重于描述性的理论研究，较少关心实际应用问题；后者侧重于应用研究。但近些年来情况有所改变，宏观研究也开始关注应用研究。

二、组织行为学的研究方法

组织行为学作为一门科学，必须按照一定的研究程序，找出在组织环境中人们行为的规律性。在早期的文献里，已能看到记载和分析人类行为的资料，这种资料大都来自军队、教会和政府机关。用科学方法系统地研究企业组织中人的行为则是从20世纪开始的。1949年，在芝加哥大学为行为科学命名的大会上，科学家为此特别做出四项决定。

第一，理论的肯定和证明必须根据公众普遍观察、了解的客观事实，不能单凭学者个人的经验。

第二，尽量用数理化的方式来说明假设，使其能够精密地测试和修正。

第三，尽量使各种论述精确，能用严密的试验予以肯定或否定。

第四，使用自然科学所惯用的“厘米—克—秒”作为度量工具。

会议规定的这些精神，一直为行为科学家所重视。需要层次论的创立者马斯洛(A.B.Maslow)曾指出：“科学方法是我们确实能获得真理的唯一方法，只有科学才会使我们彻底了解，人们看到的东西与信以为真的东西之间存在本质差异。只有科学才可以使我们前进。”跟自然科学相比，对人的行为的研究要复杂得多，因为这里包括许多变化多端的因素。尽管这样，两者所采取的研究步骤仍基本相同。第一，明确问题；第二，探索和研究有关理论和模式；第三，形成假设；第四，选择适应的研究方法；第五，通过观察—测试—实验，进行论证。

(一)研究的设计原则

1. 客观性原则

人的心理现象是受外界条件制约、在各种社会活动中表现出来的。因此，我们只有在实践活动中，根据人们的所作所为，才能对他们的心理状态做出正确的判断。为了使判断不附加任何外在的成分，就必须从客观性原则出发，确定心理现象与外部条件的关系；确定能反映各种心理现象的外部行为指标；并对所获得的全部材料，包括相互矛盾的材料做出全面的分析。切忌根据实验者的主观愿望或猜测来分析人的心理状况。

2. 发展性原则

世界上的任何事物都处于发展变化之中，心理现象也不例外。因此，我们在组织行为学的研究中必须遵循发展性原则。不仅要注意现实特征，还要考虑历史状况，要预测发展前景。例如，要评价一种新的奖励制度对员工生产积极性的影响，就需要查阅历史资料(了解前一阶段产量、质量、消耗等客观指标和工人满意度等软指标)；计算新制度实行后产量、质量、消耗等指标所发生的变化，测量人们对新制度的态度；此外，还需要进一步确定观

察与追踪的具体途径和指标，去发现人们刚刚产生或将会产生的各种新动向。

3. 系统性原则

现代管理学研究认为组织是一个开放的社会技术系统，个体也是一个具有多种需要、受多变量影响的极其复杂的有机系统。在一个系统中，通过改变一个因素而保持其他因素不变来考虑整个系统的反应，所得的结果必然是不可靠的。因此，在组织行为学研究方法的设计中，还必须从整个系统的各种相互作用中去认识整体，严格遵循系统性原则。例如，在研究组织变革的方案时，就应当对整个组织系统中各子系统之间的协调关系做出全面的分析。对此，既要考虑组织结构与目标系统的关系，又要考虑组织结构与技术应用之间的关系，更要考虑组织结构变化所引起的人事变动，以及相关政策和母公司之间的相互作用，即从人-机-环境大系统的角度，考量彼此之间的相互作用。

总之，客观性原则、发展性原则和系统性原则是开展组织行为学研究必须严格遵循的三项基本原则。

(二)研究的分类

研究方法的选择，取决于人力、时间、资金和信息来源等因素，更主要取决于研究的目的和性质。组织行为学的研究主要有以下几种分类方法。

1. 按照研究的性质分类

(1) 理论研究。这种研究主要为积累组织行为学的知识，并不直接着眼于实用。例如对人性的探索、对激励的心理规律的研究等。

(2) 应用研究。这种研究为了解决组织中广泛性的问题，着眼于潜在实用价值，但并不针对具体问题，如工作再设计、组织变革等。

(3) 行动研究。这是卢因所大力提倡的一种研究。他强调理论必须与应用密切相结合，认为“单为了写书而做研究是不够的”。行动研究包括计划、收集资料、采取行动措施、反馈四个周而复始的环节，这种研究主要解决组织中的具体问题。组织发展与变革研究基本上采取这一研究方式。

2. 按照研究的深度分类

(1) 描述性研究。此类研究主要是为了了解客观事物的特点和出现频率，一般只反映组织行为的现实，不涉及事物变量之间的关系，研究者也不施行干预措施。企业中经常采用的人员基本状况调查、职工态度调查、心理挫折的各种表现等都属于此类。

(2) 预测性研究。例如预测职工对组织变革的态度、工作绩效、组织目标的完成、能力测试研究等。

(3) 分析性研究。此类研究通常指对变量之间因果关系的分析，如研究工作绩效与满意感的关系等。有人认为“绩效是因，满意感是果”；有人认为“满意感是因，绩效是果”；

也有人认为“绩效和满意感互为因果”。分析性研究就要解决这类问题。

3. 按照变量的可控程度分类

(1) 文献研究。这类研究全凭文献所载的现存资料，研究者对此无从控制，因此也有人称其为“图书馆式研究”。

(2) 现场研究。这是指研究者在组织环境中进行实地研究，对对象、施用方法、时间长短有一定控制的可能。

(3) 实验室研究。这是控制最严密的研究方法。研究者对一些关键性变量施加严密的控制，然后观察其变化。

(三)研究的方法论——模型化

1. 模型的概念

什么是模型？简单地说，模型就是对某种现实事物的抽象与简化表示。模型是多种多样的。组织结构图也可以说是一个模型，它可以使我们对该企业的组织结构系统一目了然。会计的收支账目表也是一种模型，因为它是该组织财务收支状况的抽象和简化。

模型与理论不同。虽然模型和理论都是对现实事物的抽象，但理论是抽象出各事物的本质特征并加以概括，因此往往具有普遍的指导意义。模型则并不一定抽象出事物的本质特征，而是根据研究的需要，时而抽取这些特征，时而抽取另一些特征，其目的是要更清楚地了解目标事物的真实情况和变量之间的相互作用关系。

2. 模型的分类

模型是各种各样的，可以按照不同的标准划分为物理模型与抽象模型、标准模型与描述模型、静态模型与动态模型等。下面我们将分别阐述这些模型。

(1) 物理模型与抽象模型。

物理模型是有形的、具体的模型。飞机模型、医学上用的人体模型、建筑上所用的建筑模型等都是物理模型。抽象模型是无形的、用符号表示的模型，其主要形式是数学模型。一般来说，工程人员、建筑师等多利用物理模型，而组织行为学研究者主要利用抽象模型。例如，勒温的一般行为模式，即 $B=f(P,E)$，就是一个抽象模型。

(2) 标准模型与描述模型。

标准模型表示某事物应当成为什么样子，而描述模型表示某事物现在是什么样子。例如企业的规章制度、标准化的操作规程等都是标准模型，因为它们规定企业中人们的行为应当是什么样子。一般来说，组织行为学较多地用描述模型，这种模型主要表示人们正在进行的行为是什么样子。组织行为学主要关心人们的实际行为，以及如何引导人们的行为向理想化的行为演进，而不是单纯地规定理想化行为的标准。

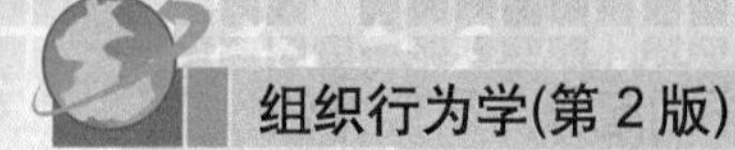

(3) 静态模型与动态模型。

顾名思义，静态模型是表示事物静止状态的模型，而动态模型则是表示事物发展动向的模型。例如，一张组织结构图就是一个静态模型，因为它不能表示该组织过去的状况，也没有反映出该组织将来的发展趋势。流程图可以看成一个动态模型，物料按照这一流程图运作会发生性质和功能上的改变。

3. 模型的结构

任何模型，包括行为模型在内，都由三个部分组成：目标、变量和关系。

(1) 目标。

编制和使用模型，首先要有明确的目标，也就是说，这个模型是干什么用的。例如，模型是要预测职工的缺勤率，还是要选拔优秀人员；是要解释职工的工作动机，还是要考察干部的领导作风；是要解释生产率为什么下降，还是要试图解释企业的产品质量问题等。

只有明确了模型的目标，才能进一步确定影响这种目标的各种关键变量，进而把各变量加以归纳、综合，并确定各变量之间的关系。

(2) 变量。

变量是事物在幅度、强度和程度上变化的特征。

人的行为变量是两个维度的变化。第一个维度是定性的。不同工作行为的性质各不相同。操作工的行为不同于检修工的行为，生产部门管理人员的行为不同于销售部门管理人员的行为。第二个维度是定量的。不同性质的行为有不同的计量单位。例如，生产绩效可以用产量、错误率、产品不合格率、操作的精确度以及单位时间内完成的工作量做定量的测量；而人的工作行为可以用缺勤率、任职时间的长短或态度量表(如测量工人对车间主任的反映)做定量测量。

由此可见，对于人的工作行为，首先要做定性分析，在此基础上确定行为变量的计量单位后，再进行定量分析。一般来说，行为变量的定性和定量维度都很重要。但从人的工作行为的角度来看，行为变量的定性研究比较容易，而行为变量的定量研究则比较复杂。因此，在组织行为学的研究中，确定了影响行为的重要变量之后，要选择适当的标准测量工具测定这些变量，从而确定有关变量与相应行为之间的关系。

在组织行为学研究中要测定三种类型的变量，即因变量、自变量和中介变量。

因变量在组织行为学中就是所要测量的行为反应，而自变量则是影响因变量的变量。在组织行为学中通用的因变量是生产率、缺勤率、离职率、工作满意感等，而通用的自变量也是各种各样的，如人的智力、个性、经验以及领导作风、选人方法、奖励制度、组织设计等。

掌握因变量和自变量的概念对于行为研究的设计有重要意义。例如，如果以产量为因变量，以领导作风为自变量，这样就可以设计出三种领导作风(如民主作风、专制独裁作风和放任自流作风)来考察不同领导作风对生产率的影响。又如，如果以缺勤率为因变量，以工作监督方式为自变量，则可以设计出不同的监督方式，以考察它们对缺勤率的影响。

在行为研究中因变量有时也被称为效标(Criterion)，而自变量有时也被称为预测因素(Predictor)。从行为研究的意义上来看，这两种概念的含义是一样的。

中介变量又称干扰变量，它会削弱自变量对因变量的影响。中介变量的存在会使自变量与因变量之间的关系更加复杂。举例说，加强现场监督(自变量)会使工人劳动生产率提高(因变量)，但还要加上一个条件句，即这种效果要视任务的复杂程度而定。这里任务的复杂程度就是中介变量。

(3) 关系。

确定了目标以及影响目标的各种变量之后，还需要进一步研究各变量之间的关系。在确定变量之间的关系时，对何者为因、何者为果的判断，应持谨慎态度。

不能因为两个变量之间存在着统计上的关系，就简单地认为它们之间存在着因果关系。对变量间因果关系的判断不能轻率。现实生活中有许多表面上看来是因果关系的情况，实际上并不一定是真正的因果关系。例如，有人根据统计数字指出，已婚男女比单身男女更长寿，因而得出结论说结婚是长寿的原因。但实际上，单身男女可能会因长期单身受到强烈的舆论压力而影响他们的身体健康，并不是因为没有结婚这个行为才影响到身体健康。又如，一项研究表明，身材高的伐木工比身材矮的伐木工更有可能成为优秀的伐木工，但身材高矮不一定就是成为优秀伐木工的原因，能吃苦耐劳或具有工作责任心可能是成为优秀伐木工的更重要的原因。总之，在确定因果关系时，应持谨慎态度。

(四)组织行为学的主要研究方法

组织行为学的研究方法是多种多样的。目前，主要采用的方法有下述几种：观察法、谈话法、实验法、问卷法、测验法、个案法、作品分析法、模型法等。下面对常用的 6 种方法做一个简单介绍。

1. 观察法

在日常生活条件下，观察者以感官为工具(如眼、耳等)，直接观察他人的行为并把结果按时间次序做系统记录的研究方法，称为观察法。在现代研究中，必要时也采用视听器材，如录像机、照相机、录音机等工具，协助观察。

在实际情境中进行观察时，可按被观察者所处的情境特点分为自然观察与控制观察两种。自然观察是在完全自然的条件下所进行的观察，被观察者一般并不知道自己正处于被观察状态。例如，要了解某员工成就动机的水平，可以观察他在上班、打球、文化考试等各种不同场合的行为。而控制观察是在限定条件下所进行的观察，被观察者可能不了解、也可能了解自己正处于被观察的位置。例如，为了进行时间-动作分析，观察者需要系统地观察员工的操作方式。

按照观察者与被观察者之间的关系，还可以把观察方法分为参与观察与非参与观察两

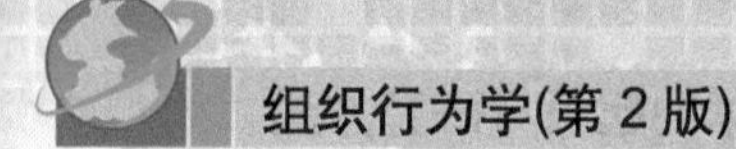

种。观察者直接参与被观察者的活动，并在共同的活动中进行观察的方法称为参与观察；而观察者不参与被观察者的活动，以旁观者身份进行观察的方法则称为非参与观察。

观察法目的明确，使用方便，所得材料比较系统，已在组织行为学的研究中得到广泛应用。但运用这种方法，只能了解大量的一般现象和表面现象，很难进一步了解复杂现象的本质特征，做出“为什么”的回答，因此，最好能与其他方法合并使用，才能取得更大的效益。

2. 谈话法

研究者通过面对面的谈话，以口头信息沟通的途径直接了解他人心理状态的方法称为谈话法。

根据谈话过程中结构模式的差异，可以把谈话法分为两大类：有组织的谈话和无组织的谈话。有组织的谈话结构严密、层次分明，具有固定的谈话模式，即主试根据预先拟定的提纲提出问题，被试针对所提的问题进行回答(这种问题一般涉及范围较小)。整个谈话过程中，被试犹如做了一个口头问卷。例如，招工考试中通过第一次谈话来了解年龄、学历等就属于有组织谈话。而无组织谈话结构松散、层次交错、气氛活跃，没有一个固定的模式。主试提出的问题往往涉及一个很大的范围，被试可以根据自己的想法，主动地、创造性地进行回答。通过这种谈话，双方不仅交换了意见，也交流了感情。

运用谈话法时，既要根据谈话的目的保持主要谈话问题的基本内容和方向，也要根据被试的回答对问题进行适当的调整，更要善于发现被试的顾虑或思想动向进行有效的引导，还要注意在整个谈话过程中保持无拘无束和轻松愉快的和谐气氛。

谈话法简单易行，便于迅速取得第一手资料，因而使用范围较为广泛。但由于有关被试心理特点的结论必须从被试自己的回答中去寻找，所以具有较大的局限性。

3. 实验法

研究者在严格控制的环境中或创设一定条件的环境中诱发被试产生某种心理现象，从而进行研究的方法称为实验法。

实验法依试验场地的性质差异，可以分为实验室实验和现场实验两种。

实验室实验是在专门的实验室内进行的，一般可借助各种仪器设备而取得精确的数据。它具有控制条件严格、可以反复验证等特点。组织行为学研究中关于学习行为、信息沟通等许多实验都是在实验室中进行的。实验室实验具有很大的人为性，通常可使复杂的问题简单化，但是所得结果与实际情况往往存在一定的差距。

现场实验是在实际工作场所中进行的。在这种实验中，一般都把对情境条件的适当控制与实际生产活动的正常进行有机地结合起来，因而具有较大的现实意义，但因为现实工作场地的具体条件是非常复杂的，许多控制变量很难排除或在一段时间内保持稳定不变，所以往往需要有一个周密的计划，并坚持长期观察研究才能获得成功。例如，著名的霍桑实验是分为 5 个阶段进行的，耗时长达五年零六个月之久，动员了以梅约为首的一批学者和许多相关人员参加。因此，这种方法需要投入较多的人力、物力和财力。

4. 问卷法

运用内容明确、表达正确的问卷量表，让被试根据个人情况自行选择答案的研究方法称为问卷法。常用的问卷量表有三种格式：是非法、选择法、等级排列法。

(1) 是非法：要求被试对问卷中每个试题做出“是”或“否”的回答。

例：你喜欢一个人单独工作吗？

(2) 选择法：要求被试从并列的两种假设提问中做出选择。

例：我有意见就向上级反映。我在上级领导面前总感到胆怯。

(3) 等级排列法：要求被试对多种可供选择的答案按重要程度进行排列。

例：我最喜欢的奖励方式是……上光荣榜、奖金、脱产学习、调休、旅游。

问卷法的优点是可以在较短的时间内取得广泛的材料，并使结果实现量化。但问卷法所取的材料一般很难进行质量分析，因而无法把所得结论直接与被试的实际行为进行比较。

5. 测验法

采用标准化的心理测验量表或精密的测量仪器来测量被试有关心理品质的研究方法称为测验法，如能力测验、人格测验、机械能力测验、驾驶员反应测验等。在组织行为学的研究中，测验法常常作为职工选择、人员安置的一种工具。

采用标准化的测验工具，应该特别重视信度和效度这两个基本因素。信度是指测验本身的一贯性，而效度是指测验本身的有效性。现在许多国家已经对用于人员选择的测验量表做出明确规定，信度系数必须达到或超过 0.8，效度系数必须达到或超过 0.6。

6. 个案法

对某一个体、某一群体，或某一组织在较长的时间里(几个月、几年甚至更长的时间)连续进行调查、了解，从而研究其心理发展变化全过程的方法称为个案法。例如，研究者在某先进班组通过较长时间的体验生活，掌握了整个班组人员的状况、生产状况、智力结构、领导特性、关键事件等主要因素，并在此基础上进行深入分析，整理出能反映该先进班组特性的详细材料。这份材料称为个案。个案产生的全过程，就是个案研究过程。

以上各种方法都有一定的应用价值，也都有一定的局限性。在许多情况下，进行组织行为学研究并不是只采用一种方法，而是同时兼用几种方法，以达到取长补短、相得益彰的效果。究竟采用哪种方法好，要根据所研究的具体课题和研究时所处的具体情境来确定。

三、行为变量的测量

任何行为的研究，除定性的研究外，都要进行定量的测量，这就是要测量自变量与因

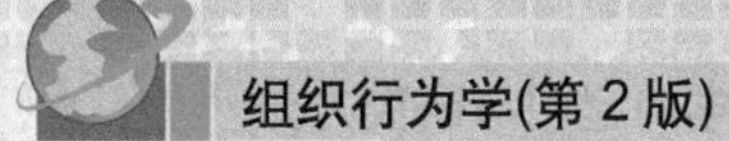

变量之间的关系。对行为变量的测量一般都采用行为变量测量量表。

(一)量表

量表是用于每一被观察单位的测量系统。根据行为变量研究的任务不同，量表测量有关变量的精确程度也各不相同。一般来说，量表可以分为4种类型。

1. 称名量表

称名量表(Nominal Scale)也可称为类别量表。这种量表要求必须有两个或更多互不包容的类别或范畴，把人按男女性别分类就是一个最简单的称名量表。在组织行为学中常用的称名量表之一是职业量表，如把本厂职工划分为木工、电工、机械维修工等。使用称名量表时有一个条件，即只能把每个人或每一事物归入其中一类。此外，在职业量表中，有时类别的划分不可能包括所有的职业。在这种情况下可列出“其他”一类，把不适合所列类别的职业归入这一类。

举例来说，如果我们要调查某一行业的奖励制度，可使用称名量表。

例如：你厂目前采用何种奖励方式?

□百分计奖 □超产计奖 □计件制 □奖金平分 □其他

2. 顺序量表

顺序量表(Ordinal Scale)用以表示某种变量的等级、顺序等特点。这种量表只要求在几个备选项目中按某种标准排出等级和顺序，不标明各备选项目之间差别的多少。例如，可按工作成绩标准把由5人组成的生产班组排成等级顺序：第一( )，第二( )，第三( )，第四( )，第五( )。但这种量表无法反映出该班组工人之间的差距大小。可能名列第一者与名列第二者之间工作成绩的差距很小，而名列第四者与名列第五者工作成绩的差距甚大。顺序量表上没有各项目间差距的资料。

3. 等距量表

等距量表(Interval Scale)以间距相等的记分点对变量进行测量。也就是说，在量表的任何点上，任何数字的差别从理论上看都代表一个基本变量的均等差别。这种量表没有绝对的零分数，所以用这种量表不能判断该变量的限定性质为零。

等距量表一般采用五点量表或七点量表，有时也可采用九点量表等。例如，可用五点量表测量厂长的管理能力。

例如：你认为班组长的管理能力如何?

很差	较差	一般	较强	很强
1	2	3	4	5

等距量表不存在零分数的情况，即使该厂长被厂内职工评定为“很差”，也不能说该厂长就没有一点管理能力。此外，如果一位厂长被评为“一般”，另一位厂长被评为“很强”，

也不能就说后者比前者的管理能力高两倍。因为没有绝对的零分数，所以不能做这样的推论。

4. 等比量表

等比量表(Ratio Scale)既有相等的间距，也有绝对的零分数。这就是说，它具有等距量表的全部特征，只是增加了绝对的零分数。例如，用这种量表可以测量邮局里信件分拣工的工作速度，而且可以说出甲分拣信件的速度比乙快几倍。

(二)测量的信度与效度

对于行为变量的测量在许多情况下不同于对物理变量的测量，我们可以用一把尺子测量某一物体的长度，但对行为变量的测量则没有那么简单。在多数情况下，对人的行为的测量要根据某些问题做出主观的判断或评定，或者说要对一些问卷和测验题目给予回答。检验这种主观的判断或评定是否可靠或有效，就是测量的信度和效度问题。

1. 测量的信度

信度是指测量的稳定性或可靠性，即对人的行为先后数次测量的一致性。大部分的信度指标都以相关系数表示，称为信度系数。信度系数越大，说明测量越可靠；信度系数越小，表明测量越不可靠。不可靠的测量是不能采用的。

一般来说，检验测量信度有下述几种方法，其中每种方法适用于信度检验的不同方面。

(1) 重测信度。这种方法有时也叫作再测信度法。由同一个人在不同的时间内对同一组人员的行为进行测量和评定，然后计算两次测量或评定的相关系数。为了使前一次测量的记忆不会影响后一次测量，两次测量要有一段间隔时间，有时要间隔若干天或更长时间。一般来说，相关系数达到 0.7 以上，才能认为这种量是稳定的和可靠的。但是这种方法不能用于知识测验之类的测量，因为对第一次测量的回答会保持在被测者的记忆中，影响第二次测量的真实性。

(2) 等值性信度。这种方法是设计和编制两套项目类似的问卷，两套问卷在内容和难度方面是一致的。这种方法也称为平行测试法。用两套问卷对同一被测者进行测量，然后计算它们的相关系数。

重测信度和等值性信度的评定都需要对同一被测者进行两次测量，然而这有时无法实现，因此需要用一次性的信度评定程序，也就是下面所说的一致性信度。

(3) 一致性信度。对某种行为的测量，其各项目或各问题应当基本上测量同样的东西，也就是说，各个项目或各个问题是内部一致的，这就是一致性信度。有两种方法可以取得一致性信度系数。一种为“折半法”，即在施测之后，把测量的项目根据某种标准(如按奇项、偶项)分成两半，分别测量对应项目之间的相关系数作为分半信度。但是这样求得的信度系数只能说明一半测验的信度，因为信度的高低与项目的数量有关，所以还要根据斯皮尔曼-

布朗(Spearman Brown)公式对分半信度进行校正，才能得到整个测量的信度。另一种方法是以方差分析为基础，其结果反映出两个项目或多个项目间相关平均值的估计。最普遍采用的是克龙巴赫(Cronbach)提出的α系数。这个公式实质上得出的是所有折半相关的平均数。

2. 测量的效度

测量的效度是指行为测量的有效性，即测量到的是不是所要测量的行为特征。效度是对所要测量的某种行为特征的真实性或正确性的反映。对目标把握得越准确，这种测量的效度也就越高。

如果说信度是测量本身内部的比较，那么效度则是测量与某种外部标准的比较，因此效度的评估比信度更为复杂。按用途的不同，可把效度主要分为以下三类，即内容效度、效标关联效度和构思效度。

(1) 内容效度。内容效度是指测量项目在多大程度上反映了所要测定的行为特征。如我们用一组项目测量职工的操作技能，则内容效度反映的是这组项目在多大程度上系统地代表了操作技能。内容效度主要是通过专家的经验判断来评定。例如，对于车床操作技能的测量，可以请一些熟悉车床操作的人来评定，先让他们仔细研究车床操作的具体要求，然后请他们判断测量的项目与所要求的操作技能之间关系的密切程度。

(2) 效标关联效度。所谓效标就是测量规定的标准。效标关联效度是通过测量的分数与一个或几个独立的效标之间的比较来确定的。这两方面相关的程度越高，表明该测量的效度越好。效标关联效度有两种类型，即同时效度和预测效度。

同时效度是测量结果与现有效标(如个人的工作绩效)之间的比较。如果两者的相关程度很高，则表明同时效度很好。预测效度是指测量结果能够预测人们将来行为的程度。在组织行为学中，往往需要对某类员工进行评定，并希望测量结果能预计到被测者将来的工作成绩和表现。因此，在进行实际测量之前，要先确定或检验该测量的预测效度。其做法往往是在正式进行测量之前，先进行小样本测试。预测效度实际上是测量结果与一定时间以后人们行为表现之间的相关程度，相关程度越高，表示测量的预测效度越好。

(3) 构思效度(也称结构效度)。构思效度是指某种测量能否反映出该项测量赖以建立的理论构思的有效程度。确定构思效度的目的在于检验该测量是否真正测出了研究的理论构思。举个简单的例子来说，采用某项测量测定学生的智力，与这项测量并存的还有学生各门学科的测验成绩和跑步测验成绩。显然，该智力测验应与学生各科测验的成绩有较高的相关，而与跑步成绩有较低的相关，才能说这项智力测验有较高的构思效度；如果出现相反的情况，则表明该测量的构思效度很低。由此可见，对解释测量结果来说，构思效度是很重要的效度指标。

确定构思效度一般遵循下述程序：首先，从某种理论出发提出关于某种或某些行为特征的基本假设；其次，根据假设编制测量量表或问卷；再次，根据测量结果，由果溯因，通过各种统计方法(如相关分析、因素分析等)检验测量结果是否符合研究的理论构思。因此，构思效度的评定往往需要采用较复杂的统计方法。

以上只是扼要地介绍了测量信度和效度的基本概念和主要类型，并介绍信度和效度检验的具体方法。读者要了解具体的方法，可参考组织行为学或组织行为学方法研究的有关著作。

本章小结

尽管组织行为学的种子在 200 多年前就已种下，但现行的组织行为理论与实践实质上是 20 世纪的产物。

泰勒的科学管理原理非常有助于将精确化和标准化引入人们的工作中；法约尔定义了所有管理者执行的一般职能以及构成良好管理实践的原理；韦伯提出了权威结构理论并依据权威关系描述了组织活动。

关于组织人性方面的理论在 20 世纪 30 年代自成体系，主要是霍桑研究的结果。这些研究令人们对组织人的因素有了新的见解，同时也助长了管理中的家长主义。20 世纪 50 年代后期，管理者开始关注马斯洛和道格拉斯·麦格雷戈等人的思想，他们主张对组织结构和管理实践进行变革，以使员工的生产潜能得以充分发挥。戴维·麦克莱兰、费雷德·费德勒、弗雷德里克·赫兹伯格和其他行为科学家在 20 世纪 60 年代和 70 年代提出的动机理论和领导理论为管理者提供了关于员工行为方面的更多真知灼见。

当代几乎所有管理和组织行为的理论都以权变理论为基础，也就是说，它们提供了各种依赖于情境因素的建议。作为一门日益成熟的学科，组织行为学目前将对现有理论的完善作为研究的重点。

实训课堂

罗森布鲁斯国际旅行社

罗森布鲁斯国际旅行社不同于一般意义上的旅行社。首先它的规模很大，该公司在美国、英国及亚洲设有 582 个分支机构，雇用了 3000 名员工。你也许还没有听说过它的大名，那是因为它的客户多为企业客户，如杜邦、伊斯曼科达、通用电气等。该公司的增长速度非常惊人，20 世纪 70 年代末还只是一家位于费城销售额为 2000 万美元的旅行社；到 1992 年，该公司的营业额就上升到 150 亿美元。是什么原因使公司得以如此快速地增长呢？该公司的首席执行官 Hal F. Rosenbluth 认为原因在于，公司将员工放在顾客之前，使公司对服务质量有着不懈的追求。请注意这里我们写的是将员工放在顾客之前。Hal F. Rosenbluth 解释道："当人们为传统的工作障碍，如恐惧、挫折、官僚主义等担忧时，他们是不可能将注意力放在顾客身上的。他们必须担心自己。只有当员工们知道什么是其上司眼中最重要的东西时，他们才会将同样的情感传递给顾客。"

Rosenbluth 相信他有能力把工作变成一项愉快而幸福的经历，所以他组建了一个“幸福晴雨表小组”。该小组由从各部门随机挑选的 18 名雇员组成，这些雇员将员工们对工作的感受反馈给总经理。调查问卷一年两次被派发给所有员工，以了解他们对工作的喜好程度。调查问卷计算后的结果告知每一位员工。旅行社是一个工作强度相当大的行业。正如 Rosenbluth 所说：“员工们就像是空中交通管制员，一个电话接着另一个电话。”正因为如此，此行业人员流失率高达 45%~50%，而在该公司，流失率仅为 6%，该公司的招聘及培训工作解释了这一现象的原因。

每一位职位候选人均须被仔细审查，以确保公司招聘合格的人才。Rosenbluth 需要的是有良好的团队协作能力的乐观积极的人才。Rosenbluth 说道：“所有公司都可以买到同样的机器或工具，是员工才使这一切具有创造力。到最后，人才才是公司的竞争优势，所以员工对公司来讲至关重要。我们需要寻找最有潜质的人，其他的一切都可以教会。在挑选的过程中，我们把亲和力、爱心及对工作的狂热放在比工作经验、过往薪金等更重要的位置。”获得相关资格的候选人会有一个 3～4 小时的面试。对于高层职业，Rosenbluth 会亲自同候选人见面。例如，对于销售主管这个位置的候选人，他会邀请该候选人及其妻子同他和他的妻子共度假期。“到了第三天，所有的东西都会显现出来。”

一旦被雇用，新员工会很快熟悉他的工作环境。与其他公司上班第一天要填表不同，而在这里，新员工将在幽默剧中扮演一个角色，以让这些员工知道 Rosenbluth 公司希望其每一位员工从工作中获得欢乐。幽默剧的扮演也同样是一个学习的过程。例如，员工会在剧中因为糟糕的表现而被辞退。所有的新员工都会进行为期 2~8 周的培训，在培训过程中，经理人员会评估这些新员工以了解他们是否适合 Rosenbluth 公司高强度、注重团队合作的工作气氛。那些崇尚个人英雄主义的员工将被请出公司。

(资料来源：斯蒂芬·P. 罗宾斯. 组织行为学[M]. 北京：中国人民大学出版社，2004：4.)

思考讨论题

1. 你愿意在 Rosenbluth 公司工作吗？为什么？

2. 如果说 Rosenbluth 公司管理人员的方法是有效的，那么为什么许多公司仍在努力营造一个严肃的工作环境？

3. 你认为快乐的员工具有更高的生产力吗？

第二篇 个体行为

第三章 个体差异

【学习要点及目标】

- 了解个性的形成与个体差异的决定因素。
- 掌握个性成长的基础理论。
- 了解能力的定义、类型及胜任力素质模型在企业中的实践。
- 了解心理测验的类型及测试方法。

【核心概念】

个性、能力、人格、心理测验

【引导案例】

个体差异

马云和刘强东，这样两个极度相关但又老死不相往来的人放在一起比较，主要原因还在于此二人都对中国电子商务市场做出了巨大贡献，却各自走过了一条颇为不同的道路。两者领导下的阿里巴巴和京东商城，在促进中国电子商务业态进化，为社会创造价值方面，都走在了前面，因此都具有典型样本效应。

马云是浙江人，刘强东是江苏人，两人均来自东南最富庶的省份。马云是城市人，刘强东是农村人，两人均受过高等教育。马云大刘强东 10 岁，创业也比刘强东早 3 年，两人均在传统行业创过业，最终都把事业发展到了网上。马云只有文科背景，大学是学英语的，不会编程，但自己创办过一个翻译社，赚了些钱；而刘强东大学是学社会学的，后来自学编程，并以此为手艺实现自食其力。

马云从小家庭条件不错，在学校里成绩一般，但英语成绩却很好，毕业于杭州师范学院外语系。步入社会后，起步并不顺畅，找工作因长相奇特被拒绝过很多次，办了翻译社也生意不好，甚至还去义乌批发过一些小商品摆摊卖，以贴补翻译社。网上流传着一个视频，马云在创办中国黄页时，像个业务员一样四处奔波，屡屡被拒。这一段视频在现在看来，还是能让人感受到当时创业之难，而能够坚持下去，是创业者多么需要的一种品质。

刘强东这边，童年时的情况就差很多了，他是挨过饿的人，小时候想吃块肉都不容易。

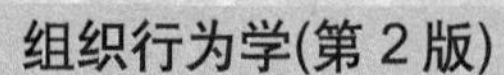

村里有钱人都吃肥肉，像他们这种穷人，只能去河里抓点鱼虾来吃。不过刘强东学习很好，在很艰苦的环境中以优秀成绩一路考到中国人民大学。他上大学时决心不再给家里增添负担，就自己打零工赚钱养活自己，到大三时，靠软件编程却也赚了几十万。之后又拿这些钱去投资了一个饭店，全赔进去不说还借了十几万遣散工人。作为一个在公司内部管控上被坑过的人，他在很早就表现出了严守商业规则的特质，十分难得。

马云像是一个江湖侠客，聚集一帮兄弟打天下，老大务虚讲义气，兄弟们务实重落地。而在互联网行业，务实很重要，务虚却在一些关键时刻显得更重要。他在“让天下没有难做的生意”替天行道的口号声中，聚拢人气，成就了事业。

而刘强东，则更像是一个孤胆英雄，重实地、务实效，舍我其谁地率领手下向前冲，务求实效，有问题必快速解决。他是一个较晚进入互联网行业的人，能够严格按照互联网业态规律行事，在重大决策中乾纲独断，渡过一个又一个难关，殊为不易。

条条大路通罗马。马云和刘强东，因出身和学识不同，因而个体差异是存在的，所以即便在同一个领域所选择的成长路径也是不同的。但是他们最终都是用聪明智慧和百折不挠的毅力取得了成功。这说明，成功虽然没有固定的范式，却有着相同的、不可或缺的共通元素：基本的能力素养构成和坚毅的个性品质，以及杀伐决断的决策能力。

阿里巴巴和京东，马云和刘强东的成功故事完美地演绎了个体如何从“了解自我、认识自我、控制自我”的三部曲中走出来，最终达到“实现自我”的终极目的。

【案例导学】

2000年前，希腊哲学家西奥弗莱茵斯(Theophrastus)说：“所有的希腊人生活在同一片天空下，接受相同的教育，为什么性格构成却是多样的？”

为什么是有差异的？这个问题对于人类行为的理解在今天看来同样重要。管理者和雇员都应理解和承认个体之间的差异，以便更好地理解在复杂的工作环境中人类的行为变化。

第一节 个 性 差 异

一、组织内的员工多元化

多元化是指在事物组成的结构、维度和层次方面既存在某种程度的相似性但又有所不同的组合状态，又称多样化、差异化。员工多元化是指组织成员的构成在国籍、年龄、性别、种族等方面变得越来越多样化，其文化传统、教育背景、宗教信仰、工作习惯等多方面存在着差异。

多元化可以大致划分为表层多元化和深层多元化。表层多元化是指员工客观的人口特征，如性别、年龄、高矮胖瘦、教育程度、收入水平、婚姻状态等都是表层的多元化。而深层次的员工多元化则是指员工的个性、能力、潜力、素质、价值观、阅历等内在心理特征。一般来说，表面多元化较容易改变，而深层次的多元化则不太容易改变。

每个人都是不同的，员工多元化在组织中普遍存在，怎样看待差异，怎样确立并保持一定程度的共通性和融合性，以及怎样用共赢的理念通过实现员工价值的最大化而实现企业价值的最大化成为当前企业管理研究的核心问题之一。

二、个性的内涵

(一)什么是个性

在心理学中，个性是一个复杂而广泛的概念，不同的心理学家对个性有着不同的定义。麦迪(S.R.Maddi)认为，个性是决定每个人心理和行为的普遍性和差异性的那些特征及其较为稳定的有机组合；凯立希(R.A.Kalish)认为，个性是导致行为以及使一个人区别于其他人的各种特征和属性的动态组合。在日常生活中，人们将这种特征性品质理解为人的个性。有人统计过，若以形容词来描述人的个性，可找到4000多条，它们都可以用来描述个体具有的独特的、较稳定持久的、习惯性的行为模式或倾向——个性。

个性的个体差异体现在两个方面：一是个性的倾向性，如动机、态度、信念、兴趣、理想等方面的差异；二是个性的结构特征，如能力、气质、性格等方面存在的个别差异。

(二)个性的性质

人们经常使用个性这个概念或术语，但对其性质的认识则未必清楚。它的性质的确较复杂，有时甚至看上去是自相矛盾的，因此有必要搞清它的基本性质。

1. 独特性

个性的独特性是指人与人之间在个性上的差异和不同。人的先天遗传素质、后天的生活环境、社会实践及所受教育的不同，就形成了彼此之间在心理活动过程和表现方式上的个别差异，构成了每个人的独特风格。

2. 稳定性

个性是一种稳定的心理特征，具有时间(过去、现在、未来)和空间(不同情境)的一致性、一贯性。这也是我们预测人的行为的基础。

3. 整体性

个性是个体行为中所有心理特征的整合体。也就是说，人的各种心理现象和心理过程，都是有机地相互联系、相互制约并完整地从一个人身上表现出来的。

个性不是支离破碎的特征的简单拼凑，而是有机的组合和相互嵌入，体现为人的思想、情感、行为之间的协调性和统一性。

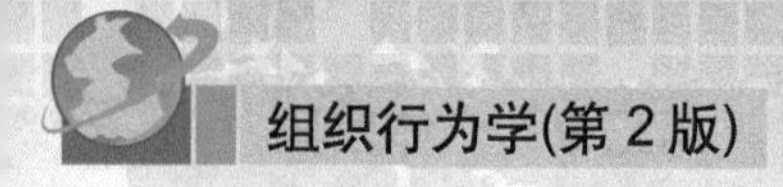

4. 倾向性

个性的倾向性是指人们对现实事物所持有的一定看法和态度，它既体现出个体的需要、动机、信念、理想、兴趣、价值观等，又体现在每个人对事物都有自己的选择和特定的行为方式。

(三)个性与行为的关系

基于有关研究，著名学者勒温提出了个性与环境相互作用的行为函数：

$$B=f\,(P, E)$$

其中：B 表示行为，P 表示个性，E 表示环境。

勒温认为行为是个性和环境的函数，即一个人的行为是由他的个性及其所处环境共同作用的结果。

因此，在理解个体行为时必须从个性和所处的环境两个方面思考，才能相对有效地预见个体行为反应。

三、个性的形成与发展

(一)个性形成的影响因素

1. 自然的、遗传性因素

除了完全相同的孪生子，每个人都有一组独特的基因。在此基础上成长出的中枢神经系统、内分泌系统和感官等，对人的行为有着生物学意义上的约束和控制机制。

2. 社会化因素

这是指人们少年时代在家庭和学校中，逐步认识并学会如何适应其现实环境的过程。例如，独生与非独生子女、长子与幼子分别会受到父母的不同对待。这些影响逐步积累，对个性的塑造起了相当重要的作用。有些早期的影响会随年龄的增长而衰退或消失，有一些则会留下持久乃至终身的烙印。

3. 组织环境因素

当人们已经成年并获得职业后，工作组织的环境继续影响着人们的个性。然而由于前两个因素的作用，组织环境因素并不是在一张白纸上任意挥毫。竞争因素、奖惩制度、工作设计、领导风格等都会影响个体的成长，有些影响是局部的、暂时的，有些影响却可能是长久的、颠覆性的。对这些影响因素的接受程度，往往取决于人们源发性的那些较稳定的个体特征差异。

4. 偶然因素

以上三种因素是个性的主要成因，但是某些偶然因素(突发事件、重大变故等)在个性的形成过程中也会发挥重要的影响，其作用不可忽视。例如，少年时代亲人亡故、高考落榜、下岗失业等都会对个性的形成产生较大的冲击。有时，一次偶然的境遇也可能改变一个人的个性。

由此可见，人的个性是由先天的生物遗传因素和后天的社会影响、社会实践活动等因素相互作用与融合的产物。

(二)个性的成长和发展理论

西方心理学关于个性发展和成长的理论，主要有埃里克森(Erikson)的个性发展八阶段论、弗洛伊德(Freud)的泛性主义理论、皮亚杰(Piaget)的认知发展理论和阿吉里斯(Argyris)的不成熟—成熟理论。

1. 埃里克森个性发展阶段学说

埃里克森原是弗洛伊德的追随者，后来针对个性发展提出了与弗洛伊德不同的论点。他认为个性是从儿童时期开始不断地受到社会环境、教育、自身实践等因素长期相互作用塑造形成的，因而人的个性会随着生命的发展而发展。他将一般人的个性发展年龄分为八个阶段，并归纳出每个阶段个性发展成功与失败的特点，如表3-1所示。每一阶段各有其特征，这是因为在各个阶段中，个体的生理条件、社会接触各不相同，因而各个阶段的特征也各不相同。

埃里克森认为，每个时期的转折都意味着一种“心理危机”，一个健康成长的个性需要克服每个阶段的心理危机才能顺利发展到下一个阶段。重大挫折对个性的发展会有很大的影响。

表3-1　埃里克森关于个性发展的阶段

序　号	阶　段	年　龄	成功的心理特征	需要克服的心理危机
1	婴儿早期	出生到1岁	基本的信任心	不信任
2	婴儿晚期	约1～3岁	自主	羞耻、困惑
3	早儿童期	约4～5岁	创造性	自责
4	中儿童期	约4～11岁	勤奋	自卑
5	青春期	约12～20岁	自我认识	对自己认识模糊
6	早成年期	约20～40岁	合群(迷恋小家庭)	孤僻
7	中成年期	约40～60岁	继续成长	失望
8	晚成年期	约65岁以上	完善	停滞

埃里克森关于个性发展的阶段论述要求组织管理者在员工不同的个性发展阶段关注员工的心理危机，并协助其有效地加以克服解决，从而获得健康的人格特征。例如，对刚刚参加工作的员工来说，就是要创造更多的社会交往机会，通过社会交往促使其早日成家立

业。有研究表明：已婚员工的离职率大大低于未婚员工。对 40 岁以上的员工而言，则要提供新的职业发展机会，激发其进一步创造的动机，把成熟的经验和知识发挥出来。

2. 阿吉里斯不成熟-成熟理论

美国哈佛大学教授阿吉里斯联系企业组织理论，论述了性格的发展，他分析了一个人从婴儿到成年、从不成熟到成熟的过程，提出了“不成熟-成熟”理论。他指出，在人转变为成熟的过程中，性格会发生七项变化，如表 3-2 所示。

表 3-2　阿吉里斯不成熟-成熟理论

序　号	不 成 熟	成　熟
1	被动状态	主动状态
2	依赖性	独立性
3	少量的行动	复杂的动作和行为
4	兴趣浅薄	兴趣较强烈而又较深刻
5	目光短浅	目光较远大
6	从属的地位	平等与优越的地位
7	缺乏自我认识，无自知之明	具有自我认识，自我控制

他认为传统管理组织过于强调专业化，限制了职工独立自主和创造性的发挥，导致性格难以走向成熟，阻碍了人性的自然发展，因此企业管理者应该改变陈旧的管理方式，提供一种有利于职工成长和成熟的环境。例如，在工作流程设计中，要避免把工作切分成过于细小的环节，因为流程和工作单元的过度细分会降低员工的自主性和对任务的完整感，进而降低了员工的成就感，导致员工创造力下降。

3. 弗洛伊德人格理论

弗洛伊德认为人的个性由“本我”“自我”“超我”三个层次组成。“本我”代表下意识、潜意识、无意识和本能，只求快乐的直接满足，不考虑客观现实。“自我”代表意识、现实性原则和良心。人为了维持舒适的生活水平，必须与客观世界发生关系，于是发展了自我，充当自身与客观世界的仲裁。“超我”位于人格结构的最高层，是道德化的自我，由社会规范、伦理道德、价值观念内化而来，其形成是社会化的结果。人的行为要用这三者的相互关系来解释，其中“本我”是主导力量，“自我”和“超我”是附属力量。人的个性受此三种力量的支配。在个性发展上他还假设生理因素对社会因素占有绝对优势，认为人类下意识地追求延续种族。他把个性发展阶段分成“口唇期(0～1.5 岁)”“肛门期(1.5～2 岁)”“性器期(3～5 岁)”“潜伏期(5～12 岁)”“生殖期(12～20 岁)”五个阶段。他主张个性早期决定论，认为个性对大多数人来说在青春期之前已经定型，到了青春期后不再发展。他把一个人的欲望，特别是性欲作为个性发展的主要因素。

4. 皮亚杰认知发展理论

瑞士心理学家皮亚杰是个性认知发展理论的主要代表。他认为个性发展的关键因素是思想意识，并非本能或下意识；还认为智力是有机体适应环境、赖以生存的基本功能，不仅是先天所赋予的能力，还是后天与环境不断相互作用的结果。他曾对美国儿童心理学所流行的行为主义观点进行了十分成功的挑战。他在 11 岁时就发表文章，持续 50 年以儿童为研究对象，认为行为主义的学习理论过于狭隘，儿童的成长只有在凭借认知结构不断吸收新的信息条件下才有可能。

皮亚杰早年专攻动物学，1918 年取得博士学位后，到巴黎从事“比奈智力测验”的标准化工作，发现不同年龄的儿童对解答问题发生类似的错误，具有类似的理解力。从此他致力于认识发展的研究，认为人的认识发展过程可分下列四个阶段。

第一阶段 0～2 岁：感觉运动期，通过动作感觉从周围环境中获取知识。

第二阶段 2～7 岁：前操作期，能运用符号和语言并且逐渐运用概念进行事物的归类。

第三阶段 7～11 岁：具体操作期，能抽象地理解一些事物，如近大远小的透视效果。

第四阶段 11 岁以上：正式操作期，能凭符号去分析、理解、想象和评价客观事物。

婴孩最开始通过简单的动作感觉从周围环境中获取知识，按照被鼓励或其他有趣的行为效果重复自身行为；到达 2 岁以后，开始学会解决某些简单问题，并且开始意识到自身以外还存在着可以控制和影响的客观事物。这时儿童从简单的感觉运动期逐渐接触到概念和操作的层次，从而过渡到“前操作期”，其特征是开始在他的思维过程中运用符号和语言并且逐渐运用概念进行事物的归类。但此时儿童的心理依然以自我为中心，不能为别人设想。到 7 岁左右，儿童进入具体的认识和发展阶段，称为“具体操作期”，其特征是能抽象地理解一些事物，例如他能意识到物体虽然外形发生变化，其质量仍然不变。到了 11 岁以上，个体能凭符号去分析、理解、想象和评价客观事物，不受空间和时间的限制，还能进行一些假设性命题和科学思维，但是并不是每一个人都能在同一时间点达到同样高的认识水平。

四、个性的类型与特质

长期以来，心理学家们曾试图从形形色色的个性中概括出共同的特征，并加以鉴别和归类，以利于掌握人的性格，但都没有收到很理想的效果。例如奥尔波特在一次调查研究中，鉴别出 17953 个品质。这样庞大的数字，对分析研究人的行为来说很难有实际意义。下文我们将重点介绍几种具有代表性的个性类型理论和当今组织行为学界关注的人格特质。

(一)荣格的内外向人格特征

瑞士心理分析家荣格(Carl Gustav Jung)把个性分为外向和内向两类。荣格的人格划分类

型属于心理类型，这是与生理类型相对而言的。1913 年，荣格首次提出心理的两种类型，内倾和外倾。他认为在与周围世界发生联系时，人的心灵一般有两种指向，他称为定势(Attitude)。一种定势指向个体内在世界，叫内倾；另一种定势指向外部环境，叫外倾。他描述内倾者的性格是安静的、富于想象的、爱思考的、退缩的、害羞的和防御性的，对人的兴趣漠然；外倾者则爱交际、好外出、坦率、随和、乐于助人、轻信和易于适应环境。

1. 荣格提出的四种思想机能

(1) 感觉：指明事物存在于什么地方，但不说明它是什么东西。

(2) 思维：指明感觉到的客体为何物，并为其命名。

(3) 情感：反映事物是否可为个体所接受，决定事物对个体有何种价值，与喜欢和厌恶有关。

(4) 直觉：在没有实际资料可利用时，对过去和将来事件的粗略推断。

荣格认为思维和情感是对立的，感觉和直觉是对立的。最为理想的情况应该是这四种机能与两种定势共同协调地活动。但事实上，每个人都是一种机能和一种定势占优势，其他的皆处于无意识之中。与优势机能对立的机能最少发展，而其他两种机能因辅助优势机能，所以略有发展。如思维优势者，因为情感受到压抑，或许会以梦、幻想或其他奇特的干扰形式表现出来。

2. 荣格描述的人格的八种类型

按照两种定势与四种机能的组合，荣格描述了人格的八种类型，但具有任何类型的极端形式的人是不存在的。

下面是对于这八种类型的人的简单描述。

(1) 思维外倾型：按固定规则行事；客观而冷静；积极思考问题；武断、感情压抑。

(2) 情感外倾型：极易动感情，尊重权威和传统；寻求与外界的和谐，爱交际；思维压抑。

(3) 感觉外倾型：寻求享乐，无忧无虑，社会适应性强；不断追求新异感觉经验，对艺术品感兴趣；直觉压抑。

(4) 直觉外倾型：做决定不是根据事实，而是凭预感；不能长时间地坚持某一观点，好改变主意；富有创造性，对自己许多无意识的东西了解很多；感觉压抑。

(5) 思维内倾型：强烈渴望私人的小天地；实际判断力缺乏，社会适应性差；智力高，忽视日常实际生活；情感压抑。

(6) 情感内倾型：安静、有思想、感觉过敏；孩子般地令人难以理解；对别人的意见和情感漠不关心；无情绪流露；思维压抑。

(7) 感觉内倾型：是情境决定型的人，被动、安静、艺术性强；不关心人类的事业，只顾身旁刚发生的东西；直觉压抑。

(8) 直觉内倾型：偏执而喜欢做白日梦，观点新颖但稀奇古怪；苦思冥想，很少为人所理解，但不为此烦恼；以内部经验指导生活。

(二)卡特尔的 16 人格特征

卡特尔(Raymond Bernard Cattell)也同样用因素分析方法，按个性分层次地构思研究个性的特质。他把构成人的个性特质分为表面特质和根源特质；所谓表面特质是从外部行为可观察到的特质，所谓根源特质是表面特质背后的特质，是用因素分析方法概括出来的特质。1973 年，卡特尔从大量调查中抽出了 171 个品质，并在此基础上概括出 16 个品质“要素”。他从不同的人中取样，首先排除所有不常见的特质，然后用因素分析进行归类。他发现，像大胆、独立、坚韧等特质往往集聚在同一个人身上，也就是说，它们之间有高度相关性。他把这些高度相关的特质结合在一个范围很广的标题下加以命名，提出了 16 种根源特质：乐群性、聪慧性、稳定性、好强性、兴奋性、有恒性、敢为性、敏感性、怀疑性、幻想性、世故性、忧虑性、激进性、独立性、自律性和紧张性，如表 3-3 所示。

表 3-3　卡特尔的 16 种特质量表

序　号	16 种特质名称	特质由低到高
1	乐群性	孤独→外向
2	聪慧性	迟钝→聪慧
3	稳定性	情绪激动→情绪稳定
4	好强性	顺从→支配
5	兴奋性	严肃→乐天
6	有恒性	敷衍了事→谨慎负责
7	敢为性	胆怯→冒险
8	敏感性	理智→敏感
9	怀疑性	信赖→怀疑
10	幻想性	现实→幻想
11	世故性	直率→世故
12	忧虑性	自信→忧虑
13	激进性	保守→激进
14	独立性	随群→自立
15	自律性	不拘小节→自律严谨
16	紧张性	心平气和→紧张困扰

卡特尔设计了一份含有 170 个问题的自陈式问卷，用于测定这 16 种特质。同样，这 16 种特质也是从一个极端到另一个极端的连续体，测定的个性特质都会位于两端之间的某个

位置上。还应指出，卡特尔的“16 种个性测验”目前依然在国内外得到广泛运用，具有较高的信度和效度。

(三)“大五”个性模型

艾森克和卡特尔的个性理论都是在 20 世纪 50 年代前后提出并得到较广泛的应用。因此，可以说，他们是用实证方法研究个性问题的早期代表人物。自 80 年代以来，一种新的个性模型，即“大五”个性模型得到多数心理学家的验证和认可并广为流行。

“大五”个性模型是指外向性(Extraversion)、神经质(Neuroticism)、随和性(Agreeableness)、责任意识(Conscientiousness)和经验的开放性(Openness to Experience)。每一种大五特质都是由若干较具体的特质组成的，如表 3-4 所示。

表 3-4　“大五”个性模型及其相关特质

“大五”个性维度	外向性	神经质	随和性	责任意识	经验的开放性
与之有关的特质	积极情绪 乐群热情	焦虑 自我意识 脆弱敏感	信任 心胸开阔 心地善良	胜任 秩序 自律	幻想 行动 主见

由此可见，第一，每个“大五”因素都由不同的特质构成。例如，外向性由积极情绪、乐群和热情构成。第二，在“大五”因素之下较低层次的特质包括了人的个性的各个方面，无论是何种年龄、性别、种族、社会和国家的人，都可用这些特质描述人们各不相同的、多种多样的个性。第三，“大五”因素及其下面的特质里同样是从一个极端到另一极端的连续体，人的个性的某种特质都可能位于连续体的高、中、低或其他部位。

(1) 外向性。具有这种个性特质的人善于交往、善于言谈、果断自信、感情深厚、情绪积极。他们在工作中比内向的人更能体验到积极心情，对工作容易感到满意，而且一般会感受到组织中的事物都很美好。这种人喜欢与人交往，适合于从事推销和处理顾客关系的工作。

(2) 神经质。神经质也可用情绪稳定性(Emotional Stability)来代替。实际上，神经质就是指情绪稳定性的另一极端，即情绪不稳定。具有这种个性的人经常体验到消极情绪，在工作中总是感到压力很大，产生焦虑，比较敏感。应当指出，这里所说的神经质不是指某种病态，而是指每个人都可能有的某种个性特质。还应指出，这种特质也并非只有消极方面，有时在神经质方面得分高的人会比这方面得分低的人对自己的工作成绩更苛求，在要求批判性思考和控制质量的工作中精益求精，甚至能对集体已做出的决策直言不讳地指出其消极方面。

(3) 随和性。具有这种品质的人能与别人友好相处、讨人喜欢、关心别人、宽厚仁慈。

这在需要与人们建立良好关系的工作中是一种不可或缺的品质。但并非所有的工作都需要这种品质。例如，在一些要求严格遵守规章制度、一丝不苟的工作中，随和则未必是一种需要的品质。

(4) 责任意识。这是一种严密谨慎、坚忍不拔的特质。责任意识得分高的人做事有条不紊、严于律己，在许多组织中这是一种至关重要的品质。在这方面得分低的人可能没有明确的工作方向并缺乏自律。因此，这一品质与个人的工作绩效密切相关。

(5) 经验的开放性。“大五”个性模型的最后一种特质是经验的开放性。这种特质表明一个人的创造精神和对外界各种事物的开放程度，他们通常有广泛的兴趣，与那些心胸狭窄和谨小慎微的人相反，他们敢于冒险。这种人适合于从事需要经常进行变革、要求创新和冒险的工作。但是，若要把这种经验开放性的特质转化为创造和创新行为，组织需要为他们提供必要的条件，排除创新的各种障碍。在一些大型企业，这样的人往往有很高的离职率，其原因是这些公司对他们设置了太多的限制。虽然经验的开放性对创新工作来说是一大优势，但组织往往偏爱那些无须太多独立思考的工作。有时，组织也害怕愿冒风险的员工比例过大。最后，可用标准化的问卷测定这五个方面的特质，以便确定人们的个性。

(四)其他重要人格特质

1. 马基雅维利主义

马基雅维利(Niccolò Machiavelli)于 1469 年生于意大利的佛罗伦萨，是当时意大利著名的政治思想家，著有《君主论》等著作。他主张为达目的可不择手段，向当时的君主传授统治术。因此，马基雅维利主义也可称之为权术主义。但这里所说的马基雅维利主义是指人的个性品质，或者说，是在管理上表现出来的个性品质。具有这种个性品质的人注重实效，不带感情色彩，相信只有达到目的，最终的结果才能为手段做辩护。具有这种特性的人更愿意操纵别人，更希望说服别人，而不是被别人说服，从而取得更大的利益。这种人总想控制别人，在组织中取得权力。一些个性研究者从马氏的著作中摘取一些言论，编写出问卷，用于测定人们这种品质的高低。

马基雅维利主义分数高的人的工作是否有成效？这要视其所从事的工作以及评估工作绩效是否要考虑道德标准而定。例如，在需要谈判技巧时，在成功能带来实效时，这种人会成为有用之才。研究表明，马基雅维利主义得分高者在下述情况下有更好的工作绩效。

(1) 与别人面对面交谈时，而不是间接相互作用时。

(2) 组织中没有明确规则或明确规定较少时，即可任其自由发挥时。

(3) 感情因素与成功无关时。

如果不存在上述三个条件，或在最终结果不能为手段辩护时，或在组织有明确的规章制度时，这种人不会起积极作用。

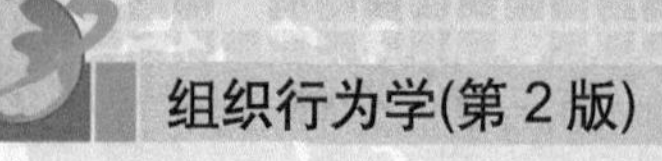

2. 核心自我评价

Judge 等在 1997 年提出了核心自我评价的概念，将其定义为个体所持有的对自身能力和价值的最基本评价，它是一种潜在的/宽泛的人格结构。核心自我评价可以潜意识地影响个体对自己、外在世界和他人的评价和估计。也就是说，即使人们在行为过程中并不能意识到这种影响的存在，但个体可以通过事后的内省而以自我报告的形式提出来，具体领域的评价(比如说对工作、同事的评价) 均会受到核心自我评价的影响。

核心自我评价有四个维度：自尊、一般自我效能感、控制点和神经质这四种特质在心理学研究中，不管在广度、深度还是数量上，都占据着重要地位。然而，大多数研究都是将它们分开单独研究的，很少把它们作为一个整体进行研究，并考察它们之间的相互关系。从概念上讲，这些特质之间存在相当大的相似性。首先，自尊是指个体在多大程度上认可自己的能力，认为自己是重要的、成功的、有价值的。自尊与一般自我效能感之间存在明显的关联。一般自我效能感是指个体在所有情境中对自己能否取得成功所需能力的估计。从中我们可以看出，自尊与一般自我效能感之间有着微妙的差别。其次，一般自我效能感与控制点之间也存在相似性。控制点是指一个人对自己是否能够控制其所处环境的信念。从逻辑上来讲，一个在多种场合都能取得成功的人(高一般自我效能感) 势必可以控制其所处环境。最后，自尊与神经质之间也存在着关联。无论是神经质预示着低自尊，还是高自尊预示着低神经质，均说明二者之间确实存在着联系。

3. 主动性人格

组织日渐希望员工能够关注组织中的错误，对于环境和信息变化做出主动的反应。弗雷斯(Frese)和费伊(Fay)指出，在 21 世纪，由于全球化的竞争、快节奏的变革、新的生产理念和工作本身的变革，工作中越来越需要主动性。随着办公自动化和分权制度的普及，主动性行为和工作灵活化也越来越受重视。几十年前，组织雇用员工去做严格定义好的工作，而现在组织更倾向于将主动性行为当作一个重要的职位要求，它们更倾向于招聘有主动性倾向的员工，并且让员工感受到主动性行为在组织内部是受推崇的。

在工作中，主动性人格是主动行为的动力之一。具有主动性人格的员工更主动、坚持，而且乐于改变周围的环境。主动性人格对个人的生涯是有积极意义的，他和绩效、工作适宜以及内在和外在的生涯成功有很大关系。研究证据也表明，主动性人格与招聘过程也有关系，这就鼓励组织去吸收更多的主动性人才，也鼓励员工保持主动性。当然，也有一些非正式的证据表明，主动性强的员工也可能出现错误的行为，给组织带来时间和金钱上的损失。这就是 Campbell 所说的“主动性矛盾”，有一些组织鼓励主动性，却惩罚或不奖励主动性行为，因为这些行为不被它们接受。因此，主动的个体有时候并不能得到职业生涯上的好处，或者有时候他们的行为和组织的目标是不一致的。

第二节　能　　力

一、能力的定义

心理学中把人们能够顺利地完成某种活动的心理特征称为能力。能力是顺利地完成某种活动的条件，并且表现在掌握活动所必需的知识、技能和熟练的动力上的差别，即在其他条件相同的情况下(训练条件、学习条件、时间等)，掌握某种知识或技能的过程中所表现出来的“快慢”“深浅”“难易”及“巩固程度”上的差别。

二、能力的类型

能力分为一般能力和特殊能力两大类。一般能力是在很多基本活动中表现出来的能力，它适合于多种活动的要求，如观察能力、记忆能力、抽象思维能力等。在西方心理学中，把一般能力称为“智力”。特殊能力是表现在某些专业活动中的能力，它只适宜于狭窄活动范围的要求，如数学能力、音乐能力、飞行能力等。人们进行具体活动时，往往需要把许多单独的能力有机地综合起来，才能获得成功。例如，在完成某种学习任务时，需要靠记忆力、观察力、理解力、逻辑推理等能力的结合。

人的能力是有个体差异的。人与人之间的能力差别不仅表现为量的差别，而且表现为质的差别。所谓量的差别，是指人与人之间各种能力所具有的水平不同。例如正常人均具有记忆能力，但人与人之间的记忆力强度不同。所谓质的差别，是指人们在完成相同任务时，可以通过不同能力的综合而实现。例如，两个干部都具有良好的组织能力，甲可能综合个人的技术能力、演说能力和人际关系的能力等；乙可能综合调查的能力、分析的能力以及正确决策的能力等。

有人说，播种在土壤内的麦粒对麦穗来说只是一种可能性，这粒种子有没有可能长出麦穗来，取决于土壤的结构、成分、湿度、气候等其他条件是否适宜。人的能力的先天素质也只是获得知识和技能的可能性，至于是否能获得这些知识和技能，可能性是否变为现实性，同样取决于许多条件。例如，周围的人(家庭、企业、部门中的人)是否关心这个人对知识和技能的掌握，如何对其进行教育，如何组织劳动活动，从而使这些知识和技能得到运用和巩固等。

三、胜任力素质模型的企业实践

(一)胜任力与胜任力素质模型

(1) 胜任力(competence)是直接影响工作业绩的个人条件和行为特征，是指能将某一工作中有卓越成就者与普通者区分开来的个体的深层次特征。它应该包含三方面概念：①个人特质，包括知识、技能与行为；②可验证的，即个人所表现出来的、可以被可靠测量的部分；③产生绩效的可能性，不仅关乎当前绩效，还注重未来的绩效。

(2) 胜任力素质模型是在我国当代人力资源理论与实践不断提高的基础上而出现的全新的概念，它通常与岗位职责联系在一起，其模型描述的是达到某一特定岗位要求所需要的知识和技能的组合。目前，最具有代表性的基础模型是胜任力素质冰山模型和洋葱模型。

1993年，莱尔·M. 斯潘塞博士和赛尼·M. 斯潘塞在所著的《工作素质：高绩效模型》一书中提出了著名的胜任力素质冰山模型。该模型指出，胜任力素质主要有五种类型：动机、特质、自我概念、知识和技能；个人素质犹如一座浮在水中的冰山，其中在“水面上”的知识与技能相对容易观察和评价，是胜任工作和产出工作绩效的基本保证。而“自我概念、特质和动机”潜藏于“水面”以下，不易触及，必须有具体的行为特征才能推测出来，但它却是左右个人行为和影响个人工作绩效的主要内在原因，水面下越深的部分对于绩效的影响也就越大(见图3-1)。

美国学者理查德·博亚特兹提出的“胜任力素质洋葱模型”是在冰山模型基础上演变而来的，模型的由内至外说明了胜任力各个构成要素逐渐可被观察、衡量的特点，如图3.2所示。

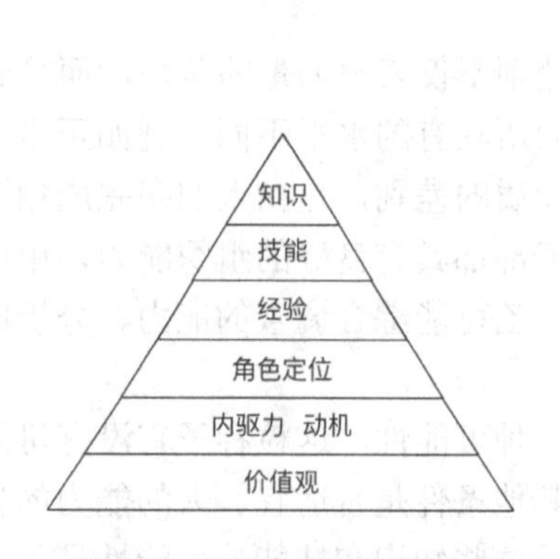

图3-1 胜任力素质冰山模型

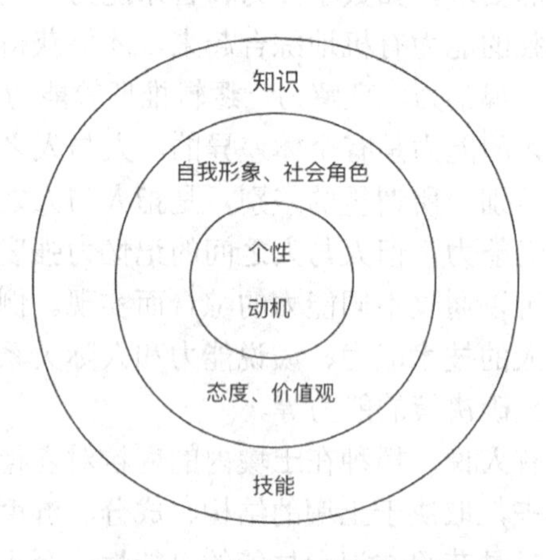

图3-2 胜任力素质洋葱模型

(1) 个性。

个性是指个人典型的稳定的心理特征的总和，表现出来的是一个人对外部环境和各种信息的反应方式、倾向和特性。它包括个性倾向性(需要、动机、兴趣、信念、理想和世界观等)和个性心理特征(气质、性格和能力等)的统一体。

(2) 动机。

动机是引起、维持和指引人们从事某种活动的内在动力，推动并指导个人行为方式的选择朝着有利于目标实现的方向前进，并且防止偏离。动机的强烈与否往往决定行为过程的效率和结果。比如，具有强烈成功动机的人常常会为自己设定一些具有挑战性的目标，并尽最大努力去实现它，同时积极听取反馈，争取做得更好。

(3) 自我形象。

自我形象是指个人对于自身能力和自我价值的认识，是个人期望建立的某种社会形象。自我形象是社会性和渐进性的过程，借着感知领域的不断同化和异化持续塑造而成的。自我形象一经形成，有拒绝改变的倾向，如果改变，情绪随着发生改变。自我形象作为动机的反应，可以预测短期内有监督条件下的个人行为方式。

(4) 社会角色。

社会角色是指个体在社会中的地位、身份以及和这种地位身份相一致的行为规范。个人所承担的角色既代表了他对自身具备特征的认识，也包含了他对社会期望的认识。社会角色建立在个人动机、个性和自我形象的基础上，表现为一个人一贯的行为方式和风格，即使个人所在的社会群体和组织发生变化也不会有根本改变。

(5) 价值观。

价值观是指一个人对周围的客观事物(包括人、事、物)的意义、重要性的总评价和总看法，是决定人的行为的心理基础。价值观具有相对的稳定性和持久性，在特定的时间、地点、条件下，人们的价值观总是相对稳定和持久的。在同一客观条件下，对于同一个事物，由于人们的价值观不同，就会产生不同的行为，将对组织目标的实现起着完全不同的作用。

(6) 态度。

态度是个体对客观事物所持有的一种持久而一致的心理和行为倾向，是自我形象、价值观和社会角色综合作用外化的结果，主要包括：①认知成分，即个人对人、工作和物的了解；②情感成分，即个人对人、工作、物的好恶、带有感情的倾向；③行为成分，即个人对人、工作和物的实际反应或行动态度。

(7) 知识。

知识是指个人在某一领域所拥有的陈述型知识和程序型知识。其中，陈述型知识是由人们所知道的事实组成，这些知识一般可以用语言进行交流，它可以采取抽象和意象的形式；程序型知识则是指人们所知道的如何去做的技能，此类知识很难用语言表达。

(8) 技能。

技能是指一个人结构化地运用知识完成具体工作的能力。技能是否能够产生绩效受动机、个性、价值观等胜任力要素的影响。

(二)胜任力素质模型的建立

针对不同的职位要求，分别列出对每项素质的不同要求，就形成了每个职位完整的胜任力素质模型。建立了职位胜任力素质模型可以将组织人力资源战略和组织整体战略紧密结合起来。同时，职位胜任力素质模型可以有效地支持人力资源管理的各项工作。组织建立素质模型后，对人力资源管理的各项工作，尤其是绩效考核工作就有了一个统一的、可

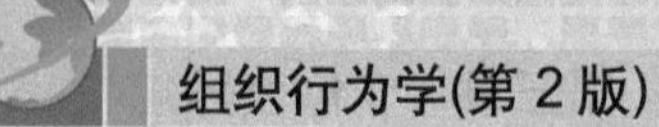

衡量的标准，确保科学性、公平性和合理性。具体步骤如下。

(1) 定义绩效标准。即采用工作分析的各种工具与方法明确工作的具体要求，提炼出鉴别工作优秀的员工与工作一般的员工的标准。

(2) 选取分析样本。根据第一步确定的绩效标准选择适量表现优秀的样本和表现一般的样本，并以此作为对比样本。分别从绩效优秀和绩效普通的员工中随机抽取一定数量的员工进行调查。

(3) 获取有关胜任力的数据资料。一般利用行为事件访谈法来获取有关胜任力数据。要求被访谈者列出他们在工作中的关键事件，包括成功事件、不成功事件或负面事件各三项，让他们描述整个事件的背景、目标、结果、影响层面等。

(4) 建立胜任力模型。首先，将行为事件访谈的资料整理成行为事件访谈报告，对访谈报告内容进行分析，提炼胜任特征，并对行为表现的复杂度和广度进行编码，记录各种胜任特征在报告中出现的频次。其次，对优秀组和普通组的要素指标发生频次和相关程度的统计指标进行分析，找出两组的共性与差异性特征。最后，将差异显著的胜任力因子提取出来，并对提取出的胜任力因子进行命名。

(5) 验证胜任力模型。胜任力模型的检验方法一般有以下三种。①重新选取优秀绩效员工与普通绩效员工两组样本作为第二准则进行行为事件访谈。②编制量表，选取较大规模的样本进行测试，对量表进行因素分析，考察量表的结构是否与原有模型吻合。③采用评价中心方法，对作为第二准则样本的优秀绩效组和普通绩效组进行评价，考察两组是否在这些胜任力要素上有明显差别。由于编制量表的信度和效度较高，大部分专家组都采用编制量表的检验方法。

(三)胜任力素质模型的应用

(1) 基于胜任力模型的招聘与甄选。

把胜任力模型应用到企业招聘当中。首先要做的是在工作内容分析中运用胜任力模型，企业实施人员招聘的基础就是工作分析。传统的工作分析并没有基于胜任力模型，容易出现难以识别岗位胜任特征的问题。因为传统的方式大多只关注关于工作岗位的组成成分，比如职位的工作性质、特点、职责的权限、环境条件等，依靠这种无侧重点的选拔，难以准确定位出合适的最优人选。而倘若工作分析以胜任力模型为基础，将重点关注与优秀绩效表现密切关联的工作特征，这样将大大提高甄选效率，同时也减少后期培训所耗用的费用成本。

(2) 基于胜任力模型的绩效管理。

绩效管理是一个组织人力资源管理体系的核心环节。整个流程是制定绩效目标、完成目标、评估绩效结果并提出改进方案。绩效管理的最终目的是完善员工自身能力并提高素质。企业利用传统方法进行绩效管理时，往往很难准确收集到评估对象充分的绩效数据，这样容易造成评估偏差，从而对接下来的人力资源管理工作造成不利影响，而以胜任力为基础的绩效评估体系能够向评估对象传递以下信息：所在职位的成功标准有哪些，工作者怎样在其职位上发挥应有的作用，承担的责任是什么样，哪些核心专长与技能需要掌握。这样就能有重点地在绩效评估中展开工作，员工工作行为的信息收集工作也能有的放矢。以胜任力为基础的绩效评估通常包括：员工的管理能力的高低和素质优、劣势分别是什么；怎样挖掘员工的潜在能力和发展趋势；现任岗位所明确的需要员工什么样的能力和经验；弥补员工经验和能力的不足需要采取哪种培训；等等。这样的评估会使员工意识到自身的不足，组织也能了解到员工高绩效的产出所存在的障碍有哪些，进而为制定下一步发展目标以及培训计划奠定理论基础。

(3) 基于胜任力模型的人员培训。

为不断地弥补员工的缺陷，提高他们对职位的胜任能力，从而使员工达到职位的要求是人力资源管理中培训的最终目的。以往的培训工作是以工作分析为基础进行的，其分析得出的范围仅局限在知识、技能等表面现象的内容，比较狭隘。以胜任力模型为基础的培训体系可针对职位的具体要求，结合员工本身的素质状况，针对性地为员工制订具体培训计划，来弥补员工自身的缺点。培训员工最为核心的业务能力，这样的培训重点和目的可以有的放矢地被突出。这样有针对性的培训还可以节省开支，提高培训的效果。基于胜任力模型的培训最重要的是员工的潜在素质能够被发掘，他们的优势被激发，潜能被强化，使其成为企业管理储备具有核心能力素质的储备人才。

第三节　心理测验与人员选拔

唐太宗李世民讲“君子用人如器”，要知人善任。如何识人善任，自古以来就是一个永恒的管理学课题。先识人，再用人。这在中国历史上有很多先例，如诸葛亮的“七观”就是一个典型的案例。

问之以是非而观其志
穷之以辞辩而观其变
咨之以计谋而观其识
告之以祸难而观其勇
醉之以酒而观其情
临之以利而观其廉
期之以事而观其信

但这种人才鉴别方法更多地依赖于观察者的经验多寡，容易受到个体差异的影响。因此，其判断有时会偏差很大，甚至风险也很大，更重要的是该方法很难传承，难以在不同评判人之间进行横向比较。

现代管理向心理学提出了对人的个性进行客观评定的要求。人员选择的过程可以用费钱、费时来描述。但人们发现，坚持严格的选择从长远的观点来看，有利于智力开发，有利于人力开发；从眼前观点看，选择过程的开支比起让不合适的人担任某项工作而带来的损失要小得多。而且随着管理深入发展，特殊工种、高级的管理人员也需要挑选具有一定心理品质的人来胜任。因此，为了有效地开发人力资源，做到人尽其才，工业企业在人员选择、人员安置时，适当地运用一些心理测验的方法，将有助于提高人事工作的质量。

一、心理测验的特点

心理测验是一种测量手段、一种标尺。人们用它作为测量行为的样本。工业组织中应用的心理测验，不仅是一组与所测变量有关的问题，而且要求具有标准化、客观化、常模化、可靠性、有效性等特点。

(一)标准化

标准化是指进行心理测验时，测验的条件和测验的程序要始终保持一致，保证所有人在完全相同的条件下接受测验。

每个测验必须有自己的标准程序，每次测验必须严格按标准程序进行。例如，给予所有被测者相同的指导语，控制相同的测验时间，在相似情况下进行测验等。

(二)客观化

客观化是指评定心理测验的成绩时，要按统一的客观标准给予评分，而不受评分人的个人偏见所影响。

(三)常模化

常模化是指在分析心理测验的结果时，用同一个参照系列——标准常模作为样本，来确定被测者的相对水平。

测验常模是一大批与被测者条件相似的被试在该项测验中所得分数的分配。人们用这个分配作为衡量求职者心理品质的尺度。例如，一名职员在拼图测验中得30分，因为光凭这个分数是看不出他在图形识别方面的水平的，所以需要把他的分数与常模的拼图测验成绩的分数相比较，才能知道30分意味着什么。

二、心理测验的分类

工业中根据不同的条件和要求，采用各种不同的心理测验。我们根据不同的标准，可以对心理测验进行不同的分类。

(一)个别测验与集体测验

根据参加测验人数的多少，可以把心理测验分为个别测验与集体测验。个别测验一次只能给一个人进行，因而针对性较强，所测项目的结果分析比较深入细致。但因为这种方法费时费工，成本较高，所以一般只应用于选择高级的管理者。

集体测验一次就可以给许多人进行。测验人数可根据测验场所的具体条件而定。这种测验方法速度快、成本低，因而在人员选择中广泛应用。

(二)速度测验与难度测验

根据测验时间是否限定，可以把心理测验分为速度测验与难度测验。

速度测验在规定时间内进行，时间一到，测验立即停止；而难度测验没有时间限制，被试可以自己掌握。一般来说，难度测验的题目比速度测验的题目难，更能反映出人的一些潜在特性。而速度测验进行方便，可以在规定的时间内统一收卷，特别是当工作速度本身作为一种关键因素时，速度测验的作用更为突出。

(三)能力测验与个性测验(人格测验)

根据测验的内容不同，可以把心理测验分为能力测验与个性测验两种。

能力测验用于测量人的一般能力水平与特殊能力的倾向性，而个性测验则用于评定人的个性品质，如气质特点、成就动机、是否忠诚老实等。

(四)书面测验与操作测验

根据测验形式的不同，可以把心理测验分为书面测验与操作测验。

书面测验以问卷的形式进行，操作测验则需要通过一系列操作来完成。一般看来，操作测验不仅耗用时间较长，而且往往需要一对一施测。

三、能力测验

我们把人的能力分为一般能力与特殊能力两大类。一般能力反映了人在许多基本活动中所表现出的智力水平，而特殊能力则反映了人的特长。由于工业企业中生产活动的多样性与复杂性，每个岗位均对人的能力在量的方面、质的方面提出了不同的要求，所以适用于人员选择的能力测验也相应分为心理能力测验与特殊性向测验两大类。

(一)心理能力测验

心理能力测验(又称智力测验)，用于测量人的一般智力水平。测验项目大多数与拼写、阅读或数学等内容有联系，因而往往受到学历的影响。

国外工业企业中常用的智力测验有下列 4 种。

(1) 奥蒂斯独立管理心理能力测验。这种测验不仅集体进行，而且每测一次所花的时间也比较少，适用于筛选智力水平要求较低的工作求职者，如流线操作工等。

(2) 旺德利克人员测验。这种测验是奥蒂斯测验的简缩形式，每测一次只需 12 分钟。时间虽短，但因为它能预测求职者能否胜任某些简单工作，所以在工业企业挑选人员过程中得到了普遍使用。

(3) 韦斯曼人员分类测验。这也是一种集体测验，每测一次半小时完成。测验内容包括语言部分和数学部分，适用于对比上述两种较高级人员的挑选，如用于选择供销员、基层管理人员等。

(4) 韦克斯勒成人智力量表 MAIS。韦克斯勒成人智力量表由两部分组成——语言部分和操作部分。这两部分共包括 11 个小测验，其中语言部分的小测验有“资料”“理解”“算术”“相似性”“数字广度”“词汇”；操作部分的小测验有“数学符号”“填图”“分组设计”和“实物装配”。因为这种测验内容很多，又要个别进行，对测验者要求又较高，所以在工业企业职工选择中应用并不广泛，仅限于在选拔高级管理人员时应用。

(二)特殊性向测验

特殊性向测验用于测量人的特殊能力，预测求职者是否具有某种工作所要求的某种特殊潜在能力。目前工业中常用的性向测验可以分为以下几种。

1. 文书能力性向测验

这是一种集体进行的速度测验。测验内容包括两部分：一部分是速度和数字部分，包括核对、按字母顺序排列、数字计算、发现错误和运算推理等项目；另一部分是语言部分，包括拼写、阅读理解、词汇、语法等项目。例如下面的明尼苏达州文书测验样本项目：如果两个数字或者名字完全相同，在它们中间的横线上打上核对过的标记“√”。

66273894—66273984
527384578—527384578
New York World—New York World
Cergill Grain Co—Cargil Grain Co

2. 机械能力性向测验

这种测验用于测量人们对机械原理的理解以及判断空间形象的速度与准确性。通常应用在“一般机械装接测验”、明尼苏达的“空间关系测验”“明尼苏达纸板测验”等。

3. 心理运动能力性向测验

心理运动能力性向测验用于测量手段的灵活性、操作能力、运动能力、肌肉的协调能力、手和眼的协调能力以及反应时间等。工业中普遍应用的有马克里的机械能力测验、欧卡诺的手指灵巧测验、明尼苏达操作率测验，以及普度的钉板测验等。马克里的机械能力测验是一种书面运动能力的测验，它包括如下 7 个项目。

(1) 循轨——在若干条垂直线之间很狭窄的断裂空隙间画一线条。

(2) 敲击——尽快在纸上打点。

(3) 打点——尽快在圆圈里打上点(见图 3-3)，尽快在每个圆圈内打上一个点。

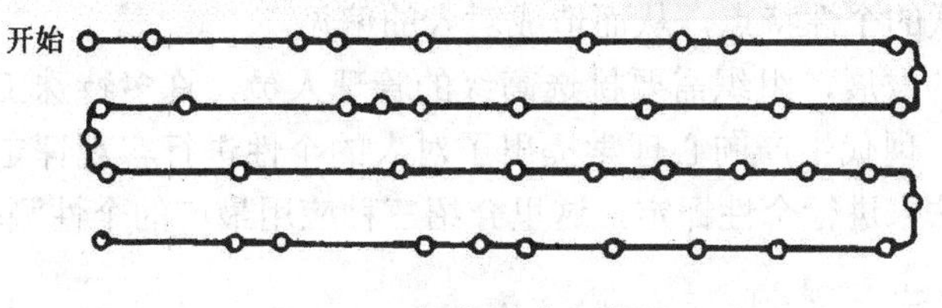

图 3-3　打点测验示意图

(4) 摹写——摹写简单的图形(见图 3-4)，在加点的范围内摹写左图。

(5) 定位——在一个刺激图形的缩小形式中定出具体的点。

(6) 定块——确定一个图形由几个小块组成(见图 3-5)，与每块打有 X 的块料接触的有几块块料。

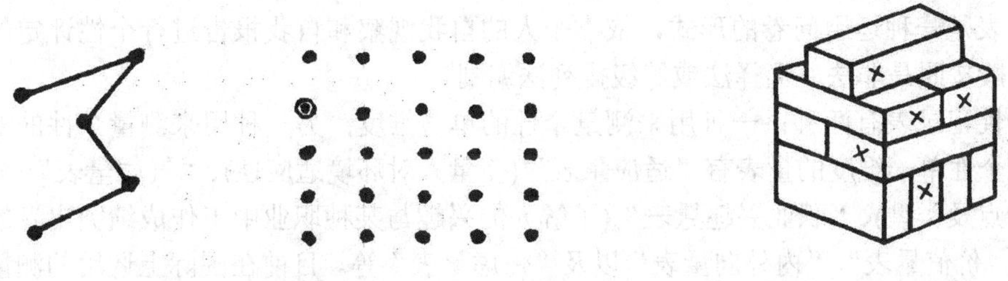

图 3-4　摹写测验示意　　　　图 3-5　定块测验示意

(7) 追视——在一个迷津中追视各种线条(见图 3-6)，追视每条线，用与左边相同的标号写出每条线的尽头处。

图 3-6　追视测验示意

四、个性测验

人的个性特点是通过外表和言行表现出来的。这些外部的信息为个性的评定提供了客

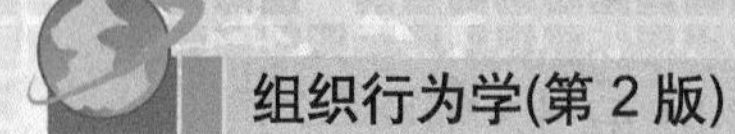

观依据。在日常生活中，人与人之间通过相互联系、相互作用，彼此之间不断进行着相互评论；组织上为了选择人员、安置人员、考核人员等需要，也经常对职工进行评定。这些自然条件下的评定，由于评定者自身认识水平的局限性，有时候往往容易集中注意自己特别喜欢或特别不喜欢的个性特点，从而造成对人的偏见。

随着管理科学的发展，组织需要挑选高级的管理人员，许多特殊工种也需要挑选具有一定心理品质的人。现代生产向心理学提出了对人的个性进行客观评定的要求。目前，国外已经采用许多办法来进行个性评定，这里介绍三种应用最广的个性测验方法，以供参考。

(一)观察评定法

测定者通过系统观察，对求职者的个性特征按照预定等级给予评分。例如，评定求职者社交活动的特点，可以按五点量表进行测量。这种方法虽然使用简便，但是由于采用了主观打分法，评定结果容易受评分人自身的偏见和态度所影响，因而信度与效度都比较低。

(二)个性记录表

个性记录表是一种运用问卷的形式，依靠个人的自我观察和自我报告进行个性评定的方法。问卷一般按照是非法、选择法或等级排列法编制。

常用的个性记录表有两种：一种用来测量个性的单一维度；另一种用来测量个性的多种维度。测量个性单一维度的量表有“适应量表”(衡量人对环境适应性)、“气质量表”(分析人的气质特点及类型)、“职业兴趣量表”(了解人的兴趣与某种职业中工作成绩突出者的兴趣相似性)、“价值量表”、“内外向量表”以及“焦虑量表”等。目前在国际上通用的测量个性多种维度的量表有MMPI量表和CPI量表两种。

1. MMPI量表

MMPI 量表(明尼苏达多项个性调查表)是美国精神病学家霍瑟卫(Hothewoy)和麦金莱(Mckinley)在20世纪40年代初期制定的一种多项个性评定表。该量表最初用于区别正常人与异常人，以及不同类型的精神病，现在已在许多国家广泛流传并用于正常人的个性评定。MMPI量表由以下三部分组成。

(1) 问卷表。问卷采用是非法，共提出566道问题(其中有16道题是重复出现，故实际题目有550道)。

例如：我喜欢看机械方面的杂志。

我的日常生活中，充满着使我感兴趣的事。

(2) 答卷表。为了用计算机或模板处理结果，答案全部填写在统一答卷中。

(3) MMPI个性调查表。问卷的结果通过计算机或模板处理后，计算出衡量个性特征的18个指标，并用K分数校正后，在调查表中画出个性曲线。

2. CPI 量表

CPI 量表(加利福尼亚多项个性记录表)用于测量正常人的主动性、社交能力、自我概念、责任心、社会性等个性特点。个性评定量表的组成及方法与 MMPI 量表相同。个性记录表采用客观记分法，能对个性进行客观评价与全面比较，但由于运用问卷的方法、题目结构太死板，严格限制了个性表现的自由。

(三)投射测验

投射测验是给被试呈现一种模棱两可的多义刺激物，要求被试在极短的时间内立即对刺激物做出反应。因为刺激与反应之间(S-R)间隔的时间太短，被试无法进行周密的思考，所以在回答中往往挖掘了个人的想象，把自己的思想、态度、愿望、情感或特性投射在反应中，主试只要运用一定技术来分析这些想象的产物，就可以了解该人的个性特征。国外企业界在选择高级管理人员时，普遍应用投射测验来评定个性，据说效果很好。现在应用比较广泛的投射测验有：罗夏克测验、主题统觉测验、二十问法等。

1. 罗夏克测验

罗夏克测验(The Rorschach Test)是由瑞士精神病学家罗夏克于 20 世纪 20 年代提出的。通过让被试解释一套用墨汁所染成的图画(每套 10 张，其中 3 张是彩色图，7 张是黑白色图)来评论他的思想、愿望、情感以及其他特征，如图 3-7 所示。

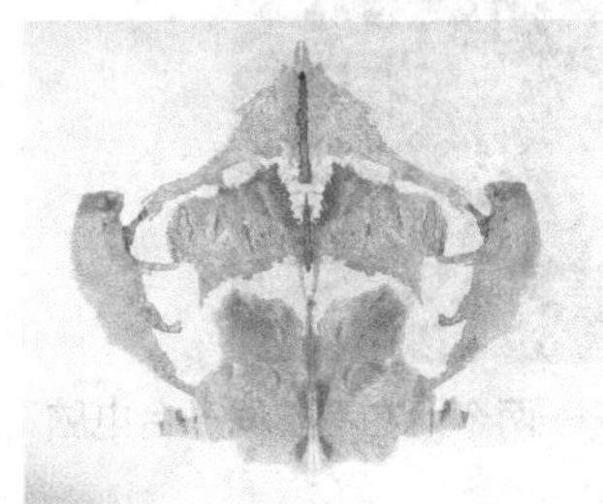

图 3-7　墨汁测验图

测验中，主试对被试的个性评价要按多种指标进行综合分析。主要指标有下列 5 种。

(1)　反应时间——根据被试对每张图片的反应时间来分析其神经类型、个性类型以及精神病的类型等特点。

(2)　反应总数——根据被试从墨汁图中看到物体总数的多少来分析其智力水平、情绪状态以及联想是否丰富等特点。

(3)　定位——根据被试对墨汁图反应的五种空间状况(整体、部分、小部分、细节、空白)来分析其观察问题、分析问题的风格。

(4)　定性——根据被试对墨汁图反应的依据(形状、黑白光度、色彩、动态、透视、结

构、隐影)来分析其情绪稳定性、思维类型以及内倾与外倾等特点。

(5) 内容——根据被试的反应内容，如植物、动物、人物、风景等来分析被试的愿望、态度、思想等特点。

在罗夏克测验中，主试除了根据各种指标进行全面分析，并按计分法进行评分外，还要探求个性各部分之间的关系，进而做出系统、全面的个性评定。

2. 主题统觉测验

主题统觉测验(Thematic Apperception Test)简称 TAT 测验，它是美国心理学家默里(H. A. Murray)于 20 世纪 30 年代提出的一种测量个性的方法。进行 TAT 测验时，主试呈现一套不同情境的图片，要求被试用 5 分钟看完一张图片后就编出一个故事或发表自己的见解。因为图片内容设计不够清晰，提供给被试思考的时间又很短，所以被试常常不自觉地把自己的愿望、态度等特点投射进去。主试运用一定技术来分析被试的故事或见解，就可深入分析其个性特点。

例如，下述三张图片(见图 3-8～图 3-10)的内容为：

图 3-8 工作情境——两个人在看着同一台电脑

图 3-9 人事情境——一个领导模样的人与一个职工模样的人相对而立

图 3-10 办公情境——一个男人坐在桌前，桌上放着一堆公文

工作情境——两个工人在操作一台机器。

人事情境——一个领导模样的人与一个职工模样的人相对而立。

办公情境——一个男人坐在桌前，桌上放着一堆公文。

要求被试根据每张图片编一个故事。每个故事要考虑到图中人所扮演的角色，这种角色是如何形成的，将来可能会发生什么变化等因素，主试通过深入分析故事内容，就可以了解被试的某些个性特点。

3. 情境模拟个性测量法

“人才评价中心”是美国开发出的一种综合性情境模拟个人特征测评方法，该方法目前已被大量应用于实践中，用于对企业界管理人才的发掘与评价。典型的评价活动包括以下几种。

(1) “无领导小组讨论”练习。被评者组成一个4～6人的小组，模拟一个领导班子，讨论一个给定的假想的管理问题。

(2) “公文处理模拟”练习。每位被评者在指定时间内，在一模拟的特定岗位上，以批阅公文的形式，对一系列管理问题做出反应。

(3) “决策模拟”练习。这种练习通常带有竞赛性质，即由被评者组成的一个小组模拟一领导班子，就一假定情境中的市场与投资状况连续做出一系列决策。现在该种练习已多半实行计算机化，据此开发了多种软件。

上述三类活动，都是由旁观的考评员根据被评者在这些模拟的工作情境下的行为表现，按某些与管理效能有关的个性特征(如果断性、主动性、敏感性、自主性、工作激励等)进行评测的。实践证明，此法所测上述个性特征对预测管理人才的绩效与成功相当准确。评价中心活动除上述三种外，往往还辅以业务计划讲演、写作练习、自陈式个性问卷调查等。

人的个性特点是通过外表和言行表现出来的。这些外部的信息为个性的评定提供了客观依据。在日常生活中，人与人之间通过相互联系、相互作用，彼此之间不断进行着相互评论；组织为了选择人员、安置人员、考核人员等需要，也经常对职工进行评定。这些自然条件下的评定，由于评定者本身的认识水平的局限性，有时候往往容易集中注意自己特别喜欢或特别不喜欢的个性特点，从而造成对个体的偏见。

五、心理测验的局限性

应用心理测验进行人员选择与考核，虽然能使人事部门在较短的时间内取得职工的有关材料并进行定量分析，但也存在着一些问题。例如，制作测验量表时，取样太小，导致效度较低；主试未经严格训练，不适当的指导语或表情影响被试的情绪；被试求职心切，在测验中弄虚作假；按同一客观标准选用的新员工趋于单一的类型，往往埋没了富有创造性的出类拔萃的人才。

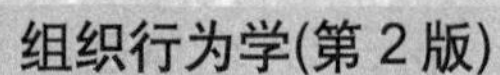

由于心理测验存在着一定的局限性，所以心理测验的价值和附带的伦理问题一直是许多国家许多部门争论的问题。不管人们对心理测验如何批评，国外企业界还是广泛应用了这种技术，而且具有一定的成效。因此，我们也有必要了解心理测验是什么，它有什么作用，有什么局限性等。但更重要的是在我们自己研究的基础上逐步编拟对我国企业行之有效的心理测验。

本章小结

个体是群体和组织的细胞，组织中每个员工的风格和行为方式相互作用形成组织整体的风格和行为方式。因此，个体心理与行为是群体心理与行为和组织心理与行为的基础，组织行为的研究要从个体心理与行为的研究开始。同时，每个人都是独一无二的，组织中每个员工都有自己的风格和行为方式。要理解每个人独特的心理与行为，必须对人的本质——人性有明确的认识，理清人的需要、动机、行为之间的因果关系，并对形成个体差异的要素——个性、能力、态度、知觉、意志、感情等心理因素进行详细考察，才能理解个体心理与行为的原因和内在动力，进而深入、准确地认识组织行为。

实训课堂

特朗普家族的教育方式与人格培养

2016年11月9日，唐纳德·特朗普已获得了276张选举人票，超过270张选举人票的获胜标准，当选美国第45任总统。

在成为美国总统之前，美国杂志《福布斯》曾评估特朗普资产净值约为45亿美元，特朗普则称超过100亿美元，生于巨富家庭，特朗普是如何保持财富的增长，并且进入美国共和党，在大选中打败希拉里，成为美国新一任总统的？

而这无疑和特朗普的家庭教育分不开。

唐纳德·特朗普，1946年出生在一个房地产世家。他们家的商业基因传了四代，越传越发家，算是豪门。先是他爷爷辈开了餐馆赚了钱，然后完成从德移民到美国。到了特朗普的父亲这一代，就开始做大生意，二十出头开创了地产公司，刚好遇上二战后经济大发展的好时机，一下子就成了千万级别的富翁。到特朗普是第三代，从小父亲就告诉他："你将会成为领袖。"爸爸会带他参加房地产谈判，小特朗普3岁开始就被老特朗普带着谈生意。而且，小特朗普并不是去打酱油，老特朗普鼓励儿子发表自己的意见。一开始小特朗普有点怯场，后来说得多了就越说越顺溜，看到随便什么大亨都不会露怯。

特朗普读的是私立学校，在学校里他成绩很好。后来特朗普回忆说，小时候的谈判桌，不仅仅让他了解了房地产，更为重要的是"学到了坚持、激励别人、高效率"。但是特朗普家教很严，在少年时代就汗流浃背地送过报纸，养成不怕吃苦的性格。后来上中学，他被送到纽约的一所军校受训，获得上尉军衔。

到了青年时期，他上的是名校沃顿商学院。学霸特朗普一边学着房地产的专业知识，一边在帮老爸做着房地产的生意。边学边实践。到了他毕业的时候，已经赚到了20万美元，相当于现在的 100 万美元，数量相当可观。毕业的特朗普明明可以当老爸的继承者了，但他爸非要他先去闯闯世界，又给了他100万美元，当作启动资金。

接下来几年，这个大胆年轻人的经商历程就像坐过山车一样，先是赚上个几千万美元，然后过几年又破产。在他人生当中，少说破产了 4 次。但是特朗普每次都很心大，破产算啥，关键是要有胆量。人有多大胆，地有多大产。每次破产，特朗普都能够重新再来，东山再起。

在他家做了 30 年之久的管家安东尼告诉纽约时报，最佩服的一点是特朗普每天只睡 4 个小时，天亮前必定起床，看报纸，打球，然后就开始一天的工作。他后来总结一句话："很多朋友破产了，再也没见过他们。但幸运的是，我没有选择他们的路。因为我在成功的人身上看到的最普遍特点都是他们从不放弃。"这么拼命的结果是，特朗普比他爷爷和爸爸生意做得都大，一跃成为十亿级别的富豪，把家族的名字都写到了全美大厦上。

再说说特朗普的小女儿，伊万卡·特朗普。这位大小姐跟她老爸很像，也是从生活条件到学习都超级棒，从小就跟着父母出席各种社交场合。而且，土豪老爸的教育模式依旧是延续着自己成长的那一套，对孩子的要求很严格。吸烟、喝酒、嗑药这些明星常见问题，在特朗普家都是被禁止的。

在经济上，特朗普只提供生活费和教育费，他要求孩子自己打工挣零花钱，连话费都要孩子自己付。所以伊万卡 6 岁就开始学着炒股，自己理财，到了上高中的时候当模特，打零工。后来伊万卡公开说："我不得不去挣钱，因为除了学费外，其他一切开销我都得自己支付。"而她也遗传了模特母亲的基因。

伊万卡的模特事业做得很大，经常上 *Elle* 杂志和《魅力》内页，还成了《17 岁》杂志的封面女郎。但是，有大好超模生涯在手，伊万卡居然还能坚持学习。她在乔治大学读了两年，又到了名校沃顿商学院读经济学本科，毕业成绩是全优。跟自己老爸当年一样，大学毕业后伊万卡没有进家族企业，自己先去闯世界。为调查行业竞争对手，她天天奔波各地，开商业会议，最喜欢谈的话题不是名牌包包，是商机或读过的新书。

她是前超模，在娱乐圈摸爬滚打，从没闹过绯闻。有人把她和另一豪门的千金相比，对方经常出入夜店，伊万卡很不屑："比起她来，我的时间都花在办公室。"所以呢，老爸特朗普很看中这个有事业心的女儿。伊万卡 24 岁时，获准进入特朗普集团，一上任就在负责重大项目。比如翻新华盛顿旧邮局，这个项目是与政府合作，投标高达两亿美元，竞争十分激烈，被她成功拿下。

有人质疑她的真实能力，伊万卡回答："如果我干得不好，爸爸一样会解雇我。"除了给老爸的公司当高管以外，伊万卡还自创公司，比起她老爸这一代，伊万卡又扩大了家族财富。她设计伊万卡·特朗普的时尚品牌。然后她自己当模特拍广告，省了一大笔钱！

她做的品牌把从头到脚的钱都挣了，同时，手里握着 21 亿美元的继承权，就连福布斯也评她是全球最富有的“80 后”。

未婚时，她一度是国民偶像，特朗普一度是国民岳父，结果人家 28 岁就结婚了。男方是跟她一样的富三代，比她大一岁，年轻帅气，父亲也是地产大亨。婚后生了仨孩子，带起娃来也是有模有样。

有媒体采访，问她哪来这么多时间？伊万卡说：“我经常只睡 4 个小时，天不亮就起床跑步，跑完以后就开始工作。”和老爸特朗普简直一个模子刻出来的。她对特朗普家族为什么能做到“一代更比一代强”的总结是这样：我们家的文化就是做事情要有目的，要出最大成绩。我父亲做事很大胆，所以能自创大公司，我花很长时间观察他怎么工作，然后我建了自己的公司。当好领导者，你要是看过我父亲怎么激起员工斗志的话，你自己都会被带动起来。

重点是坚持：世上没有任何事物可以取代坚持。才华不行，那些有才华的人不能成功的实例太常见；天赋不行，“没有回报的天赋”都快成一句俗语了；只有教育也不行，这个世界到处都充满了教育失败的人。但只要你坚持，你就无所不能。

看看特朗普的女儿，许多人都羡慕她的幸运，羡慕她的家庭，羡慕她一生都享用不尽的财产，她虽然是富家女，却不仅没有公主病，还赚了大钱。

这个巨富之家的价值观也许真有点道理。

赚钱不是人生的唯一目的，在这个世界上也并非越有钱的人就越了不起，但如果从光鲜亮丽的背后，能看到别人如何走出自己的路，这就够了。

(资料来源：厉害了！教育出全球最富有的 80 后女儿，特朗普只用了这两个字. http://weibo.com/ttarticle/p/show?id=2309351002874147262438644749)

思考讨论题

1. 请简单谈谈特朗普的家族文化。
2. 你认为家庭因素对于一个人的成功影响有多大？
3. 特朗普和他女儿之所以能超越上一辈，最为关键的因素是什么？

第四章　知觉与个体决策

【学习要点及目标】

- 掌握知觉的概念及主要影响因素。
- 充分理解知觉偏差的概念以及人产生知觉偏差的各种机理。
- 掌握归因的概念和理论，以及归因结果对人的行为的重要影响。
- 了解人的归因偏差现象及产生的原因，以及如何运用它们来改善管理。
- 了解常见的个人决策偏差问题。

【核心概念】

知觉　人际知觉　自我知觉　首因效应　晕轮效应　近因效应　内部归因　外部归因　基本归因　心理控制源　完全理性模型　有限理性模型

【引导案例】

王健林的知觉偏差

曾经，首富爸爸的一句“制定一个小目标挣它一个亿”炸醒了网友们。

今天因为他的一句话，又让一个流行语诞生……

2016年10月，王健林在讲述太原街万达广场建设运营故事的时候，因为经营出问题，为了保障业主利益，赔了10个亿回购。然后对比了海尔砸冰箱事件，他说：我们比海尔伟大多了，海尔砸冰箱才几个钱，我们赔10亿多……那么海尔砸冰箱是怎么回事呢？

1985年，张瑞敏刚到海尔(时称青岛电冰箱总厂)。一天，一位朋友要买一台冰箱，结果挑了很多台都有毛病，最后勉强拉走一台。朋友走后，张瑞敏派人把库房里的400多台冰箱全部检查了一遍，发现共有76台存在各种各样的缺陷。张瑞敏把职工们叫到车间，问大家怎么办？多数人提出，也不影响使用，便宜点儿处理给职工算了。当时一台冰箱的价格800多元，相当于一名职工两年的收入。张瑞敏说：“我要是允许把这76台冰箱卖了，就等于允许你们明天再生产760台这样的冰箱。”他宣布，这些冰箱要全部砸掉，谁干的谁来砸，并抡起大锤亲手砸了第一锤。然后，张瑞敏告诉大家——有缺陷的产品就是废品。三年以后，海尔人捧回了中国冰箱行业的第一块国家质量金奖。

就在首富爸爸这句狂言后，一条流行语也由此诞生——但我还是买不起房。

卫龙食品：辣条一年卖地球100圈，可我还是买不起房。

绝味鸭脖：我一个卖鸭脖的有全国7000家门店，依然买不起房。

娃哈哈：作为一个骑三轮儿卖水的，这辈子应该是买不起房了。

更有网民大胆表态："海尔冰箱越卖越便宜，房子越卖越贵，首富'粑粑'你这样说容易引起公愤的。"

在10月中旬胡润颁布的百富榜中，62岁的王健林及其家族以2150亿财富第三次成为中国首富，这是胡润百富榜18年来第2位累计三次成为首富的企业家。2016年9月，万达商业从港交所退市，计划两年内重新在A股上市。胡润表示：如果回归成功，王健林财富应该都能达到3000亿，能进入全球前十名了。

对比海尔：1985年的时候，一斤猪肉八毛三，一个员工的月工资30多块钱，一台冰箱800块钱，76台冰箱6万块钱。就在砸冰箱的半年前，1984年年底，张瑞敏刚上任厂长，他还为了找附近生产大队借5万块钱给员工发工资把自己喝醉。但是半年之后，他却自己亲手砸掉6万块钱的有缺陷的产品。这在当时的环境背景下，这是一个什么样的决心？这又是什么样的震撼？能想到当时遇到了多大的阻力？

所处的时代背景、企业发展阶段、个人财富水平等因素，都会影响到组织内个体的知觉判断。若不权衡各方因素，仅从经济指标就宣称比海尔伟大，这样的知觉判断是片面的，不理性的。

(资料来源：http://www.sohu.com/a/121700124_447796)

【案例导学】

对于同一种现象，不同的人会有不同的看法，这是由于知觉者自身的特点决定的，如经验、知识、个性特点以及兴趣和爱好等。因此，组织为了能够得到更好的发展，应该鼓励团队工作方式，发挥个人所长。

组织行为学在很大程度上是对组织中不同个体的心理行为规律的系统研究。组织中的人都具有两重性，既是普通人，又是组织人。作为普通人，他们跟其他任何人一样是独立完整的个体，有着自己的欲求、情感、意识、理想等；而作为组织人，他们受其所在的组织的影响，其心理与行为又表现出了明显的群体化和社会化的特征。本章就是从个体着眼，分析其在社会和组织环境中形成的心理行为系统，包括个体的感知、行为规律、价值观、态度、能力等以及与之相关的管理意义。

第一节　知觉及其影响因素

一、知觉的定义及重要性

知觉(Perception)可以定义为个体为了对自己所在的环境赋予意义而解释感受和印象的一个过程。为什么知觉对于组织行为的研究十分重要？很简单，因为人的行为是以他对现实的知觉为基础的，而不是以现实本身为基础的。这个世界首先是人们知觉到的世界。

按照心理学定义，当客观事物作用于人的感觉器官时，人脑中就会产生反应。这种反应如果只属于事物的个别属性，就称为感觉；如果是综合事物各种属性及其相互关系的反应，则称为知觉。

知觉从感觉开始，以感觉为基础，但不能把知觉理解为感觉的简单总和。20 世纪 70 年代以来，有的心理学家认为知觉和思维过程是接收信息和评价信息的过程。人们对周围杂乱无章的语言、符号、形象等刺激加以筛选、组织、归类，找出它们之间的关系，再赋予一定的意义，然后形成经过提炼的信息(Resultant Information)，以指导人的行动。

刚刚能引起感觉的最小刺激强度叫绝对感觉阈限。例如在暗室中，需要有多大的亮度，才能使人感受到亮光？这种绝对感觉阈限因个体差异而不同。

能引起差别感觉的刺激之间的最小差别叫作差别感觉阈限。在中等强度刺激时，差别感觉阈限遵循韦伯(E. H. Weber，1846)定律：

$$K=\Delta I/I$$

其中，I 代表标准刺激强度；ΔI 代表差别感觉阈限；K 是小于 1 的常数，亦称韦伯比例或韦伯分数。K 越大表示知觉到的差别刺激越大。

在营销手段中的新产品包装设计、品牌延伸策略的选择上都需要考虑韦伯定律。例如推出一个新产品，可以沿用原有的品牌，也可以重新创建一个品牌，如宝洁公司推出的飘柔、海飞丝、潘婷洗发水，别克汽车推出的塞欧(Sail)、君威轿车，天津夏利汽车厂推出的夏利 2000 和普通夏利轿车等，它们给消费者带来的差别刺激足以能够区分。

在企业管理中，对于奖金发放额度和工资增长幅度的把握更是可以运用韦伯定律进行细分。例如，某公司前台文秘的月薪为 1200 元。如果年终一次性发放奖金 2000 元，其效果与按季度分发奖金会有很大差别。同样是 2000 元，按照考核可以分为：第一季度发放 300 元，第二季度发放 400 元，第三季度发放 500 元，年终第四季度一次性发放 800 元，以保持员工的积极性。

二、对知觉的分类

如果我们把知觉主要理解为人对人的知觉，那么社会知觉基本上有以下几种类型。

(一)对个人的知觉

个人的知觉(Personal Perception)主要是指对个体外部特征的知觉，进而取得对其动机、感情、意图等的认识。俗话说，“听其言、观其行而知其人”。这就是说，我们认识一个人要考察其言论和行动。其实，这里所说的行动，从心理学上来看，不仅是行为举止，也包括人的面部表情、身体的姿势以及眼神等。

对个体的知觉依赖于许多因素，概括地说，包括以下两个方面。

第一，知觉对象的外部特征。这包括一个人的仪表、风度、言谈、举止等。一个人的外部特征，特别是在初次与人接触时，总会影响人们的印象，这是一个客观存在的事实。

第二，知觉的组织结构。所谓知觉的组织结构是指一个人在知觉别人时所形成的对他人的外貌、学识、言谈举止、社会地位等要素的重要性次序和权重大小的观点和态度。例如，对一个社交型的人来说，在看待别人时首先会注意一个人的社会背景与地位；对一个道德感强的人来说，则可能按道德品质把个人归入一定的类别。

(二)人际知觉

人际知觉(Interpersonal Perception)是对人与人之间关系的知觉。人际知觉的主要特点在于有明显的情感因素参与知觉过程。人们不仅相互感知，而且会彼此形成一定的态度，在这种态度的基础上会产生各种各样的情感。例如，对某些人反感，对某些人同情，对另一些人喜爱等。

在人际知觉过程中产生的情感取决于多种因素。例如，人们彼此之间接近的程度、交往的多少、彼此相似的程度等都会对人际知觉过程中的情感发生很大的影响。一般来说，人们越是彼此接近、交往频繁、有较多的相似之处，就越是会产生友谊、同情和好感。

(三)自我知觉

自我知觉(Self-perception)是指一个人通过对自己行为的观察而对自己心理状态的认识。人不仅在知觉别人时要通过其外部特征来认识其内部的心理状态，同样也运用这种方式来认识自己的行为动机、意图等。当然，一个人观察别人与观察自己是有区别的。这种区别在于：人们观察自己时所掌握的信息要比观察别人时更多，自己既是观察者又是被观察者。自我知觉时的最大误区在于不客观性。人们愿意把那些好的品质和行为归为自己所有，而把那些不良的品性和习惯划归他人。这对一个人的自我实现形成了认识上固有的障碍。

三、影响知觉的因素

为什么不同的个体看到相同的事物会产生不同的知觉？很多因素影响到知觉的形成甚至有时歪曲知觉。这些因素可以归纳为知觉者的主观因素和客观因素两个主要方面。

(一)知觉者

在组织情境中存在着这样的现象：如一位有不安全感的上司会把下属的出色工作视为对自己职位的威胁，个人的不安全感可以转化为“别人想得到我的工作”的知觉，从而扭曲了下属的真正意图，于是在行为上会排斥那些学历高于自己或者引进的人才。

当个体看到一个目标物并试图对其所看到的东西进行解释时，这种解释会受到知觉者个人特点的明显影响。你是否在新买了一辆车后，忽然注意到马路上跑着很多车都与你的相同？显然不可能是这种车的数目忽然间增加了。这是由于你的购买行为影响到了自己的知觉，因而现在更有可能注意到它们。这个例子说明了与知觉者有关的因素是怎样影响到知觉的。在影响知觉方面最相关的个人主观因素有兴趣、需要和动机、个性特征、过去的经验。

1. 兴趣

人们的兴趣各不相同。兴趣的个体差异往往决定着知觉的选择性。这就是说，人们的兴趣往往会使他们把不感兴趣的事物排除到知觉的背景中去，而集中注意力于感兴趣的事情。例如，如果你是一名牙科医生，可能会比一个水管工更容易注意到一个不美观的牙齿。刚刚因自己员工的高迟到率而受到上司指责的主管第二天可能比一星期前更多地注意到迟到现象。对戏剧感兴趣的人往往会注意橱窗里的戏剧杂志，使之成为知觉的对象，而对戏剧不感兴趣的人则可能根本没有注意到这些杂志。

2. 需要和动机

凡是能够满足人的需要、符合人的动机的事物，往往会成为知觉的对象、注意的中心。反之，与人的需要和动机无关的事物往往不被人注意。例如，未满足的需要或动机刺激了个体并能对他们的知觉产生强烈影响。一项对饥饿的研究戏剧化地描述了这一事实。研究中的被试分别在不同的时间进食，一些被试一个小时前吃了东西，另一些被试则接连 16 个小时没吃任何东西。给被试呈现一组主题模糊的图片，结果个体饥饿的程度影响到他们对模糊图片的解释。相比吃完东西没多久的被试来说，接近 16 小时没吃东西的被试把图片内容知觉为食物的频率高出很多。

3. 个性特征

人们的个性特征也会影响知觉的选择性。例如，不同神经类型的人，知觉的广度和深度有个别差异。多血质的人知觉速度快、范围广，但不细致。黏液质的人知觉速度慢、范围较窄，但比较深入细致。

4. 过去的经验

人们过去经验的不同也对知觉的选择性有很大影响。例如，一个外行人和一个机械工程师看同一部机床，但两人看到的内容可能很不相同。外行人只看到机床的表面和主要部件，而机械工程师的观察则要细致得多。这是由于机械工程师比外行人有更丰富的知识和经验。

(二)客观因素

知觉是客观事物的反映，因此，知觉的选择性取决于知觉对象的特点。心理学实验和日常生活经验表明，知觉对象的下述特点对于知觉的选择性有重要影响。

1. 知觉对象本身的特征

一般来说，响亮的声音、鲜艳的色彩、突出的标记等都会引起人们的注意，使人们清晰地感知到这些事物。

2. 对象和背景的差别

在同一时刻内，被人们清晰感知到的东西就是知觉的对象，而仅被人们模糊感知到的东西就成为该对象的背景。对象与背景之间的差别越大，人们就越容易从背景中把对象区分出来；反之，对象与背景的差别越小，区分对象和背景也就越困难。这一规律对于工业企业也有重要意义。例如，在车床上加工零件，零件是知觉的对象，而整个车床就是背景。因此，为了提高加工零件的数量，应考虑扩大零件与车床的颜色差别。这是工程心理学和技术美学研究的课题。

3. 对象的组合

知觉是对事物整体的反映，但整体不一定只是一个对象。有时，人们会把若干事物作为一个整体来反映。

4. 对象的相似性

人们倾向于把相互之间联系密切、彼此相似的人、物体或事件组合在一起知觉，而不是孤立地分别知觉它们。因此，由于时间和空间的相近性，我们常常把那些原本不相关的物体或事件联系在一起。例如，某个寝室中的成员被视为一个群体对待，如果其中两个人考试不及格，人们倾向于认为其寝室学习氛围不好，虽然事实上不同个体之间可能是完全无关的。我们倾向于把相似性程度高的事物作为一个整体进行知觉。

总之，一个人的知觉是主观和客观因素相互影响、相互作用的结果。由于客观世界是错综复杂、千变万化的，人与人之间在个性、兴趣、需要等方面也各不相同，所以人们对同一事物会产生不同的知觉选择性。

第二节　社会知觉与归因研究

一般来说，对人的知觉也可称之为社会知觉。“社会知觉”的概念最初是由美国心理学家布鲁纳(J. S. Bruner)在 1947 年提出的，用以表示他对知觉的一种新观点，其主要含义是指知觉过程受社会因素所制约。

无论是对物的知觉还是对人的知觉都服从于知觉的一般规律，但在这些一般规律的基础上，对物的知觉和对人的知觉又表现出各自特殊的规律。这主要表现在当人们知觉别人时并不是停留在被知觉者的面部表情、身体姿态和外部行为上，而是要根据这些外部特征了解其内部心理状态，如动机、意图、观点、信念、个性特点等，进而形成自己的判断、态度与观点。这是对人的知觉与对物的知觉的根本不同之处。

一、社会知觉偏见

在现实生活中，人们往往由于受到主客观条件的限制而不能全面地看待问题，尤其是在看待别人时，往往受各种偏见或者习惯的影响而造成歪曲的社会知觉，对别人的行为做出错误的归因判断。

(一)首因效应

在人对人的知觉过程中，给人留下的第一印象是至关重要的因素。如果一个人在初次见面时给人留下了良好的印象，就会影响人们对他以后一系列行为的解释；反之也是一样。

心理学中曾经做过一个实验。给两组大学生看一个人的照片。在看这张照片之前，对一组大学生说，照片上的人是一个屡教不改的罪犯；对另一组大学生说，照片上的人是一位学者。然后，让这两组大学生分别从人的外貌来说明他的性格特征。结果对同一张照片做出了截然不同的解释。第一组大学生说，深陷的目光隐藏着邪恶，高耸的额头表明死不改悔的决心。第二组大学生说，深沉的目光表明他思想的深刻性，高耸的额头表明了在科学道路的探索上无坚不摧的坚强意志。这一实验也充分说明了第一印象对于社会知觉的重要影响。

了解第一印象的作用有实际的意义。一方面，管理人员在看待别人时要尽量避免受第一印象的影响而对人产生错误看法。另一方面，企业的领导人和管理人员应注意在群众中留下一个很好的第一印象，这样显然对以后的工作是有利的。

(二)晕轮效应

晕轮效应(Halo Effect)也称为以点概面效应。这是指我们在观察某个人时，由于对其某种品质或特征有清晰明显的知觉，并对观察者来说非常突出，进而掩盖了对这个人其他特征和品质的知觉。这就是说，这一突出的特征或品质起着一种类似晕轮的作用，从而影响对这个人整个面貌的判断，晕轮效应往往在判断一个人的道德品质或特征时表现得最明显。

美国社会心理学家所罗门·阿希(Solomon E. Asch)用实验证明了晕轮效应。他让被试看一张列有五种品质的表格(聪明、灵巧、勤奋、坚定、热情)，要被试想象一个具有这五种品质的人。被试普遍把具有这五种品质的人想象为一个理想的友善的人。然后，他把这张表格中的热情换为冷酷，再要求被试根据这五种品质(聪明、勤奋、坚定、冷酷、灵巧)，想象出一个适合的人。结果发现，被试普遍推翻了原来的形象，而产生了一个完全不同的形象。这表明，热情—冷酷的品质起着晕轮作用，影响了对一个人的总体印象。

晕轮效应的产生往往是在掌握有关的知觉对象信息很少的情况下做出总体判断的结果。但这也是在日常生活和工作中常见的社会心理现象。了解和研究晕轮效应，有助于克服自己看待别人时的偏见，也有助于了解其他人产生这种偏见的根源。

(三) 定型的作用

定型(Stereo Type)是指在人们头脑中存在的关于某一类的固定形象。一个人看到他人时，常常会不自觉地按其年龄、性别、职业、民族等特征对其进行归类，并根据已有的关

于这类人的固定形象作为判断其个性特征的依据。定型是企图在过去有限经验基础上对某类人作结论的结果。最经常的定型是在看到某个人时将其划归到某一群体之中。

人们头脑中存在的定型是多种多样的。例如，年轻人总是认为老年人是墨守成规、缺乏进取心的，并在见到某个老年人时将其划归到自己固有的形象中去。同样，老年人往往会认为年轻人举止轻浮、办事不可靠，并在见到某个年轻人时将其归类到自己固有的形象之中。例如，在人们的心目中，教授总是文质彬彬、白发苍苍，工人总是身强力壮、性情豪爽，会计总是精打细算、斤斤计较，美国人总是天真开朗、不拘小节，英国人总是一副绅士派头等。这都是按年龄、职业、国籍等特征而在人们头脑中形成的固有形象，即定型。

定型的产生有其认识论的根源。人的思维总是从个别到一般，再从一般到个别，如果在没有充分掌握全面感性材料的基础上做出概括，就会形成关于某类人的不确切的形象。

定型在某些条件下有助于人们对他人做出概括的了解。它主要的积极作用在于对现实中的人们加以归类。但是，如果这种归类不符合于人类群体的实际特点，或者只是在对某类人的非本质特征的基础上做出概括，就会形成偏见。而根据这种偏见去看待周围的人们，必然会做出错误的判断。

社会心理学的任务之一就是要研究各种定型产生的原因及其克服的方法，这无疑对人的管理也有重要的现实意义。

(四)优先效应和近因效应

优先效应(Priority Effect)是指一个人最先给人留下的印象有强烈的影响，这实质上与上述第一印象的作用是相同的。近因效应(Recency Effect)是指最后给人留下的印象会产生强烈的影响。

关于优先效应，曾有过一项实验，即向四组大学生介绍一个陌生人。对第一组说，这个人是外倾型的。对第二组说，这个人是内倾型的。在第三组，先讲述这个人的外倾特征，后讲述他的内倾特征。在第四组，先讲述他的内倾特征，后讲述他的外倾特征。然后，让这四组学生分别想象出对这个陌生人的印象。第一组和第二组学生得到的印象是显而易见的。在第三组和第四组中，关于这个陌生人的印象完全符合提供信息的顺序，总是先提供的信息占优势。这就是说，第三组学生普遍把陌生人想象成外倾型，第四组普遍把其想象成内倾型。这一实验说明了优先效应的存在。

这个实验也可以换一种方式进行，即给两组学生按上述第三组和第四组同样的顺序描述一个人。所不同的是，在先描述他的内倾或外倾特征之后，中间插入一段其他的作业，例如，让学生做一些不太复杂的数学习题，然后再描述相反的性格特征。在这种情况下，后半部分描述的特征会使学生留下深刻的印象。这就是说，这时近因效应在起作用。

心理学的研究证明，优先效应和近因效应都在人的社会知觉中起重要作用，但它们在不同条件下有不同的作用。一般来说，在感知陌生人时优先效应有更大的作用，而在感知熟悉的人时，如果在熟悉的人的行为上出现某种新异的表现，则近因效应起更大的作用。

这两种效应的研究也有重要的实际意义。它告诉我们，信息出现顺序的不同有重要的影响。我们也可以利用这两种效应加强对人们的影响。例如，在宣传工作中(演讲、做报告)可以利用这两种效应。应在宣传或演讲一开始就鲜明地提出自己的正面观点，这样可以利用优先效应加深人们对这种观点的印象。最后，在报告的结尾部分再次用新的论据证明自己所阐述的正面观点的正确性，这样就同时利用了优先效应和近因效应，必然能达到很好的宣传效果。

二、造成社会知觉错误的原因

(一)知觉的选择性

客观事物是多种多样的，在一定时间和环境中人们对客观事物往往不是全面吸收，而只是有选择性地把少数事物作为知觉的对象。其他事物并未进入人的认知世界，或进入后未被重视。这种“各取所需”的现象，是由于各人的背景、兴趣和经验的不同而造成的。心理学家迪尔伯恩(Dearborn)和西蒙(H. A. Simon)在1958年曾做过一次研究，让23个经理人员阅读一家钢铁厂全面情况的资料。其中，有6人负责销售，5人负责生产，4人负责会计，8人负责其他部门。要求他们在看完材料之后，每人写下他们认为这个钢铁厂中最关键的问题。结果所写的内容大多是跟他们各自主管业务有关的问题，并不能反映这个厂的全貌。1978年，心理学家马尔汀(Maltin)和斯坦(Stang)发现在大脑信息加工中倾向保持欢乐的情绪，他们称之为波利阿娜原则。根据他们的研究，人类大多是波利阿娜式人物。因此，人类语言中愉快的词汇就比不愉快的词汇多，人往往高估愉快的事，低估不愉快的事情，从而影响其知觉。

(二)知觉的理解性

我们已谈到，知觉不仅是对某一事物的感觉，还包括对这一事物赋予的意义，这就是知觉的理解性。人们往往用自己的知识、经验和需要来理解事物。由于知识、经验和需要的不同，会造成对客观事物印象的歪曲。

(三)知觉的恒常性

知觉的恒常性是当客观条件在一定范围内改变时，人们的知觉映象在相当程度上却保持着它的稳定性，即知觉恒常性。知觉的恒常性包括：形状恒常性、大小恒常性(如远处的一个人向你走近时，他在你视网膜中的图像会越来越大，但你感知到他的身材却没有什么变化)、明度(或视亮度)恒常性、颜色恒常性(如绿色的东西无论在红光条件下还是在绿光条件下或者白光条件下，你眼中的它都是绿色的)。

社会知觉的恒常性往往与社会定型看法联系在一起。常常以对方的年龄、国籍、种族或其他社会团体的印象来判断对方。美国企业过去很少安排妇女和黑人当经理人员，这是因为有一种社会偏见，认为妇女缺乏进取心、决断力和事业心，而黑人懒惰而不负责。这种社会偏见尤其跟所处的社会地位密切相关。心理学家利伯曼(S. Lieberman)于 20 世纪 50 年代在美国中西部的一家中型企业进行职工态度调查，其中包括 145 名工会干部和 151 名基层管理人员。正如他所预期的那样，在调查结果中管理人员对公司政策评价高，工会干部对工会工作评价高。第二年，工人中有 23 人升了工长，35 人当了工会工作人员。经过再次调查，这些人对公司和工会的态度有了转变。接着由于经济不景气，一部分职工被解雇，被提升的 23 名工长中有 8 人、35 名工会工作人员中有 14 人都恢复为工人，结果这些人对公司和工会又恢复到原来的态度。

社会知觉的成见，还反映为“知觉防卫”。对那些阻挠自己发展或者与自己已成定型知觉不一致的信息，人们有时会采取视而不见或歪曲输入信息的策略。

思想方法的错误也会造成社会知觉的歪曲。

三、归因研究

“归因”指的是根据人的外在表现对其内在心理状态做出解释和推论。归因理论最早是在社会心理学研究社会知觉问题时提出来的。随着对归因问题研究的深入和发展，归因理论已超出了社会知觉的范围，成为一种重要的过程性激励理论。但是，归因理论与期望理论、公平理论等不同，它侧重研究个人用以解释其行为原因的认知过程。换言之，它主要在于研究人的行为受到激励是“因为什么”的问题。

归因结果，不仅会影响自己的情绪和行为，也会影响对别人的知觉。例如对人喜欢或厌恶、接近或回避、尊敬或鄙视等，很多都是归因的结果。一个管理者对下属所犯的错误，如果归因为客观原因，就会采取谅解并帮助他的做法；如果归因为主观原因，即自身问题，就会对其批评教育或给予处分。当然，归因是否正确是极为重要的。

总括而言，归因理论的研究主要包括三个方面：①心理活动的归因，即人们心理活动的产生应归结为什么原因；②行为的归因，即根据人的行为和外部表现对其心理活动的推论，这是社会知觉归因的主要内容；③对人们未来行为的预测，这就是说，根据人们过去的行为表现，预测他们以后在类似情境中会产生什么样的行为。显然，组织行为学要侧重研究行为的归因。

(一)内外因的归因判断

归因问题的研究首先要解决的是把行为归结为外部原因还是内部原因的问题。

美国社会心理学家凯利(H. H. Kelley)曾提出了他的归因模型。在对人的知觉过程中，可以把这个人的行为归结为三个方面的因素，或者归结为知觉者本人的特点，或者归结为知觉对象的特点，或者归结为知觉者与知觉对象进行交往时所处的情境。究竟归结为何种因素，要按下述三个标准来决定。

(1) 前后一贯性，即人们的行为在不同的时间内是否前后一贯。

(2) 普遍性，即观察某个人时是否与周围其他的人有相同的反应。

(3) 差异性，即一个人在另一种情况下是否也以同样的方式做出反应。

例如，如果某位学生 A 在上某位教师 B 的课程时突然一拍桌子站起来走了。这种行为应归因于 A 本身，还是归因于授课教师 B，或者当时所处的情境呢？这就要从上述的三个标准来考虑。首先，要看这名学生 A 是属于一贯行为还是偶然的一次行为。其次，要看是课堂里的多数同学都有此类似的行为，还是仅仅这个同学 A 自己有拍案而起的行为。最后，要看这个学生在日常生活中或上其他课程时是否都有过拍案而起的行为，还是只在这门课程上如此。如果他对每门课都有类似行为，同时其他人并没有相同的反应，则可以归结为他的内部心理特点。

归因理论的特点在于强调一个人的知觉与其行为之间的关系。凯利认为，归因理论主要涉及人的认知过程，并借以说明个体行为产生的原因与一定环境有关，或者说，可以归因于一定的环境。海德认为，个体的能力、努力、耐劳精神等内在力量和规章制度、组织、气氛、环境等外在力量的综合作用，决定着一个人的行为，并强调指出，对行为起重要作用的仅仅是那些被感知到的因素，而不是所存在的全部因素。

(二)成功与失败的归因

归因研究中的另一个重要问题是研究人们获得成功和遭到失败的归因倾向。美国学者韦纳(Weiner)提出了成功和失败的归因模型。他认为人们的行为获得成功或遭到失败主要归因于四个方面的因素：努力、能力、任务难度和机遇。这四种因素可以按内外因、稳定性和可控制性三个维度来划分。从内外因方面来看，努力和能力属于内部原因，任务难度和机遇属于外部原因。从稳定性来看，能力和任务难度属于稳定因素，努力和机遇属于不稳定因素。因为一个人的能力和其面临任务的难度是很难改变的，而一个人的努力程度和是否遇到适当的时机是不断变化的。从可控制性来看，努力是可控制的因素，而任务难度和机遇都是不以人的意志为转移的。

人们把成功和失败归因于何种因素，对于其以后的工作积极性有着很大影响。韦纳的研究指出，把成功归结为内部原因(努力、能力)，会使人感到满意和自豪；把成功归结为外部原因(任务容易或运气好)，会使人产生惊奇和感激心情。

把失败归于内因，会使人产生内疚和无助感；归于外因，会产生气愤和敌意。把成功归因于稳定因素(任务容易或能力强)，会提高以后的工作积极性；把成功归因于不稳定因素(运气好或努力)，以后工作的积极性可能提高也可能降低。把失败归因于稳定因素(任务难和能力弱)，会降低以后的工作积极性；而归因于不稳定因素(运气不好或努力不够)，则可能提高以后的工作积极性。

(三)心理控制源的影响

在归因理论中有一个重要的概念，叫作控制源(Focus of Control)。如果员工认为其行为结果受内源控制，就会通过自己的能力和努力去影响行为的结果。如果员工认为自己的行为受外源控制，那么就会感到自己对行为的结果是无能为力的，完全受外在力量的摆布。

在实际生活中，人们也常常考虑自己行为造成的结果究竟主要受内因控制，还是受外因控制。当人们感到主要受内因控制，便会觉得可以通过自己的努力、能力或技巧来影响行为的结果；当人们感到主要受外因控制，就会觉得行为结果非自己所能控制，而是受外力摆布的。所以归因理论对人们的行为有激励作用。

(四)内控型与外控型的影响

一些人认为自己是命运的主宰者，另一些人则认为自己受命运的摆布，认为生活中的一切事情都依靠运气和机遇。心理学上，前者被称为内控型个性，而后者则被称为外控型个性。

通过对内控型与外控型的人进行的比较研究发现，外控型的人对工作更不满意，缺勤率较高，不能像内控型的人那样全心全意地投入工作。

为什么外控型的人对工作更不满意？这可能是因为他们认为对自己行为的结果难以控制。内控型的人面对同样的情况会把工作成绩归因于自己的努力。如果内控型的人工作成绩欠佳，他们会自责。如果他们对工作不满，会果断地离职，另谋他就。

一些研究证明，内控型的人在工作中表现较好。他们在做出决策之前，会积极地收集资料，会受到取得成就的鼓励，努力去控制外界环境。这种人适合于担任管理工作和专业性较强的工作，完成较复杂的任务，并在工作中表现出创造性和独立性。相对来说，外控型的人比较愿意听从别人的指挥，适合于从事按规章制度办事的工作。

应当指出，对控制源的不同认识会对员工的工作绩效和满意感产生不同的影响。近些年来，对工作背景中的归因理论和控制源模型进行了一系列研究。一项研究发现，感受到自己行为受内源控制的员工比感受到自己行为受外源控制的员工，对自己的工作有更大的满意感，更可能被提升到管理岗位。另一些研究表明，感受到自己行为受内源控制的管理人员工作绩效更好，更关心下级，更注意管理活动的策略。

四、社会知觉在组织的具体应用

(一)招聘面试

人员招聘是企业获取合格人才的渠道，是人力资源管理的核心环节之一，是企业人力资源战略落实的基础。然而，对企业的人力资源部门来说，做好员工的招聘工作并非是一件易事。因为在实施招聘的过程中，招聘考官由于各种因素的制约，在考察、判断应聘者时常常会自觉不自觉产生社会知觉偏差，如面试者的最初印象很容易占据统治地位。有研究表明，面试开始四五分钟之后，绝大多数面试考官的决策几乎不再发生变化。因此，面试中早期出现的信息远远比晚期出现的信息占有更大的权重。而“优秀的候选人”可能更多因为他没有令人不满意的特点，而不是因为他具有令人赞赏的特点。在面试中，面试官在候选人身上所寻求的信息往往也是各不相同的，因而对同一候选人的判断差异也会非常大。这些因素都容易导致社会知觉的失真，从而影响到招聘效果。

(二)绩效评估

绩效评估是由具有主观能动性的评价者来操作的，评价者个人的喜好、情感等，很可能会导致绩效考评中的误差，社会知觉偏差也就有了存在的温床。在人员考评活动中，考评者常常会由于对被考评者某一方面的特性看得过重或者有深刻的印象，以致认为该被考评者其他方面特性的优劣也都具有与这一方面特性的优劣相类似的性质。例如“晕轮效应”意味着一个考核者对被考核者的某一绩效要素的评价较高，就会导致他对该人所有的其他绩效要素也评价较高；反之，如果对被考核者的某一绩效要素的评价较差，则会导致他对该人所有的其他绩效要素也评价较差。若评定者对被评定者的整体印象或直观印象较好，则很容易更多地注意到被评定者各方面的优点而较少地注意到其缺点。而在相反的情况下，则可能更多地注意到被评定者的缺点而较少地发现其优点。

第三节 个 体 决 策

决策是为了实现某一目标而从若干个行动方案中选择一个满意方案的分析判断过程。决策也是管理者从事管理工作的基础，是衡量管理者水平高低的重要标志之一。

科学的决策，应当通过认真地研究、实事求是地分析，去粗取精，去伪存真，由此及彼，由表及里，把握住事物变化的规律，从而做出合理、可行的判断。

一、个体决策模型

(一)完全理性模型

人们在组织中应该如何决策，大部分的管理者可能会回答，最佳的决策是利用单纯的逻辑和所有可利用的信息，去选择最优价值的备选方案，即代表了一种完全理性的决策观点。完全理性模型源于 1944 年冯·诺依曼(John von Neumann)和摩根斯坦恩(Oskar Morgenstern)提出的基于期望效用值的对策理论，它假设决策者是理性的，依据这种理性，决策者在不确定情况下，会依据所计算出的最大主观期望效用值来选择方案，该理论模式因而被称为“完全理性模型”。其理论出发点与微观经济学的理论分析一脉相承，并广泛应用到对人类社会和政治行为的分析。完全理性模式是一种非常有用的探索和解决决策问题的科学方法，由于其理性行为的研究具有规范性，这种决策理论被称为规范决策理论。

完全理性模型以“理性人”假设和信息完全对称为立论基础，把现实世界中的决策问题抽象和概括为可推理、可量化的数字和模型，代表了人类对决策结果理想化、严密性和可比性的追求。然而，要求“完全理性”、“完全客观”和“完全信息”这些条件太过于理想化，而非现实版本，在实际应用中，其理论缺陷也不断暴露了出来。

(二)有限理性模型

人是有理性的，但理性是有限的。基于完全理性决策的理性前提的不真实性，著名的决策管理大师西蒙于1955年提出了“有限理性”的概念，他认为：在现实决策中，人们呈现的是一种符合实际的理性行为，这种理性不同于经济人假设的那种完全理性的行为，人们在决策过程中往往遵循的是“满意性”原则，即决策者并不考虑所有可能的选项及计算所有可能的结果。因为现实条件和作为有限理性的人难以完成以上任务，现实的需要使人们仅考虑几个有限的选项，一旦感到满意就会停止选择，并做出最终决策。其“有限理性”理论为决策理论的研究开辟了新途径，代表了人类决策思维的一次重要改变。

有限理性理论阐述的是现实生活中的人的真实思维过程，符合传统意义上的人们的非完全理性的心理现象，因而这种有限理性的观点与人类的真实心理和实际决策更为接近。相比于完全理性模型注重决策后果，有限理性模型更注重决策过程中人的行为和决策心理。

(三)直觉模型

直觉决策是一种潜意识的决策过程，基于决策者的经验、能力，以及积累的判断，它依赖于整体联系或者说不同的信息片段之间的联系，它很快，它受情感控制，它往往意味着情绪的投入。

在局势复杂的非常时期，理性决策往往不能得出结论，辨明方向。而直觉决策让我们另辟蹊径，帮助管理者运用经验和知识储备，迅速准确捕捉有关决策问题，从整体上把握决策的主客观条件，由此形成既与决策的客观条件相符又较好体现主体的内在要求，既实在可行、合理又富于创新的决策目标。越来越多的心理学、组织科学及其他学科领域内的研究证明了直觉在有效决策中的价值。但是，当知识、经验与当前环境不相适合时，如果仅凭决策者的直觉，就很容易使自己的认识脱离实际，做出错误的决策。因此，以“精美”决策模型为追求的逻辑思维方式融合直觉思维的优势，使决策“科学化”的同时不断“合理化”已成为必然趋势。

二、常见的决策偏见和错误

如上文所说，理性决策是在精密逻辑计算中寻求最优解，这需要消耗大量的认知资源。

然而心理学家研究发现人天生喜欢走捷径，秉持“能不用脑就尽量不用”的原则，在复杂决策中往往更愿意依赖经验、一时的冲动、内在的感觉及“经验规则”等，这些方式虽然有一定效果，但也可能致使我们深陷不理性的泥潭。下面是一些最常见的决策偏见。

(1) 过分自信偏见。

过分自信是认为自己知识的准确性比事实中的程度更高的一种信念，即对自己的信息赋予的权重大于事实上的权重。那些智力和人际能力最弱的人最有可能高估自己的绩效和能力。管理人员和雇员的知识越丰富，产生过度自信的可能性就越小。

(2) 锚定偏见。

我们的大脑给予了最初接收到的信息过分的关注，相对于后来的信息，初始印象、想法在决策中所占的权重过高。

(3) 验证偏见。

人们普遍偏好能够验证假设的信息，而不是那些否定假设的信息。寻找信息以证真而非证伪自己的假设倾向。

(4) 易获性偏见。

为什么进行年度业绩评估时，管理者更容易重视员工最近的行为表现而不是6个月或9个月前的行为表现？易获性偏见即人们倾向于基于那些容易获得的信息做出判断。

(5) 代表性偏见。

如果从同一所大学毕业的 3 名学生都是业绩不良者，管理者会认为当前这位来自同一所大学的求职者也不会是一个好员工。代表性偏见是一种认知倾向，即人们喜欢把事物分为典型的几个类别，然后，在对事件进行概率估计时，过分强调这种典型类别的重要性，而不顾有关其他潜在可能性的证据。

(6) 承诺的升级。

承诺升级是管理心理学中的一个概念，是一种在过去决策的基础上不断增加承诺的现象。尽管有证据表明已经做出的决策是错误的，但是人们还是倾向于继续做出同样的决策。管理者常常为了证明自己最初的决策是正确的，因而继续投入大量资源给那个从一开始就注定失败的决策。

(7) 随机错误。你会根据梦境去选择彩票的号码吗？随机错误就是我们试图对随机事件赋予意义，然后一定程度上影响决策。

(8) 赢家诅咒。

赢家诅咒是指拍卖活动中赢家一般都对战利品支付了太多的金钱。赢家诅咒会随着竞标人数的增加而更加严重。

(9) 事后聪明偏执。

代表的口头禅是“我早就知道会这样”。事后聪明偏执会降低我们从过去中学习的能力，会让我们觉得我们比实际的自己更善于做决策。

三、影响决策的因素

(一)个体因素

在决策活动中起决定作用的是决策者，决策者个人的能力是决策成败的关键。决策者的知识与经验、战略眼光、民主作风、偏好与价值观、对风险的态度、个性习惯、责任和权力等都会直接影响决策的过程和结果，尤其是决策能力以及对待风险的态度至关重要。

决策者的能力来源于渊博的知识和丰富的实践经验。一个人的知识越渊博、经验越丰富、思想越解放，就越乐于接受新事物、新观念，越容易理解新问题，使之能拟定出更多更合理的备选方案。

(二)组织因素

进行科学决策还需要认真考虑组织的内部条件。影响决策的组织内部条件主要包括如下两个方面。

(1) 组织文化。组织文化影响着组织及其成员的行为和行为方式，它对决策的影响也是通过影响人们对组织、对改革的态度而发挥作用的。涣散、压抑、等级森严的组织文化容易使人们对组织的事情漠不关心，不利于调动组织成员的参与热情；团结、和谐、平等的组织文化则会激励人们积极参与组织的决策。因此，任何一个决策都要受到组织文化的影响。

(2) 过去的决策。在实际管理工作中，决策问题大多都是建立在过去决策的基础上的，属于一种非零点决策，决策者必须考虑过去决策对现在的延续影响。即使对于非程序化决策，决策者由于心理因素和经验惯性的影响，决策时也经常考虑过去的决策，问一问以前是怎么做的。因此，过去的决策总是有形无形地影响现在的决策。这种影响有利有弊，利是有助于实现决策的连贯性和维持组织的相对稳定，并使现在的决策建立在较高的起点上；弊是不利于创新，不适应剧变环境的需要，不利于实现组织的跨越式发展。过去的决策对现在的决策的影响程度，取决于它们与决策者的关系，这种关系越紧密，现在的决策受到的影响就越大。

四、理性决策过程

理性决策模式只是一种“理想”状态，在不确定、复杂和迅速变化的现实世界中不可能完全做到。不过，理性决策模型可以帮助管理者更清晰、更理性地思考决策问题。只要有可能，管理者应该尽量采用体系化的程序进行决策。要是管理者对理性决策过程有深刻的认识和把握，他们就能做出更有效的决策，即便是在缺乏明确信息的情况下。

基于这种理性模式，决策过程可分解为以下几个步骤。

(1) 界定决策问题。

决策是为了解决一定问题而制定的，决策者首先要辨明问题的性质，如是一再发生的经常性问题，还是偶然的例外？其次，决策者要界定问题实质性的具体环节，如是在什么地方、什么时间出现了偏差，谁是责任者，当前的组织活动受到何种影响等。

(2) 明确决策目标。

决策者要确定应该达到什么样的绩效目标。

(3) 拟定备选方案。

根据现有条件，能够拟定解决问题并达到目标的多种备选方案。备选方案必须是能够相互替代、相互排斥的，而不能是相互包容的。

(4) 评价备选方案。

决策者对备选方案的优缺点和实现预期目标的可能性都要进行评价。

(5) 选择最优方案。

决策者要根据自己对问题、目标和备选方案的分析，选择一个有最大成功希望的方案。

(6) 实施和评估选定方案。

决策执行是决策过程的核心。决策者必须动员各种资源将决策转化为行动。

以上步骤表明，理性决策是一个过程，而不是瞬间完成的决断。我们在理论上常把决策过程划分为不同的阶段，仅仅是为了方便学习和掌握，而在实际工作中，决策过程的各步骤往往是相互联系、交错重叠的，不能将决策的各个步骤截然分割。

本章小结

知觉是个体为了对自己所在的环境赋予意义而解释感觉印象的过程。按照对象不同，知觉可分为自然知觉和社会知觉。对人、事物和环境及时准确的知觉是人认识世界的第一步。

知觉的影响因素分为主观因素和客观因素两个方面。其中主观因素包括兴趣、需求和动机、个性特征；客观因素包括知觉对象本身的特征、对象和背景的差别、对象的组合、对象的相似性。

社会知觉包括对个人的知觉、人际知觉和自我知觉。个人的知觉主要是指对个体外部特征的知觉。人际知觉是对人际关系的知觉。自我知觉是指一个人通过对自己行为的观察而对自己心理状态的认识。在现实生活中，人们往往由于受到主客观条件的限制而不能全面地看待问题，尤其是在看待别人时，往往受各种偏见或者习惯的影响而造成歪曲的社会知觉。常见的社会知觉偏见有第一印象作用、晕轮效应、定型作用、优先效应和近因效应，造成这些知觉偏见的原因包括知觉选择性、知觉理解性、知觉恒常性。

“归因”指的是根据人的外在表现对其内在心理状态做出解释和推论。对行为产生的原因可以从两方面分析，即内部原因和外部原因，寻找合理解释或原因的归因也相应地分成内部归因和外部归因。

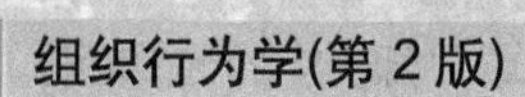

实训课堂

亲眼看到的都是正确的吗

我在一家超级市场看到拐角处突然跑出来一个七八岁的小女孩。她边回头边喊叫："住手！住手！你要把他弄死了！你要把我父亲弄死了！"我放下了自己的东西，向小女孩来的方向跑去。一转弯，我看到一幅吓人的景象。地板上躺着一个男人，男人身上压着另一个人。上面的人个子高大，大约有1.8米高、200斤重，看上去半人半鬼。他似乎掐着受害者的喉咙，可能在将头向地板上撞。因为到处是血。我跑去叫商店经理。

我和经理回到"行凶现场"时，警察也到了。经过好长时间才弄清真相。事实是这样的，地板上的男人患有糖尿病，服用胰岛素后产生反应，因此昏了过去，摔倒时碰破了头(实际伤口很小)造成"满地是血"。上面那个"家伙"看到病人突然跌倒，怕他在昏迷中伤势加重，正在设法帮助他，为他松领口。

如果我没回到现场，我会出庭做证见到了谋杀犯。这是可以理解的。初次见到这个"谋杀犯"给我的震惊至今尚有余悸。就是这个人，几分钟之前，我在光天化日之下，把他当成一个高大的、凶恶的、样子吓人的怪物。其实说来，此人并不陌生，我以前见过多次，知道他的名字，而且事实上个子相当矮。

(资料来源：张克昕. 现代管理心理学理论与应用[M]. 北京：航空工业出版社，1998.)

思考讨论题

1. 哪些感知因素使人觉得"有人行凶"？
2. 小女孩对此景象起了什么作用？
3. 你认为法庭上目睹者的证词可靠性如何？
4. 当你同朋友、爱人、父母有争议时，你认为自己的看法都是正确的吗？有哪些因素能够影响你的观点？
5. 你有过类似上述故事的经验吗？

第五章　态度与价值观

【学习要点及目标】

- 掌握态度的定义及主要来源。
- 掌握态度的表现形式。
- 了解认知失调理论。
- 了解员工工作态度的管理策略和方法。
- 掌握什么是价值观及其特点与类型。
- 了解奥尔波特和罗克奇的价值观分类。

【核心概念】

认知失调理论　态度平衡理论　工作满意度　价值观　奥尔波特的价值观分类　终极价值观　工具价值观

【引导案例】

褚时健的人生态度

“人生总有起落，精神终可传承”，褚橙的这句广告语打动过很多人。

褚时健从中国烟草大王到阶下囚再到古稀之年种褚橙，这位耄耋之年的老人用大半个人生经历书写着一部传奇。

褚老早在 1949 年加入云南武装边纵游击队，上过战场，见过生死，走出大山，历任区长、区委书记等职务，后被下放到农场。

1979 年，褚时健很快等到了他的机会。他被调进濒临倒闭的玉溪卷烟厂担任厂长。在他的带领下，烟厂成为后来亚洲最大的卷烟厂，撑起云南财政半壁江山。据公开数据估算，褚时健效力红塔 18 年中，为国家创造利税 991 亿。

1999 年 1 月 9 日，褚老因被举报财务问题而获无期徒刑，服刑 2 年后，刑期减为 17 年。2002 年褚老保外就医，74 岁携妻种橙，向昔日朋友们筹了 1000 万元，包下了哀牢山上 2400 亩的政府农场，用了 6 年种出广为人知的冰糖橙。起初，橙子的味道不行，销量也不畅。全靠褚时健昔日的朋友、徒弟们帮衬，云南的各大烟厂就把哀牢山的橙子消化大半。

但就像当年褚时健出山并非仅凭时机，现在，他也不想全靠人脉。他又用上了烟厂的那套打法：重视技术，利益共享。事实证明，这在种橙子上同样奏效。他对肥料、灌溉、修剪都有自己的要求，工人必须严格执行。种橙期间，遇到任何难题，他的第一反应就是看书，经常一个人翻书到凌晨三四点。他不上网，但是每天看报、听收音机。就算在山上，

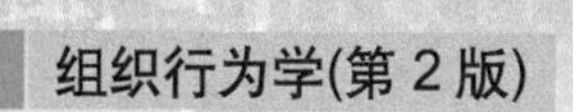

《新闻联播》也是他每天必看的。

2012年，褚时健种橙的第十个年头，经过生鲜电商平台“本来生活”网的社会化营销，“褚橙”挺进北上广，成为全国范围的励志象征。

然而，褚橙在好评了三年之后，2015年第一次遭遇网上大面积的负评，褚时健一向引以为自豪的褚橙品质被质疑。“果子个头小”“果子味道淡”……消费者们的情绪一泻千里地涌了出来。面对质疑，2016年褚时健毅然决定砍掉37000棵果树，产量、质量这两端，褚时健毫不犹豫地选择了质量。

虽然大家早已叫惯了“褚橙”，但其实2016年“褚橙”才正式作为拥有同名商标的产品正式推出。2016年“褚橙”得以正名，是“褚橙”品牌建设的一大突破。为此，“褚橙”推出了自己的“传承”推广语——每一步都需要沉淀。

少年得志，中年一飞冲天，壮年失势，老年跌入谷底，却能以八十高龄绝地反弹，这无不蕴含出他每一步“沉淀”的人生态度。

(资料来源：http://money.163.com/15/0108/08/AFE3ICP400253G87.html)

【案例导学】

价值观和态度在个体行为中极其重要，能够影响个体的行为与决策。企业管理者应运用各种有效的方式和途径，帮助员工树立新的、共同的价值观和正确的态度，以统一人们的行为，实现组织的最高目标。

对企业来说，员工的价值观和态度决定其是否愿意并能在多大程度上向顾客介绍企业和推荐企业的产品；决定其是否愿意融入企业文化，从而为企业多付出一些，决定其是否愿意与企业一起成长和发展；决定其是否愿意留下来。总之，员工的价值观和态度在很大程度上决定一切。企业必须开展调查，了解员工的价值观和态度(包括工作满意度)，以便整合组织价值观和员工价值观，提高员工的工作满意度，进而提高工作效率。

第一节　态　　度

态度(Attitude)是关于客观事物、人和事件的评价性陈述——要么喜欢要么不喜欢。它反映了一个人对某些事物的感受。当我说“我喜欢我的工作”时，我是在表达我对工作的态度。

态度，像价值观一样，是从父母、教师、同辈群体那里获得的。我们天生具有某些遗传的素质。从我们小的时候起，我们就开始模仿我们崇拜的、尊敬的甚至可能是我们害怕的人的态度。我们观察家庭成员和朋友们的行为方式，然后调整自己的态度和行为，以便与他们保持一致。人们也倾向于模仿流行人物和那些他们敬仰和尊敬的人的态度。如果喜欢在麦当劳里吃东西是一件“正确的事情”，你很可能会持有这种态度。

与价值观不同，一个人的态度是不太稳定的。例如，广告信息就试图去改变你对某种产品或服务的看法：如果福特公司的人能够使你对他们的汽车产生喜爱感，这种态度就可能导致(对他们)有利的行为——你可能会购买福特的产品。

一、态度的构成

《辞海》中对态度的解释是对人和事物的看法和采取的行动。它表明态度包含了认知、情感和行为三个要素。

“好逸恶劳是错误的”这种信念是一种价值陈述，这样的观点是态度的认知成分。它为态度中更关键部分——态度的情感成分奠定了基础。情感是态度的情绪或感情部分，它可以反映在下面的陈述中：“我不喜欢懒惰。”最后，情感能够导致行为结果。态度的行为成分是指对某人或某事以一定的方式行动的倾向。把态度看成是由三部分组成——认知、情感、行为——有助于我们理解它的复杂性以及态度与行为之间的潜在联系。

如前所述，态度是一个多层的概念，Hodgetts & Altman(1979)认为态度除了主观情感因素外，同时也包括客观认知以及行为要素。

(1) 情感成分(Affective Component)。指个体对事物的喜恶、爱恨或哀乐等感觉。包括“喜—怒”或“愉快—不愉快”等。

(2) 认知成分(Cognitive Component)。即想法、看法，指个体对于事物的认识与信仰，通常由知识和推理而来。包括“好—坏”“理想—不理想”或“赞成—反对”等的价值判断。

(3) 行为成分(Behaviour Component)——即反应倾向。指个体对事物所预备采取的反应或行动倾向，通常是接受上述感情及认知要求的影响后，才能由此产生的行为反应。行动可以“接近—回避”“实行—不实行”及“援助—认知”的形式掌握。

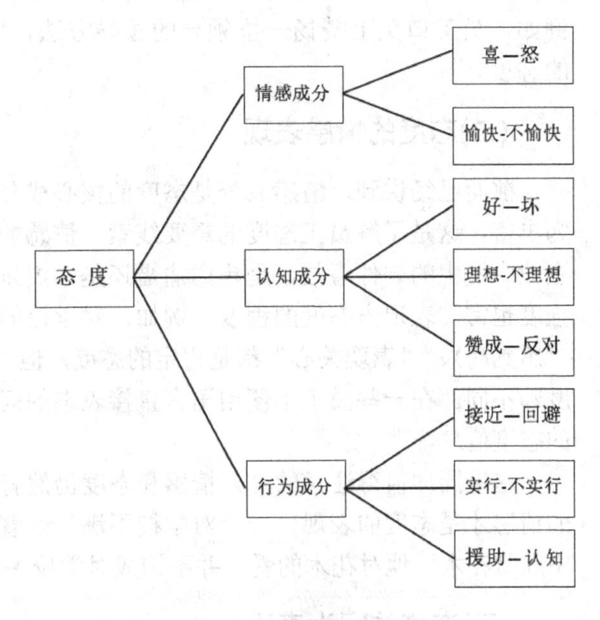

图 5-1　态度的构成

三种态度的成分互有强大的关联，可以强化人类的本来表现。心理学家Rodenberg 曾经用图解动态地描述了态度的内在心理结构的特征及其在社会刺激和个体行为中的作用，并明确地指出它是刺激和反应之间的中间变量，如图 5-1 所示。

二、态度的表现

企业管理者想要了解员工的态度，不能靠对别人内心的猜测，应该仔细研究人们的外在表现，从而准确地把握员工的态度。

(一)态度的语言表现

当员工用语言表达自己的看法和意见时，可能就表现了自己的态度，但必须仔细区别以下各种情况。首先，语言表达的意见不一定都表现出态度来。只有在意见中含有情感成分时表明的才是态度。否则，意见表明的只是思想观点。例如，“必须抵制资产阶级思想对青少年的侵蚀”这一意见，是包含着“关心青少年”“痛恨资产阶级思想”的情感成分的，这是态度的表现。而“学校教务处应对学生学习情况做些调查”这一意见只表明一种观点。有的领导者把一切提意见的教师都看作对自己态度不好，是对二者不加区别的结果。其次，语言表达态度的方式不仅是意见，还可能用“表扬”“批评”“劝说”“安慰”“同情”等形式表现出来。有时人们说自己的愿望、兴趣、爱好时，实际表明的是一种态度。例如，“我爱打乒乓球”即表明对乒乓球运动的态度。最后，还有语词内容与语调不一致的情况。例如，员工口头上赞扬一位领导的领导方法，用的却是揶揄、嘲讽的语调，实际是否定的态度。

(二)态度的情感表现

前面已经讲到，情感成分是态度的核心成分，因而态度在情感上表现得最为充分和最为丰富，这是了解员工态度的重要线索。情感的性质，常常表现出态度的性质。例如，对企业中发生的一件事故，是焦虑痛惜还是幸灾乐祸，显然反映出不同性质的态度。情感的强度也常常表现出态度的程度。例如，对学校的某一种课外活动“满怀激情”“具有热情”“感到高兴”“表现关心”都是肯定的态度，但“满怀激情”者与“表示关心”者的肯定程度却不同。在一些员工不便用语言直接表态的问题上，情感的微妙表示更是值得认真捕捉的态度信息。

这里同样值得注意的是，情感和态度仍然有区别。只有与价值评价和行为反应相联系的情感才是态度的表现。一个对学校不满、闹着要调走的教师，仍然可能每天早晚在校园中欣赏花木。他对花木的爱，并不构成对学校评价的一部分，而仅是当作一种自然物。

(三)态度的行为表现

态度一般会从行为上表现出来，这是因为态度本身就包含着行动的意向，导致行为反应的产生是符合规律的。例如，教师对教学认真负责的态度总是表现在备课、上课、批改作业、课外辅导等一系列行为上。如果缺乏行为反应，一般可以认为其态度尚未形成一个动力性很强的结构。但是，态度并不是必定会从行为上表现出来。在某些主客观因素的制约下，员工的态度可能潜藏起来，不仅不作行为表现，甚至也抑制其感情表现。

“态度”并非与生俱来，除本身经验外，也来自联想及其他人的教导，因此每个人基本上可以有多种不同的态度，但就组织行为而言，对工作的态度主要集中于和工作有关的项目。一般而言，工作态度有三种，即工作满意度、组织承诺和工作投入(Robbins，1998)。企业员工的工作态度从来就是人力资源管理研究者最关注的因素之一。作为员工重要的组织行为变量，工作态度有多种影响因素。其中为学术界所一致同意的即有情感、认知和行为等三个层面。其中以情感代表工作满意度，以认知代表组织承诺，而以工作投入代表行为的方式。

三、认知失调与态度改变

(一)认知失调论

心理学家费斯汀格(Festinger)从另一个角度研究了态度问题，他在1957年提出“认知失调论”(Cognitive Dissonance Theory)。这里的“认知”包括人们的思维、态度、信念等。费斯汀格的这个理论认为，一个人的两种认知元素之间的不一致就是失调。认知失调主要有两种来源：一是来自决策行为，即当需要在多个有相似价值的方案中做出选择时；二是来自与自己的态度相矛盾的行动。这种认知不一致或者失调对于态度的意义在于产生某种力量，使人们逐渐改变自己的态度。他研究了认知比较过程，指出认知本身和认知的背景因素有密切的关系。他把个人、个人的意见、信念以及与认知有关的环境称为认知元素(Cognitive Element)。以这些认知元素为基本单位，将两个单位之间的关系分为协调、不协调、不相关三种。

例如：认知元素A——我在大雨中不带伞走路。

认知元素B1——我的衣服湿了。

认知元素B2——我的衣服没有湿。

很明显，认知元素A与B1成协调的状态，而认知元素B2与A则成不协调(或失调)状态。当个体发觉自己所持有的两种或两种以上认知元素相互矛盾时，便出现认知不协调，内心就有不愉快或紧张的感觉，因而产生一种驱使个体解除这种不协调状态的动机。解除或减轻失调状态的办法，费斯汀格认为有以下三种。

(1) 改变某一认知元素，使其与其他元素间不协调的关系趋于协调。例如，认知元素A“我喜欢抽烟”，与认知元素B“抽烟可能导致癌症”是不协调的。一个人可以将认知元素A改变为“我不再喜欢抽烟”，或将认知元素B改变为“抽烟导致癌症的说法是没有根据的”。如此，便可达到认知协调。

(2) 增加新的认知元素，加强协调关系的认知系统。例如，上述认知元素A“我喜欢抽烟”若无法改变，则增加新的认知元素C “世界上抽烟而长寿者很多”，认知元素D“抽烟可减轻精神紧张，有利心理健康”等，使不协调的强度降低。

(3) 强调某一认知元素的重要性。上例中，如果个体强调元素 A，就会说：“我喜欢抽烟，抽烟可以使我快乐，这才是最重要的，我不想因为将来可能患病而牺牲我目前的乐趣。”如果强调认知元素 B，则个体会说服自己：“肺癌是可怕的疾病，为了自己的健康和家庭的幸福，我即使喜欢抽烟，也要尽量地克制。”

(二)平衡理论

心理学家海德(Heider)提出“平衡理论”(Balance Theory)，认为在人们的认知系统中存在着使某些情感或评价之间趋向于一致的压力。他认为我们的认知对象包括世界上的各种人、各种事物和概念。这些对象有的各自分离，有的则互相联结起来，组合为一个整体而被我们所认知。海德把这种构成一体的两个对象的关系称为单元关系，这种关系可由类似、接近、相属而形成。人们对每种认知对象都有喜恶、赞成、反对的情感与评价，海德把此情感或评价称为感情关系(Sentiment)。

海德认为个体对单元中两个对象的态度一般是属于同一方向的。例如一个人喜欢某 A，则对某 A 的穿着也感到很欣赏；一个人讨厌某 B，则觉得某 B 的朋友也不好。因此，当个体对单元的知觉与对单元内两个对象的感情关系相调和时，其认知体系便呈现平衡状态。反之，当个体对单元的知觉与对单元内两个对象的感情关系矛盾时，其认知体系便呈现不平衡状态。这种不平衡状态将引起个体心理紧张，产生不满意的情绪。

海德从日常心理学出发(日常心理学来源于民间格言、日常经验)，通过一系列的推论提出了 O-P-X 图式，试图用科学术语来解释日常心理学的判断，如图 5-2 所示，P 和 O 为两个人(其中 P 为认知的主体)，X 为 P 和 O 所认知的一个客体，它可以是一种现象、一件东西、一种观点等。海德认为，根据 P、O、X 三者之间的感情关系(喜欢-不喜欢，爱-不爱等)，可以推论出 8 种模式，其中 4 种是平衡的，4 种是不平衡的。

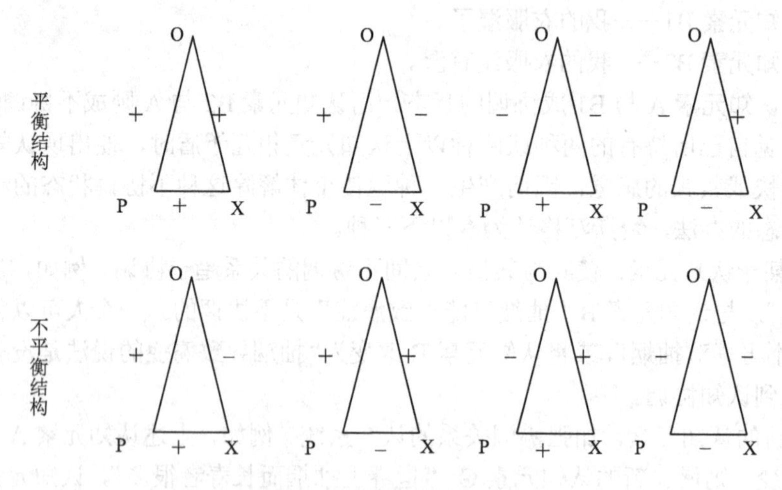

图 5-2　海德的态度平衡结构

可以总结出以下两条规律。

(1) 平衡结构必须是三角形三边符号相乘为正。

(2) 不平衡结构必须是三角形三边符号相乘为负。

例如 P 为学生，X 为爵士音乐，O 为 P 所尊敬的师长。如果 P 喜欢爵士音乐，听到 O 赞美爵士音乐，P-O-X 图式中，三者关系皆为正，P 的认知体系呈现平衡状态。如果 P 喜欢爵士音乐，又听到 O 批判爵士音乐，P-O-X 图式中，三者关系为二正一负，则 P 的认知体系呈现不平衡状态。不平衡状态会导致认知体系的各种变化，平衡理论运用了“最小努力原则”来预计不平衡所产生的效应。这就是说，个体将尽可能少地改变情感关系以恢复平衡结构。因此，平衡理论说明，在一定情境中有许多解决不一致的途径，它以简单的语言描述了认知一致性的概念，成为解释态度改变的重要理论之一。

费斯汀格的认知失调论和海德的平衡理论的基本假设是一致的。但是，费斯汀格强调了个体通过自我调节达到认知平衡，而海德更注重人际关系对认知平衡的影响。

(三)参与改变理论

心理学家勒温主张改变态度的方法不能离开群体的规范和价值。个人在群体中的活动性质，能决定其态度，也会改变其态度。

他在群体动力(Group Dynamics)的研究中，发现个人在群体中的活动可以分为主动型和被动型两大类。所谓主动型的人是主动地介入群体活动，他们参与政策的制定，参与权力的推行，自觉遵守群体的规范等。而所谓被动型的人是被动地介入群体的活动，他们服从权威，服从别人制定的政策，遵守群体的规范等。为了研究个人在群体中的活动对改变态度的影响，勒温做了如下实验。

实验题目：不同的活动方式对美国家庭主妇改变吃杂碎(动物内脏)的态度的影响。

实验方法：勒温把被试分为两组。一组为控制组，他对这一组被试采用演讲的方式，亲自讲解动物内脏的营养价值、烹调法、口味等，要求他们改变对杂碎的厌恶态度，把杂碎作为日常食品。另一组为实验组，勒温组织他们开展讨论，共同议论杂碎的营养价值、烹调法、口味等，并且分析使用杂碎做菜可能遇到的困难，如丈夫不喜欢吃的问题、清洁问题等，最后由营养专家指导每个人亲自实验烹煮。

实验结果：控制组有 3%的人采用杂碎为菜；实验组有 32%的人采用杂碎为菜。

由此可见，实验组的被试是主动参与群体的活动，他们在讨论中自己提出某难题后又自己着手解决此难题，因而态度的改变非常显著，速度也比较快。而控制组的被试是被动地参与群体的活动，他们很少把演讲的内容与自己相联系，因而态度也就难以改变。因此，勒温认为，个体态度的改变依赖于其参与群体活动的方式，他提出了“参与改变态度的理论”。这个理论已广泛应用于现代管理，并取得了一定的成效。

(四)沟通改变态度的理论

现代社会中，沟通的工具如报纸、杂志、电台、电视等，都直接或间接地影响人们的态度，这是人所共知的事实。心理学家墨菲(Murphy)用实验室的实验研究证明了沟通对态度形成与改变的影响。在实验前，他首先随机地把被试分为两组(实验组和控制组)，并用瑟斯顿量表或用利克特(Likert)量表对每个成员进行态度测量，证实两组被试对种族歧视的态度是基本相同的。然后让实验组的被试看宣传黑人成就的电影、电视或画报，如放映黑人在世界运动会上取得成绩的电影，放映黑人在科学技术上取得成就的电影等，而不让控制组的人参加。结果发现，实验组的被试对黑人的态度有显著的改变，而控制组的被试对黑人的态度则没有变化。

四、几种常见的工作态度

(一)工作满意度

工作满意度可以定义为个体对其工作的一般态度，即员工对其工作及相关因素的感受或情感反应。到今天，工作满意度一直是组织行为学中的热点问题，是衡量工作态度的重要变量。

1. 工作满意感与工作绩效

从直觉来看，多数管理者都相信，工作满意感与工作绩效密切相关，也就是说，对工作感到满意的员工比对工作不满意的员工有着更高的工作绩效。但许多的研究结果表明，工作满意感与工作绩效之间没有密切关联，充其量也只有微弱的相关。一项综述性研究得出结论，工作满意感只能影响工作绩效2%的差异。为什么会出现这种情况？这是因为，在工作满意感与工作绩效之间有着错综复杂的关系，其间存在中介变量。

2. 工作满意感与缺勤

缺勤率过高可能让组织付出很高的代价。多数研究都指出，工作满意感与缺勤之间只有微弱的负相关，也就是说，对工作满意的员工比对工作不满意的员工缺勤率稍微低一些。

其实，员工出勤或缺勤不仅是员工的工作动机在起作用，其出勤能力也在起作用。工作满意感只是影响出勤动机的许多因素之一。员工的出勤能力往往受到疾病和事故、交通问题、家庭责任的影响。由于影响缺勤的情境和因素多种多样，工作满意感与缺勤之间有着较低的负相关。

缺勤是组织无法根除的行为，但可加以控制和管理。因此，现在的一些公司，尤其是高科技公司，并不主张采用强制性政策和措施防止缺勤。许多组织认识到，一定水平的缺勤是正常的。有些公司采用弹性工时制，员工可以自由选择上班的时间，甚至可选择在家中工作。一些公司还在缺勤政策中规定"心理健康日"或"个人休假日"，在规定的时日内，不算无故缺勤，也不减少病假和休假天数。

3. 工作满意感与离职率

离职是完全离开员工所在的组织。工作满意感与离职之间有中等的负相关，也就是说，较高的工作满意感会导致较低的离职率。对工作满意的员工比不满意的员工更少辞职，但有些不满意的员工不一定辞职，而另一些对工作满意的员工也可能最终跳槽到另一个组织。此外，与缺勤不同，离职是永久性的，可能对一个员工的生活产生重大影响。因此，辞职的决定一般不会轻率做出，而是深思熟虑的结果。

正像缺勤的情况一样，管理者通常认为，离职是一种付出很高代价的行为，应使之保持最低限度。离职肯定要花费一定的成本，如聘用和培训替代的人员等。此外，离职经常会引起在岗人员思想的混乱，使重要的项目不能按期完成。如果辞职人员是团队成员，还会引起团队成员工作上的混乱。

(二)组织承诺

在所有和工作相关的态度中，工作满意度得到了最多的关注，但是组织承诺在组织行为学研究中已经得到越来越多的认可。尽管满意度主要关注员工对于工作的态度，而承诺是处于组织层面的，但是多年来人们发现在工作满意度和组织承诺之间有一个很强的关联。例如，总是有一些员工对自己的工作很满意，却不喜欢他们为之工作的具有高度官僚主义作风的组织，或者说一名软件工程师可能对其目前的工作不满意，但是对整个高科技公司却有着很高的承诺。

总而言之，科学研究和组织行为学领域通常把满意度和承诺看作不同的态度。在裁员、远程沟通、并购以及全球化等新环境下，组织承诺作为研究和关注的一个非常重要的课题重新出现。

1. 组织承诺的意义

和组织行为学的其他主题一样，组织承诺有着变化繁多的定义和测量手段。作为一种态度，组织承诺最经常被定义为：①保持一个特定组织成员身份的一种强烈期望；②愿意做出较多的努力来代表组织；③对于组织的价值观和目标的明确信任和接受。也就是说，这是反映员工对组织忠诚度的一种态度，是一种正在进行的状态，通过这一点，组织的参与者表达了他们对于组织及其将来的成功和发展的关注。

由于组织承诺的多维度本质，越来越多的人支持美亚(Meyer)和艾丽恩(Alien)提出的三成分模型。有关这个模型的表述如下。

(1) 情感承诺。这是指员工对组织的情绪依恋、认同感和卷入程度。

(2) 留任承诺。这是指基于相关员工离开组织带来的损失的一种承诺。这可能是因为丧失了晋升或者获益的可能性。

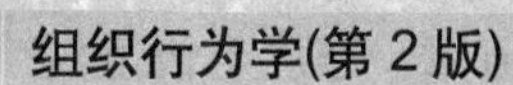

(3) 规范承诺。这是指员工感到有责任留在组织中，因为他们应该留下，这就是他们要做的事情。

相当多的研究支持了上述组织承诺的三成分模型，这在跨文化中也普遍存在。

组织承诺态度由许多个人(年龄、在组织中的任期，以及其他诸如正性或负性情感、内控外控特质等特征)和组织变量(工作设计、价值观以及某上级的领导风格)决定。甚至，非组织的因素，如在加入组织时做出最初选择后获得其他选择的可能性，也会影响后来的承诺。

2. 组织承诺的结果

早期的研究和近期的研究都支持组织承诺和期望的结果，如良好的绩效、低离职率和低缺勤率之间成正相关。也有证据表明员工的承诺和其他期望的产物相关，如知觉到一种热情的、支持性的组织氛围，成为一个愿意帮助人的优秀团队成员等。但是，有一些研究并没有表明承诺和结果变量之间有较强的相关，而另外一些研究则表明组织承诺和绩效之间有一定关系。

例如，一项研究发现，低经济需求的人和高经济需求的人相比，在组织承诺和绩效间有较强的相关性。另一项研究发现，与对于组织的承诺相比，对于上级的承诺与绩效的相关性更强。这些研究和其他许多研究都表明，诸如承诺这样的态度非常复杂。但总而言之，大多数研究者都认为，这里定义的组织承诺态度是比工作满意度好一些的预测结果变量的因素，因而值得管理者们加以注意。

3. 增强组织承诺的方法

关于承诺的公开讨论表明，管理者面临着一个矛盾的情境：“一方面，目前对团队工作、授权和扁平结构的组织的关注对于达成自我激励类型有一定的作用，而自我激励正是人们期望有承诺的员工所拥有的特点；另一方面，环境的力量也在发挥作用，削弱了员工承诺的形成。”加里 · 德斯勒(Gary Dessler)提出下面几条具体的完善管理系统的方法，对于解决目前的两难情境、提高员工的组织承诺有一定的帮助。

(1) 严守员工第一的价值观。即雇用合适类型的管理者，实践员工第一的价值观。

(2) 明确自身任务并予以传达。即明确自身的任务和思想体系；使这些任务和思想体系具有魅力；实行基于价值观的雇佣政策；着重以价值观为基础进行指导和培训；建立传统。

(3) 确保组织公正。即建立全面的投诉程序；提供广泛的双向沟通。

(4) 营造一种社区感。即建立起以价值观为基础的同一性；达成分享和类似分享的其他方式；重视互助作用、交叉利用和团队合作；把上述几个部分结合起来。

(5) 支持员工发展。即坚持付诸实践；提供第一年的工作挑战；工作内容丰富化和授权；内部晋升；提供发展活动；提供给员工股票而不需要抵押。

(三)工作投入

工作投入代表行为层面的工作态度，可以表述为，一种经过努力而获得满足的，具有持续性、积极性、主动性的心理状态。简言之，工作投入就是在工作中充满热情、积极奉献、主动融入。在管理实践中，工作投入能够发挥个体工作潜能，优化工作效果。因此，如何提高工作投入一直是学者和企业管理者们共同关心的话题。

1. 个人因素与工作投入

在工作投入的研究中，个体特质不可忽视。有研究证明，年龄、成长需要、道德观和工作理念影响到个体的工作投入。年龄较大的从业者，多数持有努力工作的价值观，通常对工作更投入，这可能是因为他们有更多的机会承担责任和接受挑战。成长需要对工作投入的影响也很重要，实际上工作投入就是一种自我实现的过程，可以满足个体对工作成就感和意义感的需要。此外，坚信尽职尽责的道德观和工作理念，同样对工作投入起到激励作用。

在引起工作投入的原因中，家庭的影响也举足轻重。举例来说，无论把乐观的情感体验从家庭带到工作，抑或是把积极的工作态度从工作带到家庭，都会使从业者展现出较高的工作投入水平。换而言之，生活中两个重要层面的情感传递与交互，对于从业者能否工作投入至关重要。对于双职工家庭的研究表明：在对工作和家庭要求加以控制的情况下，妻子对工作表现的活力与奉献，有助于提升丈夫对工作的积极与奉献；反之亦然。也就是说，夫妻双方的工作投入水平，是相互影响、相互作用的。这种所谓的“传染性”，将工作投入由夫妻双方的一方传递给另一方。与之类似，这种专注的、愉悦的、发自内心的工作体验，同样可以在从业者之间传递。有趣的是，反映在工作投入中的“传染性”，同样反映在工作倦怠上。工作倦怠在夫妻之间同样会相互传播，并且这种“传染性”已经在教育、医护、白领行业得到了证实。因此，工作投入的特殊性质，决定了在工作投入原因的研究中有必要考虑到家庭因素。

2. 工作因素与工作投入

工作投入同工作资源成正相关。举例来说，工作投入同来自领导、同事的社会支持、绩效反馈、工作控制感、任务多样性等成正相关。因此，可利用的工作资源越多，从业者工作越发投入的可能性就越大。究竟工作资源是否能够预测从业者工作投入的水平？马努(S. Mauno)等采用纵向设计，以两年时间为跨度，考察了芬兰健康护理行业从业人员的工作投入状况。研究结果表明，在两年的时间里工作控制感始终影响着从业者的工作投入水平，被研究者总体上表现出较高的工作投入，而且工作投入水平在随后的两年时间内保持相对平稳。此外，工作投入越高，从业者利用休闲时间恢复精力的程度就越高，在接下来的工作中，表现得就越投入，对工作更具有主动性。也就是说，工作投入者在拥有了足够的工

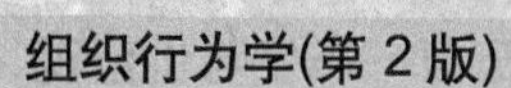

作资源的情况下，能够积极地调动周边的工作资源，服务于工作。这表明工作投入和工作资源之间存在的是一种交互作用。有关工作投入与工作资源正向相关的结论，也同样受到理论支持。由哈克曼(J. R. Hackman)和奥德姆(G. R. Oldham)提出的工作特征理论认为，一些特殊的工作特征，如技术多样化、自主度、能力反馈等能够激发工作潜能，带来积极的工作效果。工作投入作为一种积极的工作态度，恰恰是个体工作潜能的发挥，工作效果的优化。自我决定论(Self-determination theory)同样认为工作资源满足人类对于自主性、关联性等基本的需要。对这些需要的满足，会提高个体的工作效率，从这个意义上理解工作投入，正是基本需要得到满足的一种表现。综上，工作资源的可利用性，增强了工作投入的程度，同时工作投入又促进了更积极组织行为的形成，这是一个潜在的动力过程。

(四)组织支持感

组织支持感是员工知觉到的组织对其贡献的评价、对其幸福感的关注，形成员工对组织支持的综合的整体性感知。

1. 组织支持感的前因

罗兹(Rhoades)和艾森伯格(Eisenberger)(2002)对组织支持感的元分析研究表明，组织支持感主要有 3 个先行变量或者说三大影响因素，分别是程序公平、上级支持以及组织的待遇和工作条件。“待遇和工作条件”主要包括有利于技能发展的工作经历、工作中的自主权、上级的认同与赞赏等。“上级支持”主要是指员工相信上级关心他，重视与肯定其贡献。由于在员工心中，“上级”往往就是“组织”的代表，负责对员工的评估，传达组织目标和价值理念，因此，员工往往将上级的行为作为组织支持的体现。“程序公平”包括正式的组织政策和资源分配程序，它主要通过组织的一些具体活动如加薪、晋升等而得以体现与形成。艾伦(Allen)等(2003)的研究认为，参与决策、公平对待和发展机会是组织支持感的三大重要影响因素。

2. 组织支持感的结果变量

第一，组织支持感与情感承诺。斯廷格汉伯(Stinglhamber)和范登伯格(Vandenberghe)(2003)根据人际交往的互惠原则分析认为，较高的组织支持感主要通过三种机制来影响员工对组织的情感承诺。首先，组织支持感会使员工产生一种为组织利益和组织目标达成做出贡献的责任感，促使他们用更高的组织承诺和更加努力的工作来回报组织。其次，组织支持感会通过满足员工的尊重、认同、归属等社会情感需要提升其对组织的情感承诺，使他们产生强烈的组织归属感。另外，组织支持感还会使员工由于感受到同事的支持理解和对其能力的肯定而产生一系列积极的情绪体验，这些积极的情绪体验是与组织联系在一起的，会导致员工产生更多的组织承诺。

第二，组织支持感与工作绩效。克雷默(Kramer)等(2001)研究了组织支持感、领导一成员交换和配偶支持对涉外员工的工作适应和工作绩效的影响。研究结果表明，组织支持对涉外员工的境外适应有直接影响，并进而影响到员工的任务绩效和关系绩效。领导－成员交换虽然对境外适应未产生明显影响，但对任务绩效和关系绩效具有直接影响。配偶支持则对境外适应和工作绩效均不存在显著影响，冲(Chong)等(2001)对生产人员的研究表明，具有较高组织支持感的员工对看板管理(Just in Time，JIT)有着更为积极的态度，工作绩效提高幅度较为明显。贝尔(Bell)等(2002)对销售人员的研究表明，具有良好组织支持感的员工，其服务质量的顾客评价值相对较高。在上述这些研究中，研究者大多选择将组织承诺、组织认同、工作满意度等因素作为组织支持感影响工作绩效的中介变量。

第三，组织支持感与离职倾向。按照社会交换理论，组织支持感会产生支持组织目标的责任感，因此，高的组织支持感会导致低的离职行为。根据互惠原则，人们往往倾向于认为自己有义务去帮助那些曾经帮助过自己的人，对于组织而言，员工同样有义务去回报组织所给予自己的利益和机会。员工报答组织的方式之一就是持续的参与。艾森伯格(Eisenberger)等(2002)和韦恩(Wayne)等(2001)的研究都认为，组织支持感会让员工产生自己是组织重要一员的自我身份认同，因而相应地，只有较少的职业流动与离职行为。克罗潘扎诺(Cropanzano)等(2002)和韦恩(Wayne)等(2001)学者的研究均表明，组织支持感与离职倾向呈负相关关系。一些研究认为组织承诺、工作满意度在组织支持感与离职行为之间起着中介作用。艾伦(Allen)等人(1990)总结了一系列有关组织支持感和离职倾向的研究，提出了相关理论模型并且进行了实证检验。

(五)员工敬业度

员工敬业度是对工作的热情、投入和满意程度。对企业来说，员工满意度、员工忠诚度和员工敬业度三者的有效结合必然会大大提高企业的竞争能力，吸引和留住人才，更长远、有效地发挥员工的才智。而如何提高员工的敬业度，有学者指出通过招聘、培训和培养、服务文化建设、考核、奖励以及对企业离职人员进行离职面谈等几项有效措施可提高服务性企业员工的敬业度(郭敏之、白琳，2004)，而不同企业提升敬业度的方案不是固定不变的，需要结合企业自身特征量身制定，同样是敬业度，在甲公司受发展机会的影响最大，在乙公司可能受组织文化的影响最大，如果企图只以薪资拉动敬业度，或一味模仿他人，都将造成错误的管理投入与不必要的浪费。曾晖、韩经纶(2005)认为在获知敬业度现状之后，管理者需要根据不同组织的不同特征或同一组织不同阶段的发展特征甄别驱动敬业度的影响因素，这些因素包括企业文化、领导、人际关系、发展机会、全面薪酬、工作内容、生活质量、组织动力及组织系统的协同性等要素。按照宋晓梅等(2009)的观点，在决定员工敬业度的诸因素中，工作本质是第一因素，工作发展成长机会是第二因素，薪资与福利是第三因素，最后才是工作稳定性与工作环境，其中工作本质与发展成长机会是最主要的驱动因素。

员工敬业度可能带来的结果，包括以下几个方面：①提升顾客满意度和员工工作安全

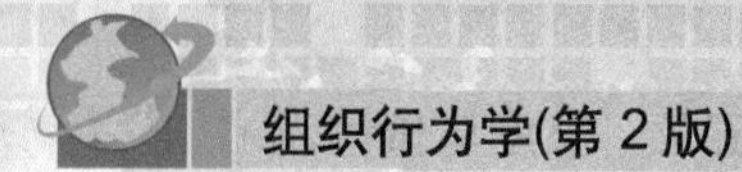

感；②能正向地预测组织利润和生产力，减少离职倾向；③员工敬业度也与员工的工作满意度、组织公民行为都有密切的正向联系，员工敬业度的提升能进一步增强员工的组织承诺。

五、员工工作态度的管理策略和方法

(一)要根据员工的心理实际，正确运用材料

在管理活动中不论运用正面材料，还是同时运用正反两方面的材料，只要使用得当，对促进态度的形成和改变都有很好的效果。但这主要取决于领导者对以下四种条件的论断与处理。

1. 情境诊断

在一种情况下，领导者所提供的观点和材料是员工一致要研究的，而且预料一般不会产生相反的态度时，最好只提出正面的观点和材料。这样，有利于形成员工对企业活动中所要阐明坚持的观点的肯定态度。如果在这种情况下过多运用反面观点和材料，就可能引起员工对反面观点和材料的兴趣，对形成正面态度起消极作用。

如果在员工中本来就存在着反面的观点，或者本来就知道反面的材料，这时应主动提出正反两方面的材料，并以充分的论据证明反面观点的错误以增强免疫力，并形成对正面观点的坚定态度。

2. 员工的态度诊断

如果员工对某一问题一开始就对领导的观点持肯定态度，最好只提出正面的观点和材料，这有助于加深和巩固员工的肯定态度。如果预测到一部分，甚至多数人持反对或怀疑的观点和态度，在这种情况下，领导应提出正反两方面的观点和材料，这将有助于消除怀疑，从而改变反对态度。

3. 管理任务和目的的辨别

如果领导活动的任务和目的是解决当务之急的问题，若想见效快，最好只运用正面的观点和材料。这时运用反面的观点和材料，会使员工产生怀疑，难以立即形成正确的态度。

但是，若想培养理想、实现企业目标、培养和形成员工长期稳定的态度和信念，则应运用正反两方面的观点材料，使他们通过正反材料的比较，形成正面观点的稳定态度和拥护集体。

4. 正反材料的科学运用

目前，对于有关正反两面材料的顺序问题的进一步研究运用，心理学的研究成果已为我们提供了有力的论据。

心理学研究认为，在记忆的规律中有前摄抑制的概念。所谓“前摄抑制”，是指先学习的材料对后学的材料起抑制作用。所谓“倒摄抑制”，是指后学习的材料对先学的材料起抑制作用。教育活动的开始阶段、结尾阶段都对中间阶段起着抑制作用。因此，活动首尾两个阶段对教育对象有着强烈影响，而中间部分相对而言比较模糊，因而活动的首尾阶段对态度的形成和改变有着更大的作用。

在活动中，首尾阶段影响力大的规律性不仅在报告、演说等活动中起作用，而且在集体讨论或集体决策中也起着重要作用。经验证明，为了在集体讨论中使个人的意见发挥更大的影响力，往往争取首先发表自己的看法或在最后表明自己的观点。

可见，运用正反两方面材料的系列应当这样安排：在企业活动中首先提出正面材料，把反面材料放在中间部分，最后再用新的事实论证正面的观点和材料。这样会对人们态度的形成或改变产生最强的影响。

(二)灵活运用情绪因素与理智因素

在生活、学习和工作中，情绪因素的影响虽很强烈，但容易消失；而理智因素的效果则会保持更长的时间。心理实验证明，如果教育宣传活动要立见成效，应更多地运用情感色彩的教育和宣传手段。如果要使教育活动收到长期、稳定的效果，则需要用冷静的、充分说理的理智手段。

一般说来，对待文化程度较高、对事业很关心的人，充分说理的材料比情绪色彩的材料具有更大的影响。但是，对文化程度较低、对事业活动不够关心的人，富有情绪色彩的材料却有着更大的影响。

还可以使情绪因素和理智因素适当结合，促进人们态度的形成和改变，以达到最好的说服与教育效果。在教育活动的开始阶段，最好运用情绪因素，因为富有情绪色彩的材料更易引起人们注意，特别是能引起年轻员工的兴趣，产生积极的态度。然后，可以再运用有充分论据的材料进行说理，使教育产生长期效果。

(三)注意新旧态度之间的差距

原有态度与新生态度之间的差距越大，转变就越困难。要求酒瘾很大的人戒酒比要求平时只喝几杯的人戒酒要困难得多；要让一个对传统教学法得心应手的教师对“程序教学法”形成一个肯定、赞赏的态度，则需要有相应措施和一个较长的改变过程。因此，要改变一个人的态度，如果发现原有态度与新近态度差距很大，则应该分步进行。在改变员工的态度时，一旦操之过急往往就会适得其反，此时员工可能会对新的态度产生排斥心理，并且极力为自己原有态度收集依据和理由，以维持其原有的观点和立场。

(四)考虑员工的切身利益

如果态度的改变对当事人有较大的利益，符合其需要，能引起其改变现状的迫切愿望

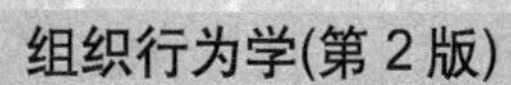

和强烈动机，态度就容易改变。例如人们在生病期间，更容易改变自己平时对人、对事所持的某种急躁和否定等不正确的态度，因为态度恬静、乐于和医护人员配合会有利于自身的早日康复。有的学生本来对学习抱无所谓的态度，但是当他知道在招工前要进行文化考试并能择优录用时，他的学习态度可能在短期内就会有较大的改变。

(五)加强交往沟通

两个人或两个团体对某些问题持有不同态度，通过双方的接触，有时甚至是勉强或强迫的接触，增加相互沟通的机会，增进相互了解，则有利于双方或一方态度的改变，人们常说“人怕见面，树怕剥皮”就是这个意思。因为人与人、团体与团体之间，只有在相互接触中才能彼此了解、消除误会、缩短心理距离，在了解中增进友谊，促进彼此理解、信任与相互支持，从而达成态度相似或一致等。

(六)通过多种活动来形成和改变态度

人的个性、能力等都是在活动中培养、发展起来的。人的态度是个性体系的一部分，因此也是在积极的活动中实现的。人在特定的活动中，其动机和目的之间发生了变化，认识事物的角度有了不同，并且获得了新的情感体验，从而引起态度的改变。

1. 强迫接触法

在澳大利亚，对那些不够判刑的少年纵火犯的教育通常采用令其观看因大火烧毁的房屋、烧死的动物等惨状的办法来警示他们纵火的危害，以达到改变其态度与行为的目的。

2003 年 9 月 28 日新华网转载美国《世界新闻周刊》9 月 22 日报道“英法官怪招惩罚偷窥狂：让你一次‘窥’个够”。英国威尔士郡加的夫市法官最近想出了一个别出心裁的方法来制裁一名爱偷看女子洗澡的偷窥狂：他判处这名 31 岁的偷窥狂必须连续 12 个小时不停地观看 128 名裸体老年男性。这名偷窥狂在接受惩罚后表示，对他来说这真的是最残酷的惩罚了，他以后不管再看到谁的裸体，这些老年男性的裸体影像都会在他的脑中萦绕不去，让他再也不敢看其他人的裸体。

据报道，该名偷窥狂名叫威拉德 • 巴顿，现年 31 岁。巴顿多年以来偷窥成癖，不久前在一次偷窥行动中东窗事发，被告上法庭。

在最后宣判时，法官威廉 • 诺斯布鲁克说：“年轻人，如果你真的是这么喜欢看到裸露身体的话，本法庭倒很乐意满足你的愿望。”

接着，诺斯布鲁克法官从该市“日落谷”天体营公园找来 128 名年龄在 65 岁到 91 岁之间的男性老者，并请他们除去衣裤，赤身裸体地出现在巴顿的面前——毫无疑问，这些老汉的裸体和巴顿过去曾偷窥的那些美貌女子的裸体有着天壤之别。诺斯布鲁克法官规定，巴顿必须在连续 12 个小时内，不停地睁大双眼，观看这些老者的裸体。而且在这一过程当中，巴顿还要被紧紧地绑在一把木椅上，不得离开半步。

惩罚手段立竿见影。据悉，一些人权主义者认为，法官对巴顿的判决未免有些过火，但诺斯布鲁克法官却坚持说，这一招非常有效。

事实上，该惩罚手段的确起到了立竿见影的效果。“太可怕了，这实在是世界上最非同寻常而且是最残酷的惩罚。”巴顿告诉记者说，“我从来没有想到，原来人的裸体竟然会让我感到如此恶心。我想，今后不管再看到谁的裸体——哪怕是天底下身材最火爆的美女，这些老者的裸体影像，都会在我的脑中萦绕不去，让我产生排斥感。上帝啊，今后我不想再看到任何人的裸体了。”

与此同时，“日落谷”那128位配合惩罚偷窥狂巴顿的老人认为，尽管这种惩戒手段有些怪异，但他们丝毫不介意在这名偷窥狂面前裸体，他们认为惩罚罪犯是公民应尽的义务，不管用什么方式。

参与惩罚行动的 68 岁老者阿里森·哈尔说：“当法院办公室告知他们的打算时候，我们还有些犹豫。但是后来我们觉得这是作为一个公民应该尽的义务。而且，我们是在帮助这个年轻人戒掉他的偷窥怪癖。也许，他现在已经意识到，偷窥裸体并不总是让人兴奋的一件事情。”

2. 角色扮演法

人的行为往往因为各自在不同环境中承担的角色而有所不同。在学校里，常有些学生对组织纪律抱有无所谓的态度，但在活动中，如校运动会上，让他们佩戴“大会工作人员”的鲜红标志时，这些学生就会转变态度，对组织纪律持肯定的态度。因为他们对纪律的必要性有了更新的理解，对纪律的尊严有了切身的情感体验，他们所担任的“角色”对学校集体发挥了应有的功能，并且得到了同学和领导的认可。

在管理中，笔者也曾经尝试让一名不喜欢遵守流程与规范的员工，负责在新员工培训时讲授为什么要有流程和规范，以及流程与规范是如何制定的，执行中会遇到哪些问题。结果，几轮授课下来，该员工的态度已经发生了根本性转变。

(七)让员工参与管理

如上所述，改变态度的方法不能离开团体规范和价值，同时个人在团体中的活动性质也能决定其态度及行为。

在团体活动中，参加人一般可分为两类：一是主动型的人，他们主动介入团体的活动，参与“政策”制定，参与权力的推行，自觉遵守团体的规范等；二是被动型的人，他们被动地介入团体的活动，服从权威，服从别人制定的“政策”，遵守团体的规范等。心理实验和我国管理实践表明，员工参与的管理，对企业提出的目标，甚至是难度大的任务，员工的态度往往也容易改变，而且改变的速度也快，取得的成绩也突出。因此，“参与改变的理论”已被广泛应用于企业管理之中，并已取得很大的成绩。

在组织中，态度很重要，因为它会影响工作行为。例如，如果工人们相信主管、审计

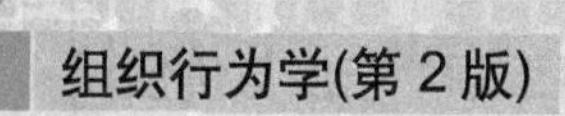

员、上司和工作分析工程师都在阴谋策划使工人在同等或更少工资的条件下更加努力地工作，那么，理解这种态度是怎样形成的，它们与实际工作行为的关系，以及它们可能如何改变就非常有必要了。

第二节　价值观——态度的深层因素

前述态度的认知、情感、行为三种成分并不是孤立地拼凑在一起的，而是生成一些具有独特性质和作用的价值及价值观、世界观、信念等合成物。这些才是态度的深层因素，是态度得以形成的基础。

一、价值和价值观

(一)价值

人们对某个事物的态度，取决于该事物对人们意义的大小，即事物所具有的价值的大小。因此，价值是指态度对象对人的意义。事物的价值一方面取决于事物本身的客观价值，例如黄金比铁价值高，完成一项新发明比按图装配好一台机器价值高等。另一方面，还取决于该事物对于满足人的需要的意义，即人的主观评价。同是一块黄金，当人不了解其价值或者根本无法把它变成倾向时，主观价值就很低，与铁无异，甚至不如一块可使用的铁。这时也就不会产生重视的态度。因此，态度来自价值，价值客体自身属性与主体需要的统一是态度性质中最主要的一点。

构成价值评价的心理因素不仅是认识和情感，更加具有重要地位的是需要，此外还有其他精神性因素。有的心理学家把人对事物价值的主观评价分为六类，也就是从六个不同方面去评估事物的意义：经济价值、理论价值、审美价值、权力价值、社会价值、信仰价值。每个人的价值取向不同，对某一些价值评价高，而对另一些价值评价低，形成自己特有的价值体系。例如，有的员工力求在知识系统中发现新东西，非常重视理论价值；而有的员工却以经济和实惠作为主要衡量标准。这就形成不同的价值观。由于价值观的不同，人们对同一事物可能产生不同的评价，形成不同的态度。例如，对一张 100 年前的邮票，一般人会认为没有很大价值，而集邮爱好者会认为是无价之宝。使一个后进员工变好，有人从社会价值给予很高的估价，有人却从经济价值认为对自己无益。

(二)价值观

从个人或社会的角度来看，某种具体的行为类型或存在状态比与之相反的行为类型或存在状态更可取。上述这句话包含着判断的成分，这些成分反映了一个人关于正确和错误、好与坏、可取和不可取的观念。价值观包括内容和强度两种属性。内容属性告诉人们某种方式的行为或存在状态是重要的；强度属性则表明其重要程度。当我们根据强度来排列一个人的价值观时，就可以获得一个人的价值系统(Value System)。每个人的价值观都是一个层次，这个层次形成了每个人的价值系统。这个系统通过我们赋予自由、快乐、自尊、诚实、服从、公平等观念的相对重要性程度而形成层级。

二、价值观的重要性

价值观对研究组织行为来说是很重要的，因为它是了解员工的态度和动机的基础。同时，它也影响着我们的知觉和判断。每个人在加入一个组织之前，早已形成了什么是应该的、什么是不应该的思维模式。当然，这些观点不可能与价值观毫无关系；相反，它们包含着对正确与否的解释，而且其间隐含着一种观念：某种行为或结果比其他行为或结果更可取。因此，价值观使客观性和理性变得含糊不清。

价值观通常影响一个人的态度和行为。假设你加入一个组织时认为以工作绩效作为报酬分配的基础是正确合理的，而以资历作为报酬分配的基础是错误不合理的。但是你进入的组织恰恰以资历作为付薪的基础而不是以绩效，你会做出什么反应呢？你很可能感到失望——这会导致你对工作不满意并且决定不付出更多的努力，因为它不可能给你带来更多的收入。如果你的价值观与组织的报酬政策一致，你的态度与行为是否会不同呢？可能性是很大的。

三、价值系统的来源

我们的价值系统来自何处？很明显，一部分是遗传的，其余部分受下列因素的影响：民族文化、父母行为、教师、朋友以及其他相似的环境因素，如图 5-3 所示。

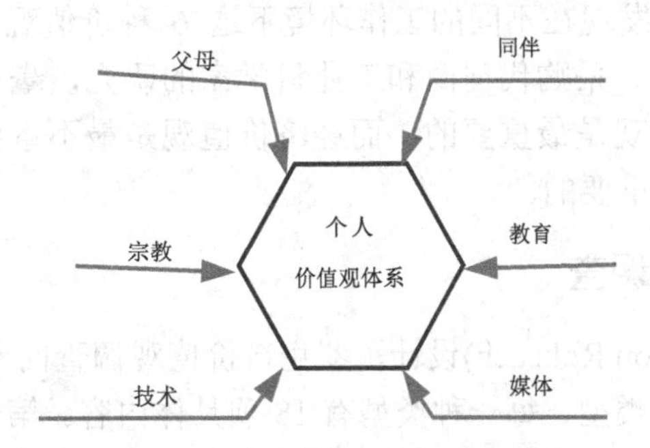

图 5-3　个人价值观体系的影响因素

对分开抚养的双胞胎进行的研究表明，大约 40%的工作价值观是通过遗传获得的。所以你的亲生父母的价值观在解释你的价值观方面起着重要的作用。但是，价值观的大部分变异是由于环境因素决定的。

有趣的是，价值观是相对稳定和持久的。这是由它自身的遗传成分和获得方式决定的。

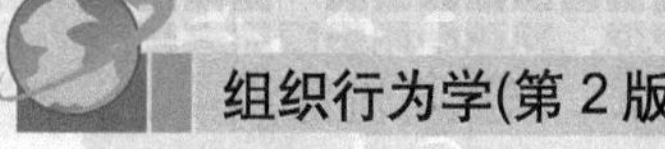
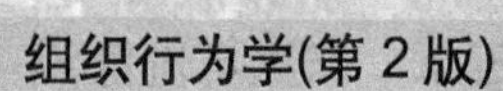

就第二点来讲，当我们是孩子时就被告知，某种行为或结果总是好的或不好的，没有中间状态。例如，你被告知应该诚实和有责任感；或你从没有被教导过要有一点诚实或有一点点责任感。当这种绝对、黑白分明地掌握价值观的方式与占有重要部分的遗传因素相结合时，就或多或少地保证了价值观的稳定性和持久性。

当然，我们对价值观提出疑问的过程，可能会导致价值观的变化。我们可能做出决定不再接受这些基本的价值观。但更经常的情况是，对价值观的疑问强化了已经拥有的价值观。

四、价值观的分类

(一)奥尔波特及其助手对价值观的分类

奥尔波特(Allport)和他的助手对价值观的分类是该领域中最早的尝试之一。他们划分了以下 6 种价值观类型。

(1) 理论型：重视以批判和理性的方法寻求真理。

(2) 经济型：强调有效和实用。

(3) 审美型：重视外形与和谐匀称的价值。

(4) 社会型：强调对人的热爱。

(5) 政治型：重视拥有权力和影响力。

(6) 宗教型：关心对宇宙整体的理解和体验的融合。

奥尔波特和他的助手编制了一份问卷，这份问卷描述了大量的不同环境，答卷者从一系列选项中选出最符合自身情况的答案。根据被试者的答案，研究人员可以分别界定出这 6 种价值观对该答卷者的重要程度，并由此确定每一个答卷者的价值观类型。

通过这种方法，人们发现在不同的工作环境下这 6 种价值观对人有着不同的重要性。例如，一个比较教堂牧师、采购代理商和工业科学家的研究，毫不奇怪。一方面，对于宗教领导者而言，宗教价值观是最重要的，而经济价值观是最不重要的；另一方面，经济价值观对于采购决策者是最重要的。

(二)罗克奇价值观调查

米尔顿·罗克奇(Milton Rokeach)设计了罗克奇价值观调查问卷(Rokeach Value Survey，RVS)，它包括两种价值观类型，每一种类型有 18 项具体内容。第一种类型称为终极价值观(Terminal Values)，指的是一种期望存在的终极状态。它是一个人希望通过一生而实现的目标，如舒适的生活、自由、平等、成就感等。第二种类型称为工具价值观(Instrumental Values)，这种价值观指的是偏爱的行为方式或实现终极价值的手段，如雄心勃勃、心胸开阔、欢乐、清洁等。

一些研究证实了 RVS 价值观在不同的人群中有很大的差异，与奥尔波特的研究发现一致，相同职业或类别的人(如公司管理者、工会成员、父母、学生)倾向于拥有相同的价值观。对管理者来说，最重要的是要准确判断出不同类别人员的两种价值观，才能准确找到解决问题的关键路径。

本章小结

组织行为学研究的对象包括个体行为、群体行为和组织行为。组织是由单个的人组成的，因此，研究组织行为学的问题应从个体行为开始。本章从价值观、态度、工作满意度和组织承诺等方面论述个体行为的规律及其在管理领域中的应用问题。在企业的人员管理过程中，只有了解员工的行为个性，才能更好地开展选拔、晋升、任用等工作，使员工与工作、员工与职位、员工与组织实现更好的匹配。态度是潜在问题的警报，管理者要密切关注员工的态度，并在了解态度的同时，要注意态度和行为之间的复杂关系，排除改变态度的障碍；价值观反映人们在观念上对于正确与错误、重要与不重要、好与坏的判断和评价，是决定人们行为的核心因素；与工作和工作环境有关的态度也是组织行为学研究的重点，主要集中在工作满意感、组织承诺等。其中，工作满意感关注于员工对工作的态度，而组织承诺等关注员工对整个组织的态度。有关这些不同类型态度的研究，深入地发掘了态度与行为之间的关系，为管理方法的改进提供了更有力的依据。

实训课堂

谁当经理更合适

某电子电器工业公司是一个由十几家小厂组成的专业公司。公司行政领导班子由一正三副四个成员组成。总经理由于年事已高即将退休，需要物色一个合适的新总经理。该公司的上级主管部门经过一段时间的研究考察，认为现任的三位副经理均不宜提升，新的总经理须从下面挑选。各方面的意见最后集中到在李厂长和王厂长两个中选一个。下面是有关他们两人的资料。

李厂长，男，39岁，文化程度为大学本科(电子专业)，中共党员，原是该厂技术员，高级知识分子家庭出身。“文革”中父母受到严重迫害，他自身也受到影响。三中全会以后，他一反过去的消沉，工作积极努力，认真学习科学文化知识，善于把学到的知识用来指导工作，为本厂的产品开发、产品的升级换代、提高质量、建立科学的检测手段等都做出了重要贡献。他从技术科长提升为厂长后，对厂里进行了一系列改革，加强了科学管理，使工厂的面貌大为改观，大大提高了经济效益，年创利和人均创利都在本系统居首位，职工收入也大幅度增加。全厂精神振奋，一派欣欣向荣的景象。李厂长性格开朗、精力充沛、善言谈、好交际、活动能力很强，在全国十多个省市开设了200多个经销点，30多个加工企业，效益都很显著。他认为，要发展就要靠技术，因此千方百计、不惜重金地引进人才。

至今该厂已有十多位外来的高级工程师。他还很重视产品的广告，每年要花几十万广告费，电台、电视台、路边广告牌、电车、汽车以及铁路沿线都有该厂的广告，可谓“无孔不入”。此外，他还担任了市企业管理协会的理事，各方面关系融洽，对厂里工作也有促进。

李厂长事业心强，一心扑在工作上，早出晚归，南来北往，一年到头风尘仆仆，不辞辛苦。该厂曾被评为市企业管理先进单位，李厂长也荣获市优秀厂长称号，该厂的产品也被评为市优质产品。但李厂长也有一个明显的缺点，就是常常骄傲自满、自以为是、盛气凌人，有时性情急躁，弄不好还会暴跳如雷，不把公司的领导放在眼里，经常顶撞他们，公司的“指令”常常被他顶回去，因此公司领导对他这一点颇为不满。各科室也不大愿意和他打交道，他同公司下属的其他几个兄弟厂的关系也不融洽。这些厂的厂长们对他敬而远之，对上级表彰他颇有微词。他也不善于做思想工作，认为那是党支部的事。所以平时遇到思想问题，他都是作为“信息”告诉书记，要支部去做工作。他和几个副厂长的关系处理得也不太好，领导几次协调也无济于事。

王厂长，男，37岁，文化程度为大专(企业管理专业)，中共党员，有技术员职称，家庭出身为小业主。在“文革”期间，他未参与任何派系活动，而是偷偷学文化、钻业务，因此在组建该厂时就担任了厂长，至今已近10年。他经历了该厂由弱到强、几起几落的整个过程。对电子行业的特点非常熟悉，自己又具有设计能力。他最大的特点是精于企业管理，在学校学了计算机专业后，他率先把计算机运用到企业管理中去。他对整个厂的机构设置、行政人员的配备、岗位责任，以及各副厂长、科长、车间主任和各级管理人员的职责都有明确的规定，每年考核两次，奖惩分明，平时常这个科室转转，那个车间看看，以便了解情况，发现问题。公司及有关部门召开的会议，他从来不缺席，而有的厂长则是常常忙得脱不开身。他似乎比其他厂长“超脱”得多。王厂长性格内向，沉稳，不喜欢大大咧咧发议论，对什么事情总要深思熟虑，三思而后行，人们说他“内秀”。他对自己厂今后五年的发展有一个远景规划，听起来切实可行，也颇鼓舞人心。对一些出风头的社会活动，他不太喜欢参加，但对各种开阔思路的业务技术讲座却很感兴趣。他很善于做职工的思想工作，他认为一厂之长，要抓好生产怎么能不做思想工作呢。因此，对一些老大难问题，他从不推诿，都是亲自处理。他还要求各级行政干部做人的思想工作，并将其作为考核内容。他和党支部、工会的关系都很好，积极支持他们的工作。他待人谦和、彬彬有礼，和本公司上下左右关系都不错。公司有什么事，只要打一声招呼，他就帮助解决了。因此，他的人缘挺好，厂里进行民意测验，几乎异口同声称赞他。和李厂长不同，他不喜欢花高价引进工程技术人员，他认为这些人中不乏见利忘义之徒，只能同甘不能共苦。关键时刻还是要靠自己，宁愿多花些钱来培养自己厂里的技术人员。几年来，厂里也确实培养了一批自己的技术骨干，有些人还很拔尖。他也不喜欢高价做广告，他常说“我们的产品质量自己有数，我不能干这边排队卖，那边排队维修的事”。他把做广告的钱用来购买先进的技术设备，以提高产品的质量和服务。该厂的产品质量还是不错的，开箱抽查，合格率达98%，是市企业管理先进单位，区文明单位。工会是区“先进职工之家”，团支部是区“先进团支部”，他本人则荣获市优秀厂长和局优秀党员称号。但也有不少人认为，王厂长缺乏开拓精神，求稳怕变，按部就班，工作没有多大起色。按照厂里的基础和实力，应该发展得更快些，他们厂的效益比不上李厂长的厂。和李厂长比，他显得保守、过于谨慎、处世比较圆通、怕得罪人。王厂长听了这些议论，不以为然，依旧我行我素。

李厂长和王厂长谁当总经理更合适，上级领导部门至今议而未定。

(资料来源：陈国海，李艳华，吴清兰. 现代管理心理学[M]. 北京：清华大学出版社，2008.)

思考讨论题

1. 依据有关个性理论，对两位厂长的能力、气质、性格进行分析和比较。
2. 通过对他们个性的分析比较，你认为谁当总经理更为合适，为什么？
3. 在用人方面怎样才能做到“扬长避短”、“人尽其才”？

第三篇 群体行为

第六章 群体的一般性问题

【学习要点及目标】

- 掌握群体的定义及分类。
- 了解群体发展的五阶段模型及各阶段特征。
- 解释角色要求在不同情境中如何变化。
- 描述群体规范对个体行为的影响。
- 了解群体凝聚力。
- 了解如何提高群体决策有效性。
- 掌握团队的含义及其与工作群体的差别。
- 掌握团队建设的一般途径。

【核心概念】

群体　角色　从众行为　群体规范　群体凝聚力　群体决策　团队　工作群体

【引导案例】

华为的团队管理

华为是中国最早将人才作为战略性资源的企业，其人力资源管理体系更是华为26年来持续发展的动力和关键。华为总裁任正非用“狼狈组织”“少将连长”等词汇诠释华为在员工激励、组织建设、干部管理等方面的管理智慧，道出了华为人力资源管理的核心。

给火车头加满油

“给火车头加满油”意喻：要按价值贡献，拉升人才之间的差距，让列车做功更多、跑得更快。不能按管辖面来评价人才的待遇体系，一定要按贡献和责任结果，以及他们在此基础上的奋斗精神。这充分体现了华为公司的价值评价和价值分配的导向，向优秀的奋斗者倾斜，给火车头加满油，让千里马跑起来，让奋斗者分享胜利的果实，让懒惰者感受到末位淘汰的压力。任正非说：“有成效的奋斗者是公司事业的中坚，是我们前进路上的火车头、千里马。我们要让火车头、千里马跑起来，促进对后面队伍的影响；我们要使公司15万优秀员工组成的队伍生机勃勃，英姿风发，你追我赶。”

不搞田忌赛马

任正非在一次讲话中指出："我们在科学家人才领域不搞田忌赛马，华为要靠自己的整体优势取胜，而非像田忌赛马那样整体实力不足，仅靠调整部署取得一两次胜利，华为必须持续取胜。因此，华为要加大前瞻性、战略性投入，要容得下世界级人才，建立起全面超越的专家队伍；把握先机，在理论构建能力、科学家数量、产品质量等诸方面超过业界。只有这样，华为才能避免衰落，不断发展壮大，持续地活下去并且还能活得很好。"

从零起飞奖

2013年市场大会"优秀员工表彰会"上，任正非给徐文伟、张平安、陈军、余承东、万飚颁发了一项特殊的表彰——"从零起飞奖"。这些获奖的人员2012年年终奖金为"零"。2012年，他们的团队经历奋勇拼搏，虽然取得重大突破，但结果并不尽如人意。于是，这些团队的负责人在这里履行当初"不达底线目标，团队负责人零奖金"的承诺。任正非在为他们颁发"从零起飞奖"后发表讲话，他说："我很兴奋给他们颁发了从零起飞奖，因为他们5个人都是在做出重大贡献后自愿放弃年终奖的，他们的这种行为就是英雄。他们的英雄行为和我们刚才获奖的那些人，再加上公司全体员工的努力，我们除了胜利还有什么路可走?"

很多企业发展到一定程度，就出现各种各样的问题，是因为它们在按固定的理论指导行事，一旦出现新的问题，而旧有理论又无法解决，企业就陷入一筹莫展的困境，甚至偏离航道。而华为没有条条框框的束缚，作战更灵活。这正如任正非所说："世界上一切资源都可能枯竭，只有一种资源可以生生不息，那就是文化。"

(资料来源：IT时代周刊，2015-06)

【案例导学】

群体的行为不是每个个体按照他(她)自己的方式行动进行的简单累加。人们在群体中的行为与他们独处时并不一样。本章介绍群体的基本概念，然后论证对群体的理解如何帮助解释组织行为中的许多现象。

第一节　群体的定义、分类与发展阶段

一、群体的定义及分类

群体(group)是指为了实现特定目标，两个或更多的人互相影响、互相依赖而形成的集合。群体主要分为正式群体和非正式群体两种。

梅奥通过在芝加哥西方电气公司霍桑工厂进行的群体试验发现：通常意义下的群体实际上可以分成正式群体(formal group)和非正式群体(informal group)两类。正式群体是指由组

织结构确定的、职务分配很明确的群体。在正式群体中，一个人的行为是由组织目标所规定，并指向组织目标的。相反，非正式群体是那些既没有正式结构，也不是由组织确定的联盟。这些群体是员工为了满足社会交往的需要，在工作环境中自然形成的。非正式群体通过满足其成员的社会需要而发挥着非常重要的作用。由于工作场地和任务联系得密切，导致了其成员的交往比较频繁。我们发现员工们在一起打高尔夫，一起驱车上下班，一起吃午餐，一起度过工休时间。必须认识到，即使员工之间的这种相互作用是非正式的，它们对员工的工作行为和绩效也会产生影响。

我们还可以把群体进一步细分为命令型群体、任务型群体、利益型群体和友谊型群体。命令型和任务型多见于正式组织中，而利益型和友谊型群体则是非正式群体。

命令型群体(command group)由组织章程确定。它由一个或多个下属和一个指定的管理者组成，下属直接向管理者汇报工作。这样的群体很多，比如一个小学的校长和其管辖的12 位教师就组成一个命令型群体，一个邮局的审计主任和他的 5 位工作人员也同样组成一个命令型群体。

任务型群体(task group)同样也由组织确定，由为完成某项工作任务而共同工作的人们组成。但是，任务型群体的界限并非局限于直接的上下级关系，还可能跨越直接的命令关系(隶属关系)。例如，某企业提供给客户的产品出现了质量故障，需要集聚售后服务工程师、研发工程师和公司的商务代表一起研究如何定位问题、解决故障和如何给客户提供相应的服务与补偿。这些人员就组成了一个任务型群体。应该指出，所有的命令型群体都是任务型群体，但因为任务型群体可以由来自组织各个部门、各个层次的人组成，因此，任务型群体不一定是命令型群体。

不论人们是否处在命令型群体或任务型群体中，人们都有可能团结起来去实现与每一个人都有切身利益的具体目标。这就是利益型群体(interest group)。比如，公司中有些员工为了调整休假日期，或为了帮助一个被解雇的伙伴，或者为了增加福利而结合在一起，组成一个群体，以实现他们的共同利益。

群体往往是由于其成员具有一个或几个共同的特征而形成，我们把这种基于成员共同特征而形成的群体称为友谊型群体(friendly group)。这种群体往往是在工作情境以外形成的，他们所赖以形成的共同特征可能是：年龄相近，支持某支足球队，毕业于同一所大学，持有相同的政治观点等。

对管理者来说，准确区分不同群体类型对于适时介入群体活动、有效引导群体行为导向，使其为达成组织目标服务有着十分重要的现实意义。

二、群体的发展阶段

群体不是静止的，而是不断变化发展的。自 20 世纪 40 年代末以来，出现了不少有关群体发展方面的理论研究。下面介绍群体发展五阶段模型。

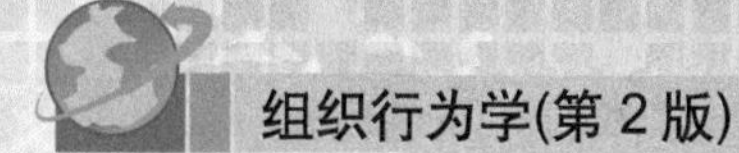

从 20 世纪 60 年代中期起，人们大都认为，群体的发展要经过五个阶段的标准程序，这五个阶段是：形成阶段、震荡阶段、规范化阶段、执行任务阶段、中止阶段。

1. 形成阶段

第一阶段：形成阶段。形成阶段是工作群体被引进的阶段。其间，群体成员将注意力从个人转移至群体。其特点是，群体的目的、结构、领导都不确定。群体成员各自摸索群体可以接受的行为规范。当群体成员开始把自己看作是群体的一员时，这个阶段就结束了。他们需要解决以下问题：①规定对群体最重要的行为；②评估群体成员的技术、能力和经验；③讨论群体成员的目标与动力；④评估群体成员的工作投入程度和忠诚度。群体成员之间互相检验各自对努力工作与合作的设想。这将使群体成员对群体里特定职位(角色)的期望更加明确。在很多情况下(尤其对项目群体来说)，这一阶段无法规定领导人选。在固定的领导被选出之前，很多人都渴望担任这个角色。

2. 震荡阶段

第二阶段：震荡阶段。震荡阶段是群体内部冲突阶段。群体成员接受了群体的存在，但对群体加给他们的约束仍然予以抵制。而且，对于谁可以控制这个群体，还存在争执。这个阶段结束时，群体的领导层次就相对明确了。如果工作群体不能维持信任与协作的氛围，群体成员就会得出这样的结论：靠自己实现自我需求比通过群体合作的方式更有效。这种想法会引发工作群体中的调职和缺勤的现象。这些结果在此阶段暴露了工作群体的失败。这是一个明显的管理失败：没能建立一个高生产力的群体。然而，更大的失败是，群体成员开始觉得以群体形式工作造成了障碍性压力，第一层次结果与第二层次结果间的因果关系变得不明朗了，事业也停滞了。

3. 规范化阶段

第三阶段：规范化阶段。当群体成员间的冲突得到缓和时，工作群体的规范也随之形成了，这就进入了规范化阶段。在这个阶段中，群体内部成员之间开始形成亲密的关系，群体表现出一定的凝聚力。这时会产生强烈的群体身份感和友谊关系，当群体结构稳定下来，群体对于什么是正确的成员行为达成共识时，这个阶段就结束了。

在这一阶段，群体成员认识到并接受了自己在群体中的工作投入程度与忠诚度，群体也具有了凝聚力。这时，群体成员就会相信组成群体工作利大于弊。

领导位置被稳固地设立下来，群体的角色分配(结构)也都符合大家的意愿。此阶段的工作群体总体特点就是和谐一致。这种状态会很深入，以至于在群体中产生了群体思维。因为群体成员很看重自己职位与群体成员身份，所以来自外界的威胁会激起大家强烈的团结意识。如果工作群体的机制允许在决策中加入客观、外界的信息，产生决策偏好的威胁感就会减弱。

4. 执行任务阶段

第四阶段：执行任务阶段。当工作群体成功到达第四阶段时，其潜力几乎完全发挥出来了，因为群体发展过程中的问题被减至最少。在这个阶段，群体结构已经开始充分地发挥作用，并已被群体成员完全接受。群体成员的注意力已经从试图相互认识和理解转移到完成手头的任务上来。

这一阶段，工作群体用协作的方式处理群体成员间及任务间的冲突。因此，协作方式可以减少群体或团队在发展过程中出现的问题。协作的成功意味着群体成员互相维持工作热情，接受现有的领导班子并积极参与群体的决策。大体上，协作缓和了群体行政方面的紧张气氛，因为协作阻止了群体朝小集团方向发展的势头。群体中小集团的出现往往意味着群体成员已经将注意力从工作绩效转向了对领导的不满。如果协作停止，工作群体中的权力争斗就开始了。

处于第四阶段的工作群体是一个成熟的群体，因为群体成员对自己的能力很有信心，同时也很愿意将好好表现的信心传达给工作群体。群体发展过程中的问题对绩效有不利的影响。因此，这种问题的苗头一出现，成熟的工作群体就应迅速地将它消灭。实际上，第四阶段工作群体与第三阶段的区别就在于它能在合适的时间迅速察觉群体发展过程中问题的出现。在第四阶段群体里，每个人都对发展过程中的问题表示关心。在其他阶段，群体成员则是依靠有影响力的人(如领导)去发现此类问题。当第四阶段群体的成员被分配到其他群体时，他们也会将协作的积极经验带进新环境。他们学会了如何减少发展过程中的问题，也意识到了通过团队解决问题的价值。

第四阶段群体能永远保持他们的位置吗？

正如个人不能随时都既有职位满足感，又保持较高的生产力一样，工作群体也会从第四阶段倒退回去，如离职、群体目标的改变、新技术的出现、竞争压力加大以及更换领导等，所有这些原因都将导致工作群体从第四阶段倒退回去。所以，第四阶段群体必须寻求能够保持灵活性与适应性的机制。成熟的群体应该将一部分资源用于组织训练新群体成员、更有效地规范和解决新的职位需要，并检查客观环境中的变化。这些变化会导致工作群体从第四阶段后退。

工作群体也许会尽最大努力保持第四阶段，但维持此阶段的所有工作群体并不一定是公司的可持续竞争优势所注重的。任何尝试“冻结”第四阶段工作群体的公司，实际上都是在无视客观变化的影响力，这些变化会使竞争优势转移至同行业的其他公司。更理智的管理观点是将工作群体的发展看成一个“进化循环”，公司的各工作群体在这个循环中缓慢移动。最主要的任务是保持工作群体的灵活性，这样，当公司改变战略以创建或增加竞争优势时，工作群体便能够很快地适应变化。第四阶段群体的目标和结构都是在群体进化循环过程中形成的。对该进化循环的识别是一个公司的 CEO 应该具备的基本能力。CEO 在酝酿调整策略时，必须考虑到成熟的工作群体应该相应地做出怎样的改变。如果忽略了这一

重要的因素，其对公司的商业模式做出的创造性调整就注定会失败。

5. 中止阶段

第五阶段：中止阶段。对长期性的工作群体而言，执行任务阶段是最后一个发展阶段，而对暂时性的委员会、团队、任务小组等工作群体而言，由于这类群体要完成的任务是有限的，还应有一个中止阶段。在这个阶段中，群体开始准备解散，高绩效不再是压倒一切的首要任务，主要注意力放到了群体的收尾工作。这个阶段，群体成员的反应差异很大，有的很乐观，沉浸于群体的成就中；有的则很悲观，惋惜那些在共同的工作群体中建立起的友谊关系不能再像以前那样继续下去。

五阶段模型的许多解释者都带有这样的假设：随着群体从第一阶段发展到第四阶段，群体会变得越来越有效。虽然这种假设在一般意义上可能是成立的，但使群体有效的因素远比这个模型所涉及的因素更复杂。比如，在某些条件下，高水平的冲突可能会导致较高的群体绩效。因此，我们也可能会发现这样的情况：群体在第二阶段的绩效超过了第三和第四阶段。同样，群体并不总是明确地从一个阶段发展到下一个阶段。事实上，有时几个阶段同时进行，比如震荡和执行任务就可能同时发生，群体甚至可能回归到前一个阶段。

第二节　群体行为的过程与互动

一、角色与自我展示

莎士比亚说过："世界是一个大舞台，所有的男人和女人只不过都是舞台上的演员。"在此使用这个比喻也非常恰当，群体行为的产生首先依赖于群体中成员所扮演的角色(role)，其次是这些角色依据群体规模和群体规范，结合个体的性格与价值观念特征发生行为反应。组织行为学中的角色是指人们对在某个社会单位中占有某个职位的人所期望的一系列行为模式。每个人都需要根据所处情境的不同扮演不同的角色。比如，公司里的一个部门经理在工作中当然需要扮演中层管理者的角色，但在他的上司、客户面前就应该有所不同；下班后，更是面临着扮演丈夫、儿子、父亲、俱乐部成员等一系列角色。

如果你是一名管理者，对角色概念的掌握对你有什么价值呢？当你在和员工相处时，它会帮助你思考你的员工们目前主要属于哪一个群体，并且让你知道你可以得到怎样的角色期望。这将使你更加准确地预见员工的行为，并且指导你如何最妥善地处理好和员工的关系。

群体赋予了成员不同的身份，提出了不同的期望。而每一位成员在现实生活中又同时隶属于不同的群体，这就导致了角色冲突(role conflict)。如果我们每个人只选择一个角色并且始终如一地扮演下去，对角色行为的注解将大大简化。不幸的是，在上班时和下班后我们都需要扮演不同角色，不同的群体对角色有着不同的要求。如果我们知道人们扮演的是什么角色，就能更好地理解在特定环境下个人的行为。

角色知觉(role perception)是指一个人对于自己在某种环境中应该做出怎样的行为反应的认识。这种认识是建立在行为者对他人希望的解释基础上的。或者说，是基于“我是谁”对“我应该如何做”得出的主观领悟。例如，一个好学生就有可能在理解和解释学校、老师及他人希望自己应该如何做的基础上，做出诸如尊敬教师、认真学习之类的行为反应。事实上，每一个学生，或者说，组织中的每一个人都会对自己应该怎样做有着各自的反应，也就是有各自的角色知觉。人们的这些认知来自周围环境的多种刺激，如朋友、书本、电影、电视等。

角色期望(role expectation)指的是他人认为你在特定的情境下应当采取的行动方式。例如，管理者被期望能够公平地对待员工，提供可接受的工作条件，详细地说明一个公平的工作目的与工作安排，并对员工的工作表现给予及时的反馈；员工被期望以展示良好态度、执行命令和忠于组织等方式来回应管理者。当隐含的角色期望没有达到要求时会发生什么呢？当管理者不能满足员工的期望时，我们将会看到对员工绩效和员工满意度的消极影响；当员工不能满足管理者的期望时，结果通常是某种形式的惩罚，甚至是被解雇。

根据几十年的角色研究，我们得出如下结论：①人们扮演多种角色。②人们从周围的刺激中学习扮演角色，如朋友、书籍、电影、电视等。例如，现在很多员工通过学习角色榜样来扮演自己的角色。③当人们认识到情境及要求明显需要其进行重大变化时，他们通常有能力做出迅速的角色转变。④当人们对某一角色的遵从和另一角色发生矛盾时，经常发生角色冲突。

当个体在某种特定环境下产生了角色知觉并获悉他人对自己的角色期望时，便会出现自我展示行为。自我展示(self-presentation)最初由社会学家戈夫曼提出，表达了每一个个体都会在公众面前呈现一个特定的角色。戈夫曼使用一种隐喻的方式，把社会描绘成一个大舞台，并把自我展示定义为一个信息传递过程，基于这一过程，个体可以在他人眼中树立一种印象。更进一步来说，自我展示是指个体向他人展示自己的方式，即人们通过对所展示的自我信息的控制，在他人眼中树立一种自己所期望的形象。

大多数研究认为自我展示是通过塑造一个受他人喜爱的形象，从而获得别人的喜爱或欣赏。也有研究认为，自我展示也可以以自己为观众，即不仅向别人展示自己，还会自己向自己展示，以获得一种良好的自我感觉。现实生活中，自我展示可以产生社会和心理效用，满足人们的社会和心理需求。比如，自我展示可以促进社会交往以及人际关系的建立。自我展示的一个基本功能就是界定社会情境的性质，很多社会交往都是由角色统治的，每个人都扮演一定的角色。如果能有效扮演角色，社会交往就能顺利进行下去。另外，在社会交往中，每个人都希望维持一种和当前的社会情境相适应的形象，并确保从他人那里获得的是彼此都感到愉快和维护身份的评价。因此，通过在他人面前展示良好的自我形象，可以维持和提升自尊。

二、规范与从众

(一)群体规范

所有群体都有自己的规范。所谓规范(norms)，是指群体成员共同接受的一些行为标准，或者说，是群体对其成员行为的共同期望，群体中的每个成员都应按这种共同的期望行事。它可以是成文的，也可以是约定俗成的。群体规范能够让群体成员知道自己在一定的环境条件下，应该做什么，不应该做什么。从个体的角度看，群体规范意味着，在某种情境下群体对一个人的行为方式的期望。群体规范被群体成员认可并接受之后，就将成为以最少的外部控制影响群体成员行为的手段。

第一类群体规范大多与群体绩效方面的活动有关。群体通常会明确地告诉其成员：他们应该多努力工作，应该怎样去完成自己的工作任务，应该达到什么样的产出水平，应该怎样与别人沟通等。这类规范对员工个人的绩效有着巨大影响。他们能够在很大程度上调整仅仅根据员工的能力和动机水平所做出的绩效预测。

第二类群体规范是有关群体成员的形象方面的，包括如何着装、在何时应该忙碌、何时可以聊天、对群体或组织应该表现出忠诚感等。有些组织有正式的着装规定，有些虽然没有这种明文规定，但往往也有一些心照不宣的标准。

第三类规范为非正式的社交约定。这类规范来自非正式群体，主要约束其内部成员的相互作用。

(二)从众行为

作为群体的一员，你一定渴望被群体接受，这样，你就会倾向于按照群体规范行事。大量事实表明，群体能够对成员施加巨大压力，令成员改变自己的态度和行为，与群体标准保持一致。

个体是否会屈从于他们所属的所有群体的压力呢？显然不是这样的，因为人们从属于多个群体，不同的群体规范繁多，有时还相互矛盾。因此，人们会遵从他们所从属的重要群体，或者希望加入的群体。这些重要的群体被称为参照群体(reference group)，在参照群体中，人们互相意识到其他成员的存在，将自己定义为群体成员，或者希望成为该群体的成员，并且感到群体成员对自己意义重大。这一点启示我们，并非所有的群体对其成员所造成的压力都相同。

是什么原因导致从众现象的产生？影响从众现象的因素主要是环境因素和个体因素。从环境因素来看，如果某群体是一个人的参照群体，且群体的意见一贯比较一致，群体比较团结，那么这个人就容易在群体压力之下产生顺从行为。从个人因素来看，如果一个人缺少信心，情绪不稳定或智力偏低，则在人群中经常要依赖别人，比较容易产生从众行为。

苏联时期心理学家彼得罗夫斯基对群体压力和从众行为进行了大量研究，他认为我们不应该把任何遵从群体意见的情况都看成是从众行为。一部分人接受意见可能是屈服于压力，怕被孤立，但另一部分人也许是为了实现群体的理想和信念而与群体保持一致。他把后一种情况称为“集体主义的自决”。彼得罗夫斯基也设计了实验，并且实验表明具有“集体主义”品质的人只在非原则问题上表现出从众，目的是保持集体的团结。

1. 从众行为的影响因素

1) 个体特征

人的从众行为倾向性在很大程度上取决于个体的特征。这些特征包括智力和能力的高低、情绪的稳定性、自信心高低、自尊心强弱、对人际关系的敏感性、态度与价值观、对他人的依赖等。

2) 群体特征

群体因素包括群体的规模、群体的一致性、群体的凝聚力和个体在群体中的地位。

3) 其他情境因素

个体的从众行为还取决于其他情境因素。例如，问题的性质(问题的复杂程度、是否有标准)、个体对群体的依赖程度、外部对群体的支持程度等。

2. 从众行为的表现形式

从众现象的表现行为和内心反应并不一定是一致的，大致有以下4种情况。

(1) “心服口服”。即内心顺从，表面也顺从，这是群体与个体之间最理想的关系，当组织的目标与员工的期待一致时，即为这种状态。

(2) “口服心不服”。即表面顺从，内心不顺从，这是一种权宜的从众或假从众。

(3) “心服口不服”。即内心顺从，表面不顺从。例如，领导内心同情并支持辛苦加班了一周的员工休假一天，但上级领导不批准，这时该领导不敢公开表示从众，而内心却认为员工的要求是合理的。

(4) “心口皆不服”。即内心和表面都不顺从，比如一个改革者，面对一个故步自封的组织，便可能采取的态度。

3. 从众行为的作用

1) 积极作用

从众行为的实质是通过群体来影响和改变个人的观念和行为。因此，一个先进的群体会影响其他成员的个体行为。例如，一个刚进工厂表现不好的青年，被领导有意识地安排到一个先进生产小组中去工作，那么，这个后进青年有可能逐步改变原来不好的行为。

2) 消极作用

从众行为的消极作用主要表现在两个方面。一方面，从众行为会束缚员工创造力的发挥。从众行为倾向于“观点一致”，成员的创造性往往也会因此而被扼杀。因为一个人如果不敢冲破“观点一致”的束缚而深受其控制，便会人云亦云，丧失创造力。另一方面，从

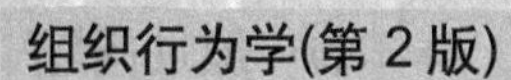

众行为会掩盖表面一致情况下仓促做出决定的非正确性。从众行为所导致的一致性往往会对领导者造成误导。管理者在做决策时，千万不要被这种“表面一致”所迷惑，要细心观察，采取谨慎的态度。在决策过程中，要善于听取和分析反面的意见，提高运用反面意见的能力。

补充阅读：从众心理与股市中的羊群效应

羊群效应(herd effect)的本意是指一只头羊发现一片肥沃的草地并在那里吃到新鲜的青草，其他羊群则紧随其后。一哄而上，争抢那里的青草。这时的羊群全然不顾旁边还有虎视眈眈的狼，看不到不远处还有更好的绿草，也不想那片草够不够大家一起吃。股市中的羊群效应是指在信息环境不确定的情况下，投资者的行为受其他投资者的影响，模仿他人决策，跟风炒作，在他人买入时买入，在他人卖出时卖出；股市上涨时信心百倍蜂拥而至，下跌时，恐慌心理连锁反应，纷纷出逃的行为现象。羊群效应对股市的稳定性和效率有很大的消极影响。股市中的羊群效应，往往会造成投资者的经济损失，酿成了千万悲剧。2015年中国市场股灾就让许多跟风炒作垃圾股的散户损失惨重。这些血淋淋的教训不胜枚举。

从众心理是指个人受到外界人群行为的影响，而在自己的知觉、判断、认识上表现出符合大众舆论或多数人的行为方式。人人都有从众心理，这是人类的一种潜意识。社会心理学家研究发现，影响从众的最重要的因素是持某种意见的人数多少，而不是这个意见本身。人多本身就具有很强的说服力和吸引力。很少有人能在众口一词的情况下坚持自己的不同意见。可以说，股市中的大多数股民都受从众心理的影响，都有一种跟着赚了钱的人走，跟着庄家走，跟着多数投资者走，跟着舆论走的投资心理。尤其是周围多数人都看好某一只股票的时候，单个投资者很难做出与其不同的独立判断。“多数人的意见往往是正确的”这一传统的习惯性思维限制了单个投资者的个性创意。在投资风险的压力下，单个投资者要做出与众不同的行为，是要承受更大压力的。跟着多数人被套住，经济上受到损失，但心理压力上似乎比独立选择的错误稍轻一些，至少从面子上得到了一点平衡。从众心理导致盲从行为，容易被利用，从而上当受骗。这样的从众心理是形成股市羊群效应的主要原因。

三、地位

再小的群体也会有其角色、权力和特定的习俗，以使之区别于其他群体。地位是理解人的行为的一个非常重要的因素，因为它是一个显著的激励因子。当个体感知到自己对地位的认识和别人的感知不一致时，就会在行为上做出调整。

(一)什么决定地位

根据地位特征理论(Status Characteristic Theory)，群体内地位特征的不同会创建一种地位等级结构。地位通常来源于三个方面：一个人对其他人的影响力，个人帮助实现组织目标的能力，以及个人的性格影响力。

那些通过个人的影响力而控制群体的人通常被认为是地位较高的。这主要归因于其所能控制群体内资源的能力。因此，当一个群体内的领导者分配诸如优先任务、工作计划和加薪时，他们通常被认为有较高地位。那些能对群体成功达到目标产生关键影响的人也通常具有较高地位。例如，一个运动队中的出色运动员通常比普通人有更高的地位。最后，那些具有个人的性格影响力的人也有较高的地位。比如较好的长相、智慧、钱或具有平易近人的性格。这通常可用来解释为什么学校里有一些人会引人注意。不过，我们需要注意的一点是，在一个群体中受到重视的个性可能在另一个群体中毫无意义。

(二)地位与规范

地位对于规范和群体压力有着非常有趣的影响。例如，有着高地位的群体成员通常比其他人更易不遵守规范。他们通常也能够抵制群体压力。如果一个人受到群体成员的高度重视，并且他还不看重群体对他的奖励，那么这个人就更容易对群体规范置之不理。

前面所述解释了为什么有如此多的著名运动员、名人、销售明星和杰出学者会对社会规范视而不见。作为有着较高社会地位的人，他们有着更多的自由权。但他们的行为也并不是不受任何限制的，至少不能对组织目标的实现构成危害。

(三)地位和群体内互动

群体内成员的互动也受到地位的影响。例如，我们发现地位高的人通常都过分自信。他们说得更多，指责别人更多，更爱发号施令，更爱打断别人。地位差异通常会阻碍群体内观点和创意的多样化，因为较低地位的人通常不能够平等地参与讨论。当群体内较低地位的人拥有很好的才能或观点时，他们通常不能完全表现出来，以致影响了群体的绩效。

对群体成员来说，地位等级结构应该是公平的。当人们感觉到不公平时，就会打破群体内的平衡，致使人们产生很多“修正行为”。公平理论同样也适用于解释地位。人们都期望回报与付出成比例。对组织内的正式职位来说，保持平等也是非常重要的。当认为自我感知和实际不公平时，我们就是在经历地位的不一致。

四、群体规模

(一)社会惰性

群体的规模是否会影响群体的整体行为？答案很明确：能，但其影响能力取决于你所考察的变量。有证据表明，小群体完成任务的速度比大群体快，而且个体在小群体里的绩效比在大群体里好。然而，在解决问题方面，大群体总是比小群体做得更好。把这个结论转换成具体数字可能不一定适用于所有情况，但是由十几个甚至更多成员组成的大型群体更善于吸收不同的观点。因此，如果群体的目标是发现事实，那么应该是大群体更有效。

而小群体更善于完成生产型任务。成员在7人左右的群体在执行任务时更有效。

与群体规模有关的重要发现之一是群体惰性或社会惰性(social loafing)。所谓社会惰性，是指一个人在群体中工作往往不如单独一个人工作时努力。法国人马克斯·瑞格曼(Ringelman，1913)做了一个拔河比赛的实验，他要求被试分别在群体情境下和单独情境下进行拔河游戏，同时用仪器来测量他们的拉力。结果发现随着被试人数的增加，每个被试平均使出的力减少了。一个人拉时平均出力63公斤；3个人的群体拉时，平均出力是53.5公斤；8个人时是31公斤。这些现象不仅在实验室里看到，在日常生活中也很普遍。根据有关研究和统计，在苏联，私有土地占总农用地的1%，但产量却是农业总产量的27%；在中国，自1978年土地承包责任制实施以来，农作物的总产量每年递增8%，这一速度是过去26年里平均增幅的两倍半。俗语“一个和尚挑水吃，二个和尚抬水吃，三个和尚没水吃”正是这种社会心理现象的具体形象化。

是什么导致了社会惰性现象？也许是因为群体成员都认为其他成员没有尽到应尽的职责。如果你将其他人看作是懒惰或无能的，那么你可以通过降低自己的努力程度来重新获得公平。另一种解释则用责任的扩散来解释。因为群体的结果不能归咎或者归功于任何一个个体，因此个体的投入与群体的产出之间的关系变得模糊了。所以个体可能有动机搭别人的便车。这种发现对组织行为有巨大的启示。当管理者利用集体工作环境来提高士气和团队工作效率时，他们必须能够辨识出个人的努力，否则就必须衡量由于采用群体工作制度而带来的损失与员工满意度提高孰轻孰重了。

避免社会惰性有几种方法：①设立群体目标，让群体拥有一个共同努力的方向；②激发组间竞争，从而令人们都关注一样的结果；③采用同事互评的方法，令每个人都能评估其他成员的贡献；④选择自我激励水平高并愿意在群体中工作的成员；⑤将个人薪酬与其独特贡献挂钩。虽然这些都不能确保避免社会惰性现象，但能在一定程度上减轻它的效应。

(二)社会助长与社会阻抑

早期研究发现，团队能够激励个体成员更加努力，从而提高群体整体的工作效率。1897年，特里普里特(N.Triplett)在《美国心理学杂志》上发表了一篇实验报告，目的在于考察他人在场和竞争对个人行为的影响。实验是这样进行的。他让被试在三种情境下，骑车完成25英里的路程。第一种情境是单独骑；第二种情境是让一个人跑步陪伴；第三种情境是与其他骑车人竞赛。结果表明，在单独骑时，平均时速为24英里；有人跑步伴随，平均时速为31英里；在竞赛的情况下，平均时速为32.5英里。这个报告引起了社会心理学家的兴趣。以后，从1916—1919年，奥尔波特在哈佛大学进行了一系列这方面的实验。结果证实，一个人单独做一项工作往往不如一群人一起做有同样高的工作效率。也就是说，个体在群体中活动有增质增量的倾向。他把这种现象称为社会助长作用。奥尔波特认为社会助长作用的背后主要有以下几个原因：①多数人在一起活动，增强了个人被他人评价的意识，从而提高了个人的兴奋水平；②与他人一起活动，增加了相互模仿的机会和竞争的动机；

③减少了单调的感觉和由于孤独造成的心理疲劳。

但是，1967 年，扎琼克和卡特莱尔(R.Zajonc & N.Correll)等人通过实验发现了与社会助长作用相反的情况，即个人和别人一起做一项工作时，做得又慢又差，比一个人单独做时效率低。这种由于他人在场或与他人一起活动，而造成行为效率下降的现象被称为社会阻抑作用。结果显示，在容易的工作中，群体背景有明显的社会助长作用；而在困难的无关单词配对的工作上，效果正好相反，群体背景带来了社会阻抑，成绩反而不如一人独自完成。

研究表明：在复杂的脑力活动中，群体情境对个人有干扰作用；在简单机械活动中，群体情境对个人有助长作用。但即使在简单活动中，也只有在个体已经十分熟练地掌握了活动技能的情况下，群体才有助长作用，否则也有阻抑作用。

扎琼克对社会促进作用和社会阻抑作用提出共同的原因解释。他认为，他人在场提高人的一般动机水平，而动机水平的提高会加强优势反应。由于简单而熟悉的行为，正确反应占优势，他人在场加强这种反应，从而提高了行为效率。而个人在完成复杂、困难、生疏的任务时，不正确的反应占优势，他人在场提高动机水平的结果是强化不正确的反应，妨碍任务完成，所以有阻抑作用。

五、群体构成

群体构成是指群体成员的组成成分。群体成员的结构可分为不同的方面，如年龄结构、能力结构、知识结构、专业结构、性格结构以及观点、信念结构等。研究群体结构对于建立合理的领导班子及其他高效的工作群体，提高群体工作效率具有十分重要的意义。

大多数群体活动需要具备多种技术和知识，才能顺利进行。就这一点来说，我们可以得出这样的结论：异质性群体—即由相互差异很大的个体组成的群体，更可能拥有多种能力和信息，工作效率也会更高。不少实证研究总体上证实了这个结论，尤其是那些需要认知能力、创造能力才能完成的工作任务。

如果群体中的成员在性别、年龄、人格特点、教育背景及工作经验方面是异质的，那么，群体就拥有更多的必要特点来有效完成任务。当然，由于需要引入和同化不同类型的人员，这样的群体可能冲突更多，也更少有舒适感。但事实证明，总体来说，在执行任务时异质群体比同质群体更有效。其主要原因是，多样性带来了冲突，激发了创造性，并导致了决策水平的提高。

最近，群体构成的一个分支领域受到了群体研究者的广泛注意。这就是群体成员在一些人口统计学特征方面的相同程度，诸如年龄、性别、种族、教育水平、在组织中的服务年限，以及这些特征对员工流动率的影响。我们把这种变量叫作群体人口统计学因素(group demography)。

群体和组织是由具有同类特点的人(cohorts)构成的，我们这里所说的同类者，指的是具有某种公共特征的个体。例如，所有生于 1960 年的同龄人，意味着他们也拥有一些共同经历。人口统计学概念表明，诸如年龄、加入群体和组织的时间这些特征，能够帮助我们预测员工的流动率。实际上，它的逻辑基础是这样的：如果群体由经历十分不同的人组成，则员工的离职率较高，因为成员之间比较难以沟通。在这种群体中，更可能发生冲突和权力之争，而且一旦开始则会愈演愈烈。在群体中，冲突的加剧会使群体对成员的吸引力越来越小，成员离职的可能性也越来越大。同样，在权力之争中，失败者更容易主动辞职或被迫辞职。

群体构成可能是流动率的一个重要预测变量。差异本身也许并不能预测群体成员的离职率。不过，群体内部的较大差异者更有可能离职。在一个群体中，如果个体之间都存在一定的差异，他们就不会有强烈的局外人之感。因此，最重要的因素是群体成员在差异方面的离散程度，而不是他们之间的差异大小。

六、群体认同

在现实世界中有一个很好的偏袒自己所在群体的理由，一般来说这对自己也是有利的，你通过保护像你一样的其他人来保护自己。人们在群体中的行为总是引人入胜而又时常令人烦恼。人们一旦组成了群体，就会开始做出一些奇怪的事情：模仿群体中某些成员的行为，偏袒自己所在群体中的成员，或者寻找一位可以顶礼膜拜，并可以对抗其他群体的领袖。

不同类型的群体之间，通常都存在着巨大差异。有一些群体更像是同一部队中相互协作的士兵，他们一开始就互相熟识。这种关系持续时间长久、紧密，成员之间相互保护对方。属于这种群体中的人们一直在不断地改变自己的行为，并在很多时候袒护自己群体里的同胞。

不过，其他的一些群体则远没有这么紧密。比如说，同一家健身俱乐部的支持者们，有可能只在某几个月内，曾在同一家公司任职的同事，甚至是某一个共同爱好摄影群里的人。在任何能引起人注意的范围内，我们似乎都不可能认为这种短暂时期内相遇的人们，形成了一个群体。这种关系不是显得太不坚定吗？正因为如此，著名社会心理学家泰费尔(Henry Tajfel)及他的团队们为大家解答关于群体认同的问题。

泰费尔于 1986 年提出社会认同理论，为解释群体行为提供了新思路。社会认同理论认为，社会认同是一个人自我概念的重要组成部分，会影响到群体中的成员们的社会态度和行为。泰费尔和他的同事们想出了一个证明他们想法的简单有效的方案。一些 14、15 岁的男孩作为参与测试者被带进实验室，并且看了名叫克利(Klee)和坎丁斯克(Kandinsky)两人画作的幻灯片。这些男孩们被告知，实验者会根据他们对于这些画的偏好将他们分为两组。

当然，这个实验只是为了让孩子们心中产生“我们”和“他们”的概念的手段而已。实验者希望这两组孩子对于谁和自己同组，组别意味着什么，或者他们有什么得失等这些问题没有任何概念。

分组完毕以后，孩子们一个个地被单独带入一间小隔间。然后每人被要求将实验者们发放的虚拟货币分发给两个组中的其他成员。他们知道的信息只有那些男孩是属于哪个组的，以及属于那个人的一个代码。

为了弄清楚孩子们在分发这些虚拟货币时，是更偏向自己这组还是对方组之间时，实验者设计了一系列规则，以便于验证社会认同理论所遇到的真实发生的问题。这些孩子在分发虚拟货币时是否：①公平？②为了获得最大的共有利益？③为了获得最大的本组利益？④为了获得两组间最大的差距？⑤有所偏袒？这包含了最大本组利益和最大两组间差距的结合。

根据孩子们分发虚拟货币的情况来看，测试参与者们确实证明了群体成员间典型的行为界限：相对于其他组的成员，他们更偏向于自己组的同伴。在实验中，这种格局持续地得到发展，而且在其他实验中，也得到了类似的答案。泰费尔在其设计的其他更多次实验中发现，其群体概念甚至更加淡薄。那些孩子完全不知道谁“和自己”在同一组中，以及谁在另一组中。

这个实验以及类似的实验在改变了实验变量之后被重复了很多遍，实验结果几乎不变。但是，关于这项实验最为令人费解的一点在于，这些孩子从偏袒自己这组中完全无法得到任何好处——看起来似乎没有任何东西能左右他们的决定。

不过，泰费尔认为，还是有一些东西左右了男孩们的决定。那是一种非常微妙而又无比深刻的东西。泰费尔认为，人们的身份是建立在自己的群体成员身份之上的。举例说，想想你自己属于什么群体。你自己的身份从某种意义上来说是由这些群体来定义的。换言之：你所属群体的性质决定了你的身份。鉴于这种说法，我们希望成为地位高、形象良好的群体中的一员就再正常不过了。不过非常关键的一点在于，地位的高低是在比较中才能看得出来的。也就是说：知道自己所属的群体高人一等就需要有另外一组可以让我们俯视的群体的存在。

社会认同理论说明，我们的身份是由我们所属的群体塑造的。其结果就是我们有目的地改善自己的群体和其他群体相对的形象和地位。泰费尔和同事们的实验表明我们所从属的群体对于自己是如此重要，以至于我们在几乎没有受到任何激励的情况下还是会加入持续时间最为短暂的群体。然后我们会自发地让自己所属的群体看上去比其他群体更优秀。

我们所属的群体对于我们的重要性，以及我们经常在无意识的情况下如此轻易地加入不同的群体，这些都是关于人性微妙而又深刻的观察。

对群体成员身份的认同，主要是一种认知的过程，这个过程通常是人们在回答“我是谁”这样的问题时产生的。这个问题可以根据个人所属的或所确认的群体的立场来回答。因此，一个人希望自己能从确认归属的群体中获得一种社会认同感。不仅如此，这种社会认同感似乎并不经常起作用，而是不时地在某种特定的情境中出现，又在某种特定的情境中消失。它一旦出现，个人的言行会试图与他所属的社会类别的规范一致，并配合相关的情境采取行动。

社会认同理论的提出，先后在欧美、加拿大、澳大利亚等国家和地区引起广泛关注和研究，它的提出促进了社会心理学在相关领域的发展，为群体心理学的研究做出了巨大贡献。

七、群体凝聚力

我们经常从一个方面出发把群体中的成员关系描述成相互依存、充满乐趣的，或疏远的、单调的。成员关系经历的这些反应是建立在成员间的相似性和差异性基础上的。这称为群体构成，它表示了群体成员间相似性的程度。由于成员自身的特征，群体构成可能是同质的，也可能是异质的。同质构成的群体成员在几个方面(价值观、工作经历、智力、性别和教育)具有相似的品质。异质构成的群体成员在特定的特征上互不相同。

大多数管理者断定，如果群体成员和同他们具有相似性的人一起工作，他们能把工作做得更好。然而，也有研究得出相反的结论，认为相异性的价值观是高质量群体决策的首要因素。表面看来，相异性有两个作用：①它造成了更多的冲突；②它提高了一个群体潜在的问题解决能力。当群体品质多样化时，群体就不容易受到群体成员偏见的影响，就能保持有效的群体工作进程，确保在充分的分析基础上做出决策选择。

群体构成的一个重要结果是它的凝聚力，凝聚力是一个多方协调的概念，包括：①对群体的吸引(包括对离开群体的抵制)；②成员表现出来的高涨的士气；③成员的紧密合作。

管理者如何影响凝聚力呢？

(1) 通过控制群体构成，管理者能够提高群体凝聚力。管理者必须使群体任务和群体的成员特征相协调。成员品质和任务要求越协调，工作中成员的相互利益就越有可能创造凝聚力，越能维持成员的激励因素，从而把任务完成得更好。工作群体的规模在群体凝聚力和绩效上也是一个因素。通常，群体越庞大，成员间产生矛盾和不和的可能性就越大，这种不和将影响任务目标的完成。更多的人喜欢小的任务群体而不是大的，原因之一在于时间的紧迫性，而成员对于接受群体决定和目标合作的重要性理解会有所不同。如果当前的任务必须从搜集资料开始，然后对各种可行方案进行讨论，最后做出决定，而且满足以上条件，那么往往较小的工作群体比较大的工作群体更成功，也更有凝聚力。

(2) 管理者能够影响群体活动和目标的透明性。如果成员觉得群体任务清晰，目标明确，他们会觉得这样的群体有更大的吸引力。通过明确群体活动和设置合理的行为目标，管理者可以激发成员的态度一致和基于群体达到既定目标的自信心。

(3) 解决冲突。管理者还需要充当矛盾解决者的角色，因为在很多群体中既存在创造高绩效的可能，又存在成员间产生矛盾的危机。对于这些矛盾，解决者既可以帮助群体达到一致，又可以帮助其走出成员相互攻击的误区。同样，在具有创造高绩效潜能的不同群体中，管理者需要设立一些基本规则来处理成员间的矛盾和不和。

凝聚力和绩效也会受到这种情况的影响，即管理者使成员觉得他们有一种共同的威胁。只要成员觉得这种外在威胁是可以应付的，他们的群体有解决威胁的办法，那么凝聚力就会增强，相应地，绩效也会得到提高。而如果外在威胁太强大，凝聚力则会受到威胁，成员间“为自己着想”的态度就会膨胀起来。

(4) 信息反馈。管理者还可以通过认真地选择时机来公开高绩效的积极反馈来影响凝聚力和群体绩效。这种反馈应注意强调团体的成绩而不是个人的业绩。与这种观点相联系的一种看法认为管理者需要严格地执行基于群体成绩的奖赏。这并不是说，基于个人的奖赏不重要，而是说管理者应运用双重回报系统，既激发个人的高绩效又激发团体的高绩效。

管理者应注意凝聚力对于个体成员的需要满足能力有着重要的影响。通常，每一个凝聚的集体都曾经满足其成员融合的需要、舒缓压力和个人焦灼感的需要以及自我尊重等各种需要。虽然这些成果对成员来说是非常重要的，但却并不能保证群体以公司期望的方式取得高绩效。

对于提高凝聚力，给管理者的建议如下。

① 缩小群体规模。

② 鼓励群体成员对群体目标达成共识。

③ 增加成员们相聚的时间。

④ 提高群体地位，增加获得群体成员身份的难度。

⑤ 激励本群体和其他群体展开竞争。

⑥ 对群体进行奖励而非奖励个人。

⑦ 从时空上隔离不同群体。

(5) 群体规模。群体规模对群体行为的影响曾被广泛研究，主要有如下四点结果。

① 小群体(一般在 7 人以下)比起大群体，往往凝聚力更强，更倾向于寻求一致性。原因在于小群体中的人们互相联系多，关系更加密切。而大群体却没有这个优势，因此，大群体的发展需要更长的时间。

② 随着群体规模的增大，成员的工作满意感会降低。这可能是因为在大群体中个人得不到多少关注，参与的机会也少。而在小群体中，参与的机会较多，并且存在其他的激励因素。例如，小群体成员更能体会到工作的完整性和感觉到组织的归属感。

③ 大群体比小群体决策速度慢。这是因为大群体人多，意见分散，要做出选择比较困难。但也有研究认为，大群体更善于吸收多种不同的观点，因此，如果群体的目标是调查事情的真相，那么应该是大群体更有效率。相反，小群体则表现为更善于完成生产任务。

④ 关于群体规模与绩效的关系，有研究发现，群体规模的增大与个人绩效成负相关关系。有一种解释将这种情况称为社会惰化(Social Loafing)。另外，有关群体规模的研究还有两个结论：其一，成员为奇数的群体似乎比成员为偶数的群体更受欢迎；其二，5 人或 7 人的群体在执行任务时，比更大或更小一些的群体都更有效率。群体成员为奇数，在投票时能降低僵局发生的可能性。而且由 5 人或 7 人组成的群体足以形成大多数，允许发表各种

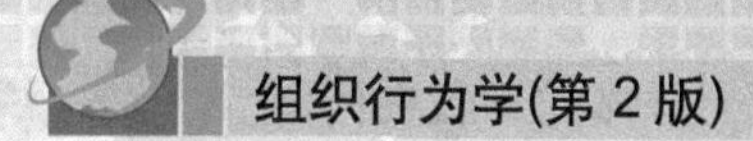

不同意见。

更有研究资料表明：

① 2～3 人的非常小的群体能够使成员更渴望获得更高更好的绩效。

② 2～5 人的小群体比大群体更能达成一致。

③ 4～5 人的群体比其他群体更能够培养成员满意感。

④ 成员在 7 个人左右的群体在执行任务时更有效。

⑤ 5～11 人的中型群体倾向于比其他规模群体做出更多的精确决策。

⑥ 11 人以上的大群体会有更多想法，但是规模超过 20 人以后，想法的数量与成员的数量成反比关系。

八、群体决策

(一)群体决策与个体决策

群体决策在组织中的应用范围很广，但这是否意味着群体决策必定优于个体单独决策呢？对这个问题的回答取决于很多因素。现在，我们来看看群体决策的利弊。

1. 群体决策的优点

与个体决策相比，群体决策的优点主要表现在：群体决策有利于集中不同领域专家的智慧，应付日益复杂的决策问题。通过这些专家的广泛参与，专家们可以对决策问题提出建设性意见，有利于在决策方案得以贯彻实施之前，发现其中存在的问题，提高决策的针对性。

群体决策能够利用更多的知识优势，借助于更多的信息，形成更多的可行性方案。由于决策群体的成员来自不同的部门，从事不同的工作，熟悉不同的知识，掌握不同的信息，容易形成互补性，进而挖掘出更多的令人满意的行动方案。

群体决策还有利于充分利用其成员不同的教育程度、经验和背景。具有不同背景、经验的不同成员在选择收集的信息、要解决的问题的类型和解决问题的思路上往往都有很大差异，他们的广泛参与有利于提高决策时考虑问题的全面性，提高决策的科学性。

群体决策提供了决策的可接受性，有助于决策的顺利实施。由于决策群体的成员具有广泛的代表性，所形成的决策是在综合各成员意见的基础上形成的对问题的趋于一致的看法，因而有利于有关部门或人员的理解和接受，在实施中也容易得到有关部门的相互支持与配合，从而在很大程度上有利于提高决策实施的质量。

另外，群体决策使人们勇于承担风险。有关研究表明，在群体决策中，许多人都比个人更勇于承担风险

2. 群体决策的缺点

群体决策的缺点也是显而易见的。首先，群体决策的速度、效率可能低下。群体决策

鼓励各个领域的专家、员工的积极参与，力争以民主的方式拟定出最满意的行动方案。在这个过程中，如果处理不当，就可能陷入盲目讨论的误区之中，既浪费了时间，又降低了速度和决策效率，从而限制了管理人员在必要时做出快速反应的能力。

在群体决策过程中，决策者存在从众压力。群体成员希望被群体接受和重视的愿望可能会导致不同意见被压制，在决策时使群体成员都追求观点的统一。群体决策还会出现少数人控制的现象。群体讨论可能会被一两个人控制，如果这种控制是由低水平的成员所致，群体决策的结果就会受到不利影响。群体决策还会受到责任不清的影响。对于个人决策，谁来承担风险是很明确的，但群体决策中任何成员的责任都被冲淡了。

群体决策很可能是决策者更关心个人目标。在决策实践中，不同部门的管理者可能会从不同角度对问题进行定义，管理者个人更倾向于对自己部门相关的问题非常敏感。因此，如果处理不当，很可能发生决策目标偏向个人目标的情况。

(二)群体思维和群体偏移

1. 群体思维

群体思维(group think)是群体决策中的一种现象：群体对于从众的压力使群体对不寻常的、少数人的或不受欢迎的观点得不出客观的评价，即当人们对于寻求一致的需要超过了合理评价备选方案需要时所表现出来的思维模式。群体思维是伤害许多群体的一种疾病，它会严重损害群体绩效。也就是说，在群体就某一问题或事宜的提议发表意见时，有时会长时间处于集体沉默状态，没有人发表见解，而后人们又会一致通过。通常是组织内那些拥有权威、说话自信、喜欢发表意见的主要成员的想法更容易被接受，但其实大多数人并不赞成这一提议。之所以会这样，因为群体成员感受到群体规范要求共识的压力，不愿表达不同见解。这时个体的思辨能力及道德判断力都会受到影响而下降。这种情形下做出的群体决策往往都是不合理的失败的决策。当一个组织过分注重整体性，而不能持一种批评的态度来评价其决策及假设，这种情况就会发生。

群体思维现象表现出许多症状，具体如下。

(1) 群体成员把他们所做出假设的任何反对意见合理化。不管事实与他们的基本假设的冲突多么强烈，成员的行为都是继续强化这种假设。

(2) 对于那些时不时怀疑群体共同观点的人，或怀疑大家信奉的论据的人，群体成员对他们施加直接压力。

(3) 那些持有怀疑或不同看法的人，往往通过保持沉默，甚至降低自己看法的重要性，来尽力避免与群体观点不一致。

(4) 好像存在一种无异议的错觉，如果某个人保持沉默，大家往往认为他表示赞成。换句话说，缺席者就被看作是赞成者。

管理者可以做些什么使群体思维降到最小程度呢？第一项建议是监控群体规模。随着群体规模的增长，成员会越来越畏缩和犹豫。尽管没有一个神奇数字可以成为群体思维的

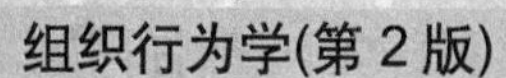

分水岭，但是，当群体超过 10 个人时，个体可能会更少感到个人的责任。第二项建议是，管理者应该鼓励群体领导者扮演公正无偏的角色。领导者应该积极从所有成员那里得到输入信息，避免只表达他们自己的想法，尤其是在讨论的初期。第三项建议是，要任命一名群体成员扮演“吹毛求疵者”角色。这名成员的角色是对绝大多数人的立场公开提出挑战，并提出不同的观点。第四项建议是，运用练习来激发人们对于各种备选方案的积极讨论，在讨论过程中既不威胁到群体，又能加强群体认同感。类似的练习包括：让群体成员讨论在决策中的危险或冒险，以及延迟讨论可能带来的好处。如果要求员工首先关注决策备选方案中的负面信息时，群体更少可能抑制不同意见和观点，更可能获得客观性的评估。

2. 群体偏移

群体偏移(group shift)是指群体决策与群体成员的个人决策之间存在差异。在有些情况下，群体决策比个体决策更为保守。但更多情况下，群体决策倾向于更为冒险。

在群体讨论中往往会出现这种现象：群体讨论使群体成员的观点朝着更极端的方向偏移，这个方向是讨论之前他们有所倾向的方向。因此，保守的类型会变得更为保守，激进的类型会变得更为冒险。群体讨论会放大群体的最初观点。事实上，群体偏移可以看作是群体思维的一种特殊形式。群体决策反映的是在群体讨论中发展起来的主要决策规范。群体决策的结果是更加保守还是更加激进，取决于群体讨论之前的主导规范。

为什么更可能出现冒险偏移现象呢？人们对此有多种解释。有些学者认为，在群体讨论中成员之间越来越熟悉。随着相处的融洽，他们也会变得更加勇敢和大胆。另一种看法是，大多数社会崇尚冒险，我们敬慕那些敢于冒险的人，群体讨论会激励成员向别人表明自己至少也与同伴一样愿意冒险。不过，最有道理的一种看法是，群体决策分散了责任。群体决策使得任何人都不必最终独自承担后果。由于没有人承担全部责任，所以他们更为冒险，即使决策最终失败。

群体偏移的发现对我们有什么意义呢？应该认识到，群体决策容易放大每个群体成员最初的观点，使人们更倾向于冒险。至于群体决策究竟是向更保守还是更冒险的方向偏移，取决于群体成员在讨论前的倾向性。

(三)群体决策技术

决策的有效性是指决策实施后显示出的客观效果，它取决于决策本身的客观质量和决策被认可的程度。在讨论群体决策的程序有效性之前，应该明确什么样的决策适合使用群体决策。一般而言，需要顾及的面较广，时间要求不太紧迫，但经不起失误的重大决策问题应该采用群体决策。至于一般性的业务决策问题，职责明确很关键，则应该采用个体决策。

1. 群体决策人员结构的有效性

决策群体的全面活动可以归纳为群体成员之间的相互联系与相互作用。因此，决策群体的成员如何构成才能使这一过程产生正面效应，缩小负面效应，是群体决策组织工作的重要内容。群体决策人员结构的有效性应该包括以下内容。

(1) 合理的知识结构。不仅有各种专业性业务知识，包括专业技术知识和专业管理知识，还要有系统论、控制论、信息论、思维学、创造学等综合学科的知识。

(2) 合理的能力结构。要适应现代决策的需要，决策群体无疑要合理组合有不同技能的人，形成多维性的能力结构。这些技能一般可归纳为观察能力、分析判断能力、创新能力、应变能力和组织协调能力等几类。

(3) 合理的年龄结构。决策群体通常要老、中、青搭配，这样既可以防止决策班子老化，又可保持应有的活力和继承性；既可充分发挥各年龄层次的优势，又可弥补其相应的缺陷和不足。

2. 群体决策方法的有效性

组织在进行决策前应该详细分析所决策的问题，根据问题的不同，结合决策方法的优势与不足，选用不同的群体决策方法，从而保证决策的有效性。

(1) 头脑风暴法。这种方法明显的优势是决策形成的速度相对较快，确保最终形成的决策融入了共识；增加每个人的参与感，提升参与者的成就感；在工作中塑造鼓励创新的企业文化。不足在于由于参与人员过多，层次过于复杂，意见不易统一；在会议中做出的决策很可能不是经过深思熟虑的，容易出现意想不到的偏差。由此看来，如果决策需要一些创新性高的想法可以使用此方法，但是如果决策的机密性和技术含量较高或者是专业性强就不适于使用此法。

(2) 德尔菲法。这种方法具有一定实用性和科学性，可以避免会议讨论时由于害怕权威而随声附和，或固执己见；同时也可以使大家发表的意见较快达成一致，参加者更易接受结论。此法的不足在于专家选择没有统一且明确的标准，预测结果因个人经验而变，缺乏严格的科学分析；过程相对复杂，花费的时间较长。因此，如果面临的决策问题现有信息不够完备，需要做长远规划或大趋势预测，影响预测事件的因素很多，主观因素对预测的影响较大就应该选择德尔菲法进行决策。

(3) 必要条件限定法。这种方法用于解决多目标决策问题。由于组成群体的成员可能对所要解决的问题抱有各自的目标，这种目标上的差异会给群体解决问题的过程增加一定的难度。为了便于达成群体的决策，可以采取一种策略，让群体的每一个成员从自身的角度列出解决问题满足的一些“必要的合乎需要的条件”，也即确定群体偏好的限制条件。然后，群体再设法找出一种行动方案满足所有这些条件的要求，这样也就达成了比较一致的群体意见。

案例：群体偏移与英国脱欧公投

英国脱欧公投结果出来之后最震惊的应该是伦敦人，在大伦敦地区有超过半数的投票者选择留欧，有些地区留欧支持率比例甚至接近 80%。这其中自有其原因，伦敦在大多数英国人看来已经不再是一个英国城市了。

2015 年的数据显示伦敦总人口大概 860 万，外来移民，就是非英国出生的人口占据了三分之一，伦敦在英国这个非移民国家里，是一个彻头彻尾的移民城市，是一个另类，是一个大多数本土英国人尤其是年纪稍大的英国人不愿意去接近的地方，让英国人发怵的不仅仅是伦敦的交通、治安，更有新移民的文明程度。在某些地区整所学校里都见不到几个白人学生，一个班里可能有十几种不同的语言被同时使用。也正因为如此，伦敦也是一个年轻的城市，一个容易接受移民的城市，反正大家都是外来移民，没有彼此。2004 年之前伦敦大部分移民来自非洲大陆、印度、巴基斯坦，2004 年后随着欧洲东扩，东欧过来的移民在短短 5 年的时间里就成为伦敦的主要移民国，根据 2014 年独立日报发布的文章可以看出，当时在伦敦生活的东欧人就已经超过了 50 万，相当于一个谢菲尔德的总人口。在这种背景之下伦敦留在欧盟的倾向是可以理解的。

在英国广大的中南部地区，脱欧是主要的阵营。这一片地区自古就是英国的主要生产基地、发达地区。在英国制造业的鼎盛阶段，这一片地区是最辉煌的。50 岁以上的人，可以说都经过这样一个阶段，只要你想工作那么你就会有工作。是工作等人，不是人等工作。许多人回味起来，眼睛里还泛着神光。进入 20 世纪 80 年代后，英国开始没落，贫富差距开始加大，普通民众有了生存压力。近几年在地缘政治的指导下欧洲东扩，一些经济欠发达的国家在政治考量的情况下加入了欧盟，由于欧盟的人员自由法案，英国失去了对自己国门的管理权，大批的东欧居民涌进。给英国中部地区的居民造成了巨大冲击，这种冲击在资源占用上尤其明显，比如住房紧张、价格飙升，医疗体系摇摇欲坠不堪重负。这些都引起了中部民众的强烈反感。与此同时，作为欧盟的主要经济体的英国，每周都要给欧盟缴纳 2.5 亿英镑的支持金，而绝大部分的这些金援都进入了东欧国家。IS 的出现以及欧盟对移民失当的处理手法也引起了英国民众的强烈不满，这其中对于穆斯林移民的恐惧起到了相当大的作用。欧洲穆斯林化是英国人最不希望看到的。在这样一个背景下，土耳其要加入欧盟的预期就成了最后一根脱欧的稻草。

从这次公投的结果来看，脱欧的主流是 40 岁以上的人群，这跟投票前的预期也是对应的。其实这显示了这一部分经历了国家强盛时期的人们对国家现在住房、医疗、工作机会上的不满。东欧移民的涌入，挤占了很多人的生存空间。根据去年的调查显示只有 43%的年轻人有买房的计划，很多年轻人因为存款不足，不得不跟父母一起居住。英国人引以为豪的 NHS 免费医疗体系更是在去年出现了 2 亿英镑的亏空。

(资料来源：网易财经，http://money.163.com/16/0625/16/BQDVVQGL00252C1E.html)

第三节　团队的含义与团队有效性

一、团队与工作群体的区别

工作群体是由为数不多的人组成，为达到共同的目标而一起工作的集合体。在工作群体中，群体成员通过相互作用、共事信息来做出决策，帮助每个成员更好地承担自己的职责。但是，在多数情况下，工作群体的成员不一定参与同心协力的集体工作，群体的工作绩效往往是群体成员个人绩效的总和。因此，从严格的定义来说，一般的工作群体只是完成具有合力、相互依存任务的集合体。

也就是说，在工作群体中成员们既不互相依赖地工作，也不为彼此的结果而分担责任。有时成功的工作群体会聚集在一起，但其目的是：分享信息观点和最佳实践，决定帮助每个成员把工作做得更好，强化个体的绩效标准。

工作团队与工作群体的主要区别在于，群体成员个人的努力相加构成群体绩效，而团队成员努力的结果会使团队绩效大大超过个人绩效的总和。

更具体地说，工作群体与工作团队有下述区别。第一，从目标来看，群体成员在一起工作只是为了共享信息，而团队成员在一起工作是为了取得协同效应的工作绩效。第二，从成员的互相配合来看，群体成员的互相配合往往是中性的，有时甚至是消极的，而团队成员的相互配合则是积极的。第三，从成员所负的责任来看，群体成员都是个人负责，即每个人只负责完成自己的任务，而团队成员不仅对个人的工作负责，而且要对整个团队的业绩负责。第四，从成员具有的技能和能力来看，群体成员的技能和能力是随机的或者只是有所不同而已，而团队成员的技能和能力则要相互搭配、相互补充。

常见的团队类型有：质量小组、跨职能团队、临时工作组、自我管理团队、自治性工作群体、拥有过去只有管理层才具有的决策权的机构(如驻外机构)、总裁办公室、运作公司的执行管理小组、团队领导(包括：首席执行官(CEO)、首席信息官(CIO)、财务总监(CFO)、首席技术官(CTO)、首席运营官(COO)……)。

二、何时需要使用团队

团队是由一群不同背景、不同技能、不同知识的人所组成的一种特殊类型的群体，它以成员高度的互补性、知识技能的跨职能性和信息的差异性为特征。

团队组织的适用范围取决于工作的性质。一般来说，对于高层管理工作，采用团队设计最为恰当。对于创新性工作，团队组织也是一种最佳的设计。而对于一般作业性工作，仅有团队组织是不够的。团队组织多是作为职能组织的一种补充。因此，要使团队更有效地运作应注意以下几点。

(1) 工作需要不同范围的技能、观点、专门知识。

(2) 工作的不同构成要素具有高度的互相依赖性。

(3) 有足够的时间组织和构建团队。

(4) 组织的奖励结构和组织文化支持某种团队方法。

(5) 需要建立对行动过程或决策的承诺。

(6) 正在形成的问题需要加以提炼。

(7) 非常需要创新和协调。

(8) 成员们可以得到信任，不会有意妨碍团队的努力成果。

(9) 个人渴望某种团队经验。

因此，团队有效性标准可以归结为背景、团队运作和团队有效性三个方面。其中，背景包括组织文化和团队报酬设计；团队运作包括内部团队过程和边界管理；有效性包括绩效、成员满意度、团队学习和外人满意度。其输入与输出过程如图6-1所示的团队有效性模型。

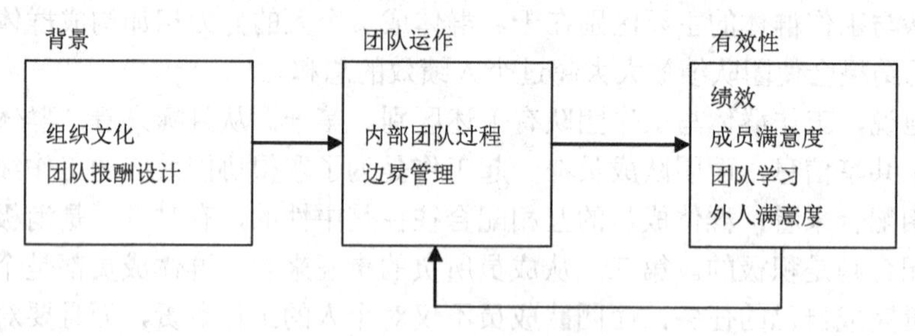

图6-1 团队有效性模型

三、团队的创建步骤

团队的创建一般遵循以下步骤。

(1) 我们是谁？——理解团队构成。

(2) 我们想要成就什么？——确定团队目标。

(3) 如何把我们自己组织起来以达到我们的目标？——建立某种团队结构。

(4) 我们将怎样运作？——规定团队运作方式和流程。

(5) 我们怎样才能持续地学习和改进？——确定恒量与目标达成的差异和改进方式。

四、团队决策的步骤与有效性

1. 团队决策的步骤

(1) 识别问题或机会。

(2) 提出和评价解决办法。

(3) 实施决策。

(4) 反馈和调整。

2. 决策效用

决策效用用公式可表示为：

$$决策效用=决策质量\times认同$$

从上述公式可以看出，决策有效性取决于决策质量和成员认同两个因素。如果成员对决策的认同很低，则很难使决策发挥出应有的效用。因此，在决策前应该提前启动调研，让更多的成员参与讨论和分享信息；决策后，要加大宣传力度，力争获得充分的一致性认同。

本章小结

群体是指为了实现特定目标，由两个或更多的人互相影响、互相依赖而形成的集合。人们按照不同的视角对群体进行了划分，按照发展过程可分为形成阶段、震荡阶段、规范化阶段、执行任务阶段、中止阶段 5 个阶段；按照群体类型可分为正式群体和非正式群体两类。对管理者来说，准确区分不同群体类型对于适时介入群体活动、有效引导群体行为导向，使其为达成组织目标服务有着十分重要的现实意义。

群体行为的产生首先依赖于群体中成员所扮演的角色，这些角色依据群体规模和群体规范，结合个体的性格与价值观念特征发生行为反应。所谓规范，就是群体成员共同接受的一些行为标准，群体中的每个成员都应按照这种共同的期望行事。群体规范被群体成员认可并接受之后就成为以最少的外部控制影响群体成员行为的手段。而地位是理解人的行为的一个非常重要的因素，因为它是群体中一个显著的激励因子。群体构成表示了群体成员间相似性的程度。群体构成的一个重要结果是凝聚力，凝聚力是一个多方协调的概念，包括：①对群体的吸引(包括对离开群体的抵制)；②成员表现出来的高涨的士气；③成员间的紧密合作。

团队是群体的一种特殊表现形式，团队的特征主要有：清晰的目标、相互的信任、相关的技能、良好的沟通、一致的承诺和恰当的领导。持久的团队精神不能仅仅寄希望于团队精神训练，而要依靠建立一致的价值观以及与价值观相符的利益分配制度。

实训课堂

华为是中国民营企业的标杆，仅用 10 年时间便将资产扩张了 1000 倍，而且在技术上由模仿西方技术到自主创新，更重要的是华为“中西结合”的管理模式。尤其是在团队管理上，华为走出了一条具有“华为特色”的道路。

华为在打造高效团队的过程中探索出了“铁三角”的创新管理模式，在项目上逐渐取得了一些优势，并在日后整个华为得到广泛运用。“铁三角”是由客户经理、解决方案专家和交付专家组成的面向客户的作战单元，分别负责前期与客户沟通、中期产品设计和后期交付。不同于简单的团结协作，客户经理、解决方案专家和交付专家全程参与工作流程的每一环节，但各自的工作侧重有不同。他们之间信息资源共享，传达通畅，而非画地为牢，各自为政。如此一来，能够有效提升客户的信任，深入理解客户需求，关注良好有效的交

付和及时的回款。“铁三角”的精髓是为了目标，打破功能壁垒，形成以项目为中心的团队运作模式，这是华为在探索管理组织创新的道路上迈出的重要一步。

“铁三角”在内部管理上实现了三大转变。首先是由单兵作战到小团队作战，各有专长、分工明确、相互配合，打破原有职能和功能上的壁垒，提高了工作效率；其次是由后台决策到一线决策，通过授权，“铁三角”团队拥有一定的决策权，提高了市场反应速度；最后是由总体考核到小团队考核，除了考核成功率，还考核失败率，将失败的次数也作为一个考核指标，形成更加直接有效的激励。

“铁三角”也给华为的整改提供了很好的思路和借鉴。任正非在讲话中也曾多次提到，谁来呼唤炮火，应该让听得见炮声的人来决策。公司主要的资源要用在找目标、找机会，并将机会转化为结果上。这为华为组织变革和分权提供了一条思路，就是把决策权根据授权规则授给一线团队，后方起保障作用。相应的流程梳理和优化要倒过来做，就是以需求确定目的，以目的驱使保证，一切为前线着想，共同努力地控制有效流程点的设置，从而精简不必要的流程，精简不必要的人员，提高运行效率，为生存下去打好基础。

换句话说，过去华为在管理上实行高度的中央集权，组织和运作机制是总部权威的强大发动机在“推”。而现在，华为在一线团队铸造了一个个的“铁三角”，并对其分配权力，逐步形成“拉”的机制，准确地说，是“推”、“拉”结合、以“拉”为主的机制。当每个“铁三角”拉动的时候，看到哪一根绳子不受力，就将它剪去，连在这根绳子上的部门及人员，一并剪去，组织效率就会有很大的提高。管理模式的变革、权力的重新分配促使华为的组织结构、运作机制和流程发生彻底转变，每根链条都能快速灵活地运转，重点的交互节点都能够得到控制。

至此，华为一线“铁三角”真正拥有了“将在外，军令有所不受”的主动决策权，而后台与总部分离，完全成为支持角色，为前线的每一次战斗提供资源和配套，没有了颐指气使，运营效率的提升是必然的。总部则依靠战略导向主动权和监控权，来保障一线的权力不被滥用或者无效益地使用。在全新的管理与分权机制下，一线“铁三角”必将发挥出强大的威力。

(资料来源：IT 时代周刊，2016-06)

思考讨论题

1. 结合案例，讨论华为是如何打造高效团队的。
2. 结合案例，分析华为“铁三角”管理模式的优势有哪些。

第七章　沟通与谈判

【学习要点及目标】

- 掌握信息沟通的含义，理解信息沟通的过程。
- 了解沟通的分类和沟通障碍。
- 理解非言语沟通的内容。
- 了解令人满意的倾听应具有的要素。
- 了解冲突的定义及其解决方法。

【核心概念】

信息沟通　沟通过程模型　沟通障碍　非言语沟通　冲突

【引导案例】

万科与王石“捐款门”

2008年6月世界品牌实验室提供的数据表明：5月15日王石发表有关“每次募捐，普通员工的捐款以10元为限”言论的当天，万科(000002)的每股股价为22.57元，然后就连续下跌6个交易日，一直下滑到5月23日的19.6元，6个交易日内公司市值蒸发了204亿元。世界经理人集团首席执行官丁海森说，“万科是具有很高声誉的地产企业，而其创始人王石先生也是令人敬仰的企业领袖，但是最近王石的‘十元门’事件，激起了中国的民愤，也严重影响了万科的品牌和王石本人的声誉”。

2008年5月15日，在为四川“汶川地震”灾区捐款200万元之后，王石表示，“万科捐出200万是合适的”，并规定“普通员工限捐10元，不要让慈善成为负担”。后迫于舆论压力，王石就公司“捐款门”事件公开道歉。

万科内部一名员工向《第一财经日报》表示，自从公司董事长王石在“博客”中发表言论，称“万科对集团内部慈善的募捐活动中有条提示：每次募捐，普通员工的捐款以10元为限，其意就是不要让慈善成为负担”后，他觉得“难以接受”。“我们最近也很难过。”上述“万科人”说，王石的言论已衍生出社会对整个万科公司乃至万科团队的质疑。而“我真的去我们的捐款箱看了，没有100元以下的钞票。只有两张10元的，是因为一名员工掏光了钱包里所有的钱，捐了1020元钱。还有深圳总部的一位员工，在捐款第一天将钱包中所有钱捐了之后，第二天又补交500元钱。”万科一家分公司的员工十分无奈，虽然年轻的员工们都热血沸腾地以自己的方式支持赈灾，但是社会的质疑仍在所难免。

在万科的很多分公司中，除管理层外，万科普通员工的自发捐款都超过500元，多则

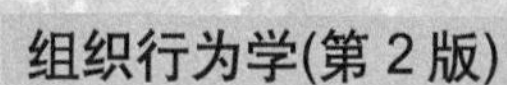

近万元。按照各分公司的说法，员工们并没有受到公司有关“10元上限”的捐款限制，按照昨日的数据统计，仅深圳分公司的200余名普通名员工就捐款19万元，人均捐款额大概千元左右。而昨日全公司的粗略数据显示，人均捐款额在500元左右。

“我们也不甚清楚董事长说‘10元钱’的初衷所在，但这仅是一种建议，并不是一种限制。”万科一名员工称。

“在这次灾难后，万科所遇到的危机，让万科员工也成了意外受害者。”万科一名员工无奈地说。对于王石的表态，即使万科的员工也认为“情感上很难接受”。

2008年5月21日，王石在接受采访时一改在“博客”中的态度，三致歉意：“我写那篇文章时，并不清楚这次受灾如此严重，几天来一直在反省，那个时间那样说的确不合适，心里感到不安，这篇文章引起网友对抗灾分心我道歉，给万科人带来压力我道歉，影响万科的形象我也要道歉。”

2008年6月，万科临时股东大会以99.8%的高票通过向灾区捐赠一亿元的预案。王石上午在万科审议向地震灾区捐赠1亿元临时股东大会上表示，无条件为此前言行道歉，但对所有质疑不做任何辩解。万科董事长王石在正在召开的临时股东大会上说，灾后他有一半时间在灾区，近距离感受了灾民的痛苦，深感此前的言行对股东带来的伤害，对自己也是一种伤害，心情从未有过的沉重，因此，他无条件道歉，并对股东的所有质疑不做任何辩解。

万科决定今后为减少因王石言行对社会造成负面影响和股市波动，该公司将设新闻发言人制度，并对王石的“博客”设置过滤系统，避免不慎言论影响万科形象。

(资料来源：腾讯财经，http://finance.qq.com/zt/2008/wankewangshi/.)

【案例导学】

我们生活在一个人与人相互作用的社会生活中。在这个环境下，沟通技能是一个人基本的生存技能，也是管理者应具备的重要的管理技能之一，它直接影响了管理者的工作效率。有研究表明：交流占管理者全部工作时间的80%，其中听占45%，说占30%，读占16%，写占9%。越往高层，听所占的比重越大。由此可见，沟通在高层是每日必修之课。

第一节　沟通及其行为过程

信息沟通是人与人之间传达思想和交流情报、信息的过程。进行信息沟通必须具备三个要素：发送者、接收者和所传递的内容。由发送者通过选定的渠道把信息内容传递给接收者，就构成了思想、意见或信息的交流过程。信息沟通过程如图7-1所示。

人与人之间的沟通过程也必然符合这个基本模型。但应当指出，人与人之间的沟通过程有不同于其他沟通过程的特殊性。第一，人与人之间的沟通主要是通过语言来进行的。

第二，人与人之间的沟通不仅是消息的交流，而且包括情感、思想、态度、观点的交流。第三，在人与人之间的沟通过程中，心理因素有着重要意义。在发送者与接收者之间，须了解彼此进行信息交流的动机和目的，而信息交流的结果是要改变人的行为。第四，在人与人之间的沟通过程中会出现特殊的沟通障碍。这种障碍不是由于信息通道的失真或编码、译码上的错误，而是人所特有的心理障碍。例如，由于人的知识、经验、职业、政治观点等不同，对同一信息可能有不同的看法，不同的理解。上述的特殊性表明，在研究人与人之间的沟通过程时，需要了解和研究其特殊规律。

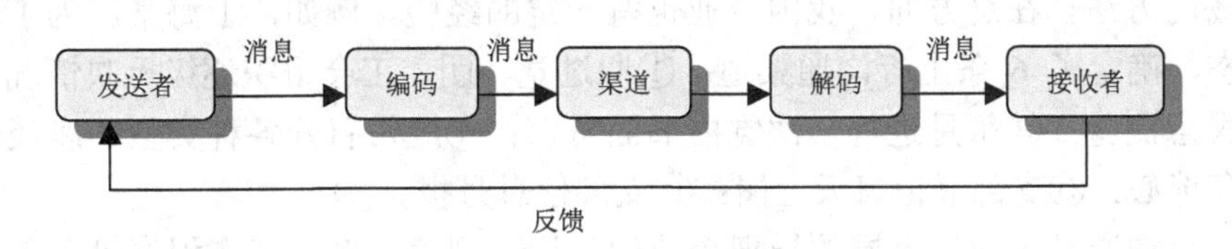

图 7-1　沟通过程模型

对领导者来说，信息沟通的重要性至少源自以下两个方面。第一，沟通是计划、组织、领导、控制等管理职能得以实施和完成的过程。第二，沟通也是领导者最重要的日常工作。信息沟通是把组织成员联系起来以实现共同目标的手段，没有信息沟通就不可能进行群体或组织活动；信息沟通也把组织同其外部环境联系起来，任何一个组织只有通过信息沟通才能成为一个与外部环境发生相互作用的开放系统。

第二节　沟通的形式与障碍

一、沟通的分类

沟通过程也同样可以按不同的依据进行分类。

(一)正式沟通与非正式沟通

从组织系统来看，可以分为正式沟通和非正式沟通。正式沟通是通过组织明文规定的渠道进行信息的传递和交流。例如，组织规定的汇报制度、定期或不定期的会议制度、上级的指示按组织系统逐级向下传达，或下级的情况逐级向上级反映，等等，都属于正式的沟通。

非正式的沟通是在正式沟通渠道之外进行的信息传递和交流。例如，企业职工之间私下交换意见、议论某人某事以及传播小道消息等。现代企业管理中很重视研究非正式沟通。因为人们真实的思想和动机往往是在非正式沟通中表露出来的。因此，企业不仅应该研究和建立通畅的正式沟通渠道，而且也应该研究非正式沟通问题。

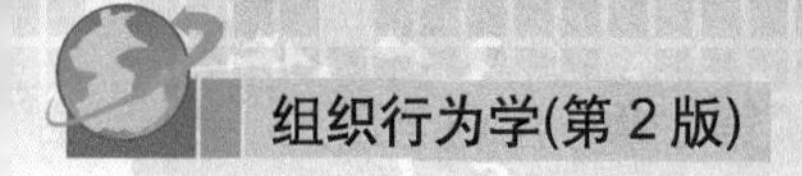

(二)上行沟通、下行沟通和平行沟通

正式沟通是组织内规章制度所规定的沟通方式，是由组织的结构所建立的路径。按组织内信息沟通的流向，可以将正式沟通划分为以下三种基本形态。

(1) 上行沟通是指下级的意见向上级反映。企业的领导人应鼓励下级积极向上级反映情况，只有上行沟通渠道通畅，企业领导人才能掌握全面情况，做出符合实际情况的决策。企业领导人经常召开职工座谈会、设立意见箱、建立定期的汇报制度等，都是保持上行沟通渠道通畅的方法。在这方面，我国企业也有一定的经验。例如，上海某厂为了掌握职工的思想动态，确定了 6 条上行沟通渠道：①通过党、团、工会组织逐级反映情况；②不定期地举行民意测验；③每月进行一次党内书面考核；④经常召开各种类型的座谈会，进行家庭访问和谈心；⑤支部书记每天上岗；⑥支部信息月报。

(2) 下行沟通是企业的上层领导把企业的目标、规章制度、工作程序等向下传达。下行沟通也有重要意义。企业的广大职工只有在了解了企业总的奋斗目标和具体措施后，才能以主人翁的态度积极完成各项生产任务。

(3) 平行沟通是指企业中各平行组织之间的信息交流。在企业中经常可以看到各部门之间发生矛盾和冲突，而部门之间互不通气是重要原因之一。保证平行组织之间沟通渠道的通畅，是减少各部门之间冲突的一项重要措施。

(三)单向沟通和双向沟通

从发信者与接信者的地位是否变换的角度来看，可以分为单向沟通和双向沟通。两者之间的地位不变是单向沟通；两者之间的地位不断变换是双向沟通。做报告、发指示、做讲演等是单向沟通的例子；交谈、协商、会谈等是双向沟通的例子。

美国心理学家莱维特(H. J. Leavitt)就单向沟通和双向沟通效率的比较实验得出了下述结论。

(1) 单向沟通的速度比双向沟通快。

(2) 双向沟通比单向沟通准确。

(3) 在双向沟通中，接收信息的人对自己的判断比较有信心，知道自己对在哪里，错在哪里。

(4) 在双向沟通中，传达信息的人(即主试)感到心理压力较大，因为随时会受到信息接收者的批评或挑剔。

(5) 双向沟通容易受到干扰，并缺乏条理性。

由上述实验得出的结论可以看到：如果需要迅速地传达信息，单向沟通的效果较好，但准确性较差；如果需要准确地传达信息，双向沟通效果较好，但速度较慢。

(四)口头沟通和书面沟通

从沟通的方法来看，可以分为口头沟通和书面沟通。

口头沟通是指会谈、讨论、会议、演说以及电话联系等。书面沟通是指布告、通知、刊物、书面报告等。在组织行为学中，也对口头沟通与书面沟通的效果进行过比较研究。

美国心理学家戴尔(Dahle T. L.)曾对 5 种沟通方式进行了比较。他在某大公司的各部门对员工得知消息的内容进行了测验。从这一实验结果中可以看出，口头与书面混合的方式效果最好，口头方式次之，书面方式最差。

一般来说，在企业管理工作中，口头沟通和书面沟通都是必不可少的，而且各有其优缺点。例如，书面沟通比较正式、可以长期保存、接收信息可以反复阅读等。口头沟通则比较灵活，速度快，双方可以自由交换意见等。但在企业管理中一般应更重视口头沟通。因为在面对面地交换意见时，不仅可以传递消息，而且可以传递感情、态度等，特别是可以利用语言的辅助手段(体态、手势、表情等)，这是在书面沟通中不能使用的。亲自参加会议比看会议记录印象更加深刻，而且掌握的信息也更准确。

二、信息沟通通路

信息沟通网络是由各种沟通路径所组成的结构形式，它直接影响到信息沟通的有效性。在正式组织环境中，正式沟通可以有 5 种沟通形态：链式、轮式、环式、全通道式和 Y 式。如果以 5 人为一群体为例，各种沟通的网络形式则如图 7-2 所示。

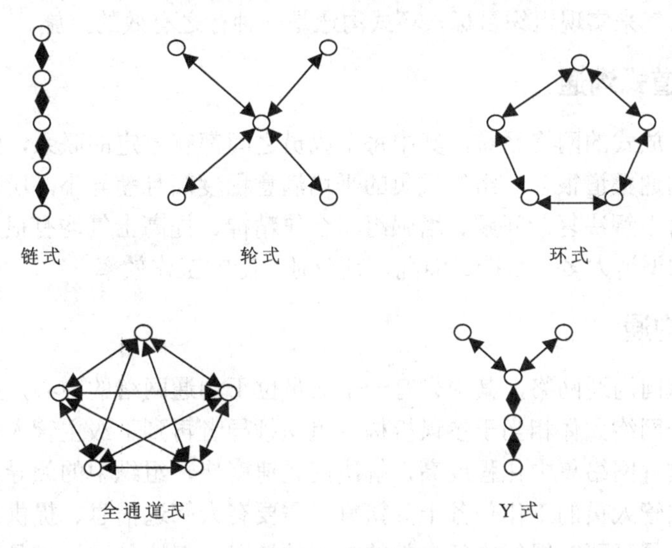

图 7-2　5 种信息沟通网络形式

(一)链式沟通

链式沟通是一个平行网络，其中居于两端的人只能与内侧的一个成员联系，居中的人则可分别与两人沟通信息。在一个组织系统中，它相当于一个纵向沟通网络，代表在组织的各级层次中信息自上而下或自下而上进行传递。在这个网络中，信息层层传递、筛选，容易失真，各个信息传递者所接收的信息差异很大，平均满意程度有较大差距。此外，这种网络还可以表示组织中主管人员与下级部属之间具有若干管理者这种组织系统，属控制型结构。

(二)轮式沟通

轮式沟通属于控制型网络，其中只有一个成员是各种信息的汇集点与传递中心。在组织中，大体相当于一个主管领导直接管理几个部门的权威控制系统。此网络集中化程度很高，解决问题的速度快。但沟通的渠道很少，组织成员的满意程度低，士气低落。

轮式网络是加强组织控制、效率高、速度快的一种有效的沟通形式。如果组织需要进行严密控制，则可采取这种网络。

(三)环式沟通

此形态可以看成是链式形态的一个封闭式控制结构，表示 5 人之间依次联络和沟通。其中，每个人都可同时与两侧的人通信。在这个组织网络中，组织的集中化程度较低，畅通渠道不多，组织中成员具有比较一致的满意度，组织士气高昂。如果需要在组织中创造出一种高昂的士气来实现组织目标，环式沟通是一种行之有效的措施。

(四)全通道式沟通

这是一个开放式的网络系统，其中每个成员之间都有一定的联系，组织中的集中化程度很低。由于沟通渠道很多，组织成员的平均满意程度高且差异小，所以士气高昂、合作气氛浓厚。这对于解决复杂问题、增强组织合作精神、提高士气均有很大的作用。但由于这种网络沟通的渠道太多，易造成混乱，且费时，影响工作效率。

(五)Y 式沟通

这是一个纵向沟通网络，其中只有一个成员位于沟通网络的中心，成为沟通的媒介。在组织中，这一网络大体相当于参谋机构、组织领导者再到下级主管人员或一般成员之间的纵向关系。这种网络集中化程度高，解决问题速度快，组织中的领导人员预测程度高。此网络适用于主管人员的工作任务十分繁重，需要有人筛选信息、提供决策依据以节省时间，同时主管人员又要对组织实行有效的控制的情况。但这种网络容易导致信息曲解或失真，影响组织中成员的士气，阻碍组织提高工作效率。

以上每种沟通网络和形式都有其优缺点和适用条件。链式沟通传递信息的速度最快，环式沟通能提高组织成员的士气，轮式和链式解决简单问题时效率最高，而在解决复杂问题时，环形和全通道式最为有效；Y 式兼有轮式和链式的优缺点，即沟通速度快，但成员的满意感较低。因此，如果需要实行分权授权管理，那么链式沟通网络是比较有效的；如果需要在组织中创造一种高昂的士气来实现组织的目标，则环形沟通更有效；Y 式沟通适用于领导者工作任务十分繁重、需要有人选择信息、提供决策依据而又要对组织实行有效的控制的情况；轮式沟通适用于组织接受紧急攻关任务且要求进行严密控制的条件下；全通道式沟通对于解决复杂问题、增强组织合作精神、提高士气有很大作用，但因沟通渠道太多，容易造成混乱，影响工作效率。

三、沟通障碍

在任何沟通系统中都存在沟通的障碍。例如，在电话、电报等通信系统中就存在着沟通障碍，这种障碍称之为“噪音”或“干扰”。但人与人之间沟通的障碍却有其特殊性。首先，人与人之间的沟通主要是借助于语言来进行的。语言是交流思想的工具，但语言不是思想本身，而是用以表达思想的符号系统。人们的语言修养也有很大差异。同样一种思想，有的人表达得很清楚，有的人表达得不清楚。一个心理学家曾做过一项实验，要求两名被试描述一个色调奇特的皮球。结果，一个被试说这个皮球是“黄绿色”，另一个被试说是“水绿色”。这一实验表明，人利用语言来表达思想、表达事物有一定的局限性。

其次，更为重要的是，由于人们的态度、观点、信念等各不相同，造成了沟通过程中的障碍。例如，下级向上级反映情况往往有“打埋伏”的现象，报喜不报忧、夸大成绩、缩小缺点等情况。上级向下级传达指示，下级往往不是如实地理解这些指示，而是猜测这种指示的“言外之意”、“弦外之音”等，这都说明人们在传递和接收信息时，往往会把自己的主观态度掺杂进去。

最后，人们的个性因素也影响信息的沟通。例如，思维型(即善于抽象思维的人)与艺术型(即善于形象思维的人)的人彼此之间交流信息就可能发生障碍。

总之，造成人与人之间沟通障碍的因素很多。在企业管理中应注意这些障碍，采取一切可能的方法消除这些障碍，使企业中上下左右的沟通渠道能够准确、迅速、及时地交流信息。

四、说服性沟通

此前，我们已经讨论了多种沟通方式。现在我们把注意力转向沟通的功能之一，以及那些使信息更具有说服力或者缺乏说服力的特性。

1. 自动处理和控制处理

我们需要考虑两种不同的信息处理方式，这有助于我们了解沟通的过程。想想你上一

次买苏打水的经历。你是仔细研究品牌后再挑选，还是拿了广告图案最吸引人的那一个。如果我们足够坦诚的话，我们会承认，炫目的广告和琅琅上口的口号确实会影响消费者的选择。我们经常依赖于自动处理(automatic processing)，这是一种相对较肤浅的处理证据和信息的方法，利用的是直觉。自动处理花费的时间和精力较少，所以如果不是特别在意的事情，采用这种方法来处理说服性信息是合情合理的。

现在再想一下你上次选房时的经历。你很可能做了一些研究，询问对这一片区域了解的专家，从各种渠道收集有关价格的信息，并且对比租房子和买房子的性价比。在这件事上，你依靠的是需要投入更多精力的控制处理(controlled processing)，这种方法依赖于事实、数据和逻辑，对数据和信息的考虑更加仔细。控制处理需要人们付出努力、投入精力、花时间了解，之后就不会容易上当受骗。那么决定人们采用浅层处理还是深层处理的原因是什么？我们可以通过一些经验法则来判断哪种类型的处理方法会被采纳。

2. 兴趣水平

要想判断人们接收到说服性信息后是选择自动处理还是控制处理，最好的预测因素之一就是他们的兴趣水平。兴趣水平反映了这一决定将会如何对你的生活产生影响。如果人们对一个决策的结构更感兴趣，他们就会更仔细地处理信息。

3. 先验知识

如果人们对某一个主题很了解，更可能使用控制处理的策略。在支持或反对一个具体的行为时，他们对各种论点都有了深入了解，因此不会轻易改变自己的立场，除非对方给出的理由足够充分。

4. 人格

你是否需要读完至少 5 篇影评才决定要不要看一部电影？或许你还会去寻找主演和导演最近参与的电影。如果是的话，那么你的认知需求就比较高，具有这种人格的个体会更容易被证据和事实说服。那些认知需求较低的人更有可能使用自动处理策略，依靠直觉和情绪来对说服性信息进行判断。

5. 信息的特点

另一个会对信息处理策略产生影响的因素是信息本身的特点。通过相对较窄的渠道传达信息，接收者通常没有什么机会就信息内容进行交流，因此更有可能采用自动处理。相反，通过更为丰富的渠道传达出的信息，则会受到更加审慎的处理。

案例：阿里上市路演第二天股票即“售罄”

从 2014 年年初开始，很多人就开始做好了要迎接阿里巴巴上市这个超级 IPO 的心理准备，无论是投资者，还是同行，于是一大批计划上市的企业都着急地赶在阿里上市前上市了，如“京东”“聚美优品”等。但是，做足了准备的人们还是没想到，真实发生时会有如此火爆。

据路透社报道，首轮“路演”的两天后，阿里巴巴的计划募集额度，就已经获得足额认购。什么意思？“路演”其实就是预售，也就是预期计划路演两周的订单，两天就都卖完了！

按照最高预期，阿里巴巴 IPO 将募集 211 亿美元，价格区间为 60～66 美元，只要达到预期，其就将超过Facebook 2012 年筹得的160亿美元，一举成为史上最大规模的科技股IPO。

据中国证券网报道，阿里巴巴路演第二站今日(9 月 10 日)凌晨在波士顿召开，据现场与会人士介绍，阿里巴巴波士顿的“路演”没有纽约火爆，但马云的演讲配合视频极具煽动力，英文表达也不打折扣；不过很多关键问题的用语已经有所收敛，也没再提“客户第一，员工第二，股东第三”。当天的路演有约 150 位投资者参与。上述出席人士还笑言，波士顿有坐下来吃的午饭，相比纽约的盒饭要幸福多了，人少还是有好处的。

不得不提的是，9 月 10 日，是马云生日，也是阿里巴巴成立 15 周年。马云继续发挥着他第一天展示的那个强大口才，给现场的投资者留下了极其深刻的印象。想知道第一天纽约路演的表现如何？路透社报道称，尽管对其公司治理仍存有担心，但多位基金经理和分析师都表示，马云周二在波士顿四季酒店的路演给他们留下了深刻的印象。他们认为，这家来自中国的电商公司拥有惊人的“现金流”创造能力和“低资本”密集程度，像极了美国的明星公司 Facebook 和 Google。

轻资产、高现金流、高利润，还有一个举世瞩目的“创始人”马云，这很符合美国那些“嗜血”的投资人们的口味。路透社援引富达反向基金的 Will Danoff 表示：“马云表现得很棒。”他还称阿里的招股书内容很丰富。

就连此前在路演前明确表示不会投资此次 IPO 的 Middleton 公司分析师 Adam Grossman 也表示，路演过程令人印象深刻：“马云讲了个很棒的故事。”

不久前，阿里巴巴更新招股说明书，确定其股票的发行价格区间为 60～66 美元，融资规模至多为 211 亿美元。阿里巴巴的市值将超过 1600 亿美元，市值在全球互联网公司中已排名第三，仅次于 Google 和 Facebook。

第三节　非言语沟通的技巧

一、非言语交流

“非言语”一词一般指除了说和写以外的所有交流。非言语交流就是当你说话时人们所看到的内容，包括你的面部表情和身体动作等。此外，还有一些额外的非言语文流。

(1) 它对人与人之间的感情关系类型有很大影响。

(2) 它可表达情感。

(3) 它会对语言所表达的意思产生巨大影响。

亲密的感情关系通常由非言语动作形成。情感也经常用非言语来表达。

非言语暗示能够通过几种途径来影响并对文字信息起作用。下面介绍了文字和非言语信息相互作用的 4 种方式。

(1) 重复文字信息——当文字所表达的意图和指示同时发生时。

(2) 替代文字信息——当你带着倦态回到家时，虽然你没说话，但每个人都知道你度过了劳累的一天。

(3) 补充文字信息——当教师与学生在讨论某位学生成绩较差时，这位学生涨红了脸，表明他已经很难堪了。

(4) 强调文字信息——通过在文字下面画线、挥臂、特殊的语调或拍桌子等行为来表示该信息的重要性。

非言语交流与文字交流密切相关。当语调暗示某种态度时，所说的话也是关于这种态度的。当在用文字表达某种信息时，非言语交流也会显示出说话者对它的感觉。

二、身体语言

(一)身体形态和外表

身体即使处在不动的情况下，也能够表达意义，如图 7-3 所示。

图 7-3 身体形态和外表

体形(Body Type)、发式、肤色、性别、衣着、打扮和修饰这些要素都会影响交流效果。以体型为例，大多数人认为个性和性格与人的体形有某种联系，如心宽体胖就是一种判断。

(二)体位

人的举止可以传递信息。 比如说，如果一个演讲者低头耸肩地站着对一群人讲话，这也许表明这个演讲者对听众不感兴趣。

(三)示意动作

在某些程度上，所有的文化都使用示意动作(Gesture)来示意。这些示意动作在不同的文化中所代表的含义也不同。有些示意动作使用很广并容易理解，具体介绍如下。

(1) 点头就是一种很重要的示意动作，可以用来示意对方继续、认同讲话的内容、保证对话顺利进行。时不时地点点头是向发言者示意继续讲下去。快速点头表示点头的人想发言了。这时，讲话者可以把语速放慢，或者把间歇停顿的时间延长，给听者一个说话表达的机会。

(2) 踮脚尖和敲手指通常表示紧张、不耐烦和厌倦。

(3) 讲话者的示意动作与讲话内容一定要协调一致，这一点很重要。

(4) 触摸(Touching)是一种交流方式，各种文化被广泛采用，但在不同的文化里，其内涵却不尽相同。女性之间可以有比较亲密的身体接触，但男性之间则需要保持适度的距离。不同宗教与文化之间对触摸会有某些特殊的约定。

(5) 面部表情。

① 面部也许是非语言交流最重要的根源。它是身体最具有表达力的部分。面部上的肌肉可以使之同时表达 8 种情感：喜、怒、哀、乐、悲、恐、惊、忧。

② 微笑在人际交流中很重要。笑容可以立即传递你的感受。笑容是非常明显的面部表情。然而，虚伪的笑容完全不起作用。

③ 面部能传递很多信息。它还好像是人最容易操纵的一种非语言行为。

(6) 目光接触。

目光接触也许是面部表达和交流最重要的一个方面。短暂的目光接触是不够的。在单独与个人交流时，正常的目光接触时间通常是 5～15 秒；对群体中的某个人的话，时间通常是 4～5 秒。

① 通常在以下情况下发生目光接触：

- 想得到别人的反馈。
- 想发出信号，交流渠道是开放的。
- 想发出信号，希望进行交往、参与和被包括在内。
- 想使对方感到紧张或施加某种压力。
- 相互欣赏对方，彼此间往往会较频繁地、较短时间地进行目光接触。

② 通常在以下情况下减少目光接触：

- 有东西想隐瞒，或在一个竞争性的情况下。
- 存在厌恶、紧张，或对不诚实的畏惧感。
- 双方位置过近。
- 在很长的叙述过程中。

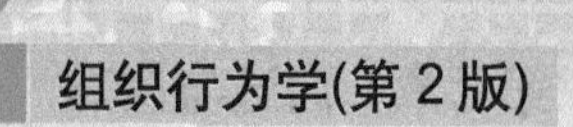

- 某人不希望保持社会交往(接触)。

三、区域和空间

区域和空间(Territory and Space)是非言语交流的另一种形式。这些要素不是来自人们所发出的信号。人们除了运用环境外，还运用空间来进行非言语文流。

在一个组织内部，通常高阶层的员工有更大的区域和空间来进行他们的工作。

日常的空间指的是人们在交流中存在于彼此之间的空间。日常使用的空间分 4 种形式。但是交流双方的距离会因文化的差异而不尽相同。以下是西方的 4 种形式的距离。

(1) 亲密距离——限于爱人之间，父母与子女之间，儿童之间的空间，0～45cm。

(2) 自身安全距离——大多数交流适用的范围，2～122cm。

(3) 交际距离——大多数有工作关系的交往所适用的距离，122～366cm。

(4) 公共距离——使用在典型的单方向的交流场合中，366～762cm，如演讲者与听众之间的交流。

空间距离受到年龄、性别、种族、社会地位、经济条件等因素的影响。男性对于来自前方的空间侵入比较敏感，因此要求前方的空间距离要大一些；而女性对于来自后方和两侧的空间侵入比较敏感，因此希望保持相应的空间距离，如图 7-4 所示。

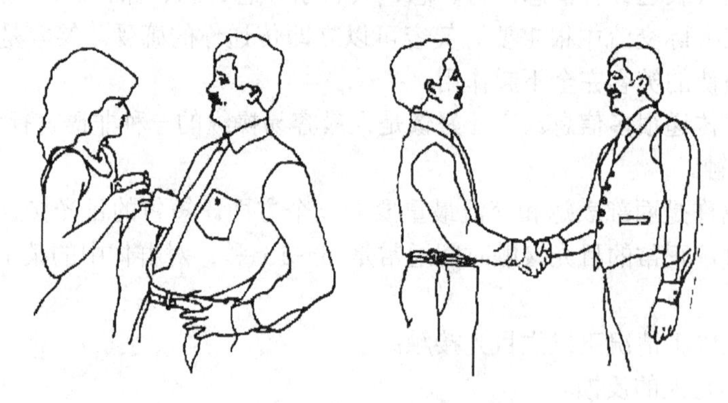

图 7-4 区域和空间

第四节 倾 听

一、有效倾听的要素

听是我们倾听过程的开始。无论我们是否有意为之，它都会自动地出现。当声音进入我们耳朵里时，我们的大脑会进行识别。然后我们的眼睛和直觉开始致力于理解信息。我们对信息的理解会受到说话者诸如身体语言、语调等非言语反馈的影响。

我们会从周围存在的声音中选择出想听的内容。从短期记忆到长期记忆这个信息会发生变化。短期记忆可以储备对我们有用的信息。如果我们听到的是无用的信息，就会很快地忘却。

我们根据以前的经验、需要和兴趣来选择想听到的内容。我们也会听到我们现在所需要和兴趣所需的信息。我们通过听来选择口述信息和非言语信号，进而开始我们的倾听过程。当遇到有趣或重要的信息时，我们会注意它们。

人们选择所倾听内容的原因如下。

(1) 信息是重要的。

(2) 人们对它感兴趣。

(3) 人们想要听。

二、理解

能够解释说话者的信息意味着听者和说话者之间达到了相互理解。当说话者和听者对这个意思想法一致时，就是理解了。因为没有两个人能以同样的方式接收同一信息，所以得到相同的理解是很困难的。而且说话人也不一定能正确地表达他们想表达的意思。

例如：“他有一张可以使钟停摆的脸。”

实际上，在大多数倾听中，我们都可能无法正确理解所听到的内容，因为倾听是一个复杂的过程。我们知道，说话者通过言语和非言语两种方式把信息传达给听者。听者必须解释说话者的言辞、过滤音调和非言语信号。

三、有效倾听的要素

商业是一个需要我们大量倾听的行业，具有很多练习机会。从心理上做好准备，使每一次交流都成为提高自己倾听能力的机会。从每天的第一个电话到最后一个会议都应该是这样。

1. 做笔记

好的听者都擅长做笔记(Take Note)，他们都懂得“好记性不如烂笔头”这个道理。记笔记也可以帮助你听懂那些说话没有条理性的演讲者所说的话，帮助你我找到重点、确定有用的资料。

2. 现在倾听，以后汇报

如果你计划向别人汇报你所听到的内容，就会更专心地进行倾听。你不一定真的要做汇报，但在听的时候要假设自己必须要做这个汇报。

3. 发挥你的能动性

我们必须学会放弃我们先入为主的做法，愿意去倾听。

我们必须学会自我约束。

(1) 明白说话人所说的重点——排除干扰。

(2) 克服乏味——解释声调变化和语气。

(3) 理解“非言语”暗示和主题思想。

(4) 有时要做到自我约束是很困难的。

学会专注。专注要比注意更费力，它是一种集中精力的行为。通过计划你的时间来了解你的局限、设立倾听重点。以此最大限度地发挥你的专注能力。

4. 选择现象

我们总是在选择是否去听和怎样听好，其实空想对了解现实毫无益处，而且空想又是进行积极倾听的最大障碍。

5. 期望更好

期望在我们的生活中起着重要的作用。我们往往能得到我们所期望的东西。通过向别人提供说话机会并希望他们讲好，我们确实能帮助他们做到最好。所有的人都有被别人聆听和理解的需要。当我们认真倾听时，说话人就会表现得更为成熟，说得更加连贯。

听者可以用以下方式来帮助说话者。

(1) 提问。

(2) 表现出兴趣。

(3) 表达关注。

(4) 给予注意。

当说话者获知别人在听他们的讲话时，就会表现得更为卖力。

6. 成为一个投入的听众

好的听者同时用非言语和词语信号来表示出他们正在倾听，迈哈比埃曾经这样描述：在我们的交际中，非言语方式占55%，声音(音调和语气)占38%，言语占7%。对听者这个角色来说也是这样。

想想你自己的一些习性和行为，看看你是否有下列干扰或迷惑说话者的一些坏习惯？

(1) 烦躁不安。

(2) 眨眼。

(3) 咬嘴唇。

(4) 皱眉头。

(5) 摆弄头发、领带或首饰。

(6) 看表。

(7) 瞪眼。

7. 同步

同步前进(Build Rapport by Pacing the Speaker)是听者用来与说话者建立积极关系的一种方法，它是通过模仿或反映说话者的动作表现出来的。

(1) 作为听众你可以用下列几种方式与说话者保持同步。

① 使你的语速与说话者保持一致，必要时可加快或放慢。

② 调整你的音量以和说话者的音量相一致。

③ 留意并使用说话者的话或句子。

恰当地模仿说话者的动作。

(2) 与说话者保持同步的要诀。

① 集中精力观察(Focused Observation)。

② 灵活多变(Complete Flexibility)。

③ 倾听专注(Tuned in Listening)。

8. 控制你对决策起关键作用的情感因素

一些话题、争议、话语都会在情感上产生一些影响，当争议带有强烈的情感色彩时，它们会妨碍有效倾听。不论是积极的情感还是消极的情感，都会造成某种障碍。我们也许会舍弃、曲解或凭借预想判断带有情感色彩的信息。

9. 控制分散注意力的事物

分散注意力的事物会削弱我们倾听的能力。这些分散注意力的事物也许来自听者自身。分散注意力的外界事物包括噪声、电话和周围活动的人。内部事物包括诸如饥饿、头痛、疲惫或你在生活中所要应付的一切问题。

10. 倾听是对关注的确认

当你倾听别人说话时，你应让他们感觉到被你所接受，从而使他们愿意表达得更多。汤姆•彼得斯(Tom Peters)在他的书《寻求完美》中提出公司的高层领导人都应学会成为一个极好的听众。

第五节　冲突及其解决方法

一、冲突的定义

冲突可以定义为一种对抗性交往的过程。这种过程始于一方感觉到另一方对自己关心

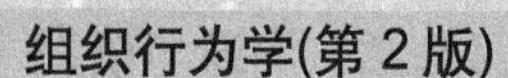

的事情已经或将要产生消极影响。现在人们已经逐步意识到冲突是组织中个人或群体之间相互作用不可避免的结果，是由各种复杂原因所引起的。

近年来，研究者们逐步改变了对冲突的看法。冲突被认为是所有组织都无法避免的，是组织与生俱来的，更重要的是，有时候它还对群体的绩效有益。现代观点认为，融洽、平和、安宁、合作的组织容易对变革的反应表现出迟钝和冷漠。因此，该理论观点的主要贡献在于：鼓励管理者维持一种适度的冲突水平，这能够使群体保持旺盛的生命力，善于自我批评和不断创新。

冲突本身并无好坏之分，只有从群体绩效的角度，才能判断其价值。如果冲突支持群体目标并能提高绩效，并且是具有建设性的，我们就称其为功能正常型冲突。如果冲突妨碍了群体绩效，具有破坏性，我们就称其为功能失调型冲突。不过，值得注意的是，区分这两种冲突类型并不是一件容易的事。因为，没有哪一种冲突类型或冲突水平在所有情况下都是合适或是不合适的。某种类型或水平的冲突可能会促进某一群体为达到目的而健康、有效地工作，但对于其他群体或同一群体的不同时期而言，则可能是功能失调的。总而言之，只有群体的绩效才是判定冲突利弊的指标，因为群体的存在总是为一定的目标服务的。

二、冲突的过程

冲突过程可以分为4个阶段：潜伏期、感知期、行为期、结果。

(一)潜伏期

潜伏期，即潜在的对立或不一致。冲突过程的第一步是存在可能产生冲突的潜在原因，如沟通、组织结构、权力分配、领导风格、个人特征等。这些条件并不一定导致冲突，但它们是冲突产生的必要条件。这个阶段组织认识到了潜在的对立和不一致，具备了产生冲突的条件。

(二)感知期

感知期，即认识和个性化阶段。如果阶段一中提到的条件对某一方关心的事情有一定程度的消极影响，则潜在的对立或不一致在第二阶段中就会显现出来。只有当一方或多方认识到冲突或感觉到冲突时，前面所说的条件才会导致冲突。

在这一过程中，冲突问题变得明朗化了，而且，情绪对认知有着重要作用。比如，有研究发现，消极情绪会导致信任感降低，以及对对方的行为做出消极的解释。相反，积极情绪则增加了在问题的各项因素中发现潜在联系的可能性，以更开阔的眼光看待情境，所采取的解决办法也更具有创新性。

总之，在该阶段，双方已经感知到潜在的冲突，但未必会继续发展下去。

当一方或双方已经体验到潜在冲突所带来的紧张或焦虑并产生了行为意向时，就进入了冲突感觉期。

在冲突感觉期，处理冲突可按两个维度来展开：其一是合作程度；其二是肯定程度。据此，可划分出 5 种处理冲突的行为意向：竞争(自我肯定但不合作)、协作(自我肯定且合作)、回避(自我肯定且不合作)、迁就(不自我肯定但合作)、折中(合作性与自我肯定性均处于中等程度)。

(三)行为期

冲突行为是指公开地试图实现冲突双方各自的愿望。但这些行为带有刺激的性质，这种刺激常常与愿望无关。由于判断错误或缺乏经验，有时外显的行为会偏离原本的意图。大多数人在考虑冲突情境时倾向于强调这一阶段，因为在这一阶段中冲突是明显可见的。行为阶段包括冲突双方进行的说明、活动和态度。也就是说，一方有行为，另一方也有反应。

(四)结果

冲突的结果有两个，要么是组织功能正常，提高了组织的工作绩效；要么是组织功能失调，降低了组织的工作绩效。

1. 功能正常

较低或中等水平的冲突有可能提高组织的有效性。如果冲突能提高决策的质量，激励革新与创造，激发组织成员的兴趣与好奇，提供问题公开解除的渠道，培养自我评估和变革的环境，那么这种冲突是建设性的。

常用的激发建设性冲突的技术有：①重新构建组织：调整工作结构，改变规章制度，提高相互依赖性，打破现状；②运用沟通：利用模棱两可或具有威胁性的信息可以提高冲突水平；③引进外部成员：在组织中补充一些在背景、价值观、态度和管理风格方面均与当前组织成员不同的个体，即补充“新鲜血液”；④任命一名批评家；⑤奖励持异议者，惩罚冲突回避者，管理者应学会对待不同意见。

2. 功能失调

不加控制的对立带来了不满，导致沟通的迟滞，组织凝聚力的降低，组织成员之间的明争暗斗，共同关系的解除，并最终可能会使组织灭亡。可通过以下措施减少或避免破坏性冲突的发生：①对组织成员加强全局观念的教育，培养团队意识；②重视沟通，及时交换意见；③运用领导榜样的影响力，领导者以身作则；④及时发现和处理产生破坏性冲突的因素和苗头。

沟通过程中避免冲突的方法如下。

(1) 换位思考，相互理解对方。

(2) 提供论据或基于事实讨论。在事实和论据面前，一方可能会留在原地保持不动。

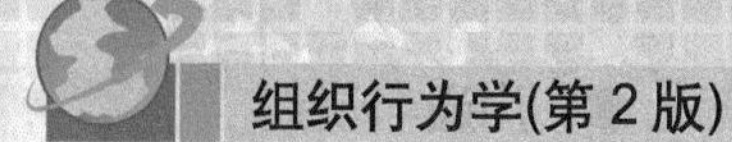

(3) 放慢节奏。这是促使当事人冷静下来的一种十分有效的方法。当双方节奏不一致时，冲突行为很难展开和持续。

三、解决冲突的方法

矛盾、冲突的性质不同，解决的方法也应不同。总的来说，应遵照“具体问题具体分析”的原则找出解决冲突的方法。这里简要地提出几种解决企业中各部门之间以及企业与企业之间冲突的最一般的方法。

(一)协商解决法

当两个部门发生冲突时，须由双方派代表通过协商解决冲突。协商时要求冲突的双方顾全大局、互相做出让步，这样才能使冲突得到解决。例如，企业中的两个部门在分配经费、承担任务方面发生冲突，需要通过协商使经费得到合理的分配、各自多承担任务。

(二)仲裁解决法

当两个或两个以上的群体经过协商无法解决冲突时，就需要有第三者或较高阶层的领导人出面调解、进行仲裁，使冲突得到解决。但仲裁者必须具有一定的权威性，否则仲裁解决法可能无效。我国新设立的经济法庭也负有解决企业间经济冲突的仲裁作用。

(三)权威解决法

当冲突的双方通过协商不能解决冲突，而且不服从调解者的仲裁时，可由上级主管部门做出裁决，按“下级服从上级”的原则强迫冲突的双方执行命令，这就是权威解决法。权威解决法是采取强制手段解决冲突，因此往往不能消除引起冲突的根本原因。在一般情况下，不宜采取这种解决方法。但不能完全否定权威解决法，因为在特殊情况下，特别是需要当机立断、不失时机地解决冲突时，这种方法是很有必要的。

第六节　谈　　判

谈判几乎渗透到了组织和群体中每个人的相互作用中。有一些谈判是很明显的，如劳资双方进行的谈判。另一些谈判则不那么明显，如管理者与上司、同事、下属之间的谈判；销售人员与客户之间的谈判；采购代理与供应商之间的谈判。还有一些谈判十分微妙：如一名工人经过很短时间的利弊权衡后，决定接一个同事的电话。在今天以团队为基础进行工作的组织中，成员们越来越发现自己与共同工作的同事之间没有直接的权力关系，他们甚至可能不归属同一名上司来领导，此时，谈判技能就变得十分关键了。

我们把谈判(negotiation)定义为：双方或多方互相交换产品或服务，并试图对他们之间的交换比率达成协议的过程。请注意，在这里，谈判和洽谈(bargaining)两个术语可以互换使用。

一、谈判策略

谈判有两种基本方法：分配谈判和综合谈判。这两种谈判的对比如表 7-1 所示。

表 7-1　两种谈判类型的对比

谈判特点	分配型谈判	综合型谈判
可能的资源	被分配的数量固定	被分配的数量可变
主要动机	你赢，我输	我赢，你赢
主要兴趣	相互对立	相互融合或相互一致
关系的焦点	短时	长时

1. 分配谈判

分配谈判(distributive bargaining)分配谈判是在零和条件下进行的谈判，即以谈判的一方获得收益而另一方付出代价为前提，这是一种非赢即输的谈判。在进行分配谈判时，谈判方的战术主要是试图使对手同意自己的具体目标点或尽可能接近它。这种谈判的过程是申诉各自的目标是公正的，并试图激发对手感情用事使他觉得应对你慷慨，从而达到目标。

2. 综合谈判

综合谈判(integrative bargaining)是指双方寻求一种或多种解决方案以达到双赢的目标。综合谈判的特点如下。

(1) 分清人际关系与要解决的问题。在谈判中将人际关系与要解决的实质问题区别开来，直截了当地处理每一个具体问题；不进行人身攻击，只集中精力于寻求解决问题的方案。

(2) 注重利益，不墨守立场。谈判的基本问题不是彼此冲突的立场，而是彼此不同的需要与利益。因此，在谈判中致力于弄清、承认对方的利益，并寻求协调双方利益的方案。

(3) 谋求互惠的方案。在谈判中尽可能开发多种方案，并从中选出能达到双赢目标的最佳方案。

(4) 使用客观的评判标准。在谈判中双方寻求客观、公正的标准作为谈判的基础，如法律、效率、市场价值等。

二、谈判过程

图 7-5 提供了谈判过程中的简化模型，它表明谈判包括 5 个阶段：准备与计划；界定基

本规则；阐述与辩论；讨价还价与问题解决；结束与实施。

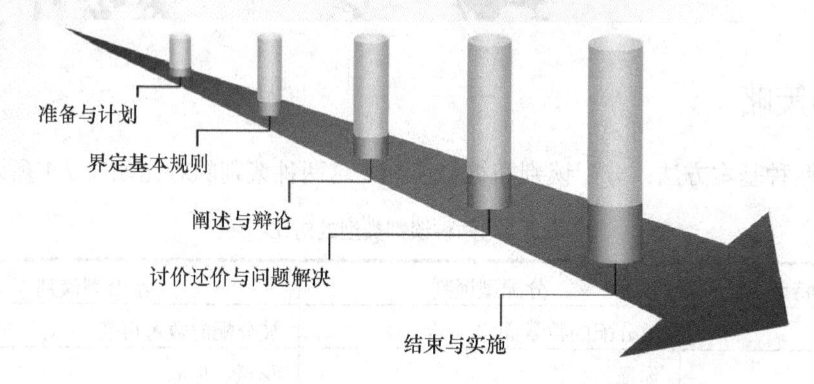

图 7-5　谈判简化模型

1. 准备与计划

谈判开始前，你需要做一些必要的准备工作。冲突的实质是什么？导致这一谈判的原因是什么？谁卷入了冲突，他们又是怎么理解冲突的？你想从谈判中得到什么？你的目标是什么？除此之外，你还要评估一下，对方对你的谈判目标有什么想法。他们可能会提出什么要求？他们坚守自己立场的程度如何？对他们来说有哪些无形的重要利益？他们希望达成什么样的协议？如果能预期到对手的立场和观点，你就能更好地利用事实和数字支持你的观点，反击对方的观点。

2. 界定基本规则

制订出计划并发展出策略后，你就可以和对方一起就谈判本身界定其基本规则和程序。谁将进行谈判？谈判在哪里进行？谈判期限是多长(如果有时间限制的话)？谈判中的哪些问题需要限定？如果谈判陷入僵局，应遵循什么具体程序？在这一阶段，双方将交流他们的最初报价和要求。

3. 阐述与辩论

相互交换了最初观点后，你和对方都会就自己的提议进行解释、阐明、澄清、论争和辩论。但是，这个阶段不一定就是对抗性的，它可以成为双方就以下问题交换信息的机会：为什么这些问题很重要？怎样才能使双方达到最终的要求？此时，你会给对方提供所有支持你观点的材料。

4. 讨价还价与问题解决

谈判过程实际上是一个为了达成协议而相互让步的过程，谈判双方毫无疑问都需要做出让步。

5. 结束与实施

谈判过程的最后一步是将已经达成的协议规范化，并为实施和监控制定出所有必要的程序。对于一些重要谈判(例如各种劳资谈判、租赁条款谈判等)，需要订立正式合同时敲定各种细节信息。不过，大多数情况下，谈判过程仅仅以握手言别结束。

案例：开局就“认输”，脱欧谈判首日英国惨遭欧盟碾压

“脱欧”谈判第一天的几乎所有迹象都显示，英国惨遭欧盟碾压开局不利。而种种迹象也预示着，未来两年甚至更长的谈判之路，对英国来说可能都是崎岖的。

6月19日的首轮谈判主要是确定谈判的优先项。英国放弃了第一时间开启贸易谈判的要求，而是接受了欧盟先达成“离婚协议”的要求，即确定欧盟和英国各自地域上，英国人和欧盟人的身份地位问题，以及英国需要支付欧盟的分手费。

对这一结果，英国媒体一边倒地评论说，英国一开局就“认输了”。

当地时间11点过后，英国脱欧大臣戴维斯(David Davis)和欧盟首席谈判代表巴尼耶在布鲁塞尔贝尔蒙特大楼开始了正式谈判。两个人微笑、握手，然后互相交换了礼物。

从这一刻开始，首轮谈判的结局就已经开始书写了：戴维斯送给了巴尼耶一本有关登山的书，而巴尼耶送给戴维斯的是一根登山杖。戴维斯曾以登山来形容脱欧谈判，而崎岖的山路少不了登山杖的帮助。

然后两个人走进会议室，开始闭门会谈。

7个小时后，两个人重新露面，就首次会谈举行了新闻发布会，新的迹象表明，戴维斯肩负的英国“脱欧”谈判开局很不顺利：多家媒体描述称，发布会上的戴维斯显得非常疲惫，红扑扑的脸上还沁满了汗水，头发一团糟。而他旁边的巴尼耶一如既往的冷静，保持着优雅的风度。

在发布会上，两个人透露了这次谈判的结果：现阶段的首要任务是，确定“脱欧”后在英国的450万欧盟公民待遇问题。在双方讨论的“离婚条款”和“退欧”费用等问题上，当布鲁塞尔确定取得了“重大进展”后，双方才会开始自由贸易协定的谈判。另外，爱尔兰议题将单独讨论。

这与戴维斯和英国政府此前透露的立场正好相反。英国曾坚持要求欧盟首先就对英国最受关注的自由贸易进行谈判。戴维斯甚至还威胁，如果达不到这个要求，“整个夏天”都会被耗在这个问题上。

与此同时，英国政府宣布首相特蕾莎·梅将于周四前往布鲁塞尔，公布英国政府打算采取的新措施，以确认在英生活的欧盟人的权益。消息人士对《卫报》称，英国的最新提议“非常慷慨”，将于下周一以文件形式公开。

尽管如此，戴维斯在发布会上说，这次谈判“非常有建设性”，达成交易的可能性“非常大”。

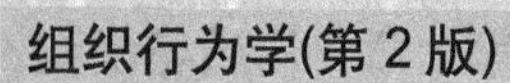

最后，他援引了一句号称是丘吉尔的话作为结尾："悲观者在每个机遇里都能看到困难，而乐观者在每个困难中都能看到机遇。"不过专家很快出来反驳称，丘吉尔根本没有说过这样一句话。

截至此刻，戴维斯还能勉强维持他乐观的天性。但接下来的记者提问时间，用《卫报》专栏作家 John Crace 的话说，让他彻底"爆炸"了。

当被记者问到，谈判首日所有一切都是按照欧盟时间表来的，为何英国此前宣称要坚持的红线全都放弃时，戴维斯大声喊道："所有事情都跟以前一模一样。我们会离开单一市场、离开关税联盟，时间表跟我们要求的完全一样。在一切还没确定之前，什么都不能确定。"

这时，全程冷静的巴尼耶适时展示了他的"风度"。他说脱欧谈判"无关惩罚、无关报复"，他自己也不会考虑"让步或者要求对方让步"。但接下来这番话让戴维斯难掩难堪——"是英国决定退出欧盟，不是欧盟提出来的；是英国要离开欧盟、单一市场和关税联盟，不是欧盟要求的"，他说，"所以，我们各自要承担我们的责任，承担我们的决定带来的后果，而后果是严峻的。"

发布会在这样的气氛中宣告结束。

之后，英国媒体和观察家一边倒地评论道，戴维斯被羞辱了，英国惨遭碾压。

"戴维斯曾说过会把整个夏天花在争取脱欧谈判优先事项上，结果第一天他就投降了，""自由民主党"领袖法伦在声明中称，"这个男人就是个小丑。别看政府如何作态，欧盟今天已经明显表示，不会对戴维斯做出哪怕一丁点让步。他完全被羞辱了。"

很多媒体都以"戴维斯惨败"或"戴维斯狼狈不堪"为标题报道首轮"脱欧"谈判。实际上，英国这场惨败早在之前就有预兆。正式谈判前，巴尼耶曾开玩笑说，为了这次谈判，上周末他还特意去了法国阿尔卑斯山爬山，"为长途跋涉汲取力量和能量"。这席话，让人联想起特蕾莎·梅上个月宣布要提前大选决定时提到的一句话，这位上任时承诺不会举行大选的英国首相说，她是在威尔士爬山的时候做出的这一决定。

这次"豪赌"为本来就因"脱欧"公投而陷入混乱的英国增添了新的不确定因素。

英国大选结果显示，特蕾莎·梅没能从民众那里得到想要的授权，不仅如此，因其执政党席位不增反减，她不得不选择与北爱尔兰民主统一党(DUP)组成执政联盟。目前联合组阁事宜还没有谈妥，DUP 内部人士据说对特蕾莎·梅能否保住首相职位深感疑虑。大选最大受益者、反对党工党借机步步逼近，政府内部数名高层人士发声呼吁改变特蕾莎·梅的"硬脱欧"路线。

相比之下，在经历了去年脱欧公投后的混乱局面、民粹主义浪潮等考验后，欧盟内部出现了罕见的团结情绪，该地区的经济形势也在好转，而且，欧盟官员已经释放信号，开始着手对欧盟进行改革。所有这一切，都意味着欧盟更愿意、也能够在脱欧谈判中扮演更强硬的角色。

在周一谈判开始前，一名欧盟官员告诉《卫报》，首日谈判只是在"镜头前亮个相"而已，真正的谈判将从 7 月 10 日正式开始。在 2019 年 3 月底正式离开欧盟之前，戴维斯和英国首相特蕾莎·梅还要爬过无数个陡峰。

(资料来源：新浪财经，2017-06-20)

本章小结

组织不仅由单个人组成，而且由各种群体和部门组成。本章研究的是群体中人们的工作行为，论述了如何进行沟通和解决冲突。在现代社会的各个层级都存在沟通问题。组织沟通的问题之一是认识不到沟通不仅仅是线性信息的流动，更是一个行为交换的动态人际过程。对今天的组织沟通而言，各种沟通媒介、管理信息系统、通信和非言语方式都非常重要。

实训课堂

高盛高管为什么加入滴滴团队

2014 年 6 月 30 日上午，在程维的办公室，十余平米的隔间里，柳青被安排坐在程维身边，对面是各部门负责人，分散在几张沙发和凳子上。内部会议出现陌生人，现场气氛有些拘谨。程维在介绍柳青时，给她编造了一个公司身份——新聘请的顾问。“身份掩护是事先约定的。”柳青回忆说，“实则是一次近距离调查。”

柳青同滴滴的投资谈判在一星期前结束，这是她代表高盛第三次尝试入股，仍旧无果而终。在上地一家小餐馆聚餐时，这位高盛亚洲区董事总经理对程维开玩笑说：“不让我投，我就给你打工吧。”柳青没有料到，程维认真地接过话题，邀请她到公司调查。简短寒暄后，会议开始。柳青打量着眼前这一群人，他们刚刚打赢了“补贴大战”。在这场总耗费超过 24 亿元人民币的缠斗中，滴滴占据打车市场 6 成份额，用户数突破 1 亿，公司估值近 7 亿美元。

会议议题集中在滴滴当时唯一的出租车业务。12 年的高盛生涯，从普通分析员做到高管，柳青已经习惯从战略运作层面去思索问题。研讨策略和细节，甚至具体到一个参数或者函数，类似于作战会议的风格，显然不是她所熟悉的。“我们的话语体系全然不同，情感上自然无法产生连接。”一路听下来，柳青说，心里很沮丧。

柳青下意识去拿自己的 iPad，不小心碰到了按钮，一时间音乐声大作，那是早间给孩子们播放的《冰雪奇缘》的主题曲。房间里的讨论声陡然安静了下来，柳青颇为尴尬地看着四周的陌生面孔，心里越发不安。想起在高盛的优渥境遇，同事间熟悉默契，开会时都不用说什么，只是把握一下方向就好。工作之余，还有充裕时间陪伴 3 个孩子。

可现在，面对差异巨大的工作内容和业务环境，柳青有点儿退却了。

占据上风优势，滴滴在 2014 年夏天面临的情势却不乐观。7 月 8 日，快的正式上线“一

号专车”，开展商务用车业务。通过启动补贴计划，在这块新战场上，重新将滴滴拖入价格战泥潭。

双方摩拳擦掌之际，国际巨头 Uber 悄然进入中国。Uber 是打车软件的鼻祖，产品经过 5 年时间打磨，已经在世界多国落地。滴滴、快的刚刚起步两年，体量弱小，且各自为战，面对估值超过400亿美元的庞然大物，“中国学生”们前途堪忧。

2014 年 8 月，Uber 推出“人民优步”主打公益拼车，借助对私家车主的高额补贴以及低廉的定价，迅速在中国市场扩张，日订单数超过 100 万。Uber 在全球业务量最大的 10 个城市中，中国占据4席。

滴滴需要一位具备国际化视野、长于战略运筹的高管，来应对即将到来的生死之战。程维深知，无法阻击 Uber 的直接后果是，滴滴坐失现有市场优势，原本计划中的顺风车、大巴、公交、企业版“滴滴”项目将无从生根。“互联网让出行更美好”等于一句空话。

柳青的偶然出现，很容易就被对号入座：父亲是联想创始人，任职国际投行高管，在资本市场呼风唤雨。父亲常跟她说，做投资可以遇到不少企业家，但是两相比较，经营企业是最好玩儿的。滴滴无疑是她突破自我的一次机会。她的犹豫来自对滴滴团队的陌生、背景的差异，造成认知、情感上的隔阂，也有一部分来自家庭，母亲并不支持她跳槽。

“每天聊十几个小时，我们像是热恋一样沟通。”那段时间，程维每天不间断地跟柳青聊滴滴，沟通对团队每个人的看法，直至她打消疑虑，重新回到滴滴。滴滴的天使投资人王刚说，程维是个不给自己设限的 CEO，争取柳青的加入，是一次有想象力的挑战。

程维打定主意，要让柳青和团队彼此交心，必须跳出工作情景。为此，他安排了滴滴团队和柳青的西藏旅行，几乎是说走就走的那种。“去到陌生环境，像一个团队一样面对困难，有那种把性命交托彼此的感觉。”

出发前，程维带着柳青在路边摊吃了一顿消夜，唱了卡拉 OK。陪同者是滴滴的团队骨干，他们多是程维在阿里巴巴时期的部下。喝完一轮啤酒后，众人的拘谨开始消退，开始谈及在滴滴打拼的细节，对移动出行事业的理想。类似的聚会上，程维常在聊到动情处与老友们抱头痛哭。桌上散落着酒瓶，微醺的人们眼眶红热，柳青被这散发着荷尔蒙的年轻气息打动，第一次觉得喜欢这个团队。

一行 7 人飞到西宁后，租车往拉萨进发。程维刚到西宁就高原反应，昏睡过去，疲劳和缺氧开始纠缠每个人。更糟糕的是，两辆车在离开西宁后不久就走散了，接下来的行程完全丧失计划，路线、住宿都靠临时决定。

高原的夏夜常会下雨，男士们为了活跃气氛，会讲点儿鬼故事，泥泞和雾气中藏着凶险，看着车窗外黑黢黢的悬崖，有种心惊肉跳的感觉。负责开车的 CTO 张博抓着方向盘，一路上都没怎么说话。车上的人渐渐有了生死与共的感觉。

行到黑马河时，几人在一间大通铺里歇息，柳青一直睡不着。程维跟柳青谈及自己创业的历程，表示明白柳青对高盛故旧的不舍，拿出手机放了一首《夜空中最亮的星》。柳青哭了，程维也哭了。她决定辞职，连夜给亲友们发了长信，告诉他们自己的决定。

再度回到滴滴，程维宣布了柳青的新身份，滴滴打车 COO。36 岁的她将作为滴滴的二号人物，在滴滴的新征途中扮演关键角色。

(资料来源：雷磊. 滴滴：一个有关野心和速度的故事. GQ 中国，2015)

思考讨论题

结合案例分析程维是如何通过有效沟通说服高盛高管柳青加入自己公司的。

第四篇　组 织 行 为

第八章　组织设计与变革

【学习要点及目标】

- 掌握组织的定义以及与组织结构有关的概念。
- 了解组织理论的发展过程。
- 掌握组织设计的基本原则。
- 了解常见的组织架构形式。
- 了解组织变革的过程和方法，理解变革为何是一个既富创造力又充满理性的过程。
- 了解虚拟组织的概念与模式。

【核心概念】

组织结构　组织理论　组织变革　组织效能

【引导案例】

李宁的困境

最近在体育用品行业发生了两个事件引人瞩目，即李宁公司在遭遇重重经营危机之后，CEO 张志勇被迫辞职，创始人李宁重新走到前台。李宁公司自成立以来至 2010 年，一直保持着高速的发展，2008 年成功的奥运营销，将公司推向了顶峰。2011 年至今，李宁公司却面临着一系列危机：高管离职，库存积压，盈利预警，股价下跌……

李宁公司高层对于品牌重塑的失败直接导致了其目前的困局。张志勇当时正急于打造更为年轻的超级品牌，而实际消费群中年龄偏大的被视作品牌溢价的最大绊脚石。若想实现更高的溢价，就必须拉低主流消费者的年龄，并取悦于他们。在李宁的高层中，一些人认为重塑品牌较之于产品变革则更为关键。

市场营销系统相信，若要品牌升级就必须换 Logo。时任李宁公司 CMO 的方世伟曾列举过航空、化工、物流等领域换标成功的伟大企业以佐证。ZIBA 设计公司在李宁项目中对李宁公司目标人群定位由“中国改革开放第一代创造者”精炼为“90 后李宁”。错误的种子就此埋下。

知情者坚称正是 ZIBA 的报告中关于目标人群的定位才直接导致了张志勇本人日后品

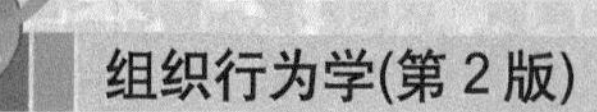

牌重塑决策。不幸的是张本人并没有正确地理解ZIBA的内涵。他很少直接关注创新性产品的流程改进。“ZIBA很显然执行偏了。张当时最应该关注的是产品转型，其次才是品牌。”知情者说。

李宁2010年启动的重塑品牌之举，不仅未能讨得“90后”的欢心，连原本是消费主力的“70后”“80后”也流失掉了。连续提价令原有的性价比优势荡然无存，导致高端消费者转向阿迪达斯和耐克等国际品牌，低端消费者则转向更加价廉物美的安踏、匹克，李宁最终落得“两头不讨好”的尴尬局面。方世伟难辞其咎，在2011年离职。

(资料来源：http://www.chinasspp.com/news/)

【案例导学】

在组织变革中首先需要识别和处理不同的利益；利益的变化可能会激起针对变革的不同反应。

第一节　组织结构及其影响因素

一、组织的概念

“组织”一词，由于考虑问题的角度不同可以有两种概念。一般意义的组织是指共同活动的人的集合，是指实体的组织，是静态的名词。还有一种是以动词的形式出现，将组织看成是一种动态的过程，即组织管理工作。

静态的实体组织按照人们活动的性质及目的组织可分为以下几种。

(1) 互益组织：工会、俱乐部、政党、团体等。

(2) 工商组织：商业公司、企业、银行等。

(3) 服务组织：医院、学校、社会机构等。

(4) 公益组织：政府组织、研究机构、消防队等实体组织。

管理学中常将组织看作是一种工作过程，即组织过程。具体内容包括：根据一定的目标组成实体组织，为该实体组织结构，进行组织系统图设计、职位设计，明确各职位的职责、权力，配备合格人选、并不断对组织中的人员进行培训提高，根据环境变化适当调整组织结构以保证整个组织的活力等，是组织的管理工作。

组织是人们进行合作的必要条件。正如美国管理学家切斯特·巴纳德所说：“由于生理的、心理的、社会的限制，人们为了达到个人的和共同的目的就必须合作，于是形成群体，即组织。”现代社会实质上就是一个有组织的高度社会化的团体。不论政治、经济、教育以至娱乐场所、宗教社团等，要实现自身的目标都必须通过协调组成严密的组织，以充分调动全体人员的创造性和积极性。任何一个社会成员都不可能超越社会现实，他们必须生活、工作在一个特定的组织环境中。

现代的组织概念把组织看成开放的社会技术系统。这个定义包括下述三种含义。

(1) 组织是一个开放的系统。组织不断地与外部环境进行材料、能源、信息和其他资源的交换，从而不断改革和发展。

(2) 组织是一个社会技术系统。既包括结构系统和技术系统两个方面，也包括心理、社会、管理等方面。

(3) 组织是一个整合的系统。组织建立在其各子系统的相互依存之上，也离不开与环境的相互作用，因此组织整合了各子系统及其与环境的关系。组织好比一个人要恰当地协调与整合身体各部分，使所投入的人力、物力和财力得以有效而经济地转变为产品。

二、组织中的几个相关概念

(一)职权

职权是指经由一定的正式程序所赋予某项职位的权力。在其位者应承担的计划、组织、指挥、监督、控制、惩罚、裁决等工作都是职位的权力，而不是某个特定人的权力。

(二)职责

职责是指某项职位应该完成某项任务的具体责任。

(三)负责

负责是指上下级之间的一种责任关系。下级有向上级报告自己工作绩效的义务或责任；上级有对下级进行工作指导的责任和担当。

(四)组织系统图

组织系统图是反映组织内各个机构、岗位上下左右相互关系的一种图表。

三、正式组织与非正式组织

(一)正式组织与非正式组织的区别

正式组织一般是指为了实现企业(或其他单位)总目标而有意识地按一定程序形成的组织机构，它是企业组织体系中的一环，具有明确的职责与权限。这种组织对于组织中成员的工作行为有一定的强制性。正式组织一般具有如下特点。

(1) 经过规划，不是自发形成。其组织结构的特征反映出一定的管理思想和理念。

(2) 有十分明确的组织目标。

(3) 讲究效率，要适当地协调工作，处理人、财、物之间的关系，以最经济有效的方式

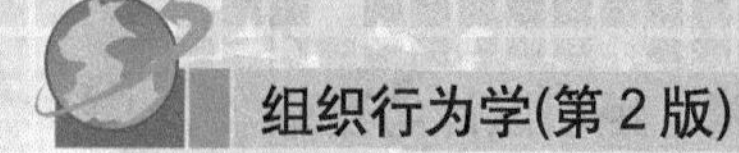

达到目标。

(4) 分担角色任务，形成人与人之间关系的层次。

(5) 建立权威，组织赋予领导以正式的权力，下级须服从上级，以便贯彻指令。

(6) 制定各种规章制度以约束个人行动，要求组织的一致性。

(7) 组织内个人的职位可以取代。

尽管我们称某一组织为正式组织，但也丝毫没有说它是固有的、一成不变的，或是有什么不适当限制的意思。管理人员如果想做好工作，组织的结构一定要提供这样一个环境，使管理者及其组织成员不论是现在还是在将来的工作中都能十分有效地为集体目标做出贡献。

正式组织必须具有灵活性，应留有酌情处置问题的权力余地，以发挥个人的才能和智慧。但每个人的工作必须与集体和组织的目标相一致。

非正式组织是由于某些人员的爱好相同、感情性格相投、对某些问题的认识一致、观点基本相同等原因形成的结伙关系网络。这种网络建立在感情相投的基础上。网络中的成员之间由于共同的活动(如一起玩台球、一起谈论某些社会、技术问题等)而逐渐自发形成的一些被成员所共同接受并遵守的行为规则，从而使原来松散、随机形成的群体渐渐转变成为相对固定的非正式组织。非正式组织在满足组织或成员个人的心理和感情需要方面有更强的凝聚作用。非正式组织的特点是形式灵活、覆盖面较广，但稳定性差。

(二)注意发挥非正式组织的积极作用

非正式组织的存在及其活动既可能对正式组织目标的实现起到积极促进作用，也可能对后者产生消极影响。非正式组织的积极作用在于，可以提供员工在正式组织中很难得到的心理需要或满足，创造一种更加和谐、融洽的人际关系，提高员工的合作精神，提高正式组织的工作绩效。

非正式组织的消极作用在于，如果非正式组织的目标与正式组织的目标不一致，就可能对正式组织的工作产生极为不利的影响；非正式组织的感情逻辑还会影响正式组织的变革，造成组织创新的惰性或障碍。

正式组织目标的有效实现要求利用非正式组织的积极的、与正式组织目标一致的方向，努力克服或消除它的不利影响。管理者必须正视非正式组织存在的客观必然性和必要性，应为非正式组织的形成提供条件，并努力使之目标与正式组织相吻合，引导非正式组织做出积极的贡献。

第二节 组织理论

从传统的古典组织理论到现代的系统与应变型的组织理论，组织理论和模型是有一个发展过程的。

一、古典组织理论

按照通常的分类方法，可以将这一时期有关组织理论的研究分为三大学派：科学管理学派、官僚体制学派和行政管理学派。这三大学派的代表人物分别为：泰勒、韦伯及法约尔。而古典组织理论的出发点均为，组织及其成员的行为是行为者有目的的协调行动；并且这一时期的研究者均将组织视为实现特定目的所设计的工具。因此，古典组织理论所关注的组织的关键特征正是组织区别于其他类型集体的特点，这也绝非偶然。他们强调的目标具体化和结构正式化正是导致组织行动效率最大化的重要因素。

(一)泰勒的职能组织理论

泰勒在其管理实践中逐步创立了一种超越常规的组织管理体制，并且建立了具有“积极性和激励”特点的科学管理理论。泰勒对于其科学管理的原理进行了总结，主要有四个方面：一是要用对工人操作的科学研究来取代旧的单凭经验对工人管理的方式，以形成科学的劳动过程；二是要在对工人的选择与培训上按科学的方式进行，以形成科学的选人与用人机制；三是要对经过科学挑选和培训的工人进行科学管理，从而促使科学培训与科学的劳动过程相结合；四是要正确划分工人与管理人员的实际工作，从而形成管理者与工人的经久性合作。

然而，在泰勒时代，组织理论还没有发展成为一个独立的分支学科，因此，在科学管理原理中，泰勒并没有专门讨论组织理论问题。但是，组织是管理的载体，没有组织就谈不上管理。因此，泰勒在研究科学管理时必然涉及组织问题，只不过这些关于组织的理论探讨还是以要素的形式包含在他的管理思想之中。泰勒对组织理论要素的研究主要包括：组织中管理职能与作业职能的分化和专门化；组织中的计划职能以及组织管理中的例外原理。

(二)韦伯的组织结构理论

德国社会学家韦伯 1910 年提出组织结构理论，他认为组织应是一个官僚制结构(Bureaucracy)。这个理论 20 世纪 40 年代在西方很流行。“官僚制结构”是指组织应是一个金字塔形的结构，具有如下特点。

(1) 有明确规定的职权等级制度。在这种组织中，明确划分各种职务和权力等级。各个下级都处于上级的控制和监督之下，职务和权力是明文规定的，但人员可以调换。

(2) 专业化强，分工明确。每个人的工作都分成简单的、例行常规的、明确规定的作业。

(3) 规章制度明确。用规章制度来保证和巩固组织内各层次和人们之间的协调一致。

(4) 不受个人情感因素的影响。对于人的感情和个性因素都不予以考虑，只根据制度实行奖励或惩罚。

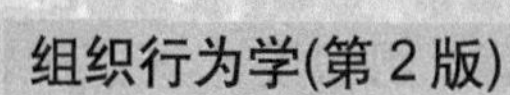

(5) 职员的选择和提升主要根据技术能力。

总之，这种组织理论主张集权、明确职责、严格管理、不考虑人的心理因素。

应当指出，这种组织结构具有如下缺点：①组织中的沟通容易被曲解，因而造成单位之间的或单位与整个组织之间的目标冲突；②组织是机械式的，不能适应环境的变化；③容易压制职工的创造性；④不考虑人的积极性，不考虑职工的心理因素、情感因素。实质上是把人看成组织中的一个机器零件。总之，这是一个封闭式的组织系统，难以适应外界的变化。

(三)法约尔的行政理论

法国工业家法约尔在 20 世纪初期的著述强调管理在组织中的功能，并试图建立一套宽泛的原则，指导组织活动的理性化管理。法约尔提出组织管理与运行主要包含 5 项要素：计划、组织、指挥、协调、控制。法约尔将其在组织管理中经常使用的管理原则总结为 14 条：劳动分工的专业化；权力和责任；纪律；统一指挥；统一领导；个人利益服从集体利益；报酬；集权化；等级系列；秩序；公平；人员的稳定；首创精神；集体精神。此外，法约尔在其组织理论中还提出了独特的“参谋理论”及“组织跳板”原则。

以法约尔为代表的行政学派理论所提出的管理原则还是遭受到一些学者的批评。例如有些人认为这些所谓的原则只不过是一些不言自明的东西或人所皆知的常识；并且这些原则有些在本质上是相互矛盾的，而另一些则缺乏具体性。但不可否认的是，行政学派最早发现了正式组织结构的基本特征，并坚持了所有组织都具有一定的共同属性的观点。

二、行为科学时期的组织理论

从 20 世纪 40 年代开始，在新的技术进步和工业的巨大发展面前，传统的组织理论已经显现出落后性。古典组织理论把组织看作一种为达到某种特定目的而有意构建的纯理性的集体。但一些组织理论家们提出必须看到组织首先是一个集体，而先前所认为的组织区别于其他社会群体的特殊属性也并非其独有属性。例如，古典组织理论认为的组织目标具体化及结构的正式化确实存在于组织之中，但实际中组织的目标与组织参与者行为之间的关系的复杂性导致组织在很多情况下其目标并不总是明确的；并且组织中还存在大量的非正式结构，并且这些非正式结构还对组织的发展产生了十分重要的影响。主要代表人物及代表性理论如下。

(一)梅奥的人际关系学说

1927 年冬，梅奥应邀参加了对芝加哥西方电气公司的霍桑工厂组织管理方面的实验，这就是管理学和组织理论发展史上有名的“霍桑研究”。霍桑实验揭示了在社会心理层面，工人的动机模式相当复杂，其基础是社会心理学，是社会人而不是经济人的概念。

霍桑实验主要得出了关于组织的协作关系理论、“社会人”理论及非正式组织等相关理论。其中组织协作关系理论认为社会劳动是个人在同他人进行着协作劳动，劳动者的感情逻辑在其行动中占有支配性地位，同时劳动者在工作中还会维护其所在团队的地位。“社会人”假设则认为人是生活于社会的人，在社会上生活的人绝不是孤立的个体，而是作为某一集团的成员去参加社会生活的。“社会人”不仅要求通过劳动获取收入，而且作为人，他还需要得到友谊、安全感和归属感。正是因为组织中的成员是存在于社会之中，组织的效率与人们的态度、情绪等有关。非正式组织理论则认为只要人们在一起活动，他们就会自发地形成相互间的人际关系，从而形成非正式组织。在任何组织中，成员间的职能关系都是显而易见的，但他们相互间接触和相互作用的社会关系却是非显性的。在非正式的组织中，每个人都有一定的社会地位和社会作用，而且人们的行为都须遵循一定的团体准则；并且由于非正式团体中的人都能遵守这些并不是明文规定的准则，因而能保证相互间的稳定性。并且在非正式组织中，人们都有共同的情感和态度。

霍桑实验引发了一系列富有成果的后续研究和改革，主要包括工作团队、领导行为、工人背景和个性对组织行为的影响等。但包括霍桑实验在内的组织管理的人际关系学派都曾遭到严厉批评。有人指出，尽管使用的是“人的”关系这样的提法，但工作场所的人性化本身并没有被当作目的，而是作为提高生产率的主要手段，让工作感到满足的目的是想让他们生产得更多。此外，霍桑实验之后几十年的研究并没有明确工人的满意度与生产率之间的关系。其他几个方面的情况也都如此，领导行为或风格与工人生产率之间的关系、工作扩展与工人满意度及生产率之间的关系、决策参与同满意度和生产率之间的关系都没有得到明确的证实。

(二)巴纳德的组织协作理论

巴纳德对组织理论研究的一个重要贡献在于他首先提出组织理论是现代管理理论的核心这一命题，从而为现代管理学奠定了基础。在巴纳德看来组织理论是现代管理理论的核心，居于中心位置。组织为了能够在不断变化的环境中生存下去，必须保持其内外的平衡。组织应该具有什么样的职能，以及如何行使这些职能，完全是由组织的本质、性质和过程来决定的。

巴纳德对组织的本质进行了研究。他认为，“组织不是集团，而是相互协作的关系，是人相互作用的系统。所谓组织，是有意识调整了两个人或更多人的行为或各种力量的系统”。在对组织的本质特征进行分析的基础上，巴纳德论述了组织的三个构成要素：共同的目的、协作的愿望以及信息。

巴纳德强调，组织本质上是一个整合个体参与者贡献的协作系统，组织的存在依赖于参与者为其做贡献的意愿。组织必须诱导参与者为其做贡献，组织拥有各种激励措施可以使用，包括物质奖励和获取声望、荣誉与权力。物质奖励被认为是一种“弱激励”，必须在其他心理和社会激励的支持下，才能产生保证持续协作努力的作用。同时，不同于传统的

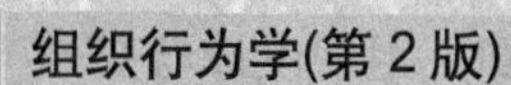

关于组织中管理者的管理权限的观点，巴纳德还认为组织中的管理权限取决于管理人员支配部下的命令是否为部下所接受。他指出在许多情形下，领导者号称拥有权威，但不能赢得服从。这是因为权威的有效性最终取决于接受者对它的反应，决定一项命令是否具有权威的不是“发号施令”的人，而是接受命令的人。

三、系统和权变型组织理论

传统组织理论都把组织看成一个高度结构化的封闭系统。现代组织理论则趋向于把组织看成开放的社会技术系统。这个系统由一些子系统构成，从而整合了人们围绕各种技术过程所进行的活动。技术过程影响着组织的投入、信息与材料转换过程的性质以及系统的产出；而社会系统则决定了技术利用的效率和效益。

系统的观点使我们全面地理解组织的整个过程。其重要结果之一就是使我们懂得并没有一种简单的、普遍适用的组织设计和管理原则。因此，现代组织理论不但反映了各子系统之间的协调关系，而且具有一种应变观点、强调子系统之间关系的更为具体的特点和模式，从而提供了具体组织的设计和管理基础。应变的观点要求组织与其环境之间以及各子系统之间的协调一致。

从系统概念和应变观点出发，迄今已研究产生了许多组织理论模型，我们在这里介绍几个主要的模型。

(一)霍曼斯的模型

社会学家霍曼斯(Homans G.)运用系统概念，对社会群体进行了实际研究。他提出一个社会系统的模型，这个模型既适用于小群体，也适用于大的组织。他认为，任何一个社会系统都存在于下述3种环境之中。

(1) 物理环境(工作场所、气候，设施的布局)。

(2) 文化环境(社会的规范、目标，价值观)。

(3) 技术环境(系统为完成任务所具备的知识和手段)。

这些环境决定着社会系统中人们的活动和相互作用。而人们在进行活动和发生相互作用时，又会对环境产生一定的感情。霍曼斯把这些由环境所决定的活动、相互作用和感情称为外部系统，即社会系统。

霍曼斯的模型有5个关键的成分。

(1) 活动。指人们的工作活动。

(2) 相互作用。指人们之间发生的沟通和交往。

(3) 情感。指人的价值观、态度和信念，包括相互之间积极与消极的感情，这些是在活动与相互作用过程中表现出来的。

(4) 所要求的行为。指组织或群体中正式规定的活动、相互作用和情感。

(5) 新的行为。指在所要求行为之外的一些行为。

霍曼斯认为，活动、相互作用和情感这三个方面是相互依赖的。其中之一发生变化，其他因素也会相应地发生变化。例如，人们彼此之间交往越频繁，感情就会越亲密；感情越亲密，交往也会越经常。

他还注意到，随着人们交往的增加，不仅会产生新的情感，还会产生新的行为规范、新的态度，进而产生新的活动方式。例如，在霍桑实验中，群体中形成了新的规范，这种新的规范、态度、活动方式并不是由外界环境引起的，而是在社会系统的内部逐渐形成的，故称之为内部系统，实际上就是我们所说的非正式组织，而外部系统则相当于正式组织。

内部系统与外部系统也是相互依赖的。这就是说，一个系统的变化会引起另一个系统的变化。正式组织中人际关系(相互作用模式)的变化会引起内部(非正式组织)的变化。例如，调整机构和人员会打破原来形成的小圈子，反之亦然。

最后，内外两个系统又是与外部相互依赖的。这就是说，环境的变化必然要引起正式组织和非正式组织的变化。反之，员工们在非正式组织中的议论和活动，也可能产生技术革新等创造，促使技术环境发生变化，重新设计劳动设施(物理环境的变化)以及在员工和管理人员之间形成新关系(文化环境的变化)。

霍曼斯的组织模型有什么意义呢?

(1) 它告诉我们，组织中任何一个部门所发生的事件和进行的变革都不是孤立地起作用的，必然要影响组织中的其他部门和周围环境。这启发我们的企业管理人员，在处理部门的某种事情、进行某项改革时，必须考虑到对其他部门和外界的影响(例如，多发奖金的问题)。

(2) 它提出了一系列分析单元，如活动、相互作用、感情、规范等，这有助于我们分析组织中的心理现象。

(3) 它为提出更精确的组织模型奠定了基础。霍曼斯的模型可以说是证明系统理论和应变系统理论的早期模型。

但霍曼斯的模型并不是完美无缺的。例如，他认为非正式组织不受外界环境影响这点就不够科学。此外，任何模型都不能代表组织的各个方面，而只能从某个方面来说明组织的特征。

(二)帕森斯的AGIL模型

帕森斯构建组织系统模型的目标之一就是要完善一个适用于各种类型社会系统的一般分析模型，从初级小社群到整个社会。帕森斯在其模型中明确具体地提出了社会系统生存所必须满足的需求。这个模型通常用AGIL一个代表四项基本需求的四个首字母组成的缩写词来表示。

A=适应：获取充足资源。

G=目标：设立并实施目标。

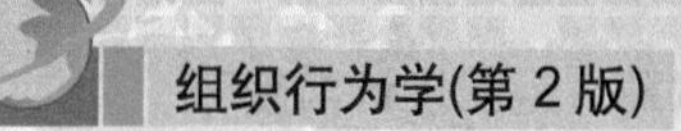

I =整合：维持子系统之间的团结与协调。

L=传承：创造、保持和传播系统独特的文化与价值。

除了能用于分析各种类型的社会系统外，这个模型还可以用于分析一个社会系统的不同层面。因此，帕森斯在组织的生态、结构和社会心理层面都运用了这个组织模型，并强调各层面间的联系。

帕森斯致力于发展并完善一组可用于分析各种不同社会系统的功能与结构的抽象概念，这些通用概念帮助我们认识了表面上看起来非常不同的社会系统中社会结构与过程的相似性。但其理论存在的缺陷是他的论述倾向于高度抽象的概念框架，缺乏坚实的理论基础。他提出了许多概念，从中似乎能看出一些关系，但缺乏实证检验，也没有提出明确的可供检验的命题。

(三)利克特的“重叠群体”模型

利克特(Likert)对组织理论的贡献主要是这样两种观点：一是组织是由互相关联、发生重叠关系的群体组成的系统；二是这些互相关联、发生重叠关系的群体是由同处于几个群体重叠处的个人来连接的。利克特将这些个体称为“角色连接针”或“连接针角色”。

这个模型重视以下两点。

(1) 这种模型把与任何群体有关的环境看成是另一组系统或群体。环境由以下三部分组成。

① 较大的系统。这是与组织从事同样活动的所有组织的总和，或整个社会。例如，机械行业或整个社会就是一个比某一个机械厂更大的系统，它构成这个机械厂环境的一部分。

② 同样大的系统。这是与组织处于同一水平的其他组织或团体。例如：兄弟厂、协作单位、供应单位等。

③ 较小的系统。组织内的正式群体和非正式群体。

(2) 组织与环境的联系同样要依靠在组织与环境之间占重要地位的关键人物。这种人物在组织与环境之间同样起着连接针的作用。举一个例子来说，我们想推销本厂的机械产品，一两个普通人去宣传这个产品如何好，并不能得到客户的信任，如果某位在社会上有地位的机械工业专家出来讲话，对客户的影响就要大得多。这位专家在这种情况下，实际上就起到了组织与环境之间的连接作用。利克特模型的主要贡献在于打破了过去组织理论中提出的一人一职一位，各部门之间严格划分界限的观念。此外，利克特模型还强调管理人员不能只完成本职的固定工作，还要在各部门之间、人与人之间起到联络作用。特别是企业的中层管理人员，不但需要与同级单位保持联系，还需要在上下级之间起到联络作用，即要承担连接针的角色。因此，可以说，群体的重叠和连接针角色是利克特模型的两大特点。

(四)塔维斯托克的研究——社会技术系统

塔维斯托克是伦敦的一个研究所，该所以特里斯特(Trist)为首的一批研究人员在一个煤矿进行技术改革。该煤矿原来采用短壁法采煤，即手工采煤。采煤工若干人组成一班，一般都是自愿结合。由于矿床很不规则，所以需要很强的适应性。这种小组有较大的自主权，干活可以随机应变，这样就比较容易对付这种多变的局面。最主要的是：小组是自愿结合的，加上工作比较危险，伙伴精神强，小组成为一个团结一致的集体。因此，这种传统的组织方法本来也是有很多优点的。

技术改革是要改短壁法为长壁法，即采用传送带采煤。这样就不得不改变过去小组单干的办法而进行明确的分工。分工细化，技术比较简单，效率照例可以提高，但副作用的代价非常高。最主要是缺乏伙伴感，这种伙伴感在环境非常单调的矿井劳动中是非常重要的。再加上其他原因，如奖励制度上的问题，造成了出勤率下降、士气低落、生产率下降等不良后果。看来，工艺改革前的组织管理有很大的长处，但对生产的提高作用的工艺改革又势在必行。于是塔维斯托克研究所的心理学家就建议采用一种兼顾两者的取长补短的综合办法：把传统办法的小组扩大，尽量维持原班组的人际关系，又不再固定分工，克服了工作单调的毛病。这样的结果，使情况大有好转。缺勤率从4%下降到0.5%以下，因病缺勤率也降低了一半，生产率提高20%。

这一事实说明，技术系统的改革必然影响到社会心理系统，因此，提出了社会技术系统的概念。这个理论认为任何生产性组织皆由技术体系与社会体系组合而成，这两种体系交互影响、互为因果，只重视其中的一方是片面的。

(五)卡恩的“重叠角色组”模型

卡恩(R. L. Kahn)用社会心理学中的“角色组”概念来解释组织。

组织中的每一个人在此正式组织中都占有一个“职位”。每个占有这个“职位”的人都会有不同的期望。因此，人们将这个人所期望的行为称为“角色期望”。那么，正式组织中一种职位怎样与其他职位相联系呢？我们可以这样问：“当一个人执行一个组织角色时，为了很好地完成这个角色的任务，需要同哪些人联系、一块儿协同工作？”我们称这个人为“中心人物”。而跟他协同工作的人，如上级、下级、同事或组织之外的人，就组成了这个人的“角色组”，因此整个组织可以看成是一个由许多这样重叠相连的“角色组”构成的。

组织成员的行为可以从下面三点来研究。

(1) 角色冲突。角色组里面的不同的人对中心人物有不同的期望。当角色组中包括组织内部与外部的多种人时，其角色冲突则较大。

(2) 角色不明。就是角色组里面的人没有把中心人物完成角色任务所需要的情报资料传达给他，因此，“中心人物”不知道是否要做出反应、如何反应。角色不明是新来的管理人员经常体会到的。他负有一定的责任，拥有一定的权利，但没有人告诉他怎样恰当地完成他的任务。在这种情况下，个人所体验到的不安是强烈的。

(3) 角色负担过重。中心人物遇到了来自许多角色组成员的期望，而这在有限的时间内或在符合要求方面，他没有能力或无法完成这些期望。

从心理学角度说，角色冲突、角色不明、角色负担过重等都会引起个体心理上的紧张和焦虑，为了消除紧张或焦虑，中心人物会采取一种“要么斗争，要么逃避”的反应，因此有时会产生不顾整个组织效率的行为。例如，某位管理人员为了避免角色冲突引起的紧张而忽视或拒绝职员的合理要求，结果使某些任务无法执行。

卡恩模型运用了职位、角色期望、对角色期望的认知、对冲突的反应方式、执行角色任务的有效性等组织中多种因素的相互依赖关系及组织与外部组织的相互影响等概念，这些都突破了传统的组织定义。

(六)机械的组织模型与有机的组织模型

此模型由伯恩斯(Burns)和斯托克(Stalker)提出。他们研究了英国 20 多家公司，目的是考察与不同环境因素的联系以及科技和市场改变的速度对于公司管理过程的影响。结果发现，处于急剧变动环境中的公司组织结构与处于稳定环境中的组织结构有所不同，从而提出了机械组织与有机组织的概念。

机械组织与上述的层级结构的组织具有相同的特征，即高度的专业化、形式化和集中化，有固定程序的活动，有计划的行动，对不熟悉的事物做出缓慢的反应。有机组织与机械组织相反，在结构上具有很大的灵活性。

如果环境条件稳定，应采用机械性结构；如果环境条件经常变动，应采用有机性结构。但机械和有机是一个连续体的两端，现实中处于两个极端的情况较少，应根据环境的变化和组织成员的习惯或偏好采用相应的结构形态。

第三节　组织设计的原则与架构模型

一、组织设计的原则

设计和建立合理的组织结构是为了有效地实现组织目标。实践证明，进行有效的组织工作应遵循以下基本原则。

(一)分工协调原则

分工是人类进步的标志，也是建立现代化管理的组织基础，“劳动的转化分工会产生新的生产力”。分工就是按照提高工作效率和有利于规划管理的原则，把组织的目标分成各级、部门以至个人的目标和任务，使组织的各层次各个部门和每个成员都了解在实现组织目标的过程中自己应承担的工作职责和职权。因此，分工有利于提高劳动熟练程度，有利于扩大生产规模，有利于采用高效率的先进设备，使劳动生产率提高、产品成本降低。

有分工就必须有协调，包括部门之间及部门内部人员之间的协调。对组织结构的设计和组织形式的选择来说，越能建立适应实现目标所必需的各项任务的专业分工及彼此间的协调，就越能适合组织机构的有效运作和各岗位人员能力的发挥。分工协调原则就是通过组织结构中管理层次的分工、部门的分工、职权的分工和人员之间的分工，科学有序地开展管理工作。

企业中分工的形式很多，主要有以下几类。

(1) 按照产品划分：电视机事业部、电冰箱事业部、洗衣机事业部等。

(2) 按照客户划分：电信业务部、银行业务部、高速公路业务部等。

(3) 按照区域划分：东北区、华北区、华东区等。

(4) 按照职能划分：销售部、订单部、采购部、制造部、储运部、售后服务部等。

(二)目标统一原则

组织结构的设计和组织形式的选择必须有利于组织目标的实现。任何一个组织的结构都是由其特定的目标决定的。组织中每一个组成部分具有的功能都应当与实现组织既定的目标有关系，否则就没有存在的必要。企业的组织机构通常有：按加工过程分阶段或分工种组织的生产车间；材料和半成品的供应、动力供应、设备安装及维护等辅助车间；生产计划、经营销售、财务会计、设计开发、人事劳动等职能部门。以上组织机构是围绕工业企业的总目标而设置的，组织机构的每个局部都有其分目标，分目标用来支持总目标的实现，并且成为机构进一步细分的依据。目标展开并逐级地分解，机构细化和逐层地设置，任务自上而下更加具体，直到使组织内每个成员都明确自己在实现企业总目标中应承担的责任，这样建立起来的组织机构才是一个有机的整体，才能为企业总目标的实现奠定组织基础。

(三)管理层次与幅度原则

在现代企业对于全体人员进行分工的基础上必须设置若干管理层次，并给不同层次的管理者授予相应的管理权利，以便把生产经营活动中执行的日常事务交给中层和基层去管理，把重大决策事务留给上层。企业高层领导者和决策者只有依靠这种等级制度和塔形权利结构，才能实现有效的管理。

一个组织分多少个管理层次比较合适主要取决于管理者能够有效控制的管理幅度。

所谓管理幅度(也称管理宽度)，是指一名管理者能够有效地监督和指挥其直接下层的人数。管理的层次与管理的幅度密切相关。一般情况下，当总人数一定时，管理的幅度大，管理的层次就可减少，整个系统的响应速度就比较快，反应也比较灵活。但是如果管理幅度大，管理者收到的信息量就可能超过其能有效接收和处理的能力，使收到的信息得不到及时的分析和处理，不能及时做出反应，造成控制失灵的状况。管理幅度如果较小，管理层次必然增多，基层信息要经过层层筛选才能传到上层，不仅信息量大大减少，并且各层都加进了自己的理解和判断，结果可能造成信息失真，导致决策失误。管理幅度过小时，还容易造成对下层人员管理过严过死的情况，影响企业组织中众多成员主动性和积极性的发挥。

影响管理幅度的因素主要有以下几种。

(1) 职能的相似性。指管理者所管理的活动在性质、特点上是否相似，相似到何种程度。若组织工作的相似性大，则管理幅度可以加大。

(2) 职能的复杂性。指管理者所管理的活动涉及面是否广、不可控制的因素是否多、是否经常出现意外及新问题。

(3) 计划的工作量。指管理的活动中，计划工作是否重要、复杂性如何、时间是否紧迫、有多少可以采用标准化的计划程序。若事先有良好的计划，使下属人员都明确自己的目标和任务，即可减少主管人员的指导和纠正的时间，管辖的人数可多些，即管理幅度可宽些。若主管人员经常面临较为复杂、困难的问题，则直接管辖的下属人员不宜过多。相反，对大量具有规范性的程序和方法的工作，则管理幅度可宽些。

(4) 协调的工作量。指被管理人员相互之间作业的联系是否密切、影响程度多大、人际关系是否复杂。

(5) 空间分布。指被管理人员或部门所在位置是相对集中，还是比较分散。

(6) 能力的大小。指管理者对所管业务的熟练程度及其组织、领导、控制能力的强弱，如被管理者是否受过专门训练、是否具有较强的独立工作能力。凡受过良好的训练的下属，无须进行频繁的请示汇报，可增大管理的幅度。

(7) 授权的程度。指组织采用的是集权体制还是分权体制，有多少职权授给下级，有多少事情需要管理者亲自过问。适当而充分的授权，也可减少上下级之间接触的频度和密度，节约主管人员的时间和精力，充分锻炼下层的工作能力及主动性，这样也可适当加大管理幅度。

(8) 组织内沟通的状况。若在企业内沟通渠道通畅，信息传递迅速、准确，所运用的控制技术比较有效，对下属的考核比较健全，管理的幅度即可大些。

(9) 非管理事务的多少。这是指管理者往往被一些非管理性事务占用了工作时间和精力，这也会影响管理的幅度。

即使是考虑了上述诸多因素，管理幅度最终应设置多大也不会有唯一的答案。不过，各种不同的研究结果都表明，管理幅度应随管理层次的变化而变化。高层管理者往往要用大部分的时间进行环境分析和战略决策，而且其处理问题所花费的时间往往比中层和基层更多。因此，高层管理者只能用较少的时间进行日常生产经营活动的组织、指挥、协调、激励、监督、控制等工作，所以高层管理者的管理幅度应当小一些。

由于现代信息技术的发展，尤其是网络技术的广泛应用，企业经理通过自己办公室中的终端，不仅可以掌握企业内各方面的动态，甚至可以了解全国和全球有关的经济、技术信息，这种新的趋势，必将对分层授权理论产生影响。一些学者预言，传统的金字塔式的权利结构开始向非正式的网络组织转化，管理的权利将分散给技术人员、程序设计人员和信息管理人员。这种趋势值得重视。

(四)统一指挥原则

统一指挥，即组织的各级机构及个人，只能服从一个上级的命令和指挥，使组织最高管理部门的决策得以贯彻执行。根据这一原则，上级的指示从上到下逐级下达，不准越级指挥；而下级也只接受一个上级的领导，只向一个上级汇报工作并对他负责。这样上下级之间就形成了一个“指挥链”。在这个指挥链上，上级既能了解下属的情况，下属也容易领会上级的意图。如果指挥和命令系统得当，就能做到政令畅通、令行禁止，提高管理工作的有效性，从而避免“政出多门”“多头指挥” 的混乱状况。

但是，企业的组织系统并不是一种单一的纵向系统。各级组织除与其上、下级发生关系外，相互之间还有着错综复杂的横向联系。如果这些横向联系能够解决的问题仍按照指挥链逐级上报再逐级下达，就会造成许多不必要的迂回、拖延、耽搁或失真，导致管理效率低下，错过经营机遇。因此，在强化指挥体系的同时，还必须给指挥链的各个环节以一定范围的自主权，允许其自主地处理与其他环节相联系的某些问题，但必须将行动结果报告各自的上级，这样才不至于削弱统一指挥的效力。

值得注意的是，统一指挥原则也面临着新技术革命的挑战。随着科技进步和现代信息的广泛应用，企业领导者将失去垄断大部分信息的地位，各级管理者甚至第一线的劳动者都有可能共享数据库中的信息。原来的指挥链将逐步由信息网络所代替，集中的工作地点将转为分散，统一的工作时间将变得有弹性。因此，统一指挥的原则演变为使用现代手段的更高级的统一指挥。这样既保证了生产经营活动的高度统一，又不要求人们再像机器那样工作。

(五)责权匹配原则

任何岗位上的管理者其职权和职责必须相适应，反映到组织设计与管理上则体现为以下特征。

(1) 设计有效的组织架构，确定权力等级和责任等级体系。

(2) 拟定相对合理的业务流程，明确输入、输出关系。

(3) 制定规范的作业标准。

(4) 实施严格、及时的绩效考评，将标准落到实处。

(5) 执行行之有效的多样化激励手段。

在进行组织结构设计时，既要明确规定每一管理层次和各个部门的职责范围，又要赋予完成其职责所必需的管理权限。职责大而权限过小则必然会束缚职责承担者的积极性和主动性，实际上也难以尽责。如果有职权而责任很少，将会导致滥用权力和瞎指挥，产生官僚主义。科学的组织结构设计应该是规范化的职务、职责和职权，做到有章可循。

推动人们尽职尽责地工作的动力有物质和精神两个方面。在发挥管理的组织能力时，要注意发挥物质的激励作用，必须在各个组织和个人完成其应尽的职责之后，公正地给予其应得的利益。同时也要给以适当的精神鼓励，搞好社会主义精神文明建设。

(六)集权与分权相结合原则

为了保证有效的管理，必须实行分权与集权相结合的领导体制。将该集中的权力集中起来，该下放的权力分给下级，这样才能加强组织的适应性和灵活性。

所谓集权，就是企业组织的决定权大部分集中在上层；所谓分权，就是企业组织的决定权根据企业职务的需要分至各管理层。集权与分权是相对的，没有绝对的集权，也没有绝对的分权，只有程度的不同。同一企业在不同时期针对不同性质的问题，权力的集散程度也是不同的。对于那些反复出现的、有执行规范、并有机制执行事后稽核检查的事项一般可以充分授权，一方面可以提高属下的积极性；另一方面也可以检验体系的有效性。

影响权力集散程度的因素应主要考虑以下几个方面。

(1) 工作的重要性及费用的多少。凡涉及企业发展的方向、战略、重要的人事安排以及庞大的费用支出和影响群体职工士气的问题等，有关的决定权应集中在上层。

(2) 企业经营规模大小。企业规模越大，经营管理越复杂和困难，应适当将单位化小，实行分权管理，使其在经济上和管理上相对独立，如企业集团和特大型企业的管理，一般都体现了这一原则。当企业产品简单、经营规模较小时，则可实行相对集权的管理。

(3) 组织工作的性质和外部环境。凡属流动性大、外部环境变化较大的工作，宜采用分权管理，如从事野外地质勘查、远洋运输、边境贸易等。

(4) 管理者的自身素质。若管理者水平高，控制能力强，但数量少，宜采用相对集权的管理。

无论管理的权力相对集中或者是相对分散，主要是考虑如何迅速、正确决策并确保实施。如果一个组织信息渠道十分通畅、便捷，领导者水平高、能力强，做出的决策又能迅速传送到各个部分，则可采用较为集权的形式。

但是也要防止把所有的权力都集中在最高管理层，使企业主要领导者淹没于烦琐的事务当中，事无巨细，顾此失彼，结果助长了官僚主义、命令主义和文牍主义，忽视了战略性和方向性的重大问题。因此，高层主管必须将下属所承担的职责和相应的职权授予相关的管理部门和管理阶层，使下属有职、有责、有权，以充分发挥下属的聪明才干和积极性，保证企业组织高效率运作，使高层领导可以集中精力抓大事。

除了上述原则以外，还应注意组织结构的精干与高效，即在保证组织目标所决定的业务活动的前提下，力求减少管理层次、精简管理机构和人员。只有机构精简、队伍精干，工作效率才会提高。

另外，组织结构的弹性也很重要。传统的组织理论强调组织结构明确稳定和角色可替换。近代组织理论则强调，为了适应环境的变化，提高竞争能力和效益，组织的部门结构、人员职责和职位都可以随环境的变化而变动，以保证集权与分权的一种动态平衡，此即为组织的弹性原则。

二、常见的企业管理组织架构形式

企业管理组织形式取决于企业生产经营活动的具体特点和对组织设计原则的具体运用。应当看到，不同企业管理组织的具体形式是各式各样的，不可能设计出普遍适用的统一模式。目前，在企业中较普遍采用的主要是以下几种基本形式。

(一)直线制

直线制形式(见图 8-1)是一种古老的企业管理组织形式。其特点是企业的一切管理工作均由企业的厂长(或公司经理)直接指挥和管理，不设专门的职能机构，至多有几名助手协助厂长(或经理)工作。企业日常生产经营任务的分配与运作都是在厂长(或经理)的直接指挥下完成的。

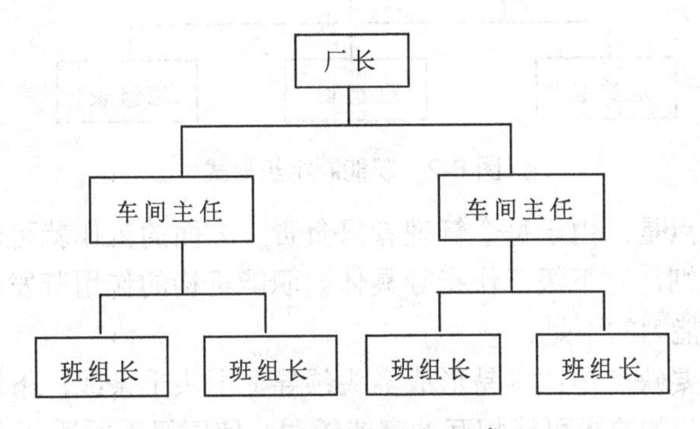

图 8-1 直线制组织形式

直线制组织的优点是管理机构简单、管理费用低、厂长的指挥命令系统单纯、命令统一、决策迅速、责权明确、指挥灵活、直接上级和下级关系十分清楚、维护纪律和秩序比较容易。这种组织形式，要求企业的领导者精明能干，具有多种管理专业知识和生产技能知识。但是，这种管理方式也有明显的不足，主要是一个人的精力毕竟有限，多数情况下，厂长难以深入、细致、周到地考虑每一个问题。因此，管理工作就比较简单和粗放。同时，组织中的成员只注意上情下达和下情上达，成员之间和组织之间横向联系差。另外，管理者一旦退休，其经验、能力无法立即传给继任者，再找到一个全能又熟悉企业情况的管理者立即着手工作也是困难的。

(二)职能制

职能制组织形式(见图 8-2)的特点是：采用专业分工的管理者代替直线制的全能管理者；在组织内部设立职能部门，各职能机构在自己的业务范围内有权向下级下达命令和指示，直接指挥企业的生产经营活动；各级负责人除了服从上级行政领导的指挥外，还要服从上级职能部门在其专业领域的指挥。

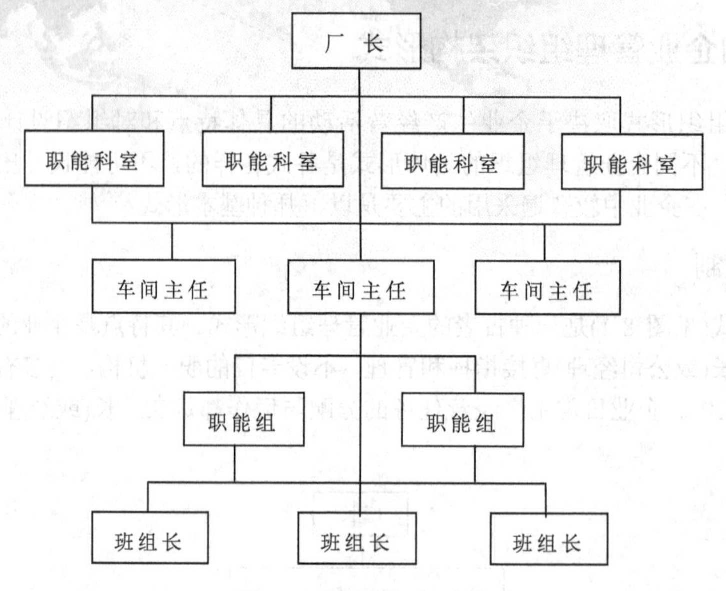

图 8-2 职能制组织形式

职能制的主要优点是：由于每个管理者只负责一方面的工作就可能发挥专家的作用，专业管理工作做得较细，对下级工作指导具体。职能机构的作用若发挥得充分，可以弥补各级行政领导人管理能力的不足。

这种职能制的主要缺点是：容易形成多头领导，上头千条线，下边一根针，削弱统一指挥。有时各职能部门的要求可能相互冲突或矛盾，使下级无所适从。

(三)直线职能制

直线职能制组织形式(见图 8-3)是对职能制的一种改进，是以直线制为基础，在各级行政领导之下设置相应的职能部门，即在保持直线制组织统一指挥的原则下增加了参谋机构。它的特点是：只有各级行政负责人才具有对下级进行指挥和下达命令的权力，而各级职能机构只是作为行政负责人的参谋发挥作用，对下级只起到业务指导作用。有些职能机构(如人事、外勤、财务等部门)只有当行政负责人授予他们直接向下级发布指示的权力时，才拥有一定程度的指挥职权。

直线职能制综合了直线制和职能制的优点，既保证了集中统一指挥，又能发挥各种专家业务管理的作用。它的缺点是：各职能单位自成体系，不重视信息的横向沟通；职能单位之间可能出现矛盾和不协调，工作容易重复，效率不高，对企业生产经营的运作产生不利影响。如果授权职能部门权力过大，容易干扰直线指挥命令系统。另外，职能部门缺乏弹性，对环境变化的反应迟钝，同时，还会增加管理的费用。尽管还有不少缺点，但目前，直线职能制的组织结构仍被我国绝大多数企业所采用。

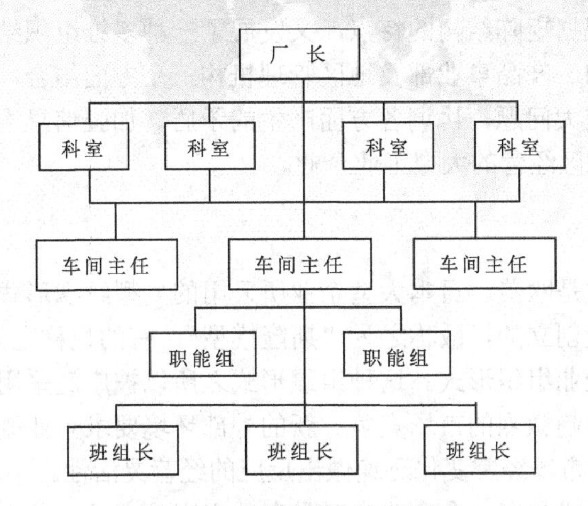

图 8-3　直线职能制组织形式

(四)矩阵制

矩阵制组织形式(见图 8-4)是在直线职能制垂直形态组织系统的基础上再增加一种横向的领导系统。矩阵组织实际上可以称之为“非长期固定性组织”。为了完成某一项目(如航空、航天领域某个型号产品的研制)，由各职能部门抽调人员组成项目经理部(或型号总师部门)，该项目经理部包括为完成项目所必需的各类专业人员。当项目完成后，各类人员另派用场，此项目经理部也不复存在。

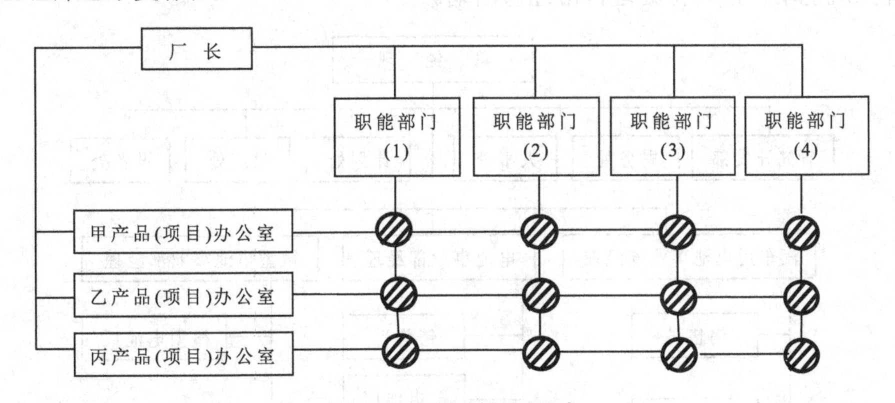

图 8-4　矩阵制组织形式

矩阵制组织有以下优点：克服了职能部门相互脱节、各自为政的现象，加强了横向联系，专业人员和专用设备能得到充分利用；具有较大的机动性，任务完成后组织即解体，人力、物力有较高的利用率；各种专业人员同在一个组织共同工作的一段时期，为了完成同一任务目标而互相帮助、相互激发，开阔思路、相得益彰。

矩阵制组织的缺点是：成员不固定在一个位置，有临时观念，有时责任心不够强；人员受双重领导，出了问题，有时难以分清责任。

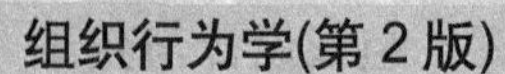

目前，已经有人根据矩阵结构的特点，又发展了一种多维组织结构，主要是三维组织结构，由专业职能部门、产品事业部及地区管理机构三个方面结合，共同研究某种产品的开发、生产和销售等重大问题，协调各方面产生的矛盾，加强信息沟通。这种组织结构适用于大规模生产和跨地区经营的大型工业企业。

(五)事业部制

事业部制组织形式是欧美、日本大型企业所采用的典型组织形式，最初是由美国通用汽车公司副总经理斯隆创立的，故称之为“斯隆模型”，有的也称之为“联邦分权化”，因为它是一种分权制的企业组织形式。这种组织形式之所以被广泛采用，是由于大型企业和集团型企业的出现及日趋激烈的市场竞争。新的外部环境要求企业既具有与强大对手抗衡的雄厚实力，又要有对市场经常变化迅速做出反应的经营灵活性。

事业部制的组织形式是在一个企业内对具有独立产品市场、独立责任和利益的部门实行分权管理的一种组织形式(见图 8-5)。具体做法常常是在总公司下面按产品或地区划分为许多个事业部或分公司，它们都是独立核算、自负盈亏的利润中心。总公司只保留预算、重要人事任免和方针战略等重大问题的决策权，其他权力尽量下放。可以说，总公司就是各事业部的决策中心，各事业部是利润中心，各生产企业则是成本中心。事业部制的组织形式使政策管制集权化，业务运作分权化，使企业最高决策机构集中力量来制定公司总目标、总方针、总计划及各项政策。事业部在不违背公司总目标、总方针和总计划的前提下，充分发挥主观能动性，自行处理日常经营活动。

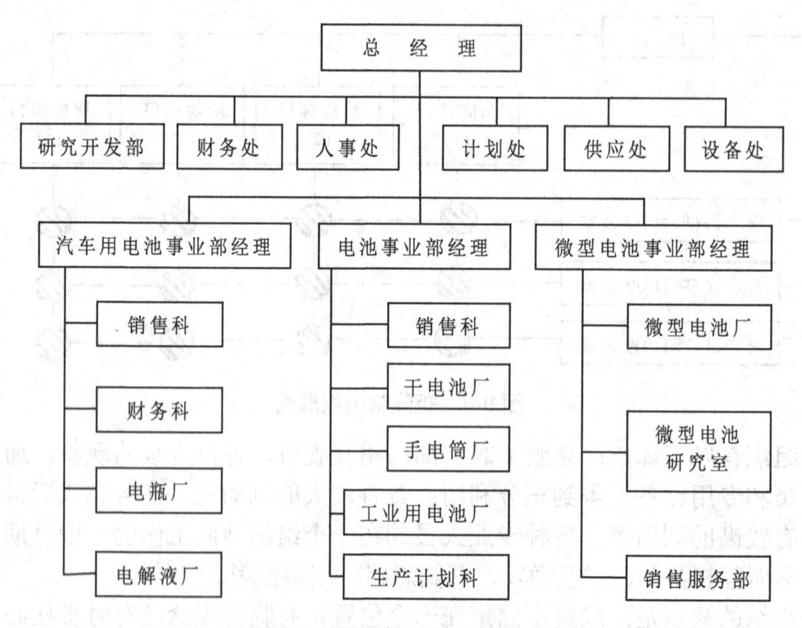

图 8-5　事业部制的组织形式

事业部制组织的优点是：公司把统一管理、多种经营和专业分工更好地结合起来，公司和事业部的责、权、利划分比较明确，能较好地调动经营管理人员的积极性；事业部制以利润责任为核心，能够保证公司获得稳定的利润；各个事业部门独立进行生产经营活动，能为公司不断培养出高级管理人才。

事业部制组织的缺点主要是：公司需要许多素质较高的专业人员来运作和监督事业部的生产经营活动；整个公司的管理机构较多，管理人员所占比重较大，对事业部经理的要求高，这类管理人员必须具有扎实的专业知识并熟悉本部门和各方面的业务；分权可能出现架空公司领导的现象，从而削弱对事业部门的控制；各事业部门都有本部门独立的经济利益，相互间竞争激烈，可能发生内耗，协调起来也较为困难。

国外经验说明，采用事业部制应当具备以下一些基本条件。

(1) 具备按专业化原则划分事业部的条件，并能确保事业部在生产、技术、经营活动方面具有充分的独立性，以便能承担起利润责任。

(2) 事业部之间应当相互依存，而不是互不关联地硬拼凑在一个公司中，这种依存性可以表现为产品结构、工艺、功能类似或互补、用户类同、销售渠道相近、运用同类资源和设备、具有相同的科学技术理论基础，等等。这样，各事业部门才能互相促进、相辅相成，保证公司的繁荣发展。

(3) 要保持、控制事业部之间的适度竞争、相互促进，但过度竞争又可能使公司遭受不必要的损失。

(4) 公司要有管理各事业部门的经济机制(如内部价格、投资、贷款、利润分成、资金利润率、奖惩制度等)，尽量避免单纯使用行政手段。

(5) 具有良好的外部环境：当世界经济景气，国内和行业经济呈增长势头，企业采用事业部制，有利于主动创造新局面，开拓新领域，有助于公司的蓬勃发展；若国内外经济均不景气，发展缓慢，甚至停滞下滑，公司应适当收缩，集中力量渡过难关，如过于强调事业部制，就会分散力量，不利于企业整体利益与发展。

第四节 组织变革的过程与方法

一、组织变革的方法

(一)通过改变结构来实现组织变革

结构的改变就是重新进行组织规划，包括划分和合并新的部门、协调各部门工作、调整管理幅度与管理层次，以及给基层单位一部分自主权，等等。通过改革结构来实现组织变革的方法比较直接，见效快，常常可以使组织发生根本性的转变。例如，随着新产品新

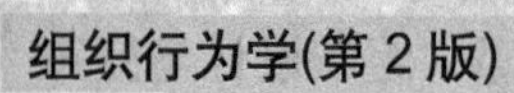

工艺的迅速增长，某电器公司集中化的组织结构效率越来越低，不能适应各种新的变化，阻碍了生产的进一步发展。于是，该公司开始进行结构改革，采用分散化的结构，组成专业生产部门，如民用电器部门、航天电器部门、建筑电器部门等。结果使企业效率大大提高，并通过进一步的组织变革，不断发展壮大。

(二)通过改变技术来实现组织变革

技术的改变主要是指组织完成任务所用的方法和设备的改变。例如，引进新生产工艺、新设备、新的成绩测量程序，提高机械化和自动化程度等。另外，一些投资少收获快的办法，如深入进行某方面的潜力挖掘和技术改造，以及其他提高和改进质量、控制技术和生产进度等方法，也可以实现组织变革的某些目标。

(三)通过改变人来实现组织变革

上述技术和结构的改变都是通过改变职工的工作环境来提高组织绩效，实现组织的变革。它们根据这样一个假设：创造适宜的工作环境能使职工的行为变得有效。用改变人来改变组织就是试图以直接改变职工的动机、态度和技能来改变职工的行为。国外心理学家和社会学家认为这属于“教育范畴”。对此，我们比较熟悉，我们的管理人员每天都在做“人”的工作，而且我们有着优良的思想教育传统。自然，用改变人来变革组织不仅包括思想教育方面的内容，还包括沟通等管理技术。

此外，根据有关工作动机心理学的研究，重视提高职工工作动机、实行有效的奖励和责任制度等，都可以推进整个组织变革，这方面可参阅本书前几部分的讨论。

(四)通过调节和控制外部环境来实现组织变革

组织不但要适应外部环境的迅速变化，而且需要主动地调节和控制环境，使之最大限度地有利于组织目标的实现。因此，除了改革组织内部的管理制度和规范等以适应环境外，还应重视创造新的环境，如开辟新的市场、加强外部信息资料的输入等。

(五)组织变革的系统观点

在组织变革中，各种变量相互联系、相互影响，因此，应该运用系统观点来研究组织变革。在这方面，有人提出一个组织变革的系统模型，表明了组织变革过程中各种变量的内在关系。这个模型包括输入、中介变量和输出三个部分。

输入部分包括变革的动力，上述诸方面(环境、目标、技术、结构、社会心理因素、管理等)都会发生作用。中介变量包括组织结构的性质(是有机组织还是机械组织)、人员、领导、对变革后果的了解与预测、上级管理部门等。组织变革的输出包括有利、不利和中性的三种结果，这些结果又反过来影响组织变革的输入。

二、组织变革的过程

(一)勒温的变革步骤

勒温认为组织变革应包括三个步骤：解冻、改变、再冻结。他特别重视组织变革过程中人的心理机制。这三个步骤就是他针对职工的心理态度和行为提出来的。

(1) 解冻。这一步骤中，要刺激要求变革的动机。首先使职工们认识到继续使用老办法已不能达到希望的结果。为了做到这一点，一方面，不能对职工的态度和行为进行强化和肯定；另一方面，要使职工感到变革的迫切性。只有职工自己认识到旧态度、旧行为行不通，并迫切要求变革、愿意接受新的东西时，变革的实行才有可能。此外，还要创造一种心理上的安全感，扫除害怕失败、不愿变革的心理障碍，使职工感到有能力进行，并且认为变革很安全。

(2) 改变。即指明改变的方向，实施变革，使职工形成新的态度和行为。这一步骤中，我们应该注意职工的以下几个心理过程。首先，我们知道，学习一种新的观点(概念)，或确立一种态度的最有效的方法之一，就是看看其他人是如何做的，并且以这个人作为自己形成新态度和新行为的榜样，心理学上称为“对角色模板的认同”。其次，由于职位的不同、工种的不同等，从角色模板学来的东西不能生搬硬套。因此，我们必须从客观情况出发，对于多种信息加以选择，并需要在复杂的环境中筛选出有关自己特殊问题的信息。勒温说，变革是个认知的过程，通过获得新的概念和信息得以完成。但上述过程完成的前提条件是职工有真正愿意变革的动机；否则，上述的“认同”“信息的选择”和“在环境中筛选”只是一句空话。

(3) 再冻结。利用必要的强化方法使新的态度和行为方式固定下来，使之持久化。我们经常可以发现，引导形成新态度和新行为的方案往往在开始很见效，而一旦受培训的人回到老地方从事原来的工作，效果就不能持久。这样，为了确保变革的稳定性，就需要注意以下几点。首先，要使职工有机会来检验新的态度和新的行为是否符合自己的具体情况。职工从实际情况出发，开头可能只是学习角色模板的一小部分优点。虽然起步很小，但我们应该给予强化，并用鼓励的办法使之保持持久。切不能因为变革开始显得很微小、很缓慢，而操之过急、求全责备。其次，职工应当有机会检验与其有重要关系的其他人是否接受和肯定新的态度。我们知道群体在强化一个人的态度和行为方面的作用是很大的。所以，勒温认为，变革计划也应包括那些职工所处的群体。通过群体成员彼此强化新态度与行为的做法，个人的新态度和新行为可以保持得更持久些。

纵观国内企业变革的成败，笔者感觉大多数失败发生在第三个阶段即把新的行为固化的再冻结阶段，原因在于缺少特有的方法，未能以强化新态度和行为的方式使之固化下来。这一点要学习中国共产党组织在变革中执行的学习、宣传、反思、整风、表彰先进、树立榜样的工作方法。

(二)科特的八步骤变革

哈佛商学院的约翰·科特在勒温的三步骤组织变革的基础上，发展出一种更详细的变革实施方法。通过分析管理者在发起变革时常犯的错误，科特创建了 8 个连续的步骤来解决这些问题。

(1) 通过提出组织需要迫切变革的、具有说服力的理由来建立一种紧迫感。

(2) 与拥有足够权力的人形成联盟来领导这次变革。

(3) 创建一个新的愿景来指导变革，并制定相关战略来实现该愿景。

(4) 在整个组织中宣传该愿景。

(5) 扫除变革的障碍，鼓励冒险和创造性的问题解决方式，向员工授权，以使他们投身于愿景的实现中。

(6) 规划、实现和奖励短期胜利，这些胜利会推动组织不断迈向新的愿景。

(7) 巩固成果，重新评估变革，在新的计划中做出必要的调整。

(8) 通过证明新行为与组织成果之间的关系来强化变革。

科特的八步骤变革计划中的前四个步骤实际上对应着勒温三步骤变革的“解冻”阶段；第五至第七个步骤体现勒温的“改变”阶段；而最后一个步骤对应于“再冻结”阶段。科特的八步骤组织变革为管理者和变革推动者提供了成功推行变革的更具体的指导，具有一定的实践意义。

(三)卡斯特的变革步骤

卡斯特提出的变革步骤如下。

(1) 对组织加以回顾、反省、批评，对组织的内外环境进行研究。

(2) 觉察问题。认识到组织确实需要变革。

(3) 辨明问题。找出现在的状态与所希望的状态之间的差距。可根据上述推动变革的几个动力，如士气、动机、新产品的要求、开辟新的国内外市场等，分析所存在的问题。

(4) 解决问题的方法。收集可供选择的多种方法，对这些方法进行评定，讨论怎样行动以及测量成绩，经过讨论做出选择。

(5) 实行变革。根据选择的方法及行动的方案实施变革，这是具体行动阶段。

(6) 根据组织的效果实行再反馈：评定效果与计划有什么问题，若有问题，根据上述步骤再次循环。

三、组织变革的阻力及减少阻力的办法

变革意味着破旧立新，因此常会触犯一部分人的既得利益和权力，会切断一些人之间固有的亲密关系，或者使人感到不习惯，由于种种的原因，常会遇到阻力。

哈佛大学副教授科特(J. L. Kotter)和施莱辛格(L. A. Schlesinger)针对组织发展和变革遭受阻力的原因进行了分析并得出以下四点结论。

第一，从狭隘的私利出发，不顾组织的整体利益。

第二，不明了变革的意义，对发动变革者缺乏信心。

第三，对变革的后果与变革者的估计不同。

第四，顾虑自己的技能和知识过时。

《有效管理者》的作者杜拉克认为，阻碍组织变革的关键在于经理人员理智上可能知道变革的需要，但是往往感情上跟不上，不能做出相应的转变；有时又为了面子问题，认为今天的变革意味着他们过去决策的错误。

群体有时也可能成为变革的阻力。一个凝聚力强而有一定历史的群体通常在工作方法、劳动生产率、相互关系等方面有自己一套不成文的规范，当改变的矛头触及这种规范时，就会受到抵制，特别是当这个群体的带头人对变革有抵触情绪的时候。

为了减少和消除阻力，组织变革者必须向有关人员详细说明变革的意义、目的、做法和预期效果。组织行为学特别提到以下一些减少阻力的办法。

(一)让员工参与其中

心理学研究表明，人们对某项事情参与的程度越大就越会承担责任、会把这件事当作自己的事。因此，当有关人员能够参与有关变革的设计和讨论时，认同度提高了，抵制的情况就较少发生，变革就容易顺利进行。

(二)采用“力场分析法”

这是勒温创造的方法。他认为变革遇到阻力时，如果用强硬的手段压下去，可能一时平息，但是反抗的因素会积聚力量、卷土重来。因此，他主张把支持变革和反对变革的所有因素采取图示方法排队，分析比较其强弱程度，然后采取措施，把支持因素增强、反对因素减弱，促进变革的顺利贯彻。

(三)因变革而引起的职工利益与能力需要的变化，尽量采取协商态度解决

某些变革可能会使少数人或团体受到损失，管理者应该同他们充分协商。对于变革所引起的技能要求的变化，应组织培训，使人们得到技术补偿。

在执行变革时还要注意态度。行为学家劳伦斯为此举了他所看到的两个实例。

(1)　第一个实例。

工程师：我昨晚想，这几天我们装配 X 零件所遇到的困难，可能是由于在装配前没有先把零件洗干净。

工人：这个意见可以试试。

工程师：我挑选了几种洗涤溶剂。这里有 50 个零件，你是否试一下，看看结果怎样？

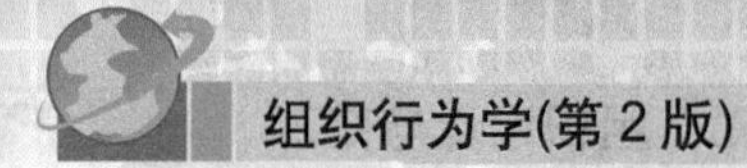

工人：我试了以后，将结果告诉你。

事情很顺利地得到解决。

(2) 第二个实例。

在另一场合，该工人碰到一位陌生的工程师，手里拿着几个零件，做了个手势，意思要这工人改用新零件来装配部件，工人即随便拿了个新零件，漫不经心地进行装配。结果未通过检验，于是她退给工程师，带着胜利的口吻说："不好用。"

上述事例说明，这两个简单的变革在技术要求上是相似的，可是由于变革者和对象的交往方式不同产生了不同的后果。

(四)委任民选的领导

通过职位分析、设立竞聘上岗规则、由群众参与选举产生的领导，其领导行为更容易为群众所接受，施行变革时受到的抵制较少。同时，领导要身体力行、做出表率，重视变革过程中的思想教育工作。

(五)合理安排变革的时间和进程

即使不存在对变革的抵制，也需要时间来完成变革。不论组织的哪一级，都需要时间去适应新的制度、排除障碍。如果领导觉得不耐烦，强行加快推行变革的速度，下级会产生一种受压迫感，这会造成习惯的工作关系变异，产生以前没有过的抵制。

一般来说，领导常常低估充分施行变革所需要的时间，他们没有认识到大部分工作是密切配合的。职工之间、职工与上级之间的关系模式需要一段时间才能建立起来。因此，管理部门和领导要清楚地懂得人际关系影响着变革的速度。否则，即使推行了变革，之后反而需要更多的时间和精力去克服遗留的问题。

(六)处理个体对变革的抵制

当变革遇到某个个体抵制的时候，组织要能够果断地给予解决，以避免产生传导式的联动效应。这种处理可以是疏导，也可以是调离岗位，甚至对于违反组织管理原则的抵制采取果断的开除处理，用以维护和彰显组织变革的决心。绝不可以模棱两可、犹豫不决。

四、组织变革与组织效能

组织变革是为了提高组织的效能。国外许多组织行为学家提出各自的理论模型，以不同标准论述了组织效能问题。这里介绍几种模型，我们应通过了解国外组织行为学这方面的研究情况来开阔思路。

(一)巴斯的模型

心理学家巴斯(Bass)认为，按传统的观点，以生产率和利润之类的指标来评价组织是远远不够的。组织的效能必须反映出：“组织对它的成员是否有价值，组织成员和组织对社会是否有价值。”他认为评价一个组织应该从如下三个方面入手。

(1) 通过生产获得的利润以及自我维持的程度。

(2) 对组织成员有价值的程度。

(3) 组织和组织成员对社会有价值的程度。

(二)本尼斯的模型

本尼斯(Bennis W.)提出，目前有关组织效能判断标准的基本缺陷在于没有注意到适应变化这一问题。他认为，“当今组织面临的主要挑战，是要能够对变化的条件做出反应并适应外界的压力”。因此，判断组织的效能应当包括适应性和解决问题能力这些标准。

本尼斯感到，组织所用的方法论中的法则和解决问题的技术是决定因素。这些法则和技术类似于科学调查所用的方法。本尼斯提出了判断一个组织是否健康有效的标准。

(1) 适应环境的能力。这是指解决问题和灵活机动应付环境变化的能力。

(2) 确认本身的能力。这是指组织做到对本身真正了解的能力。这个组织是个什么样的组织，它的目标是什么，它应该做什么，组织成员对目标理解的程度和拥护目标的程度如何，组织成员的自我知觉和组织外其他人对这个组织知觉之间的一致程度如何等。

(3) 检验现实的能力。这是指准确地觉察和解释环境真正性质的能力，尤其是敏锐而正确地掌握环境中那些与组织功能有密切关系的问题的能力。

(4) 协调和整合的能力。这是指解决各部门之间冲突的能力，以及协调组织内各部门、使组织目标与个人的需求结合起来的能力。

第五节　虚拟组织的出现与发展

一、虚拟组织产生的背景

(一)知识经济为管理带来的挑战

随着因特网的发展，网络已经逐渐成为人们日常工作与生活不可缺少的组成部分。这标志着以个人电脑为核心的计算时代即将被以服务器为核心的网络计算时代所取代，网络虚拟组织已经逐渐成为一种广为流行的组织形式。

在这一模式下，管理者已经不能再把自己的思维定格于如何创造性地整合组织内的有效资源，以实现组织既定的目标和责任，而是将面临一系列新思维的挑战。

(1) 管理流程的全面互动变化。从单一的相对静态固定的规范化流程过渡到基于客户市场导向和企业内部高度信息化的互动式、可调整的模块化流程。

(2) 稀缺主体资源发生的变化。从土地、资本等传统的有形、有限资源过渡到具有消耗性、共享性、非稀缺性、易操作性和递增加速度性的知识资源主体。前者遵循“稀缺原理”，做到以最小的投入达到最大的产出，经济增长服从“增长函数”，在资本和劳动力的投入上遵循“收益递减”原理；后者则表现为“收益递增”，即对新知识、新技术的加大投入，从而造成“收益递增”。

(3) 企业价值观念的变化。从追逐企业利润最大化单一指标，过渡到根据企业的社会贡献价值和人性化优势确定企业的技术发展方向。

(4) 被管理者价值观念的变化。从理性的追逐利润的经济人过渡到注重自身全面发展的社会自由人。

(5) 效率标准不同。前者的效率标准是劳动生产率；后者是知识生产率。

(6) 管理重点不同。前者的管理重点是生产；后者是研究与开发、销售以及职工培训。

(7) 生产方式不同。前者的生产方式是标准化；知识经济时代则是非标准化、高度柔性化；工业经济是集中化生产，知识经济则是分散化生产。职工通过计算机网络，在家里或分散的小办公室就可以指挥车间的运转。欧美正在流行的 SOHO，就是“小办公室”或“家庭办公室”的生产方式。

(8) 劳动力结构和社会主体发生了变化。工业经济时代，直接从事生产的工人数量占劳动力总数的 80%；知识经济时代，仅占不足 20%，而从事知识生产和传播的人占 80%以上。

(9) 分配方式发生了变化。前者主要是“岗位工资制”，人们都被钉在岗位上，大有后奴隶时代的味道；到了知识经济时代则过渡到“按业绩付酬制”，个体凭自己的业绩，在市场上获得相应的价格。同企业之间没有人身依附，每个人都是经济的主体，都是主人。

(二)网络下的运作环境异于现实运营环境

(1) 信息与权利。在过去，谁控制的信息越多，谁的权利就越大；未来的网络环境中，谁转让出去的信息和权利越多，谁拥有的就越多。这种与期望相反的现象被称为“180 度效应”。

(2) 时间与空间。虚拟运作的团队将把工作迁移到公司内部网上、云端服务器，利用信息公告牌和聊天室就可以跨越地理和时间的界限办理业务。可视网络会议(Net-meeting)和微信、微博、推特、Facebook 等可以实现即时交流。网络使人们的活动空间在虚拟中得以迅速扩大。工作地点也在发生着变化，在家中，甚至远在外地的你仍然可以即时了解公司的动态，同样，别人也可以即时了解到你的工作状态或工作结果。

(3) 派驻模式。IBM 公司发现，在远程环境下，职员的工作时间更长。于是，我们看到部分大企业分别采用了甲地招聘、派往乙地工作的人员任用模式。企业需要保持一定的人员互动储备，因此人员流动也变得更为频繁了。

(4) 生产率。在未来的网络环境中，由于工作更趋于复杂化，技术的发展合作将成为一种必然和规范。在接受调查的员工中，有 85%的人认为虚拟方式提高了他们的生产效率，并为他们节约了大笔差旅费用。

(5) 权力体系与晋升机会。网络在将公司虚拟化的同时，在组织中构建了一个趋于平面化和立体化交织的权力体系，使金字塔底端的人有了更多的晋升机会。新提拔的员工也会通过互联网迅速地展示自己的能力。同传统模式相比，员工要对自己晋升的机会负有更多的责任。

(6) 离职率与团队建设。工作的独立性要求远比过去更强了。与此同时，技术的潜力使人们找工作更容易了，换工作也同样容易。压力更多的是在公司一边，既要获得满意的人才，又要使他们高兴，以留住人才。因此，创造一种鼓励合作的团队文化环境变得比以往任何时候都更为重要。

(7) 沟通技巧。在未来的网络环境中，当工作关系越来越不依赖于日常的面对面交流时，沟通技巧就成为至关重要的因素。因为电子邮件和电话交流不论是在技巧方面还是在感情方面都很容易被人误解。

(8) 网络化组织发展的障碍。那些缺乏灵活性、缺乏速度、公司缺乏秩序、采用旧的经营模式、过分强调以内部为中心、过去的习惯等都将成为阻碍网络化组织发展的障碍。

二、虚拟组织的概念及特征

(一)虚拟组织的概念

一般来说，广义的虚拟组织是指在互联网等信息化的环境下，与以往实体组织相对应的虚拟化组织的总称。虚拟组织包括虚拟企业、虚拟社区、虚拟校园等组织形式。然而，在组织行为学中，基于企业管理过程组织职能的虚拟组织却不同于一般意义上的虚拟组织。从组织职能的微观层面研究虚拟组织，既有静态的组织结构类型，又有完成企业计划目标的动态组织实施过程。因此，在组织行为学中，虚拟组织是为了达到企业某些特定目标，经由分工与协作和不同能力与资源的整合，以及各方不同层次的权力与责任的跨界组合而构成的组织的集合。

虚拟组织是开放的社会系统，具有一些像一般组织一样的子系统，每个子系统又具有一些细分的子系统。与一般组织的系统概念相比，虚拟组织是一个更大的系统。当虚拟组织系统内的一个子系统发生变化时，必然影响其他子系统和整个虚拟组织系统的工作。虚拟组织系统内的各个子系统具有不同的能力，拥有不同的资源，在虚拟组织系统的不同环节、不同阶段发挥着不同的功能与作用。

(二)虚拟组织的特征

不同市场的特点、产品流程和虚拟组织要实现的战略目标，决定了虚拟组织的不同特征。一般来说，现代意义上的虚拟组织具有 6 个方面的特征:. ①突出的竞争优势；②内部的信任与支持；③机会导向；④无边界性；⑤柔性的组织规模；⑥信息技术的支持。

与传统组织相比，虚拟组织具有以下几个方面的优势：①高度的柔性；②敏捷响应性；③快速成长性；④市场风险分散化；⑤扁平化。但同时需要认识到，正是虚拟组织不同于传统组织的这些特征，也给虚拟组织的管理带来了一定的复杂性及高风险性。

三、虚拟组织的模式

一般来说，虚拟组织的组织模式有以下几种。

(1) 星型模式。这种模式一般由一个占主导地位的核心企业和一些伙伴企业组成。核心企业负责虚拟组织的构建与管理工作，制定运行规则，协调各方关系，当伙伴企业之间发生冲突时，负责做出合理的仲裁。例如耐克的生态系统，以耐克公司为主导。

(2) 互补模式。这种模式不存在盟主，是由地位平等、拥有的资源与核心能力相互补充的各方共同组成的。在这种模式下，虚拟组织的组建与管理需要通过各方的协商来解决。例如阿里巴巴与菜鸟物流的联盟。

(3) 平行模式。该模式是由地位对等、拥有不同核心能力、但能够独自完成市场的某种需求的各方组成，只是各方满足市场需求的方式与手段不同；由于各方的独立性较强，因此需要通过共同协商完成虚拟组织的组建与管理工作。例如全国性的顺丰快递与区域性的蜂巢快递的联合。

(4) 混合模式。混合模式是指在虚拟组织的不同层次、不同部分采用不同的组织模式。由于星型模式、互补模式和平行模式都有各自的适用情形，混合模式可以更好地发挥各自的优势，使虚拟组织更有效。

本章小结

越来越多的组织需要面对一个动态的、变化不定的环境，这反过来要求组织能够适应这样的环境。本章介绍了组织结构的设计问题，其中包括组织结构设计的概念、原则，组织的一般结构形态以及组织设计应考虑的一些关键因素；进而介绍如今进入知识经济时代，出现的虚拟组织的特征与结构形式，以及传统组织结构和虚拟组织结构的比较与分析。

实训课堂

腾讯的组织变革

成立初期的腾讯组织设置并不复杂，人心齐、规模小、管理简单，因此为职能制组织架构。职能制的组织架构保证了腾讯在各专业职能领域的深入发展与经验积累，组织运作效率在当时的组织规模下也发挥至最优，为腾讯业务的快速成长打下了坚实的基础。

至上市前，腾讯的业务部门已增至30多个，人员规模也达到两三千人。在这种规模下，当时的组织架构已经无法跟上组织发展的步伐，致使公司在管理上出现一系列问题。与此同时，在外部市场环境方面，网络游戏、网络媒体、移动互联网等市场机会均已出现，对此，腾讯管理层果断进行了新业务布局，并制定了“打造一站式在线生活平台”的战略发展方向。

【由职能制向业务导向制转变】

2005 年，以上市为分水岭，腾讯提出了“二次创业”的概念，并对组织架构进行了第一次大规模调整，由原来的以职能分工为特征的职能制组织架构调整为以产品为导向的业务系统制组织架构。

如果将组织看作是由横向业务分工与纵向决策分工构成的双重分工系统，那么从横向上看，腾讯调整后的组织架构共分为八大系统。

这种以产品为基础的组织架构成为当时业务发展的重要助推器，帮助公司形成了一套非常坚固的产品体系，使其超预期达成了当初设定的战略目标，得到了用户的广泛认可。但随着业务的发展，这种组织架构也为腾讯带来了困扰：各部门产品依赖 QQ 软件作为资源导入，在激烈争夺资源的过程中，严重破坏了 QQ 的品牌形象与用户体验，也导致部门矛盾和创新不足；庞杂的业务分布在四大部门，导致组织决策复杂、层级过多、业务关系混乱、部门设置重复；高层领导拉帮结派，部门官僚气氛严重，各自为政；移动互联网时代出现的很多新的产品与领域难以被清晰划归到某一业务系统，出现不同产品团队争夺某一产品的现象，致使很多新产品在研发初期严重内耗。与此同时，腾讯的业务发展也遇到瓶颈，除游戏业务持续贡献收入外，当时的腾讯在新业务上并没有太多亮点，如果再不主动谋变，将注定失去未来。

【由业务系统制向事业群制转变】

基于上述管理与业务问题，面对用户新需求、新技术、新业务模式层出不穷的市场环境，2012 年 5 月 18 日，腾讯对自身组织架构进行了 7 年以来最大规模的调整，从原来的以产品为导向的业务系统制升级为事业群制，对原有业务进行了较为彻底的梳理与重构。

这次组织架构调整根据各个业务的属性，对组织单元的边界划分更加清晰，减少了业务重叠而产生的部门矛盾，更加深刻理解并快速响应用户需求。此外，互动娱乐、移动互联、网络媒体、社交网络、电子商务五大业务在技术工程与企业发展两个事业群的技术支撑与资源供给下更加协同，充分发挥了“一个腾讯”大平台的整合优势。

同时，这次组织架构调整也推动腾讯核心业务从社交一个方向转向由社交、游戏、网媒、无线、电商和搜索六个方向突进，这样腾讯一直以来赖以生存的根本由一变六。这六块业务也将借此进一步打造开放平台，在各自专业领域向纵深发展，通过扶持产业链上的合作伙伴，构建一个开放共赢的有机生态系统。

【公司级组织的升级与分拆】

之后腾讯又分别在 2013 年 1 月、3 月和 9 月连续对旗下几大事业群的架构进行了一系列调整优化，其中变化较大的是对移动互联网事业群(MIG)相关业务的分拆，使其聚焦于浏

览器、安全、搜索、应用平台等平台型业务。但发生于2014年5月的组织架构调整则体现了腾讯再造一个企鹅帝国的决心。

面对公司整体增长放缓的现状以及移动互联网社交产品微信迅速崛起的机会，2014年5月6日，腾讯宣布成立微信事业群(WXG)，并撤销腾讯电商控股公司，将其实物电商业务并至2014年3月刚刚入股的京东，O2O业务并至微信事业群。此次调整使微信由一支产品升级为战略级的业务体系，并承担起腾讯在移动互联时代战略转型与业务持续增长的重任。

由此可见，组织的设计并不是一成不变的。组织要学会因应环境的变化、市场的变化、客户行为的变化而变化。唯有拥有应需而变的能力才是组织拥有持续生命力之所在。

(资料来源：世界经理人)

思考讨论题

1. 结合本案例谈谈组织变革的必然性。
2. 结合本案例谈谈工作再设计应注意哪些方面的问题。

分析要点：

1. 环境压力是解释发生变革的关键因素之一。
2. 任何变革都涉及对组织文化的关注。

第九章　组织学习与组织创新

【学习要点及目标】

- 掌握组织学习的概念及其与学习型组织的区别。
- 了解组织学习的发展现状及评测方法。
- 掌握组织创新的概念与特征。
- 了解组织持续创新过程的形成机制。

【核心概念】

组织学习　学习型组织　组织创新

【引导案例】

微信的诞生与发展

同腾讯的大多数产品一样，微信也并不是腾讯最先想到的点子。大家知道，黑莓平台上有个叫 BlackBerry Messenger 的应用。该应用可以非常迅速地与好友进行文字、表情等即时讯息的交流，以及分享图片、音乐、视频等文件。但 BBM 仅可在黑莓平台上使用，并不支持其他平台。于是，随着对多样化即时通信需求的加强，Kik Messenger 便应运而生(Kik 是一款基于手机通讯录实现免费短信聊天功能的应用软件)。

2010 年 10 月，Kik 上线 15 天就收获了 100 万用户而引起业内关注。腾讯广州研发部总经理张小龙(Allen)注意到了 Kik 的快速崛起。一天晚上，张小龙 Allen 在看 Kik 类的软件时，产生了一个想法：移动互联网将来会有一个新的 IM，而这种新的 IM 很可能会对 QQ 造成很大威胁。他想了一两个小时后，向腾讯 CEO 马化腾(Pony)写了封邮件，建议腾讯做这一块的东西。马化腾很快回复了邮件表示对这个建议的认同。张小龙随后向马化腾建议广州研发部来承担这个项目的开发。“反正是研究性的，没有人知道未来会怎么样，”张小龙回忆说，“整个过程起点就是一两个小时，突然搭错了一个神经，写了这个邮件，就开始了。”

2010 年 11 月 19 日，微信项目正式启动。最初的人员基本都来自“广研”的 QQ 邮箱团队，开发人员没有什么做手机客户端的经验。2011 年 1 月 21 日，微信 1.0 的 iOS 版上线。从2月份到4月份，用户的增长并不快，所有平台加起来每天也就增长几千人。4月份，Talkbox 突然火爆起来，张小龙敏锐地认为这个地方一定有很好的机会，当机立断决定在微信中加入语音功能。5 月 10 日，微信 2.0 版本发布。8 月 3 日，微信 2.5 版本发布，支持查看附近的人。这一功能使用户可以查看到附近微信用户的头像、昵称、签名及距离，以使用户之间产生进一步的交流。这一功能使微信从熟人之间的沟通走向了陌生人之间的交友。10 月

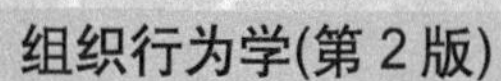

1日，微信发布3.0版本，支持"摇一摇"和漂流瓶。摇一摇可以让用户寻找到同一时刻一起在摇晃手机的人；漂流瓶则秉承了QQ邮箱漂流瓶的理念。12月20日，微信推出3.5版本，其中一个最重要的功能，是加入了二维码，方便用户通过扫描或在其他平台上发布二维码名片，拓展微信好友。同时，微信也推出了名为WeChat的英文版。

2012年4月19日，微信4.0的iOS版发布，其中"朋友圈"功能引起业界颇多注意，有评论认为这是微信"社交平台化"的一种尝试。微信4.0版本支持把照片分享到朋友圈，让微信通讯录里的朋友看到并评论；同时，微信还开放了接口，支持从第三方应用向微信通讯录里的朋友分享音乐、新闻、美食等。微信iPhone终端开发组组长Lyle说，"之前我们考虑过在过年前发一个版本，如QQ mail、群发等一些小功能发上去，但朋友圈不发。但是最终我们达成一个协议，就是说，宁愿出一个让业界震撼的版本，而不愿给一个小小的出去，大家都没什么反馈的，对我们就没什么价值。"微信高级产品经理Genie提到做朋友圈时的状态，说："做iOS 4.0朋友圈的时候很纠结，因为没有借鉴的对象，这个产品做了三四个月，有时很兴奋，想到一点觉得会很有用的，就会彻夜聊这个事情，有时很迷茫，感觉抓不住重点，和写论文感觉差不多。想不到的时候天天想，很苦恼、心情很差，想到了就会很兴奋。""这个产品还完全没有达到成熟，""广研"助理总经理Harvey说，"我们现在在尝试一些新的东西，因为微信是移动互联网全新的产品，对腾讯也是全新的平台，所以这个上面是有很多可做的。"

【案例导学】

组织是否也能够不断地从外界获取并学习新的知识？从上述案例中可以看出腾讯公司对于产品的开发也是一个不断向竞争对手学习，并不断改进产品的持续创新过程。

第一节　组织学习与学习型组织

马奇(March)和西蒙(Simon)于1958在讨论组织在短期及长期中如何适应环境变化的问题时初步阐述了组织具有学习能力这一思想。20年之后，克里斯·阿吉里斯(Clis Argyris)和舍恩(Schon)在其著作中正式提出"组织学习"概念。此后，学术界和实业界已充分认识到组织学习是企业保持持久旺盛生命力最重要的源泉。实业界掀起了构建学习型组织的高潮，构建学习型组织的目的也就是提高组织的学习能力。学术界众多学者从不同角度对组织学习进行了深入的研究，取得了丰硕的成果。最近几年，尤其是2004年以来，我国学者注意到学习能力对组织的重要性，开始对组织学习能力的研究。

一、组织学习的概念

虽然学术界对组织学习的研究已经有50多年的历史了，但对于组织学习的具体概念目前尚无共识，不同学者对于组织学习概念的理解不尽相同。

在组织学习概念发展的过程中，不同学科领域的学者均对其做出了重要贡献。也正因如此，不同学者对于什么是组织学习的认识具有显著的差异。其中对于组织学习发展影响较大的主要有三个学科：心理学、科学管理以及社会学。我们可以分别从这三个学科研究组织学习的视角出发，来对组织学习概念的发展进行分析。

在组织学习概念提出的早期，有部分学者认为对于组织学习的理解应该类比“学习”的概念，而学习则是心理学领域所关注的一个重要问题。因此，很多来自心理学及其相关领域的研究者主张将组织看作一个有机体，并通过个人的学习过程来类比研究组织的学习过程。这一视角下，典型的组织学习理论如阿吉里斯等人的组织学习理论。

阿吉里斯认为，组织学习是所有组织都应该培养的一种技能。他强调，优秀的组织总是在学习如何能更好地检测并纠正组织中存在的错误；组织学习越有效，组织就越能够不断创新并发现创新的障碍。而阻碍组织学习和不断创新发展的最重要因素是“组织防卫”。所谓组织防卫，是组织面对障碍或威胁时的一种自保性反应。而组织防卫一旦出现，就会阻断对相应障碍或威胁的深层探究，使参与者无法发现那些障碍或威胁产生的真正原因。

在阿吉里斯的组织学习理论中，组织成员对于组织内部和外部环境变化做出的反应是发现错误、纠正错误，以维持组织在良性的循环中不断进步。这种学习的职能是保持某种恒常性。可以将这类学习称为“单环”学习。因为它只有单一的“反馈环”，它将有缺陷的结果与组织的策略联系起来，对两者加以修正，从而使组织规范不变。但是，仅有“单环”学习是不够的。因为这种学习关心的仅仅是效果问题，也就是说，它只是关心在现有规范范围内如何最好地实现现有目标以及如何最好地保持组织绩效。然而，在有些情况下，组织的规范也要改变。对于这种情况，组织学习就必须采用与“单环”学习不同的方法，阿吉里斯将其称为“双环”学习。

在组织的“双环”学习中，组织的在用理论方面的不一致是通过组织内部成员之间以及群体之间的冲突表现出来的。这种冲突可以看成是一种在相互竞争中做出选择并在强权基础上确定重点和优先次序的斗争。斗争可能有两种结果：或者是一派压倒另一派，或者是两派不分上下。在这两种结果下，冲突得到了解决，或者确定了新的规范次序和重点，或者在调整有关的策略的同时调整了规范本身。通过这种方式解决不一致的组织规范问题的组织探索形式就叫作“双环”学习。

一些来自科学管理领域的学者认为组织是为实现特定目的所设计的工具。基于这一基本理论假设，他们认为应该为组织设定一套有效的制度安排来保证组织学习这一目的的达成，从而帮助组织适应变化的环境。从这一视角出发的研究者认为组织学习是指企业在特定的行为和文化下，建立和完善组织的知识和运作方式，通过不断应用相关的方法和工具来增强企业适应性与竞争力的方式。在这一概念的指导下，我国学者陈国权提出，组织学习是组织成员不断获取知识、改善自身的行为、优化组织的体系，以在不断变化的内外环境中使组织保持可持续生存和健康和谐发展的过程；并基于这一定义，提出了组织学习的

6P-1B 过程模型，该模型是由“发现”“发明”“选择”“执行”“推广”“反馈”这 6 个“阶段”(6P : 6 Processes)，以及 1 个“库”(1B : 1Knowledge Base)组成的。

“发现”是指组织只有通过有意识、系统和持续的监测及分析活动，才能保持对内外环境变化的敏感性，从中认清各种挑战和机会。“发明”对于组织而言，意味着它必须建立自身的核心能力和相应系统，以不断开发新的产品服务、提出新的管理方法和竞争策略、持续改善组织的结构和流程，以及开发新的市场等。组织除了能针对环境变化提出新的做法外，还必须建立选拔机制，使它能从各种创新方案中选出最好的为组织所用。通过“选择”，组织才可能让最优秀的方法在组织中实施，使下一次创新建立在更高的起点上。新选择出的方案和观点必须得以有效地“执行”才能真正使组织学习发生。组织必须建立一定的方法、流程、系统和能力，使它能推进真正好的方法和措施。真正的组织学习来自分享和推广，也就是说，个人学习要扩展到团队学习，团队学习要扩展到组织学习，甚至还要穿越组织的边界，扩展到其他相关组织，只有这样，才能使一个好的经验和做法传播到更广的领域。完成上面 5 个阶段后，组织还需要对其结果进行评价以调整和改进组织的运作方法、目标、甚至学习过程和方法本身，使学习不断改进和深入，这就是反馈。反馈过程的结果又可使组织不断发现新的问题，从而进一步学习。组织学习的上述 6 个过程中都有知识的产生，只有建立一种积累知识的机制，组织学习才能不断向前发展。因此，组织需要建立必要的流程、方法和手段来积累和存贮各个阶段产生的知识到知识库中，才能使学习成为一个不断上升的过程。另一方面，组织也要利用知识库中的知识作用于每一个阶段。

一些学者从社会学中的结构功能主义的观点出发，认为当研究组织学习这一问题时，应该将组织看作一个有机的整体；这个整体有其内在的结构及功能特征。因此，有必要对组织中的每个部分，以及各个部分在组织学习这一过程中所发挥的功能进行细致研究。只有当组织中的每个部分在组织学习过程中充分发挥其自身的功能，作为一个整体的组织才能完成组织学习。从能力的视角对组织学习过程进行解释的代表性研究有 Crossan 等人提出的从直觉到制度的组织学习 4I 模型。

4I 模型从组织战略出发，包括了个体、团队和组织三个学习层次、四个心理和社会互动过程(直觉、解释、整合、制度化)，两个信息流动过程(反馈和前馈)。4I 模型强调个体的探询，认为组织学习始于组织中的个体的潜在直觉并对其进行解释；在此基础上由团队对个人的探询成果进行整合；最终由组织对其进行整合，并在组织内部实施。这样便完成了组织学习。在这一过程中，由个体层面上升到组织层面的学习过程称为前馈过程；而由组织层面传导至个体层面的过程则称为反馈过程。

由于学科间交叉的深入，对于组织学习的研究呈现出跨学科、跨范式的趋势。同样，近年来一些学者提出的关于组织学习的概念及由其概念而得出的组织学习的理论模型也越来越具有跨学科视角的特征。但目前关于组织学习测度方面的研究却并不深入，目前国外对组织学习测度的研究主要可分为基于组织的组织学习测度研究和基于学习的组织学习测度研究两种。但无论是基于组织的还是基于学习的组织学习测度研究绝大部分都是定性的评价。国内有关组织学习测度的研究主要是基于学习的组织学习测度研究，如：陈国权等基于组织学习过程的蛛网评价模型、许国学等基于组织学习效果的模糊评价等。2001 年 12 月，浙江大学管理学院朱磊发表论文《企业学习能力建设评价研究》，用专家打分法和层次分析法对学习能力建设做出了评价。2005 年 3 月，武汉大学商学院王孝斌发表文章《企业学习能力的层次灰色综合评价模型》，构建的企业学习能力评价指标体系，建立了企业学习能力的层次灰色综合评判模型。

二、学习型组织及其模型

20 世纪 80 年代，当代管理大师彼得·圣吉在其《第五项修炼——学习型组织的艺术与实践》中提出了学习型组织的概念。在企业界、管理界和思想界随即出现了推广和研究学习型组织的热潮，并逐渐风靡全球。一时间，国际著名公司纷纷建立学习型组织，掀起了新的组织变革。管理大师们不断地研究和探索学习型组织的奥秘，揭开学习型组织的神秘面纱，出现了许多具有指导意义的理论巨著。

在学习型组织的创建方面，出现了三种常用的模型，分别是鲍尔·沃尔纳的五阶段模型、约翰·雷丁的“第四种”模型，以及彼得·圣吉的“五项修炼”模型。沃尔纳采用了一种与众不同的研究视角，基于组织内培训发展的五个阶段来研究组织学习的创建。约翰·雷丁主要从战略规划理论的角度分析组织学习的各种模式以及学习型组织的基本特点。彼得·圣吉的五项修炼本身就是一个系统，内部具有很强的正相关性，每一项修炼的成败都与其他修炼密切相关。

(一)彼得·圣吉的“五项修炼”模型

美国麻省理工学院教授彼得·圣吉认为：学习型组织不在于描述组织如何获得和利用知识，而是告诉人们如何才能塑造一个学习型组织。他说：“学习型组织的战略目标是提高学习的速度、能力和才能。通过建立愿景，发现、尝试和改进组织的思维模式来改变他们的行为，这才是最成功的学习型组织。”圣吉提出了建立学习型组织的“五项修炼”模型。

(1) 自我超越(Personal Mastery)。这是指能够不断理清个人的真实愿望、集中精力、培养耐心、实现自我超越。

(2) 改善心智模式(Improving Mental Models)。心智模式是看待旧事物形成的特定思维模式。在知识经济时代，它会影响人们对待新事物的看法。

(3) 建立共同愿景(Building Shared Vision)。即组织中人们所共同持有的意象或愿望，简单地说，就是我们想要创造什么。

(4) 团队学习(Team Learning)。这是发展成员整体搭配与实现共同目标能力的过程。

(5) 系统思考(Systems Thinking)。这要求人们用系统的观点对待组织的发展。

以上述的修炼技术为基础，学习型组织具有 5 个特征：有一个人人赞同的共同构想；

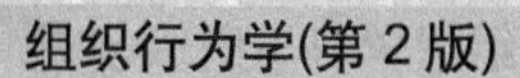

在解决问题和工作中，抛弃旧的思维方式和常规程序；作为相互关联系统的一部分，成员对所有的组织过程、活动、功能和环境的相互作用进行思考；人们之间坦率的相互沟通；人们抛弃个人利益和部门利益、为实现组织的共同构想一起工作。所谓学习型组织，就是充分发挥每个员工创造性的能力，努力形成一种弥漫于群体与组织的学习气氛，凭借着学习，个体价值得到体现，组织绩效得以大幅度提高。

(二)鲍尔·沃尔纳的“五阶段”模型

鲍尔·沃尔纳运用实证研究方法，从企业教育与培训活动这一角度对许多企业进行了深入的观察与分析，并在此基础上归纳出了学习型组织的发展模式。他认为，企业学习活动的发展一般经历5个阶段。

起初企业没有安排学习项目的意识。随着企业的发展和竞争的加剧，一方面，组织内部仍然存在着不正规的学习活动；另一方面，更多的则是企业出资选送部分员工到企业以外的教育部门进修，这表明企业组织学习进入了第二阶段，即消费型学习阶段。

在第三阶段，规模经济的发展使企业的教育与培训能够面向企业中更多的员工。企业开始有意识地在企业内部开发适合自己特定需要的学习项目，并建立相应的学习基地来推动这项工作。但这一阶段的学习活动与企业长期发展的战略之间还缺乏明确的联系。

到了第四阶段，企业已将学习纳入组织的日常工作中。企业的课程设计进一步趋于成熟，无论是企业内部设计的课程还是外聘专家专门设计的课程都是如此。它们不仅更富有创造性，立足于满足企业的特定需要，还建立了一系列相应的标准，作为衡量员工各类技能水平的指标。根据沃尔纳的看法，这一阶段的企业学习已经开始进入高级阶段，与企业的发展战略和经营目标紧密地结合在一起。然而，在这一阶段，组织学习与日常工作之间互相脱离的现象仍然时有发生。在更多的情况下，学习仍然是培训部门的职责，而不是各部门主管的职责，这就使得组织的学习能力受到一定的限制。

第五阶段的特点就是学习与工作的融合。具体表现在：第一，学习的责任已经置于企业的管理指令系统中，成为部门主管、工作团队、员工个人和人力资源开发部门的共同职责。第二，工作与学习已经不可分割地联系在一起。学习成为工作创新的形式、成为人们乐意做的事，而不是必须做的事。第三，组织建立了绩效反馈机制，使组织内各个层次(包括个人、工作团队或组织整体)可以根据各种信息及时纠正或改进组织的行为。第四，企业中工作团队的管理方式以自治为主。团队成员往往被要求掌握多种技能，能轮流承担不同职责。

根据沃尔纳的“五阶段”模型理论，企业学习一旦发展到第五阶段，其组织系统、结构和过程就十分有利于组织成为真正的学习型企业。

(三)约翰·雷丁的“第四种”模型

约翰·雷丁主要从战略规划理论的角度分析组织学习的各种模式以及学习型组织的基

本特点。他认为，未来组织的生存能力取决于它能否系统地实行快速变革。近几十年来，各类组织一直在学习怎样进行变革。在这一过程中，人们发现三种组织战略变革模式可以引导企业变革成功。

第一种模型强调“计划”。其基本前提是只要高级管理人员能运用定量分析的方法理性地预测未来变化并设计出变革计划，那么改革就能一蹴而就。在这一模型中，高级管理人员的计划能力是至关重要的，它与传统的命令—控制管理模式相一致。

但由于企业环境的变化速度常常快于计划的实施，在计划实施过程中还会碰到意想不到的问题，于是经过修正，产生了第二种模型，其战略改革的运行机制是“计划—执行计划”。执行计划是计划的进一步细化，它针对实施计划过程中可能产生的问题制定了具体的解决对策，并对所需的各种资源(包括财力、物力、人力和时间等)作了规定。

然而，变革计划的贯彻还有赖于组织环境的促成。许多系统问题如企业文化、政策、管理风格、薪酬等外部因素也常常影响改革计划的实施。这样，第三种模型出现了，其运行机制是“准备—计划—实施”。这一模型注重变革前的一系列准备工作，其基本前提是组织变革成败直接取决于各项准备工作的充分与否。准备工作包括：①认清形势，广泛沟通，达成共识；②协调企业文化等环境要素，创造有利于变革推行的环境；③以变革所需的各种技能武装员工。显然，第三种模型已把企业战略变革置于一个比较完整的框架中，但其不足之处是把变革看成某个固定项目，而忽略了变革与企业战略、结构和信息系统之间的相互关系。

雷丁在前三种模型的基础上提出了第四种模型，即学习型组织模型，它有 4 个基本要点，即：持续准备—不断计划—即兴推行—行动学习。

第一，持续准备。企业始终处于持续的准备阶段，它不是针对某个变革项目，而是广泛地关注企业与环境的协调，不断对经营行为提出质疑，为一般意义的变革做好永久性准备，使组织在多变的环境中能随时应付各种挑战。

第二，不断计划。在前三种模型中，计划是一种正式的书面文件，其中详细规定了变革的项目与程序。而在学习型组织中，更加提倡设计开放灵活的计划。

第三，即兴推行。学习型组织在推行变革计划的过程中一般不要求员工按部就班，而是鼓励他们充分发挥潜力，采取即兴创作的原则创造性地实施变革计划。

第四，行动学习。学习型组织不是通过一年一度的评估体系来衡量改革的成败。相反，它提供大量的机会使组织随时检验行动，及时做出反应，从而调整组织的行动路线，提高变革效益，加快变革进度。学习型组织不会坐等问题或危机到来时才采取措施。它的特点是及时对行动做出反省并改变变革决策。行动学习贯穿于准备、计划和实施的每一个阶段。

总之，学习型组织经过持续准备、不断计划、即兴实施和行动学习，完成一次又一次的变革，同时又在为下一次的变革做准备。这样，随着时间的推移，组织不断地获得创新发展，这就是学习型企业的生命力所在。

三、组织学习与学习型组织概念的比较

学习型组织与组织学习是两个相近的概念，有些学者在其研究中直接把这两个概念等同起来、互换使用。随着相关研究的深入，越来越多的文献指出组织学习和学习型组织是两个不同的概念。综合国内外对于组织学习和学习型组织的比较研究，研究者们普遍认为组织学习是一个过程性的概念；而学习型组织更多地被认为是一种结果。组织学习更加关注组织中的学习行为是如何产生的，其研究的起源是来自社会学及认知心理学；而学习型组织则是一种理想性的组织形式，这种组织展现出不断学习及良好的环境适应性等特征。因此，可以认为学习型组织是任何一个组织都努力达成的终极目标；而组织学习则是建立学习型组织的方法。

第二节　学习型组织的评价与实践

随着对学习型组织研究的发展和深入，人们觉得有必要对学习型组织的绩效进行合理的评价。国外先后出现了7C模型、平衡记分的测评方法，美国学者还设计出考察学习型组织用的测评标准。我国学者则根据我国学习型组织的创建情况总结出六要素测评法。

一、国外对学习型组织的几种评价方法

(一)7C模型

以7个C表示学习型组织的特点，即：持续不断的学习(Continuous)、亲密合作的关系(Collaborative)、彼此联系的网络(Connected)、集体共享的观念(Collective)、创新发展的精神(Creative)、系统存取方法(Captured and Codified)、培养能力的目的(Capacity building)。这7个C成为学习型组织是否建成的检查体系，是美国学者瓦斯金斯与马席克为有计划地考核组织的学习、适应、成长能力而设计的。

1. 持续不断的学习

学习机会应当是容易得到且受到鼓励的。这种学习是非正规的，可以由集团促进，但不一定由人才开发部门提供，人才开发部门可以通过下列条件把握这一尺度。

(1) 正规的培训是否联系实际工作中的问题。

(2) 职工能否运用有关能力开发新技能的方法。

(3) 报酬度是否成为鼓励学习新技能的东西。

(4) 失败时是否要被处罚，从失败中学习是否受到鼓励。

(5) 在教室以外，有无领导、教练、职务轮换和从挑战性工作中学习的机会。

2. 亲密合作的关系

这种关系通过共同学习、与别的参加者合作完成有意义的工作而形成。决策的制定不仅要考虑利润，还必须反映出对人的关心。组织鼓励互惠并承认它的价值，可以从下列条件中把握这一尺度。

(1) 组织是否鼓励员工热爱自己的工作。

(2) 组织是否欢迎多样性。

(3) 作为指导团队成员的领导人，彼此是否相互学习。

(4) 组织内部发生纠纷时，是否设法尽量减少责任的转嫁和担心。

(5) 组织是否有符合职工需要的上班时间选择制(弹性工作时间、工作场所的灵活性、工作轮换、职务分配)。

3. 彼此联系的网络

人们是为长期目标而不是短期利润而工作，必须切实感觉到自己的工作和产品对周围人们的生活改善有一定的作用。企业原本就是跟供应商、顾客、社会这一大环境联系起来的。学习型组织是彼此复杂结合的网络。这一网络结构具有组织内每一部分功能多样结合的可能性，可以通过以下条件来把握这一尺度。

(1) 职工是否成为内部顾客和外部顾客真正的伙伴。

(2) 职工的所有权是否通过利润分配、股票优先权等鼓励性计划来促成。

(3) 职工的总体福利是否有组织的承诺、是否通过长期的互惠来提供。

(4) 企业在社会责任方面的努力、在长期改善企业整个社会环境方面是否设定了目标。

4. 集体共享的观念

集体性学习是把个人和团队所共有的学习汇总集合起来的学习。集体性学习是个人和团队集体决定组织行为意志的方法。在集体性学习中，包含了超越境界的探索、为理解种种观点和课题的对话、朝共同理解的方向互动前进等，可以从下列条件来把握这一尺度。

(1) 人们是否经常就自己的工作进行商量、交换信息、讨论观点。

(2) 在各个层次上的管理人员们是否谈论持续学习、持续改进、质量、多样性、项目等，使大家了解这些具有怎样的意义。

(3) 职工如果感到有其他值得考虑的前景，是否能应对这样的前景挑战。

(4) 如果职工对现状常抱有疑问，领导能否支持他们。

5. 创新发展的精神

学习型组织理论把创造性定义为以新的方法进行思考，典型地表现为使自己的顾客满意的方法。历来，创造性可以从以下标准来测定，即：周密性(构思的详细和推敲程度)、独特性(概念的独创性)、纯粹性(创造性思考的绝对量)。组织学习系统的创造性可以从以上三

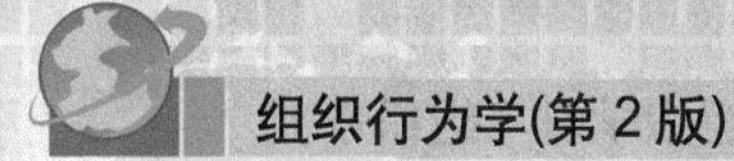

个标准验证，可以从下面的条件来把握这一尺度。

(1) 职工是否学习顾客的需要，并努力使顾客满意。

(2) 职工对自己的工作是否具有一种“轻松”感。

(3) 如果创新没有产生直接的效益，是否也给予奖励。

(4) 对职工的实验和风险承担，是否给予恰当的报酬。

(5) 对于职工用新技术工作，制造出新产品、新服务和新工艺，是否奖励。

6. 系统存取的方法

所谓系统存取的方法，是指通过系统的建立制度、计划和信息系统，使组织成员能有效地存储、获取和共享学习资源。学习型组织应当构筑起容易理解的、能有效发挥激励作用的制度。鼓励职工参与制定基本政策也应当成为学习文化的一部分。我们可以通过以下的条件来把握这一尺度。

(1) 开发计划是否是全年目标设定的一部分、是否成为业绩考核的一部分。

(2) 全体员工能否不经过长时间的批准手续就得到自己的学习资金。

(3) 组织是否拥有适当的程序，明确平常需要的能力，并对职工传达能力开发和职业培训计划。

(4) 组织是否把电子信息系统和其他交流系统应用到学习上。

(5) 对于在公司内外收集到的关于顾客的信息，是否有使职工定期共享的制度。

(6) 重要项目结束后，是否鼓励职工总结他们的经验，使他们能改变现有计划和制订新的计划。

7. 培养能力的目的

组织学习的目的在于加强整个组织进行改革的能力。在取得成功的学习型组织中，创造了构筑整个组织持续学习的制度。职工如果学习了变化和创造性地解决问题的方法并学习了团队开发，他们就可以按照共享的愿景，用协调方法进行工作，加强组织的能力。我们可以根据以下几个条件来把握这一尺度。

(1) 组织是否不论大小地对研究开发进行投资。

(2) 组织是否对类似现场基础能力计划的实例进行学习投资。

(3) 组织是否对全体成员或者对外部利害关系人也进行学习投资。

(二)平衡计分的测评方法

学习型组织的创建和发展，要求对传统的绩效测评体系做出重要修正。仅靠单纯的财务指标，如资本报酬率、现金流量等只能评估过去业绩的情况，根本无法衡量公司的未来情况和发展预期。一些新的测评方法正试图将学习与创新活动纳入公司的测评体系。哈佛商学院的“领导开发课程”教授罗伯特·S. 卡普兰和一家国际咨询公司的总裁大卫·P. 诺顿等人尝试推出一种新的测评体系，这就是平衡计分法，如图 9-1 所示。

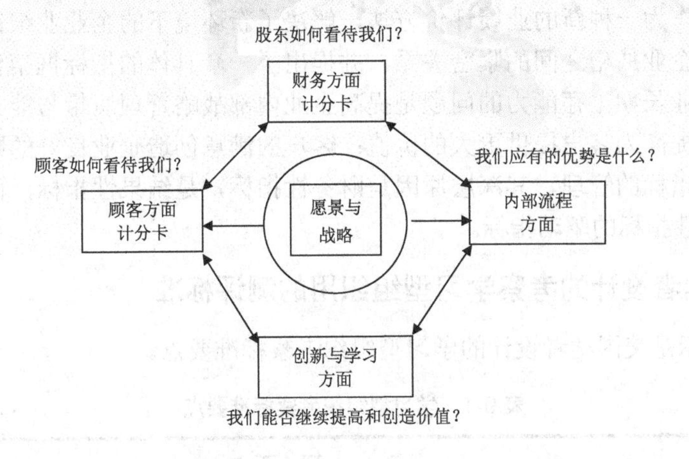

图 9-1　平衡计分法基本架构

平衡计分法来源于组织的战略目标和竞争需要，它要求经理人员从四个重要方面来观察企业。

(1) 企业的产出，即传统的财务指标，如资本报酬率、现金流、项目营利性等指标。

(2) 企业的成长潜力，即从创新和学习角度评价企业运营状况，如新服务收入所占比例、提高指数、雇员人均收益等指标。

(3) 从顾客角度评价企业运营状况，如顾客满意度指数、市场份额、价格指数、顾客排名调查等指标。

(4) 从内部业务角度评价企业运营状况，如与顾客讨论新工作的小时数、投标成功率、返工、安全事件指数、项目业绩指数等指标。

上面四个角度的思考也指导了经理人员应该怎样满足股东的利益、如何提高和创造价值及关心顾客如何看待自己的企业以及考虑企业必须擅长什么。

平衡计分法一方面考核企业的产出(上期的结果)，另一方面考核企业未来成长的潜力(下期的预测)；再从顾客角度和内部业务角度两方面考核企业的运营状况参数，把公司的长期战略和短期行为联系起来，把愿景目标转化为系统的业绩考核指标。平衡计分法具有四个优势。第一，根据组织的战略目标和竞争需要，平衡计分法从四个角度选择指标，具有系统性和全面性，并把目标聚焦到战略远景。第二，传统的财务指标只能报告上期发生的情况，不能告诉经理下一期怎样改善业绩；而平衡计分法则可充当公司当前及未来成功的基石。第三，与传统的指标不同，平衡计分法从四个角度得出的信息，可使经营收入等外部考核指标与新产品的开发等内部考核指标之间达到平衡。第四，平衡计分法可使人认识到智力资源等无形资产在企业发展中的推动作用，以前隐形的智力资源越来越多地在平衡计分法的标单中体现。这种测评方法增加了创新与学习的角度。卡普兰和诺顿等人认为：“公司的创新、提高和学习能力与公司的价值有直接联系。也就是说，只有通过持续提高经营

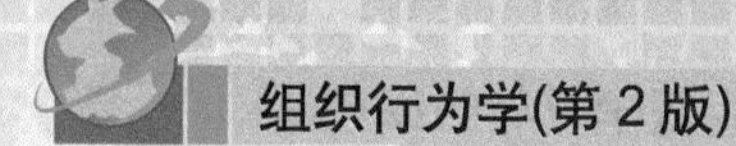

效率，公司才能打入新市场、增加收入和毛利，才能发展壮大，从而增加股东价值。”

平衡计分法作为一种新的业绩评价方法，解决了新环境下的企业业绩评价问题。它强调了绩效管理与企业战略之间的紧密关系，并提出了一套具体的指标框架体系，揭示了学习与成功解决企业长期生存能力的问题是提高企业内部战略管理质量与能力的基础；企业通过管理能力的提高为客户提供更大的价值；客户的满意创造企业良好的财务效益。它强调了对非财务性指标的管理，其深层原因是财务性指标，是结果性指标，而那些非财务性指标是决定结果性指标的驱动指标。

(三)美国学者设计的考察学习型组织用的测评标准

如表9-1所示是美国学者设计的学习型组织考察标准要点。

表9-1　学习型组织考察标准要点

考核指标	评价要点
个人	(1) 记载职工技能的基础数据； (2) 用于构筑学习技能的能力开发计划； (3) 奠定整体性技能基础的基础能力教育计划； (4) 与学习工作方法联系起来的行为学习； (5) 个人开发用资金
团队	(1) 解决问题技巧； (2) 共同技能； (3) 被纳入的多样性； (4) 减少对失败的追究责任、担心、报复； (5) 和顾客(公司内、外、社会)的联络活动； (6) 发明、构思、产品、工序数、周密性、独创性
组织	(1) 整体性的职工参与和调动积极性的文化； (2) 使学习能够获得、共享的制度； (3) 知识型职工的增加率； (4) 使全体职工提高知识水平时，改善人均费用、改善每项专利的平均费用、改善每项专利平均投入市场的时间及专利的增长率； (5) 被投入新的经济活动的组织资产的增长率
社会	(1) 全面的关心和责任； (2) 关心环境指标(生产事故发生率，是否违反安全标准)； (3) 与劳动强度有关的职工津贴； (4) 社会责任指标，即改善工作条件质量(关心家庭的政策、长期性互相承诺、卫生计划、职工的专业化、社会保险计划总投资额)

上述评价方法都有其可取之处。另外，我国的国情与外国还有很多不同之处，鉴于我国创建的学习型组织还处于初级阶段，如果投入应用还需要进行修正。

二、我国创建学习型组织的测评法

(一)六要素测评法

六要素测评法是我国学者总结出来的对我国学习型组织进行测评的一种新方法。这六要素是：①拥有终身学习的理论和机制，重在形成终身学习的步骤；②建有多元回馈和开放的学习系统，重在开创多种学习途径、运用各种方法引进知识；③形成学习共享与互动的组织氛围，重在组织文化；④具有实现共同愿景的不断增长的学习力，重在共同愿景时学时新；⑤工作学习化使成员活出生命意义，重在激发人的潜能、提升人生价值；⑥学习工作化使组织不断创新发展，重在提升应变能力。

同济大学函授与继续教育学院创建学习型组织的测评就是用的这种方法。1996年年初，学院根据国际上先进的“学习型组织”管理理论，提出了创建学习型组织的战略目标。经过努力，比较系统地创建学习型学院的“同济模式”已初步形成。

(二)“创争”活动建立的学习型组织考核评价指标体系

按照由我国政府主导的“创建学习型组织、争做知识型职工”活动(以下简称“创争”活动)的要求，创争办编制了《全国“创建学习型组织，争做知识型职工”活动考核评价指标体系(试行)》。

该考核评价体系共设立了三级指标，学习型组织考核评价指标中共提出了包含目标、学习、保障、创新和成效5个一级指标、14个二级指标和40个三级指标。一级指标及其各自在考核评价体系中所占分值具体为：目标体系(16分)、学习体系(20分)、创新体系(28分)、保障体系(20分)、效果评价体系(16分)。目标体系包含的二级指标为：建有创建学习型组织的目标(8分)、目标转化为组织成员的使命(8分)。学习体系(20分)包含的二级指标有：营造良好学习氛围(4分)、不断提升组织学习力(4分)、构建多样化的学习渠道和信息化的学习系统(8分)、培育学习型团队(4分)。创新体系(28分)包含的二级指标为：观念创新(8分)、战略创新(7分)、管理创新(13分)。保障体系(20分)包含的二级指标为：组织保障(4分)、制度保障(12分)、物质保障(4分)。效果评价体系(16分)包含的二级指标为：组织竞争力与效益(14分)、社会的影响(2分)。在该考核评价体系中，二级指标又包含了多个三级指标，如建有创建学习型组织的目标(8分)包含：建有创建学习型组织的目标和规划；建有组织、团队、个人的愿景目标；规划、计划的内容体现出对职工权益的维护和以人为本的理念。该体系对三级指标的评价要点做出了详细的说明，便于在创建过程中对学习型组织的创建状况做出准确的评价。同时，该体系详细地介绍了每个指标的评价方式，如有查阅资料文书档案、问卷调查、走访了解、座谈了解等。这种具体细致的考评办法具有针对性与指导性，对我

国企业热心创建学习型组织但是又缺乏具体可行的评价考核体系有很大的帮助，把我国学习型组织的创建推向了一个新的高潮，必然带动全国众多企业创建学习型组织。

然而，在学习型组织的理论发展与实际应用过程中，还存在着许多问题有待深化与解决。国内企业很少真正了解学习型组织的模型、创建条件、实施步骤以及究竟能带来怎样的变革等问题。对学习型组织的研究仍停留在理论框架的构建上，缺乏具体、翔实、可靠的实践指导和从理论转化到实践的研究成果。在具体的应用中，学习型组织建设迫切需要一套科学合理的评价指标体系予以评估。

三、我国企业建立学习型组织的实践状况

目前，学习型组织在我国也开始蓬勃发展。2001 年 5 月我国召开了首届学习型组织研讨会；2002 年 9 月，学习型组织国际研讨会在北京召开，彼得·圣吉等亲临北京，中国人民大学、中国工业经济联合会、中华全国工商业联合会、中国市长协会等几家权威机构联袂推广学习型组织在中国的研究与实践。国内诸多企业已经开始探索创建学习型组织，如山东莱芜钢厂、江苏油田、安徽江淮汽车集团、联想集团、上海宝钢等。

但是，目前学习型组织在我国还处于观念导入阶段，企业在创建学习型组织的过程中面临缺乏指导的困难，可资借鉴的理论和实践还较少，对构建学习型组织的认识还存在偏差。例如，有的企业错误地认为创建学习型组织仅是一项活动，就像前几年企业搞全面质量管理、作业程序优化一样。因此，很难创建真正意义上的学习型组织。我国学者张声雄、钱平凡、周德孚等正在研究适合我国企业特色的学习型组织构建理论。

近年来，我国不少企业对创建学习型组织充满兴趣，积极了解和探讨学习型组织理论，同时也有不少企业开展了创建学习型组织的有益尝试。青岛海尔集团、联想集团、施贵宝、宝钢、伊利、实达、金星、信谊、联华、内蒙古电力检修公司等一些企业积极投身于创建学习型组织的活动。中美合资上海施贵宝制药有限公司已将建立学习型组织作为企业管理改革的目标；宝钢集团将学习型组织的有关管理方法运用于一号高炉大修的工程管理中，取得了良好的效果；联想集团从创立之初就十分注重组织学习，通过从合作中学习、向他人学习、从自己过去的经验中学习等途径，已经在组织内部形成行之有效的组织学习机制，如教育培训、议事制度、委员会与工作小组等，极大地提升了企业的竞争能力。

总体而言，国内学习型组织建设的新趋势主要呈现以下特点，即从战略到实践的探索、从理念到变革的实施、从借鉴到创造的飞跃、从一元到多元的发展、从愿景到绩效的追求、从单元到集成的整合、从旧识到新知的提升。学习型组织理论的研究和推广在我国还停留在较小的范围内，同时我国目前真正开始学习型组织演练的企业也并不多。我国企业有自身的历史渊源和文化传统，管理水平上也不可与国外企业同日而语，在此背景与管理基础上如何借鉴国外先进理论，建立有中国特色的学习型组织还处于探索和试验阶段。传统学习型组织和现代学习型组织的区别如表 9-2 所示。

表 9-2　传统学习型组织与现代学习型组织的区别

传 统 的	现 代 的
工作是组织的基本单位	团队是组织的基本单位
信息纵向流动	信息横向/纵向流动
决策向下传递	决策在信息所在地做出
高耸	扁平
强调规则与标准程序	强调结果和产出
强调结构	强调过程
固定工时	灵活工作日，允许兼职
职业路径向上、线性	职业路径灵活、非线性
强调线性模式	提倡网络化
强调现场办公	允许异地工作
强调拥有技能	强调学习能力
标准化的评价和奖励系统	适宜的评价和奖励系统
行为遵从单一强势文化	观点和行为的多样化
专门化和被聚焦的个体	专门化和被聚焦的组织
按所属的国家来定义环境	环境被看作是全球化的
种族中心性	国际性

第三节　组 织 创 新

创新理论自 20 世纪初诞生以来，不断地丰富和发展，已经成为当代最重要的科技与经济密切结合的综合性理论思想。当今世界各国都纷纷把创新作为发展本国国民经济的基本国策。创新已经成为现代人类社会的共识，并被视为是正在兴起的知识经济、知识社会的核心。鉴于创新的重要性，创新理论与实践研究成为经济学和管理科学的研究热点。人们从哲学、科技、经济、管理等不同的角度出发，提出了各种各样的创新：观念创新、科技创新、技术创新、管理创新、制度创新、知识创新等。而组织创新问题也自然成为组织行为研究领域的重要问题之一。

一、组织创新的概念

自从 1934 年熊彼得首次提出创新概念以来，创新问题就成为学术界和实务界永恒的关注焦点。很多学者围绕创新问题展开研究，并取得了丰富的研究成果。然而，基于组织创

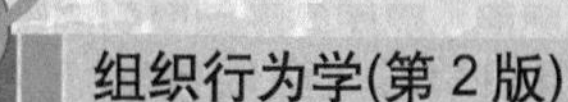

新本身涵盖范围十分广泛，加上研究者个人研究兴趣与观点的不同，使得他们对于组织创新的理解也会存在差异。例如，很多学者把组织创新定义为：组织采纳一个新设想或新行为，这里的创新是指一个新产品、一个新服务、一项新技术或一个新的管理实践。国内也有学者认为组织创新是组织中的管理者和其他成员为使组织系统适应外部环境的变化或满足组织自身内在成长的需要对内部各个系统及其相互作用机制或组织与外部环境的相互作用机制的调整、开发和完善过程。

整体上看，学者们对于组织创新的界定可以归纳为以下 4 种观点：①产品观点，重点关注创新能够产生的结果，并以具体产品来对创新进行衡量。②过程观点，认为组织创新是一种过程，故特别注重产生创新的过程与活动，并以一系列的历程或阶段来评估创新。③产品及过程观点，主张从产品及过程两个方面来定义创新，并强调结果必须与过程加以融合。④多元观点，认为之前的产品观点、过程观点或产品及过程观点，都只是强调了技术创新而忽略了管理创新，因而主张将技术创新和管理创新同时纳入到组织创新的概念中。

由于研究中使用的创新的扩散、执行与程序的决定因素不同，各学者对组织创新的特性定义与用词各不相同。在组织创新的定义上，学者们常使用不同的名词来定义，这些定义有时会相类似或重叠，归纳来看有以下特性：①适应性。根据使用者的需求与目的加以改良、推敲和修正的能力。②结构上的影响。创新的产生对已经存在于组织结构内的知识的影响程度。③中心性。创新涉及组织日常主要的工作与对关键的组织绩效影响的程度。④兼容性。创新与潜在采用者现存的价值、过去的经验与需求的一致程度。⑤复杂性。创新被了解与使用的程度。⑥成本。为了创新从最初的财务投资至后续支出的成本。⑦可分割性。创新可分别独立被采用的程度。⑧持久性。创新可应用和持续的期间。⑨规模性。创新被采用时，对已经存在的组织结构、人员和财务资源等改变的程度。⑩可观察性。创新结果可显而易见的程度。⑪组织的焦点。即技术的或管理的创新在组织中最受重视的部分。⑫说服性。组织中期望被创新所影响的行为，所发生的部分占全部行为的比例。⑬实体性。创新在计划性或程序上有无实体的分类。⑭激进性。创新表现为在技术上的改变，因此对组织的次系统与人员影响的程度。⑮相对优势。创新被感觉好于原来理念的程度。⑯风险。采用创新的组织被暴露的风险程度。⑰地位。创新的采用是由于追求声望而不是组织的利润或效率的程度。⑱不确定性。这些对于创新属性的归纳，基本反映了创新作为一种组织行为的特点，有助于我们全面地理解创新。

二、组织创新的类型

学者们常因其所持的观点以及研究重点的不同而对组织创新类型进行不同的分类。

例如亨德森等人认为，创新活动所运用的新知识可能强化现有知识也可能摧毁现有知识，他们采用组分知识与结构知识两个变量，依据创新对于现有知识破坏和强化的程度将创新活动分为渐进型创新、建构型创新、模组型创新和激进型创新 4 类：①渐进型创新。

针对现有产品的元件作细微的改变，强化并补充现有产品设计的功能，至于产品框架及元件的连接则不作改变。②建构型创新。重新设计产品的结构以及元件的连接方式，而对产品的元件以及核心设计基本上不作改变。③模组型创新。这种创新是针对现有产品的几种元件或核心设计做摧毁式的创新变革。对产品结构和产品之间的连接不作改变，新的元件可以同时相容于新的产品结构中。例如数字电话的发明，改变了拨号盘的核心设计，但整个电话的结构并未改变。④激进型创新。创造出新的核心设计概念，同时所需的元件、结构及其中的连接都进行变革，此类创新力求产生新的产品。这种对于组织创新的分类将创新的类型与知识的内涵进行了整合，所以适于探讨知识管理方法与创新活动类型的互动关系。

但也有研究认为创新不仅是一种过程，也是一种所有创新因素的组合，激励创新的因素主要包含了环境需求不一致、生产过程的需求、产业与市场的改变、人口统计组成分子的改变以及消费者对产品或服务认知的改变。可见创新的来源不外乎来自外在环境、产业结构、内部生产程序的改变、消费者对产品认知的改变以及新概念的产生

苏曼等人则以创新的本质与创新的层级为两个主要因素，提出一个实用创新矩阵。从创新的本质来看可区分成产品、过程及程序三种创新，而从创新的层级方面又可分成渐进性、独特性以及突破性等三种创新，由这两种因素交叉构成 9 种不同的创新形态。

此外，还有学者认为组织创新共包括以下 4 种形式：①双核心模式。这种模式将创新分成“管理创新”与“技术创新”两类。②两阶段模式。这种模式则将创新的采用区分成起始及执行两个阶段。③双核心及两阶段模式。这种模式则建立在“创新起始及执行阶段”与“技术创新及管理创新”的组合之上。④激进式模式。这种模式认为组织如能使“主控组织领域的结盟者的正向态度改变”及“集合专精主义者”共同发挥作用，那么将会促进激进式的创新。

三、组织创新的理论与过程

拜耳等人于 2000 年提出了组织变革的两个途径，并将它们命名为：E 理论和 O 理论。E 理论的目的是创造经济价值，通常是利益相关者价值的最大化；它关注的是正式的结构和系统；它的驱动因素主要是：高层管理者、咨询者强有力的帮助、财务激励；变革是有计划性的。O 理论的目的是发展组织能力，特别是员工识别和解决与工作相关问题的能力；它关注的是发展高承诺的文化；它的驱动因素主要是：全员的高度参与和咨询者，激励对组织变革的驱动作用非常微弱；变革是涌现的，缺乏计划性。每一个理论都有其优缺点，拜耳等人坚持认为，应当把这两个理论整合起来。整合的方式有两个：第一，依次从 E 理论到 O 理论。也就是说，一个公司可以依次采用 E 和 O 两个途径进行组织变革；第二，同时采用 E 和 O 两个途径进行组织变革。而相关的典型案例研究表明，第二个途径的效果更好。

企业组织创新是一个非线性过程，它从来不会完全像事先所计划的那样发生。这里的

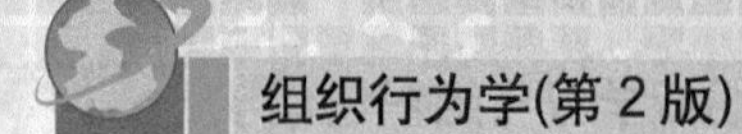

主要原因有两个：第一，复杂、不确定、持续动荡变化的外部环境总是对组织产生影响；第二，组织成员的思想及其抵制组织创新的形式和内容是复杂的、动态变化的。尽管这样，企业组织仍很有必要对组织创新进行规划，能产生明晰目标的愿景是绝对必要的。有了清楚的目标和概括性的组织创新过程规划，企业组织才能应对和管理由组织创新所诱致的不曾预料的结果。

组织创新的间断均衡模型表明企业组织创新过程中可能会出现渐进性组织创新和根本性组织创新两种类型。前者的持续时间相对较长，主要强调组织内部结构、资源和能力的匹配以及组织与环境的匹配，并不改变组织的核心价值观，类似于单环学习。后者的持续时间相对较短，主要强调根本性改变组织现有的战略、结构、资源、能力和核心价值观，类似于双环学习。引发根本性组织创新主要原因是：①近来组织绩效下降(或组织绩效即将下降)幅度超过可接受的范围；②竞争环境的显著变化；③高层管理者的变动。

无论是渐进型组织创新，还是革命型组织创新，特别是后者，没有领导，组织创新不可能发生。有研究者将组织创新的过程分为预启动、启动、后启动或进一步实施和维持创新成果 4 个阶段，并强调了领导在每个阶段中的重要作用。在第一阶段领导至少要完成 4 个任务：检查自己的意识、动机和价值观；评价组织的外部环境；树立并强调组织创新的紧迫性；提供清楚的组织创新愿景和方向。在第二段领导要完成 3 个任务：沟通、实施和应对阻力。在第三段领导要完成 5 个任务：采用多种途径；倾注热情；言行一致；坚持不懈；重复信息。在第四阶段领导要完成 4 个任务：反对均衡；处理未曾预料的结果；选择继承者；启动新的计划。

本章小结

本章介绍了组织行为领域关于组织的两个重要问题：组织学习与组织创新，包括其各自的概念及相关理论。在当前外部环境变化日趋激烈的知识经济时代，组织学习与组织创新将对组织的成长与发展起到越来越重要的作用。

实训课堂

华为构建学习型组织的举措

创立于1987年的华为，历经30年的成长，从榜上无名成长为领头羊。截至2014年年底，华为公司掌握的技术专利数量已在行业内处于领先位置。这显然是组织学习与创新学习的结果。有人说，正是学习型组织的构建，使华为公司成长为有竞争实力的世界级公司。

“人力资本增值的目标优先于财务资本增值的目标”一条明确写进了《华为基本法》。这也成为华为培训人才的宗旨和目标。华为强调，人力资本不断增值的目标优先于财务资本增值的目标，但人力资本的增值靠的不是炒作，而是有组织的学习。而让人力资本增值的一条途径就是培训，华为的培训体系经过多年的积累已经自成一派，培养他们具备自我学习的能力。

华为旨在把自己打造成一个学习型组织，为此建立了一套完善的以华为大学为主体的华为培训体系。集一流教师队伍、一流教学设备和优美培训环境于一体，拥有千余名专、兼职教师和能同时容纳3000名学员的培训基地。

华为的培训对象很广，不仅包括本公司的员工，还包括客户方的技术维护、安装等人员；不仅在国内进行，也在海外基地开展。同时还建立了网络培训学院，培养后备军。

华为全面推行任职资格制度，并进行严格的考核，从而形成了对新员工培训的有效激励机制。譬如华为的软件工程师可以从一级开始做到九级，九级的待遇相当于副总裁的级别。新员工进来后，如何向更高级别发展，怎么知道个人的差距，华为有明确的规定，比如一级标准是写万行代码，做过什么类型的产品等，有明确的量化标准，新员工可以根据这个标准进行自检。

不仅有任职资格制度的实施，华为还通过严格的绩效考核，运用薪酬分配这个重要手段，来实现"不让雷锋吃亏"承诺。所以在华为不存在"大锅饭"问题，华为就是通过这样的方式，来识别最优秀的人，给他们更多的资源、机会、薪酬和股票，以此牵引员工不停地向上奋斗。

此外，华为是国内最早实行"导师制"的企业。华为规定绩效必须好，并充分认可华为文化，这样的人才有资格担任导师。同时规定，导师最多只能带两名新员工，目的是确保成效。

华为规定，导师除了对新员工进行工作指导、岗位知识传授外，还要给予新员工生活上的全方位指导和帮助，包括帮助解决外地员工的吃住安排，甚至化解情感方面的问题等。

思考讨论题

请结合本案例，分析华为为构建学习型组织采取了哪些措施，这些措施背后有哪些理论基础？

分析要点：

1. 学习型组织的构建是一个涉及组织内部多个因素的系统性工程。
2. 组织学习能力的提升与员工学习能力的提升是相互促进的。

第十章　领　导

【学习要点及目标】

- 掌握领导的含义，区分领导、领导者与管理者的差异。
- 了解领导的不同理论。
- 掌握权力与影响力的含义和差异。
- 掌握领导的不同观点。

【核心概念】

领导与管理　领导理论　权力与影响力　领导方法与艺术

【引导案例】

静止的百丽 失败的必然

北京时间2017年7月27日下午四点，“一代鞋王”百丽国际控股有限公司正式宣布退出香港联合交易所。时移势易，由于鞋履市场的不景气加上电商转型失败等多重因素，最终让这位昔日的王者日渐没落。

1992年刚创立时，百丽国际只是一家资产200万港元的小厂。它凭着迅速占领商场和街边店等渠道，经过短短15年的发展，2007年5月百丽成功在港交所上市，上市之初市值便高达670亿港元。2011年，百丽最为巅峰，最为疯狂！这一年，百丽公司平均不到两天便会开设一家新店。

2015年，百丽国际净利润首次出现大幅下滑，这是上市9年以来首次利润下滑。截至2017年2月28日，百丽集团营收为417.07亿元，净利润为24.03亿元，同比下降18.1%。鞋类业务销售规模同比下跌10%，内地鞋类零售网点减少700家。

百丽国际首席执行官盛百椒表示，没有找到转型路径，主要责任在我，自己至今仍然不会开电脑，连微信都没有，对市场的变化没有做出很好的预判，欠缺目前应对市场更加复杂情况的能力，进而导致了如此局面。

业界有人评价称，“鞋王”的唏嘘落幕，意味着以百货商场为核心的时代正式结束了！百丽的成功兴于百货商场的盛起，百丽的失败也源于对百货商场的无限执着；面对电商的到来，百丽公司丝毫没放在心上，当真正意识到冲击的时候，已经为时晚矣。没有一种渠道是永恒的，再大的帝国也要学会居安思危，更要懂得时代的变革，灵活的思维往往比努力重要100倍！

【案例导学】

1. 在这个高速变化的世界里，产业在变，环境在变，企业自身在变，竞争对手也在变，周围的一切全在变化之中。变是永恒的，不变是相对的。变化往往是痛苦的，但机会往往是在适应变化的痛苦中获得的。面对无法控制的各种变化，企业的管理者该如何拥抱变化呢？

2. 企业的创始人用原来的方法使得企业得以发展壮大，如果企业目前发展良好，变革会不会给企业带来巨大的风险？历史往往既是积淀，也是羁绊！

第一节　领导、领导者与管理者

一般认为，领导者作为个体，其心理特点可以纳入个体心理研究的范畴，领导班子作为一个群体，其心理特性可纳入群体心理的研究范畴。但在企业中，领导者居于独特的地位，发挥着独特的作用，他们往往成为影响企业成败的重要因素。因此，应该首先从组织的角度来考量领导行为的问题。

一、关于领导定义的讨论

什么是领导？对于这样一个众所周知的概念，各国学者却有着各种不同的提法。例如，斯托格狄尔(Stogdill，1950)认为，领导是对组织内群体或个人施行影响的活动过程。孔兹(Koontz，1959)认为，领导是一门促使其部属充满信心、满怀热情来完成他们任务的艺术。泰瑞(Terry，1960)认为，领导是影响人们自动为达成群体目标而努力的一种行为。罗伯特(Robert)等认为，领导是“在某种条件下，经由意见交流的过程所显现出来的一种为了达成某种目标的影响力”。戴维斯(Keith Davis)认为，领导是一种说服他人热衷于一定目标的能力。如此种种，此处不再一一列举。

关于领导的定义，虽然各国学者从不同研究角度出发，作了不同的解释，但是多数人认为：“领导是指引和影响个人或组织，在一定条件下实现某种目标的行动过程。”致力于实现这个过程的人，即为领导者。这样，实质上把领导看成了一个动态的过程，而该过程是由领导者、被领导者及其所处环境三个因素所组成的复合函数。

可用公式表示为：

领导=f(领导者、被领导者、环境)

领导与管理的区别在于：管理的范围小于领导的范围，而管理者的范围则大于领导者的范围。

我们把领导定义为“指引和影响个人或组织，在一定条件下实现目标的过程”。这里的“目标”并没有定语，它可能是组织的目标，可能是小集团的目标，也可能是个人的目标。

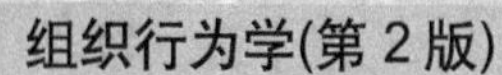

而管理就不同了，它是一种特定的领导过程，是指引和影响个人或组织在一定条件下实现组织目标的过程。由此可见，凡是指引和影响个人或组织为达成个人目标或小群体目标而奋斗的行为过程，一定属于领导过程，但不一定是管理过程。

我们把企业中具有法定的领导地位和影响力的个人称为领导者，而把领导者和所有从事管理工作的职能人员统称为管理者，如会计、统计、劳资员等。可见，管理者的范围大大超过了领导者的范围。

二、领导者与管理者

管理与领导不同，但相辅相成；在瞬息万变的外部环境下，对企业来说，二者缺一不可。管理求稳，领导求变；只有双管齐下方能在动荡的时代中业务兴盛。管理就是处理复杂情况。如果没有高效的管理，公司可能陷入混乱，面临生存危机。高效的管理能确保企业在诸如产品质量、盈利能力等关键指标上，具有稳定性和一致性。相比之下，领导与应对变革有关，与未来的行动方向有关。近年来人们越来越重视领导力，部分原因就是如今的竞争更激烈、商业环境更加变化无常。

管理和领导相辅相成，都需要做到关键的三点：决定下一步应该做什么；建立计划所需的人员网络；努力确保工作全部完成。在完成这三项任务时，两者所采用的方法各不相同。

(1) 确定方向与制订计划与预算。管理的目的是获得可预测性，也就是有序的结果；而领导则孕育变革。因此，确定变革的方向是重中之重。确定方向与制订计划或者做长期规划不一样，尽管人们经常把两者混为一谈。制订计划是管理职能中的一个环节，本质上具备演绎性，目的是有序地产生结果，而不是引起变化。而确定方向更具归纳性，领导者广泛收集数据，用以解释某些事物的模式、关系和关联性。此外，确定方向还包括规划愿景和制定战略。这些愿景和战略描述的是具体业务、应用技术或未来的企业文化，以及实现这一目标的可行方法。在一家没有方向的公司，即使短期规划也可能变成一个黑洞，耗费无穷的时间和精力。如果没有愿景和方向制约或指导规划的过程，那就需要对每一种可能出现的情况制订相应计划，这样会让公司无休止地制订应变计划，无暇顾及其他更重要的工作；而且即便如此，仍无法找到公司急需的方向。这种状况持续一段时间以后，管理者会不可避免地变得玩世不恭，规划过程就可能变成一个充满公司政治的游戏。

(2) 让员工协调一致与组织和调配人员。在组织与调配人员时，管理者必须选择岗位结构和汇报系统，在各个岗位上安排合适的人选，为需要的人员提供培训，让他们充分了解计划，然后决定下放多少权力以及下放的对象。除此之外，为了完成计划，企业还要设立激励措施，并建立相应的监控系统等。让人们协调一致则不同，它更多是关于克服沟通方面的挑战，而不是设计安排上的问题。与组织人员相比，协调人员总是需要与更多的人交流。交流的目标人群可能不仅包括管理者的下属，还包括上司、同级别的同事、公司其他部门的员工，供应商、政府官员，甚至客户。现代组织的一个根本特征是相互依存，没有任何员工拥有绝对的自主权，大多数人通过工作、技术、管理系统、组织层级与其他人联系在一起。组织寻求变革的时候，这些联系就成为特殊挑战。除非所有人都协调一致，朝着同一个方向前进，否则就可能如多米诺骨牌般一个接一个倒下。

(3) 激励员工与控制和解决问题。在组织中，控制机制是把系统发生的实际行为与计划进行对比，一旦发现偏差就及时纠正。因此，管理与控制息息相关；管理过程必须尽可能防止失败和规避风险，这意味着不能依赖非常规的或者难以获得的因素。建立整个管理系统和组织结构的目的，就是帮助普通员工日复一日地成功完成常规工作，这既不激动人心，也不引人入胜。不过，这就是管理。领导却不一样。实现宏伟目标通常需要人们拥有一股干劲。激励和鼓舞能够让人们干劲十足，但依靠的手段并不像控制那样。优秀的领导者通过各种各样的方式激励员工，比如通过辅导、提供反馈意见和树立楷模来协助员工实现愿景，从而促进其职业发展。他们努力满足人们的一些基本需要，比如成就感、归属感、获得认可与自尊、能够掌握自己的生活、实现理想等。这些感觉可以深深地打动人们，并让人们做出强烈回应。当公司所处的商业环境越是充满变化，就越需要领导者激发人们的领导力。如果做到这一点，就会在组织中不断产生领导力，使人们在不同的层级中充当多重领导角色。这一点非常重要，因为在任何复杂的组织实施变革都需要大量员工发挥主动性。否则，变革不会成功。公司应切记：同善于管理而不善于领导相比，领导能力强、管理能力弱并不一定就更好，事实上有时甚至更糟。真正的挑战是如何才能把出色的领导能力和管理能力结合起来，并实现两者的平衡。当然，并非所有人都能做到领导与管理齐头并进。一些人有能力成为出色的管理者，却无法成为优秀的领导者；另一些人具备巨大的领导潜力，却因为种种原因很难成为优秀的管理者。明智的企业懂得珍惜这两种人才，并努力让他们成为一个团队。

三、领导理论的演进

从近代到现代，科学化的领导体制发展大致经历了 4 个阶段。

1. 家长制行政领导

资本主义社会发展的初期，不论是经营企业的领导还是科学技术部门的领导，都采取了封建制的家长式领导。那时，老板既是企业财产的所有者，同时也是企业的经营管理者。一切由老板说了算，一切以老板个人的经验为转移。因为当时生产和科研的规模不大，科学技术也不发达，领导者和老板完全有能力顾及企业的所有方面，所以这种领导体制持续了很长一个时期，直到 1840 年左右才结束。

2. 经理阶层的兴起

1841 年 10 月 5 日在美国的一条铁路上(马萨诸塞——纽约)，两列客车迎头相撞，造成 2 人死亡，71 人受伤。这次事故在社会上引起了极大的反响，人们严厉谴责老板没有能力

领导现代化的企业。在马萨诸塞州议会的推动下，这个铁路公司对于公司的领导体制进行了大胆改革。从此，老板只拿红利，不再插手具体的经营管理业务。这就是美国第一家由全部拿薪水的经理通过正式管理机构管理的企业。

这个领导体制的改革具有两个特点。第一，使企业财产的所有权与经营管理权分开；第二，管理企业的领导者都是从精通本企业生产过程的技术专家中选拔，也就是说是由“硬专家”转行的。经理制产生后立即在实践中显示出巨大的优越性，并迅速在整个社会中得到普及和推广。经理制本身还随着社会的发展不断改革与完善，其中影响最大的是1923年的通用汽车公司改革，第一个实行了“集中政策，分散管理”的所谓事业部制。这种事业部制的实质是使政策经营与具体管理分开，使经理等公司一级领导摆脱日常的管理事务，主要致力于研究和制定各种经营策略，而日常生产、销售等具体管理活动则由各个事业部负责。这个制度很快被各大企业纷纷采用。据1969年统计，美国最大的500家公司中有76%采用事业部制。

3. 实行职业“软专家”的领导

随着现代化大生产的发展，现代科学技术与生产进一步结合，经营管理的作用日益广大，任务也日益繁重复杂。因此，精通某一专业技术的“硬专家”也越来越不适应了。与此同时，管理逐渐成为一门科学，许多“管理学院”“工商管理研究所”等专业机构也相继成立，以经营管理为专长的职业“软专家”应运而生，并逐渐走上了管理第一线，代替了硬专家的领导。例如，据1976年《幸福》杂志对美国最大的500家工业公司及50家商业银行、金融公司等800位首脑进行调查，一半以上受过商业或经济学高等教育，1/4曾在工商研究院学习过，还有2/5是学习金融和法律专业的。

4. 专家集团的领导

二战后，特别是近 20 年来，随着现代化生产与科学技术的高度分化与高度综合(如有20000多家工厂参加了宇宙飞船的制造，仅靠职业软专家的个人领导也无法胜任，许多企业出现了集体领导的趋势，许多大公司组成了总经理办公室、董事长办公室、总经理委员会等组织，用集体领导的形式代替了过去由董事长、总经理1～2个人负责决策经营的传统方式。重大决策都要经过共同讨论后才能决定。与此同时，出现了大批“智囊团”“思想库”，他们给领导机构提供大量信息和资料，起着“顾问”的作用。

经营管理最高层的集体领导和智囊机构的蓬勃发展，标志着领导体制已发展到一个更高阶段——由软专家为主要组成的集体领导，即现代领导体制的诞生。

四、诚信领导

1. 什么是诚信领导

诚信领导者清楚地知道自己是谁，知道自己的概念和价值观，能够坦率、公开地按照自己的信念和价值观行事。他们的下属会认为他们是有道德的人。诚信领导的主要品质是信任力。

2. 道德与领导

道德和领导存在许多交叉点，领导不能脱离价值观，在评估领导的效果时，应该思考领导者为了实现目标而使用的手段以及这些目标的内容。社会化的魅力型领导是指在道德方面以身作则的领导者，他在领导时表现出以他人而不是以自己为中心的价值观。

3. 信任与领导

信任是认为对方所做的事以及承诺，其不确定性和风险性较小，因而值得将事情托付给对方的一种心理状态。

当下属信任领导者时他们愿意接受领导者的影响，而且相信自己的权利和利益不会被人滥用。变革型领导者认为自己所指示的方向符合每个人的最佳利益，从而为自己的理念寻求部分支持。

4. 如何建立信任

对领导者信任的建立需要领导者拥有如下特征：①正直。意味着诚实真诚与言行一致，是最重要的一种特征。②仁慈。意味着被你信任的人会考虑到你的利益。关爱和支持是领导者和下属之间的情感纽带的一部分。③能力。包括个体在技术和人际关系方面的知识和技能。信任的建立是一个过程，时间是建立信任的一个不可或缺的因素。

5. 信任的结果

上级和员工之间的信任与许多积极的雇佣结果相关，表现形式为鼓励承担风险；有助于信息分享；群体更加有效；信任促进生产率，对公司的根本利益产生影响。

第二节 领导理论

一、特质理论

大多数人相信，所有成功的领导者都具备一系列持续而独特的个性特点，无论他们管理何种类型的组织。例如：①有成功的欲望；②想要领导和影响他人；③诚实正直；④自信；⑤智慧；⑥对所涉及领域有很强的专业知识。

然而，仅有特质理论还不能充分地解释领导能力。最初研究的失败就是因为忽略了条件因素。拥有某种必要的特质只能说明某人拥有可能成为一位称职的领导潜质而已。他或她仍需要采取正确的行动才行。而且在某一情形下的“正确行动”也未必适应于另外一种

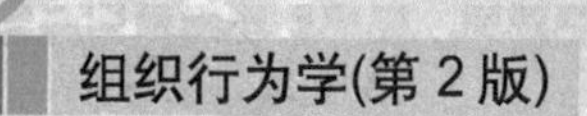

不同的情形。

中国传统的人才特质观：仁、义、礼、智、信。

何谓仁？仁者，仁义也。指在与另一个人相处时，能做到融洽和谐，做到关照，即为仁。仁者，易也。凡事不能光想着自己，多设身处地为别人着想，为别人考虑，做事为人为己，即为仁。儒家重仁，仁者，爱人也。简言之，能爱人即为仁。

何谓义？义者，人字出头，加一点。在别人有难时出手出头，能舍，帮人一把，即为义。繁体字的义，离不开我，用我身上的王去辨别是非，在人家需要时，及时出手，帮人家一两下，即为义。

何谓礼？礼者，示人以曲也。已弯腰则人高，对他人即为有礼。因此敬人即为礼。

古之礼，示人如弯曲的谷物也。只有结满谷物的谷穗才会弯下头，礼之精要在于曲。

何谓智？智者，知道日常的东西也。把平时生活中的东西琢磨透了(也包括所学的知识琢磨透了)，就叫智。观一叶而知秋，道不远人即为此。

何谓信？信者，人言也。远古时没有纸，经验技能均靠言传身教。那时的人纯真朴素，没有那么多花花肠子，故而真实可靠。别人用生命或鲜血换来的对周围世界的认识，不信是要吃亏的。以此估计，信者，实为人类之言，是人类从普遍经验中总结出来的东西，当然不会骗人。

仁是仁爱之心；义是处事得宜和合理；礼是人际关系的正常规范，如礼仪、礼制、礼法；智是明辨是非；信是言无反覆、诚实不欺。孟子以仁义礼智为四端：恻隐之心，仁之端也；羞恶之心，义之端也；辞让之心，礼之端也；是非之心，智之端也。对他人遭遇的不幸生起恻隐之心即是仁心。羞恶之心是对自己做出不合宜不合理的事感到羞愧，对别人犯此则厌恶。辞让是指不接受违反礼制的好处。是非之心则需要智慧来支撑。

二、行为理论

有特质的人却未必成为优秀的领导者。对这一命题的研究引出了领导行为理论。

行为论不仅可以提供更准确的关于领导本质的答案，而且可以为我们提供许多比特质论更实用的信息。如果特质论的观点正确，就可以为组织挑选正确的人选来任职，行使领导权。反之，如果证明了行为论对领导起决定性作用，我们就能训练人们成为领导。就应用而言，行为论与特质论的区别在于它们各自的基础假设。如果特质论是有效的，那么可以说，领导是天生的，你本身具备或是不具备这种天分。相反，如果领导由某些特殊的行为构成，那么就可以教人学会领导——我们可以设计一些步骤，逐步向那些渴望成为出色领导的人灌输某种行为方式。这就意味着领导产生的范围更广泛，通过培训，我们可以源源不断地培养出一批批的领导者。

1. 俄亥俄州立大学的相关研究

对领导行为理论做出突出贡献的美国俄亥俄州立大学在 20 世纪 40 年代末期进行了一

系列研究。研究者希望确定领导行为的独立维度，经过艰苦的实证研究，他们在1000多个要素的基础上归纳出两大类：结构维度和关怀维度。

(1) 结构维度指的是领导者为达成组织目标，愿意界定和建构自己与下属的角色的程度，它包括设立工作、工作关系和目标的行为。具有高结构维度的领导者向小组成员分派具体工作，要求员工保持一定的绩效标准，并强调工作的最后期限。

(2) 关怀维度是指领导者尊重和关心下属的看法与情感，愿意建立相互信任的工作关系的程度。一个具有高关怀维度的领导者愿意帮助下属解决个人问题，并对下属的生活、地位和满意度等问题十分关心。他们友善而平易近人，公平对待每一个下属。

以这些定义为基础的更深入的研究发现，结构维度和关怀维度都很高的领导比结构维度低或关怀维度低或两者都低的领导更能激发下属的工作热情，使得下属满意度和工作绩效更高。但是，两种维度都高的领导模式并不是总能有积极的结果。例如，高结构维度的领导行为会引起员工的不平、抱怨、捣乱或是对日常的工作任务不满意。研究表明，高关怀维度的领导也会引来上司对下属工作不利的责骂。总之，俄亥俄州立大学的研究表明双高维度的领导模式一般会导致好的结果，但是在领导行为中，我们确实应该考虑到情境因素。

2. 密歇根大学的相关研究

与此同时，美国密歇根大学调查研究中心也进行了类似的研究，即确定领导者的行为特点及其与工作绩效的关系。密歇根大学的研究者也将领导行为划分为两个维度，即员工导向和生产导向。员工导向的领导者重视人际关系，他们总会考虑到下属的需要，并承认人与人之间的个体差异。相反，生产导向的领导者更强调工作之间的技术和任务事项，主要关心的是群体任务的完成情况，并把群体成员视为达到目标的手段。

密歇根大学得出的结论强有力地支持组织采取员工导向的领导方式。员工导向的领导方式会提高生产率并提高下属的工作满意度。生产导向的领导方式则会导致生产率以及员工对工作满意度的下降。

3. 管理方格论

布莱克和莫顿两人发展了领导风格中的二维度的观点。在“关心人”和“关心产品”的基础上，他们提出了“管理方格论”。这个理论充分概括了俄亥俄州立大学提出的关怀维度和结构维度以及密歇根大学提出的员工导向和生产导向的领导理论。

所谓方格理论如图10-1所示，一张九等分的方格图按纵、横坐标均等分为9个等级，整个方格图共有81个方格。这个图形不是表示产生的结果，而是就得到的结果来分析领导者的策略决定因素。

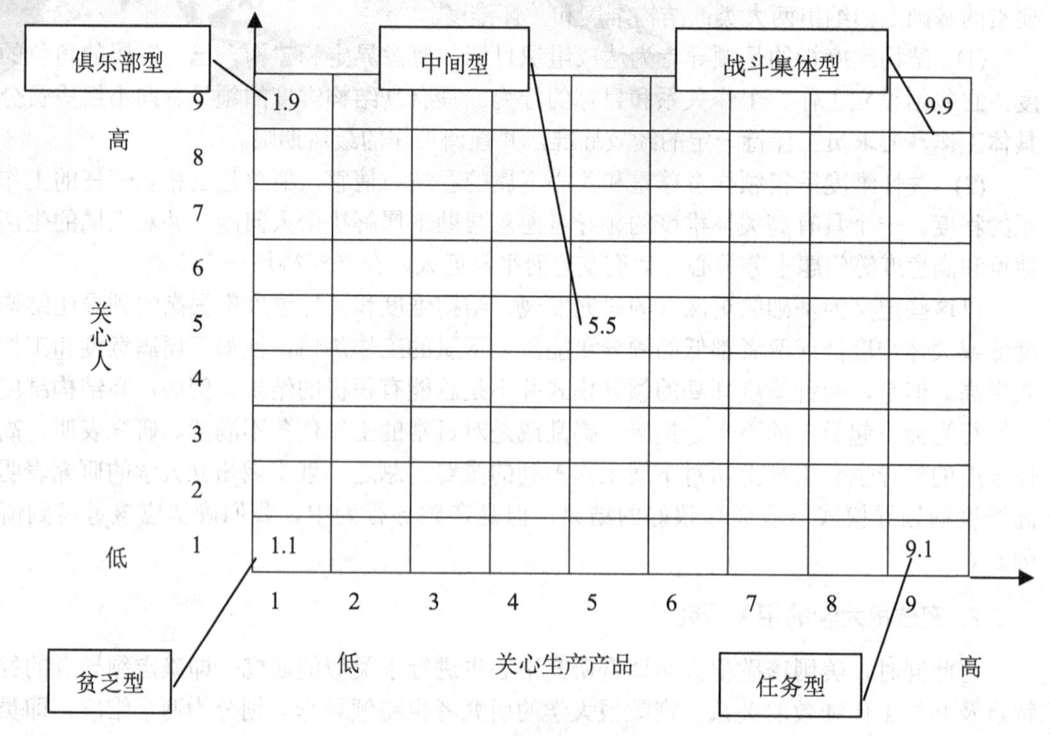

图 10-1 管理方格

方格图中有 1.1、1.9、9.1、9.9 和 5.5 五种类型的领导作风。

贫乏型(1.1)的领导对职工漠不关心，领导本人也只以最低限度的努力来完成必须做的工作。

任务型(9.1)的领导集中注意任务的完成，但不关心人的因素，对下属的士气和发展很少注意。

俱乐部型(1.9)的领导集中注意对职工的支持与体谅，但对任务的完成则很少关心。

中间型(5.5)的领导对人的关心度和对生产的关心度能够保持平衡，追求正常的效率和令人满意的士气。

战斗集体型(9.9)的领导对职工和生产都极为关心，努力使个人需要和组织目标最有效地相结合。

显而易见，战斗集体型的领导方式是最为有效的。应当明确的是，上述五种典型的领导方式仅仅是理论上的概括，都是一种极端的情况。

三、领导权变理论

人们越来越清楚地认识到，事实上，为了预测领导成功而对领导现象进行的研究比分离特质和行为更为复杂。由于未能在特质和行为方面获得一致的结果，使得人们开始重视情境的影响。领导风格与有效性之间的关系表明，X 风格在 A 条件下恰当可行，Y 风格则更适合于条件 B，Z 风格更适合于条件 C。但是，条件 A、B、C 到底是什么呢？这说明了两点：①领导的有效性依赖于情境因素；②这些情境条件可以被分离出来。

有三种权变理论得到了广泛的关注：菲德勒模式、领导者-成员交换理论、路径-目标理论。下面将逐一说明。另外，我们还会关注性别在权变理论中的影响。尽管权变理论没有特别地提出性别问题，但延伸的研究对男性领导方式与女性领导方式做了比较。

1. 菲德勒模型

第一个综合的领导权变模型是由弗莱德·菲德勒提出的。菲德勒领导模型指出，有效的群体绩效取决于以下两个因素的合理匹配：与下属相互作用的领导者风格；情境对领导者的控制和影响程度。

菲德勒认为一个人的基本领导风格是领导成功的关键因素。菲德勒提出了 3 种情境因素或者叫作三项权变变量。

(1) 领导者-成员关系。领导者对下属信任、依赖和尊重的程度。

(2) 任务结构。工作任务的结构化程度(即结构化程度和非结构化程度)。

(3) 职位权力。领导者拥有的权力变量(如聘用、解雇、训导、晋升、加薪等)的影响程度。

2. 领导者-成员交换理论

领导者-成员交换理论(LMX)是由乔治·格里奥(George Graeo)和乌尔·比恩(Uhl-Bien)在 1976 年首先提出的，该理论指出领导者与下属中少部分人建立了特殊关系。这些个体成为圈内人士，他们受到信任，得到领导者更多的关照，也更可能享有特权或优先获取机遇和信息；而其他下属成为圈外人士，他们占用领导的时间较少，获得满意的奖励机会也较少，他们的领导-下属关系是在正式的权力系统基础上形成的。

这个理论指出在最初的接触中，领导者就暗地里把某个特定的下属归为圈内人还是圈外人，随着时间的推移，这种关系就固定下来。领导者如何对下属进行归类不太明朗，但是有一点很明确，领导者选择圈内人多是因为他们的态度和性格与领导者本人很相似，或者是他们的能力要比圈外人强。有关研究证实了 LMX 理论的几个结论：领导者对待下属的方式的确不同；这些区别绝不是任意的行为；圈内的下属绩效较高、离职倾向少、对上司更满意，而且比圈外人更容易获得总体满意度。

LMX 理论在组织中的应用，使得传统的自上而下的单向管理变为上下级之间甚至于员

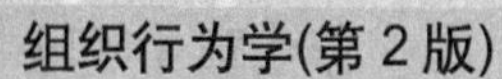

工与团队或组织之间的互动式管理，这种互动式管理更加强调了相互之间的沟通、学习和塑造。除此以外，LMX 还可以在以下几个方面发挥积极作用。

(1) LMX 可以与领导的培训发展计划有机地结合在一起，以促进领导技能的提高。人与人之间只有相互尊敬和关心，才能更好地体现价值和成就，尤其在价值多元化时代，仅仅靠加薪等物质手段来调动下级的积极性已远远不够，领导者需要在“情感”激励方面掌握更多的技巧，对不同的下级采用不同的方式，需要有更多的情感投入，才能不断提高组织领导工作的有效性。

(2) LMX 可以与员工的职业生涯发展结合在一起，以增强对工作环境的把握能力和对工作困难的控制能力，从而实现自我价值的不断提升和超越。有效的职业生涯设计与开发是一种个人和组织对前途的共同展望，是彼此依存的承诺。员工要在工作中取胜，制订出一个知己之长短、知环境之利弊并且扬长避短的职业生涯计划是非常重要的，有效的职业生涯设计与开发强调下级与上级之间的相互配合，尤其作为领导必须帮助每一个下级，为他们提供必要的途径和机会，开发和培养这些员工为达到事业目标所必备的能力，同时也要为他们的下属分担责任。LMX 关系在确定职业发展目标和实现目标的过程中可以发挥重要的作用。与此同时，无论是上级还是下级在职业发展中的每一次进步都是对 LMX 关系发展的有力促进。

(3) LMX 还有助于建立组织内良好的信息沟通网络，达到改善组织气氛的目的。越来越多的组织将内部沟通视为组织管理的一个战略性工具而得以广泛的运用。LMX 理论在组织中应用的一个重要功能是能促进上下级之间的有效沟通，而且更加强调的是一种互动式的交流。互动式沟通可将理、事、情三者融合于一体，赋予信息更大程度的平易性和平等性，表现出近距离、反馈快和更及时的特点，能使上下级都能获取更丰富、更全面、更生动的信息，有利于对问题的全面思考和研究，同时也有助于树立领导者的亲和形象。有效的沟通又可在更高层次上促进 LMX 关系的改善。

(4) LMX 还有助于提升团队合作精神，增强组织凝聚力。加强 LMX 关系的建立，将大大促进组织中信任、尊重和支持为导向的文化价值观的形成，营造真诚、开放和平等的团队氛围，激发下属积极地表现出团队所期望的行为。LMX 上升至 TMX(团队-成员交换理论)时，团队关系的质量将产生显著的增量效果。此外，已有实证的研究表明，组织中的关系冲突和团队的生产力及团队成员的满意感成负相关关系，关系冲突往往破坏了人们之间的善意以及相互理解，妨害了团队任务的完成。而组织中 TMX 的倡导，将十分有助于缓解团队关系冲突，以保持团队的持久团结和合作。

总之，LMX 理论具有更广阔的应用前景。通过构建和发展高质量的 LMX 关系来提高领导效能和组织绩效是一种非常有效的技术和方法。

3. 路径-目标理论

近年来，最受瞩目的领导学理论之一是路径-目标理论。它是由罗伯特 • 豪斯提出的一种领导权变模型(见图 10-2)。该模型从俄亥俄州立大学的领导研究和激励的期望理论中汲取了重要元素。

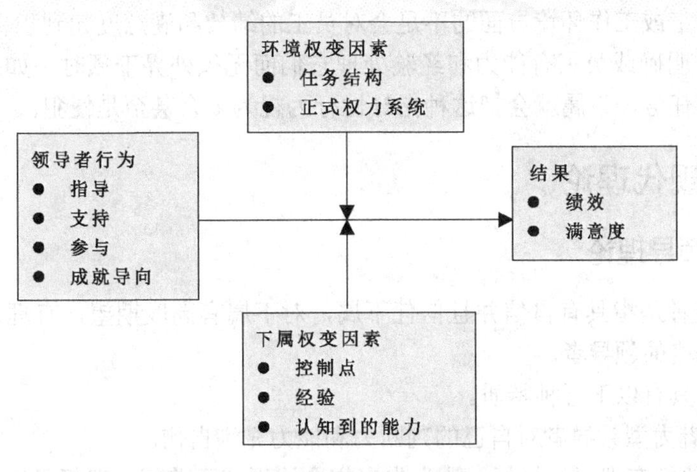

图 10-2　路径-目标理论

该理论的核心在于，领导者的工作是帮助下属实现他们的目标，并提供必要的指导和支持，以确保他们各自的目标与群体的总体目标相一致。路径-目标的概念来自这种信念，即有效的领导者通过明确指明实现工作目标的途径来帮助下属，并为下属清理旅程中的各种障碍和危险，从而使下属的旅程更为顺利。

按照路径-目标理论，领导者的行为被下属接受的程度取决于下属是将这种行为视为获得满足的直接源泉还是作为未来获得满足的手段。领导者行为的激励作用在于：①它使下属的需要满足与有效的工作绩效联系在一起；②它提供了有效的工作绩效所必需的辅导、指导、支持和奖励。

以下是从路径-目标理论引申出来的几个假设。

(1) 与具有高度结构化和安排完好的任务相比，当任务不明或压力过大时，指导型领导会带来更高的满意度。

(2) 当下属执行结构化任务时(领导补充环境)，支持型领导会带来员工的高绩效和高满意度。

(3) 对于能力强或经验丰富的下属，指导型领导可能被视为是累赘或多余。

(4) 组织中的正式权力关系越明确、越官僚化，领导者越应表现出支持型行为，降低指导型行为。

(5) 当工作内部存在强烈的冲突时，指导型领导会带来更高的员工满意度。

(6) 内控型下属(即相信自己可以掌握命运)对参与型领导更为满意。

(7) 外控型下属会对指导型领导更为满意。

(8) 当任务结构不清时，成绩取向型领导将会提高下属的期待水平，使他们坚信努力必

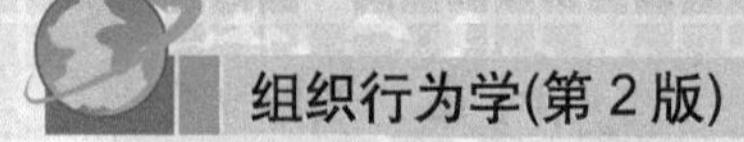

会带来可观的工作绩效。

验证这些假说的研究令人鼓舞，其证据支持了路径-目标理论的逻辑关系。也就是说，当领导者弥补员工或工作环境方面的不足会对员工的绩效和满意度起到积极的影响。但是，当任务本身十分明确或员工有能力和经验处理它们而无须外界干预时，如果领导者还要花费时间解释工作任务，下属就会把这种指导性行为视为多余甚至是侵犯。

四、领导的现代理论

(一)魅力领导理论

魅力型领导者是指具有自信并且信任下属，对下属有高度期望，有理想化的愿望，以及使用个性化风格的领导者。

魅力型领导具有以下五种特质。

(1) 自信。魅力型领导者对自己的判断力和能力充满自信。

(2) 远见。他们有理想的目标，认为未来定会比现状更美好。理想目标与现状的差距越大，下属越有可能认为领导者具有远见卓识。

(3) 对目标的坚定信念。他们有强烈奉献精神，愿意从事高冒险性的工作、付出高代价，为了实现目标能够自我牺牲。

(4) 不循规蹈矩。他们的行为被认为是新颖、反传统、反常规的。当获得成功时，这些行为往往令下属们惊诧而崇敬。

(5) 作为变革的代言人出现。他们被认为是激进变革的代言人，而不是传统现状的卫道士。

魅力型领导者的行为方式如下。

(1) 角色榜样。

豪斯认为，具有魅力影响的领导者通过自己的行为表明了一系列的价值观和信仰，这也正是他们希望其追随者遵从的。也就是说，领导者以自己的角色为追随者塑造了一个价值体系。有关角色榜样的试验表明，一个高水准的角色榜样能够对观察者的自尊心产生影响。有实质性证据表明，一个被别人认为是有教养的、成功的、有能力的人，更有可能成为别人模仿的对象。因此，魅力型领导者通过将自身的角色定型为组织目标的象征，来创造一种有助于提高兴奋度和积极情绪的组织环境。

(2) 形象塑造。

具有魅力影响的领导者不仅为其追随者树立了价值观和信仰的榜样，而且也有意识地采取设计好的行动，使追随者对他们的看法有利。正像马克斯·韦伯所指出的，魅力型领导者必须向追随者证明他具有非凡的能力，只有这样才能被别人认可。这种形象塑造的目的，是要确立追随者对领导者的信任和信心，使追随者相信领导者的正直，从而甘冒职业上的风险去追随领导者的愿景。

(3) 明确目标。

魅力型领导者必须详细表明一个卓越的目标，并使该目标成为某项运动或事业的基础。因此，魅力型领导者的工作就是要明确所要发动的运动的目标，并表明该目标在道义上的正当性。康格和卡农戈认为，领导者所倡导的目标越是理想化，越是不切实际，就越是远离现状，追随者就越有可能认为该领导者不同凡响。领导者通过为追随者指明理想化目标，提出了一种挑战和进行变革的动力。

有关转变态度的文献表明，在可接受的范围内，目标与现实之间的最大差异能够对追随者产生最大的压力，以此来改变他们的态度。理想化目标代表了追随者所赞同的一种观点，追随者承诺会实现他们的理想和抱负。因此，尽管理想化目标与现状之间的差距极大，但还是趋向于保持在可接受范围之内。当一个领导者成功地改变了其追随者的态度，使其接受他所倡导的目标时，他就变成了一个具有魅力的领导者。

宗教之中的魅力来源于预言能力；组织机构中的魅力则来源于对未来的设想。如果既不能预言，又不能设想，魅力就会沦为疯狂。魅力型领导者之所以能够成功地倡导远离现实的目标，是由于追随者将其视为值得信赖的交流者。而领导者的信誉则来源于所树立起的一种可亲的、值得依赖的、见多识广的形象。

魅力型的领导者必须以适当的方式将目标及行动方案表达出来。他们表达的内容包括：①现状的本质；②未来目标的本质；③这些未来目标一旦得以实现，其消除不满并实现追随者的希望和抱负的方式；④实现这些目标的行动计划。在表达这些内容时，领导者往往将现状描绘得一无是处和难以忍受，同时用生动的词汇描绘出一幅关于未来的美好图景，不仅将其说成是最具有吸引力的，并且是能够达到的最好的选择方案。同时，为了让别人依赖于其所献身的事业，魅力型领导者还会通过语言或非语言的富有表现力的行为方式，表明自己的信念、自信和献身精神。为了感染和打动追随者，他们在表达时会采用许多打动人心的技巧，他们的语言、服饰、肢体动作都会采取最吸引人的形式，从而产生出魅力效果。

(4) 阐明对追随者较高的期望和信心。

豪斯认为，领导者如果向追随者表示出较高的绩效期望，并且表明他们有能力实现该期望，就会增强追随者的自尊心，并且会影响他们对目标的认可。研究表明，自尊心强的人比自尊心弱的人更有可能追求更高的绩效奖励，进而选择与其自身特征和能力一致的职业。鼓舞士气的方式还包括使用隐喻和类比，讲一些引人入胜的故事，以及对不同听众采取不同的语言及其他表达技巧。

(5) 采用非常规策略。

达布林认为，使用非常规策略来达到成功表现了人的创造性，而魅力型的领导者经常通过提出实现重要目标的非常规战略来激发其他人。魅力特征通常受领导者两方面行为和能力的影响。一方面，魅力型领导者展示出传统技术以及现有规则的缺陷；另一方面，领导者精心设计了有效的非常规策略及行动计划。当领导者用非常规的方法展示出他们优先

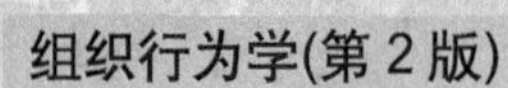

于现有水平的专门知识时，他们被认为是有魅力的。

领导者的魅力特征依靠的是追随者对领导的革命性和非常规性的认识。领导者的革命性既表现在他们远离现实的理想化目标，更重要地表现在他们带领追随者实现其理想时所从事的变革行为，这些行为与他们所在的组织、行业或社会的现有规则相冲突。魅力型领导者并不像大家公选的领导者那样是为集体提供便利的人，他们是积极的改革者。他们的计划、变革策略、承担个人风险的英雄主义示范行为以及自我牺牲的行为，必须是新奇的、非常规的、与众不同的。这类行为一旦获得成功，就会引起追随者的惊奇和敬仰，人们会认为领导者具有非凡的能力，具有魅力。

(6) 个性化的领导。

休斯等人认为，魅力型领导者主要使用个人权力而不是职位权力来进行领导。即使领导者位居正式领导职位，他也大量使用关系性权力，将领导建立在参照权的基础之上。他们与追随者建立起深厚的情感性联系，这并不一定意味着他们与追随者是朋友，而是意味着追随者要相对依赖于领导者的肯定来证明自身的价值。如果追随者被魅力型领导者认为做得好，那会使其感到非常振奋；而如果使魅力型领导者感到失望，会对追随者造成心理上的打击。魅力型领导者善于表达情感，不仅是用言语，而且使用非言语的表达，如手势、眼神、姿势、动作、声调、面部表情等。往往正是由于这些非言语的表达方式，使一些追随者感受到领导者具有“魔力”的个性。

具有领袖魅力的领导者对其下属的态度和行为会产生什么影响呢？一项研究发现，魅力型领导者的下属比非魅力型领导者的下属更自信，认为工作更有意义，从领导那里得到的支持更多，工作时间更长，以更主动的方式对待领导，有更高的工作绩效。另一项研究发现，魅力型领导者的下属生产率更高，且对工作有较高的满意度。与之对应，那些依赖传统事务行为的领导者的下属，其生产率和满意度就不是那么高。

(二)领导的归因理论

归因理论主要用于了解原因与结果之间的关系。当一件事情发生时，人们总愿意将它归因于某种原因。在领导情境下，归因理论指的是，领导主要是人们对其他个体进行的归因。运用归因理论的框架，研究者发现人们倾向于把领导者描述为具有这样一些特质，如智慧、随和的个性、很强的言语表达能力、进取心、理解力和勤奋。在组织层面上，归因理论的框架说明了为什么人们在某些条件下使用领导来解释组织结果。这些组织绩效常常是极端情况，当组织中的绩效极端低或极端高时，人们倾向于把它们归因于领导。这一点有助于解释当组织承受严重的财政危机时，首席执行官们的敏感性，无论他们是否与此事有关；它还说明为什么这些首席执行官们无论实际贡献大小都会因为极好的财政状况而赢得人们的好评。

(三)交易型领导与变革型领导

1. 交易型领导者

大多数领导理论，如俄亥俄州立大学研究、菲德勒模型、路径-目标理论，都讲的是交易型领导者。这些领导者通过明确角色和任务要求来指导或激励下属向着既定的目标活动。他通常具有如下几个特点。

(1) 权变奖励。领导者采用努力与奖励相互交换原则，良好的绩效是奖励的前提，承认成就。

(2) 例外管理(主动)。领导者监督、发现不符合规范与标准的行为，把它们改正为正确的行为。

(3) 例外管理(被动)。只有在没达到标准时才进行干预。

(4) 自由放任。放弃责任，回避决策。

伯恩斯认为传统的领导可以称为一种契约式领导，即在一定的体制和制度框架内，领导者和被领导者总是进行着不断的交换，在交换的过程中领导者的资源奖励(包括有形资源奖励和无形资源奖励)和被领导者对领导者的服从作为交换的条件，双方在一种“默契契约”的约束下完成获得满足的过程。整个过程类似于一场交易，所以传统领导也被称为交易型领导。交易型领导鼓励追随者诉诸他们的自我利益，但是交换的过程以追随者对领导者的顺从为前提，并没有在追随者内心产生一股积极的热情，其工作的内在动力也是有限的，因此，交易型领导不能使组织获得更大程度上的进步。

2. 变革型领导者

关怀每一个下属的日常生活和发展需要；他们帮助下属以新观念看待老问题，从而改变了下属对问题的看法；他们能够激励、唤醒和鼓舞下属为达到群体目标而付出更大的努力。变革型领导者具有以下几个特点。

(1) 领袖魅力。他们提供远见和使命感，逐步灌输荣誉感，赢得尊重与信任。它包括领导者成为下属行为的典范，得到下属的认同、尊重和信任。这些领导者一般具有公认较高的伦理道德标准和很强的个人魅力，深受下属的爱戴和信任。大家认同和支持他所倡导的愿景规划，并对其成就一番事业寄予厚望。

(2) 感召力。领导者向下属表达对他们的高期望值，激励他们加入团队，并成为团队中共享梦想的一分子。在实践中，领导者往往运用团队精神和情感诉求来凝聚下属的努力以实现团队目标，从而使所获得的工作绩效远高于员工为自我利益奋斗时所产生的绩效。

(3) 智力刺激。是指鼓励下属创新，挑战自我，包括向下属灌输新观念，启发下属发表新见解和鼓励下属用新手段、新方法解决工作中遇到的问题。通过智力激发，领导者可以使下属在意识、信念以及价值观的形成上产生激发作用并使之发生变化。

(4) 个性化关怀。个性化关怀是指关心每一个下属，重视个人需要、能力和愿望，耐心

细致地倾听，以及根据每一个下属的不同情况和需要区别性地培养和指导每一个下属。这时变革型领导者就像教练和顾问，帮助员工在应对挑战的过程中成长。

变革型领导是在交易型领导的基础上形成的，在它的作用下，下属所产生的努力水平和绩效水平比在交易型领导的作用下产生的努力水平和绩效水平高得多。此外，变革型领导也更具有领袖魅力。单纯型领袖魅力的领导仅仅是想让下属适应领袖魅力就够了，而变革型领导者则试图逐步培养下属的能力，使他们不但能够解决那些由观念产生的问题，而且完全能解决那些由领导者指出的问题。变革型领导与低离职率、高生产率和高员工满意度之间有着更高的相关性。

第三节　领导力与领导方法的提升

一、德鲁克的观点

德鲁克认为一个有效的领导者必须具备以下五种主要领导力特征。

(1) 善于处理和利用自己的时间，清楚自己的时间应当花在什么地方并将其作为考虑问题的起点。

(2) 注重贡献，确定自己的努力方向，并非为工作而工作，而是为效果而工作。

(3) 善于发现人的长处并加以利用，包括他们自己的长处和他们的上、下级的长处等。

(4) 能分清工作的主次，集中精力于少数主要的领域。其间如果有优秀的成绩就可以产生卓越的成果。

(5) 能做出有效的决策，知道一项有效的决策必定是在“议论纷纷”的基础上做出的判断，而不是在“众口一词”的基础上做出选择。

二、美国管理协会的观点

美国管理协会在20世纪70年代用了5年的时间，对事业上取得成功的1812名主管人员进行了调查和研究，发现成功的主管人员一般具有以下能力。

(1) 工作效率高。

(2) 有主动进取精神、总想不断改进工作。

(3) 逻辑思维能力强、善于分析问题。

(4) 有概括能力。

(5) 有很强的判断能力。

(6) 有自信心。

(7) 能帮助别人提高工作能力。

(8) 能以自己的行为影响别人。

(9) 善于用权。
(10) 善于调动别人的积极性。
(11) 善于利用谈心做工作。
(12) 热情关心别人。
(13) 能使他人积极而又乐观地工作。
(14) 能实行集体领导。
(15) 能自我克制。
(16) 能自行做出决策。
(17) 能客观地听取各方面的意见。
(18) 对自己有正确的评价，能以他人之长补自己之短。
(19) 勤俭。
(20) 必须具有技术和管理方面的知识。

三、鲍莫尔的十大条件论

美国普林斯顿大学教授鲍莫尔(W. J. Banmal)认为企业领导人应具有十大条件。
(1) 合作精神。愿意与他人共事，能赢得他人的合作，对人不用压服，而用说服和感化。
(2) 决策能力。能根据客观实际情况而不是主观想象做出决策，具有高瞻远瞩的能力。
(3) 组织能力。善于发掘下级的才智，善于利用组织的各种资源。
(4) 精于授权。大权独揽，小权分散。
(5) 善于应变。机动灵活、善于进取，不墨守成规。
(6) 敢于创新。对新事物、新环境和新观念有敏锐的感受能力。
(7) 敢于负责。对上级、下级和用户及整个社会都有高度的责任心。
(8) 承担风险。敢于承担企业发展不景气的风险，在困难面前有开创新局面的雄心和信心。
(9) 尊重他人。能听取他人的意见，不盛气凌人，器重下级。
(10) 品德高尚。品德为社会上和组织成员所敬仰。

应当指出的是，有关领导者素质的研究只是在实证基础上所做出的一种理论上的抽象和概括。事实上，完全具备上述条件的领导者并不多见。尽管如此，领导者素质的研究还是为我们选择领导者提供了依据，也为领导者的教育和培训奠定了方向和内容的基础。

四、领导作风的主要理论

被领导者追随领导者的意愿是以领导行为和领导方式为基础的，所以有许多管理学家开始将对领导者的研究从研究领导者的内在特质转移到领导者的外在行为上，这就是领导者的行为方式理论。这种理论的基本观点是，认为领导行为可以依据个人进行领导的方式来对领导进行分类。其中，比较有代表性的分类主要包括以下几点。

(一)以运用职权为基础的领导方式

心理学家勒温通过试验研究不同领导方式对下属行为的影响，他认为根据领导者如何运用职权，可以把领导方式划分为专制方式、民主方式和放任自流方式三种基本类型。

1. 专制方式

专制方式主要是靠权力和强制命令来进行领导，这种领导方式主要有以下特点。

(1) 独断专行，从不考虑别人的意见，完全由领导者自己做出各种决策。

(2) 不把更多的消息告诉下级，下级没有任何参与决策的机会，只能奉命行事。

(3) 主要靠行政命令、纪律约束、训斥惩罚来维护领导者的权威，很少或只有偶尔的奖励。

(4) 预先安排一切工作程序和方法，下级只能服从。

(5) 与下级保持相当的心理距离。

2. 民主方式

民主方式领导行为的主要特征是对将要采取的行动事先同下属商量，并且鼓励下属参与决策。这种领导方式具有以下几个特点。

(1) 各种决策都是由领导者和下属共同协商讨论决定的，是领导者和其下属共同智慧的结晶。

(2) 分配工作时尽量照顾到组织每个成员的能力、兴趣和爱好。

(3) 对下属工作的安排并不具体。员工有相当大的工作自由，有较多的选择性与灵活性。

(4) 主要用个人权力和威信施加影响，而不是靠职位权力和命令使人服从。

(5) 积极参加团体活动，与下级无任何心理上的距离。

3. 自由放任式

这种领导方式的主要特点是，领导者极少运用其权力，而是给下属以高度的独立性。

勒温根据试验所做出的结论是：自由放任的领导方式工作效率最低，只能达到组织成员的社交目标，但完不成工作目标；专制领导方式的领导者虽然通过严格管理能够达到目标，但组织成员没有责任感、情绪消极、士气低落；民主方式领导下的工作效率最高，不但能够完成工作目标，而且组织成员之间关系融洽、工作积极主动，有创造性。现实生活中比较广泛适用的领导作风是“民主—专制混合型”的领导方式，即民主集中制。

至于领导者应采用哪一种领导作风，这要视情况而定。一名领导者在紧急状态下可能是十分专断的，如在有火灾发生的情况下，消防队长很难花很长的时间同消防队员商量灭火的最好方式；而同科研人员打交道的领导者则往往需要在研究和试验过程中给科研人员以充分的自由。

(二)利克特的四种管理方式

美国密执安大学伦西斯·利克特教授及密执安大学社会研究所的有关人员曾进行了一系列的领导方式研究，设计了以下四种管理方式。

(1) 专制-权威式。采用这种领导方式的领导者非常专制，决策完全由自己决定，对下属很少信任，激励主要采取惩罚的方法，沟通多是自上而下地进行。

(2) 开明-权威式。采用这种方式的领导者对下属有一定的信任和信心，采取奖赏与惩罚并用的激励方法，有一定程度的自下而上的沟通，也向下属授予一定的决策权，但自己仍牢牢掌握控制权。

(3) 协商式。采用这种方式的领导人对下属抱有相当大但并不完全的信任，主要采用奖赏的方式来进行激励。沟通方式是上下双向的，在制定总体决策和主要政策的同时，允许下属部门做出具体问题的决策，并在某些情况下进行协商。

(4) 群体参与式。采用这种方式的领导者对下属在一切事务上都抱有充分的信心与信任，积极采纳下属的意见，经常进行上下级之间以及同事间的沟通，鼓励各级组织做出决策。

利克特发现，采用第四种管理方式的领导者往往都是取得最大成就的领导者。这种领导方式不仅在设置和实现目标方面是最有效率的，通常也是最富有成果的。他把这些主要归因于员工参与管理的程度，以及在实践中坚持相互支持的程度。

据此，利克特倡议员工参与管理。他认为有效的领导者是注重面向下属的，他们依靠信息沟通使各部门像一个整体那样行事。群体的所有成员，包括领导者在内都形成一种相互支持的关系。在这种关系中，他们感到在需求、愿望、目标与期望方面有真正的共同利益。由于这种领导方式采取激励人的办法，所以利克特认为它是领导一个群体的最为有效的方式。

(三)领导行为连续统一体

由坦南鲍姆和施米特提出的领导行为连续统一体很好地说明了领导风格的多样性，以及领导方式所具有的因情况而异或随机制宜的性质。这种连续流也称作主管者-非主管者的行为连续流。他们认为领导方式各式各样，一个适宜的领导方法取决于环境和个性。领导行为连续统一体描述了从主要以领导人员为中心到主要以下属人员为中心的一系列领导方式，这些方式依领导者把权力授予下属的大小程度而不同。因此，领导方式并不是在独裁的或民主的两种方法中任选其一。领导连续流提供的是一系列领导方式，不能说哪一种方式总是正确的，或另一种方式总是错误的。领导者不能机械地从独裁、民主两种方式中做出选择，而是要根据客观条件与要求，把两者适当地结合起来。有效的领导者应当是那些考虑到自己的能力、下属的能力和需要完成的任务而能够将权力有效下放的人。有效的领导方式取决于环境和个性。可能影响领导方式的因素有以下三点。

(1) 对领导者的个性起作用的一些因素，如价值观体系、对下属的信任程度和对某些领导方式的习惯与偏好等。

(2) 下属所具有的可能影响领导者行为的因素，诸如乐于承担责任的程度、所具有的经验与知识等。

(3) 情境因素，诸如组织的价值准则和传统习惯、问题的性质等。

领导行为连续统一体还充分考虑到了组织环境与社会环境对领导方式施加的影响。这样就使领导方式具有开放系统的性质，对主管人员的权力提出了挑战，要求他们在做出决定或管辖下属时应考虑到组织外部的利益。

(四)随机制宜的领导理论

弗莱德·菲德勒提出的随机制宜理论认为领导风格的差异不在于领导者的个性，而在于各种不同的情境因素和领导者同群体成员之间的交互作用。任何领导方式都可能有效，关键是要与环境相适应。因此，领导人必须是具有适应能力的人。采取何种领导作风最为有效在很大程度上取决于下面三个因素。

(1) 职位权力。即领导者所处职位的权力能使组织成员遵从其指挥的程度。但这种权力来源并非是由个性或专长引起的，而是来自组织职位所赋予的权力。有明确的和相当大的职位权力的领导者更容易得到他人的追随。

(2) 任务结构。即任务能够得到清楚阐明的程度和组织成员对此的负责程度。任务明确则工作业绩的质量和个人的业绩就容易得到控制和落实。

(3) 领导者与被领导者的关系。即组织群体成员爱戴、信任领导者和乐于追随领导者的程度，以及领导者对下属的吸引力。

菲德勒认为有两大领导作风：一种是任务导向的作风，即领导者从设法完成任务中得到满足；另一种是实现良好的人际关系和个人达到有声望的职位。

(五)领导生命周期理论

由科曼(A. K. Korman)首先提出、后由赫西和布兰查德予以发展的领导生命周期理论认为：领导者的风格，应当适应其下属的“成熟”程度。“成熟”程度主要是指成就动机、承担责任的意愿和能力以及与工作有关的学识和经验等。领导者的行为应当随着“成熟”程度做相应的调整，这样才能进行有效的领导。“高工作、高关系”类型的领导并不是经常有效的，“低工作、低关系”也并不一定经常无效，关键是要看下属的成熟程度。因此，工作行为、关系行为与成熟度之间并非是一种直线关系，而是一种曲线关系，如图 10-3 所示。图中横坐标表示以工作为主的工作行为，纵坐标表示以关心人为主的关系行为，第三个坐标是下属的成熟度。

图中的四个象限代表四种领导方式。

第一象限代表说服型领导方式。这个象限是高工作高关系，适用于较不成熟的情况。

下属愿意担负起工作责任。但他们因缺乏工作的技巧而不能胜任。这时，领导应以双向沟通信息的方式直接进行指导，同时从心理上增加他们的意愿和热情。

第二象限代表参与型领导方式。这个象限是低工作高关系。适用于比较成熟的情况。下属能够胜任工作，但却不满意领导有过多的指示和约束。这时，领导应该通过双向沟通和悉心倾听的方式和下属进行信息交流，支持下属发挥他们的能力。

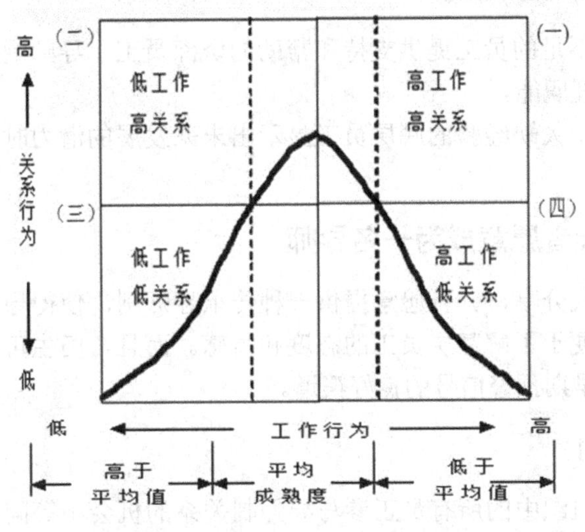

图 10-3 领导生命周期理论曲线

第三象限代表授权型领导方式。这个象限是低工作低关系，适用于高度成熟的情况。下属具有较高的自信心、能力和愿望来承担工作责任，这时，领导可赋予下属权力，让下属“自行其是”，领导者只起监督的作用。

第四象限代表命令型领导方式。这个象限是高工作低关系，适用于低成熟度的情况。下属既不愿意也不能够负担工作责任。对这种成熟度低的下属，领导者可以采取单向沟通形式，明确地向下属规定任务和工作规程。

随着下属由不成熟向逐渐成熟过渡，领导行为应当按着高工作低关系→高工作高关系→高关系低工作→低工作低关系逐步推移。

五、发现和开发有效的领导者

发现有效领导者的方法：从本质上说组织选拔人才以填补管理岗位的整个过程是一种设法找出有效领导者的练习。选拔领导者时，首先考察其有效完成这项工作所必需的知识和技能；人格测试可以用来确定与领导有关的特质如外倾性、责任心及经验开放性；经验并不是预测领导效果的一个好指标，但是针对具体情景的经验却很重要。

开发有效领导者的方法：明确每个人的培训程度不一样；教授那些能让员工成为有效

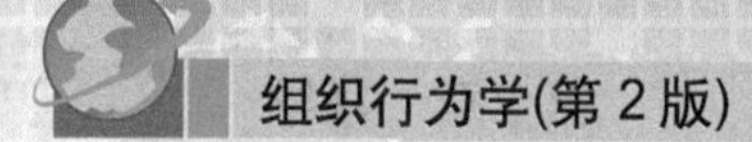

领导者的技能；提供行为培训，提高个体展示领导魅力的能力；高自我监控者，在任何类型的领导培训上都可能更为成功。

六、导师制：为未来的领导做准备

(一)定义与形成的原因

导师是指对经验不足的员工提供支持和帮助的资深员工。导师制关系，能够发挥两种职能：职业职能和心理职能。

当领导者发现一个欠缺经验的底层员工显示出未来发展的潜力时，传统的非正式导师制就形成了。

(二)为什么领导者愿意成为一名导师

领导者和年轻一代分享，并且愿意提供一种传承导师制，使得导师拥有了一条不加过滤的信息通报，从而便于了解基层员工的态度和情感。而且，门生可以成为一个了解组织中的潜在问题、提供早期预警信号的良好渠道。

(三)特点与作用

导师制的特点：组织中的所有员工参与导师制关系的机会不等同；正式的导师制计划效果不如非正式的关系好；到时的承诺对导师制计划的效果至关重要；门生必须感到自己真正投入到这种关系之中。

导师制对事业成功的作用，主要是心理层面的，对薪酬和工作绩效等客观结果的好处微乎其微。导师的有效性取决于他们可以获得的资源，一位拥有强大社会关系网的导师可以为门生建立有助于其未来发展的人际关系。有效导师制的关键是导师必须认为这种关系对自己和门生都有好处，门生也必须感觉到自己真正投入这种关系之中，那些觉得被强制的门生只会应付了事。如果正式的导师制计划，能够正确地匹配门生和导师的工作风格、需求和技能，那么它就最有可能获得成功。

七、管理你的领导

管理自己的老板听起来似乎不大可能，原因很简单，大多数下属都严重低估他们对其上级的影响力。这种低估的前提是几个有缺陷的假设：①老板是无所不能的；②老板可获得做出决定所必需的全部信息；③老板有足够的时间做出全部决定。

可以有效管理其老板的下属往往：①清楚老板喜爱的决策方式；②认同老板处理下属时所喜爱的形式标准；③定期洞悉老板的目标。管理自己的老板采用这样一种影响策略：认同有权力的人，特别是在职业导师和被指导人关系中更是如此。

控制信息通道是控制稀有资源的一种方法，如果能够做到这一点，就控制了对他人有价值的东西。对申请人资格具有专门知识的招聘人员比申请人和人力资源主管的权力更大。如果能够控制及时和准确的信息流，只要不被称为一个妨碍者，就可以在管理决策过程中获得权力。

成为有学问的员工是指获得丰富的专门知识来解决问题。最重要的问题通常牵涉到外部意外情况，会对公司产生环境不确定性。这些紧迫问题的例子有：行销新产品、处理产品质量问题、解决工作中断和出现丑闻。领导有时会表现出对专家型经验的依赖性倾向。

操纵规则是指密切关注有利于某人的公司政策和尝试更改规则和规程以获得更大的权力。某些工作有很多机会来通过操纵规则获得权力。律师和内部审计员有更大权力，因为他们的工作是书写、修订和控制规程。但为了个人利益而操纵规则的管理人员会冒损害他们声望的风险，我们已经知道美国有几家大型公司爆出了会计丑闻。个人有强烈权力欲望而又道德败坏的高马基雅维利型管理者经常操纵规则，这明显要冒很大风险。

控制人事决策并不仅仅意味着雇用和解雇。以下建议同样可以增加权力：哪些员工需要进一步培训、谁应调动工作、谁应升职以及谁处理招聘问题等。如果公司员工知识退化，不利于提高产品质量和进行革新，则招聘和培训新员工是公司获得竞争优势不可或缺的因素。招聘和培训那些制造和推销新产品的员工的管理者应得到承认并获得晋升。

第四节　权力与影响力

一、权力

权力是一个人所具有的施加于他人的控制力。权力主要来自两个方面：一是来自职位的权力。这种权力是由上级和组织赋予领导者在组织中所处职位并由法律、制度明文规定的，属于正式的权力。这样的权力随职务的变动而变动。有职位者就拥有这种权力，无职位者就无正式权力。正式权力的基本内容包括对组织活动的决定权、指挥权和对组织成员的奖惩权。组织成员往往出于压力和习惯不得不服从这种权力。

二是来自领导者个人的权力。这种权力不是由于领导者在组织中的职位，而是由于其自身的某些特殊条件才具有的。例如，领导者具有高尚的品德、丰富的经验、卓越的工作能力、良好的人际关系、可信、可敬；不仅能完成组织目标，而且善于创造一个激励的工作环境，以满足组织成员的需要，等等。这种权力不随职位的消失而消失，其所产生的影响是组织成员发自内心的、长时期的敬重与服从。

职权是命令或请他人做您希望他们做的事的一种权力。一个人的职权范围是由他在指挥体系中所在的级别规定的。上级对下级的职权包括：①设定目标，评估绩效；②分配加班任务。职权是从员工所在的职位向下施加影响的。职权由公司授予，而权力有多种来源。

权力有以下几个特征：第一，只可在他人有所依赖的关系中行使权力，抛开人际关系环境来谈论权力是没有意义的；第二，个人可以学会有效利用权力；第三，权力在公司中无处不在，而且会在各个方向产生影响。组织层次结构在纵向上的每个层次的权力都有区分，每一层次分割一部分权力。如果横向比较，有些部门会比其他部门让人感到更有权力，同样，多年来公司的高级领导都来自这些部门。

从构成基础来看，权力可以分为五类。

(1) 强制权。强制权也就是惩罚权，它建立在当组织其他成员有违背上司的行动、态度或指示时必须受到惩罚的基础上，即建立在下属意识到不服从上司的意愿就会导致惩罚的基础上，这种以下级的恐惧感为前提的权力就是强制权。

强制权虽然使下属基于恐惧而产生顺从，但这种顺从是表面的、暂时的，且内心并不一定心悦诚服。为了维持这种顺从，领导者必须时常监督下属是否按照他的指示去做。如果发现下属没有按照指示去做或做得不好，为了维持恐惧就要施以惩罚。而监督和惩罚的成本一般来说是非常高昂的。

(2) 奖励权。奖励权是惩罚权的相对物，它建立在组织成员意识到下属服从上司的意愿会带来积极奖励的基础上。这些奖励可以是物质的，如提高报酬；也可以是非物质的，如因工作做得好而受到表扬。奖励权来自下属追求满足的欲望，即下属人员感到领导者有能力奖赏他，或能够使他产生愉快感和满足感。

奖励权是采取奖励的办法来引导人们做出所需要的行为。其效果当然要比惩罚好，可以增加领导者对下属的吸引力，也能引起满意的效果。但这种方法的奖励作用要视奖励值的大小和公平性如何而定。过分使用这种权力容易形成人们对金钱的依赖心理，容易引发本位主义，使下级缺乏整体和长远观念。

(3) 法定权。法定权也称合法权，这种权力来自一位上司在组织机构里的地位。例如，公司经理比副经理有更多的法定权力，部门经理比下属单位的领导有更多的法定权力。

法定权是下属基于习惯、社会意识和某种责任感所引起的服从，但这种服从不能导致较高的工作效率和个人满意的感觉。下级接受这种权力，还可能是由于只有这样才能得到领导者的赞扬、组织中其他成员的接纳和认可以及满足自身的安全感和亲和感的要求。

(4) 个人影响权。个人影响权也称模范权，这种权力建立在一位下属对一位领导者的认可和信任上。领导者由于具有一种或多种优秀品质而受到敬佩，下属人员认可和相信领导者具有自身所敬佩的智慧和品质，从而愿意模仿和跟随。

(5) 专长权。具有这种权力的领导者是具有某些专门知识、特殊技能或知识的人。具有一种或多种这种能力的领导会赢得同事和下属们的尊敬和服从。这种权力和个人影响权一样，都是来自下属人员对具有这种权力的领导者的尊敬和崇拜。

在权力的构成中，强制权、奖励权、法定权属于职位权力，个人影响权和专长权属于个人权力。这几种不同的权力对下级产生的影响效果和个人的满意程度是不同的。

从权力的构成基础来看，强制权、奖励权和法定权主要取决于个人在组织中的地位，而影响权力和专长权力主要是由个人性格决定的。因此可以说，领导者个人控制着个人影响权力和专长权力的基础，而组织则控制着强制权力、奖励权力和法定权力的基础。组织的领导者应当寻求除了使组织成员机械服从组织日常指示之外的影响的扩大。我们认为，这种影响的扩大在于个人影响和专长知识的结合，而不单纯取决于领导者个人的魅力。

权力划分的实质表明：有效的领导是组织所赋予的各种权力和个人性格的完美结合。

二、影响力

影响力表明了一种试图支配与统率他人的倾向，从而使一个人采取各种劝说、说服甚至是强迫的行动来左右他人的思想、情感或行为。

构成领导影响力的基础有两大方面，一是权力性影响力；二是非权力性影响力。

(1) 权力性影响力。又称为强制性影响力。它主要源于法律、职位、习惯、武力等。权力性影响力对人的影响带有强迫性、不可抗拒性，它是通过外推力的方式发挥其作用的。在这种方式作用下，权力性影响力对人的心理和行为的激励是有限的。构成权力性影响力的因素主要有：法律；职位；习惯；暴力。

(2) 非权力性影响力。它主要来源于领导者个人的人格魅力，来源于领导者与被领导者之间的相互感召和相互信赖。构成非权力性影响力的因素主要有：品格因素；才能因素；知识因素；情感因素。

具备影响力素质的人通常表现出以下行为，包括“提请他人注意资料、事实与依据”“利用具体的事例、证明等”“强化自己的支持者，弱化自己的对立面”等。影响力与人际理解力、服务精神等素质的核心区别在于，影响力是为推动他人达成个人所期望的目标而服务；而人际理解力与服务精神更多是为帮助达成他人的目标而采取行动。

本章小结

在理解群体行为方面，领导占据着核心地位，因为，领导者常常为实现目标指明了方向。本章首先阐述了什么是领导，以及领导、领导者和管理者的区别，接着介绍了领导理论发展的四个阶段以及诚信领导。第二节中，我们首先介绍特质理论，它一直主导着有关领导的研究，直到 20 世纪 40 年代末；接下来，我们介绍行为理论、权变理论与领导的现代理论，他们在 20 世纪 60 年代末之前一直盛行不衰。第三节，我们介绍领导力与领导方法的提升。领导是一门独特的艺术，领导力与领导方法的提升在当今社会中显得尤为重要，因此对如何培养自己的领导能力，我们给出了一些方法和建议。在任何群体或组织中，权力都是一种自然存在的现象，是影响他人的一种能力，因此在第四节中我们引出了权力与影响力的概念。

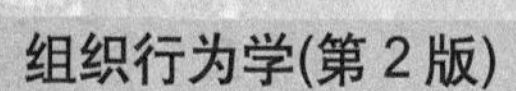

实训课堂

阿里巴巴高管引咎辞职事件

阿里巴巴 B2B 公司发现从 2009 年年底开始，平台客户的欺诈投诉有上升趋势。B2B 公司董事会于是委托专门的调查小组，对上述事件进行了独立调查，查实 2009 年、2010 年两年间分别有 1219 家(占比 1.1%)和 1107 家(占比 0.8%)的“中国供应商”客户涉嫌欺诈。上述账户全部被关闭，并已提交司法机关参与调查。

在调查环节中，有迹象表明 B2B 公司直销团队的一些员工，为了追求高业绩、高收入，故意或者疏忽而导致一些涉嫌欺诈的公司加入阿里巴巴平台。先后有近百名销售人员被认为负有直接责任。这些人员皆按照公司制度接受包括开除在内的多项处理。

公告中董事会认为，这种组织性的问题需要本公司继续强化价值观才能得以解决。“基于对客户第一的使命感，和阿里人为了组织健康的责任感”，公司 CEO 卫哲、COO 李旭辉主动承担责任向董事会申请辞职。原淘宝网 CEO 陆兆禧将接任卫哲出任 B2B 公司 CEO。同时，公司也严肃处理了近百名负有直接责任的销售人员。

卫哲为事件进行公开道歉时表示，“这四五年里，我刻骨铭心地体会到以客户第一为首要的阿里巴巴的价值观是公司存在的立命之本！尽管我们是一家上市公司，但我们不能被业绩所绑架，放弃做正确的事！阿里巴巴公司存在第一天就不在乎业绩多少，业绩是结果，不是目标！我学习到作为阿里人要勇敢地面对并承担自己的责任”。

阿里巴巴 B2B 董事会主席马云在随后写给员工和客户的邮件中痛斥了这种行为，称“对这种触犯商业诚信原则和公司价值观底线的行为，任何的容忍姑息都是对更多诚信客户、更多诚信阿里人的犯罪!”但是马云希望员工具备“面对现实，勇于担当和刮骨疗伤的勇气”，才能在艰苦的创业路上“走得更远，走得更好”。

思考讨论题

1. 当当网 CEO 李国庆公开对马云表示：“辞职已经是当事人职业生涯代价，别搞成引咎；也别在公司内声讨，更别诉诸媒体。虽然这样对您和阿里企业有益处。让我们一起营造合伙人和职业经理人健康的进退氛围。”企业中出现严重高管失职问题，自曝家丑高调开除高管再进行企业改革与低调开除高管再进行企业改革，哪种方式对企业发展更有利？

2. 马云对高管的要求中特别强调——先做榜样，再做管理。上述高管失职行为是监督不当引起的，并非有意为之，企业是否一定要高管离职？采取其他的惩罚措施可以吗？

第十一章 激　励

【学习要点及目标】

- 重点掌握早期和现代激励理论的主要论点，以及各理论的主要内容。
- 了解和掌握目标管理和行为矫正法在员工激励中的应用。
- 了解挫折行为的产生原因，心理冲突对心理挫折的影响，挫折行为的具体表现，以及应对方法。

【核心概念】

- 马斯洛的需求理论　X理论　Y理论　保健理论　ERG理论　麦克莱兰德的需要理论　认知评价理论　目标设置理论　强化理论　公平理论　期望理论　目标管理　行为矫正　心理冲突　心理挫折

【引导案例】

腾讯员工持股计划

腾讯在18周年庆给每位腾讯员工发300股腾讯股票之后，腾讯控股发布公告，发行1787万新股奖励10800名员工。按照7月10日腾讯控股收盘股价271.6港元计算，这笔奖励价值48.5亿港元(42.2亿元人民币)。

董事会已决议根据该公司股东于2017年股东周年大会上授予的一般授权发行合计共17 870 595股新股，包括根据2013年计划分别于2016年8月至2017年6月期间向1686位奖励人士授予共5 519 965股奖励股份及于2017年7月10日向9114位奖励人士授予12 350 630股奖励股份。该公告所披露于2016年8月至2017年6月期间向1686位奖励人士授予5 519 965股奖励股份并不包括18周年奖励股份。扔出奖励股份时，受托人及全部10 800位奖励人士及彼等各自的最终实益拥有人(如有)为独立于本公司的第三方及并非本公司的关联人士，以及并非本集团董事或主要股东(按上市规则的定义)或除外人士。在发行事项理由一项中，公告表示，旨在嘉许奖励人士所做贡献并吸引及挽留该集团持续经营及发展所需人才。腾讯18周年纪念日当天，腾讯董事会主席兼首席执行官马化腾宣布，为感谢员工过往努力的付出：将向员工授予每人300股腾讯股票，作为公司成立18周年的特别纪念，按照目前股价计算约合人民币5.3万元。腾讯称，预计本次授予股票总价值约达17亿港元(约15亿元人民币)。

此外，腾讯还为在职员工、离职员工、外包人员和公司服务人员准备了总额约3000万元的现金红包，单个红包金额在188～1888元之间不等。

【案例导学】

1. 试分析腾讯公司的员工持股激励方案起到的作用(结合有关激励理论)。

2. 腾讯公司的“员工持股计划”，在创业初期的小公司能有效地实行吗？在中国国有企业中能有效地实行吗？

第一节　早期的激励理论

一、需要层次理论

(一)理论简介

最著名的激励理论当数亚伯拉罕·马斯洛的需要层次理论。他假设每个人的内心都存在着以下五种需要层次。

(1) 生理需要：包括饥饿、干渴、栖身、性和其他身体需要。

(2) 安全需要：保护自己免受生理和心理伤害的需要。

(3) 社会需要：包括爱、归属、接纳和友谊等需要。

(4) 尊重需要：内部尊重因素，如自尊、自主和成就；外部尊重因素，如地位、认可和关注。

(5) 自我实现需要：一种追求个人能力极限的内驱力，包括成长、发挥自己的潜能和自我实现。

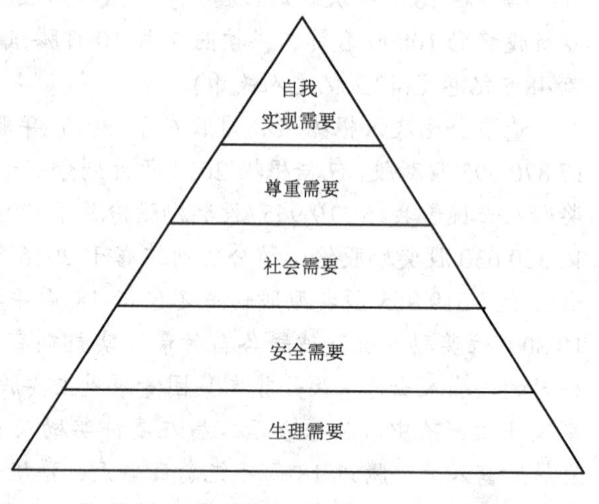

图 11-1　马斯洛的需要层次理论

当任何一种需要基本上得到满足后，下一个需要就成为主导需要。如图 11-1 所示，个体顺着需要层次的阶梯前进。从激励的观点来看，这种理论认为，虽然不存在完全获得满足的需要，但那些获得基本满足的需要也不再具有激励作用。所以，如果你要激励某个人，根据马斯洛的需要理论，需要知道他现在处于需要层次的哪个水平上，然后去满足这些需要及更高层次的需要。

(二)管理中的实际应用

了解员工的需要是应用需要层次理论对员工进行激励的一个重要前提。在不同组织中、不同时期的员工以及组织中不同的员工的需要充满差异性，而且经常变化。因此，管理者应该经常性地用各种方式进行调研，弄清员工未得到满足的需要是什么，然后有针对性地进行激励。

从企业经营消费者满意战略的角度来看，每一个需要层次上的消费者对产品的需要都不一样，即不同的产品满足不同的需要层次。将营销方法建立在消费者需要的基础之上考虑，不同的需要也即产生不同的营销手段。根据五个需要层次，可以划分出五个消费者市场。

(1) 生理需要→满足最低需求层次的市场，消费者只要求产品具有一般功能即可。

(2) 安全需要→满足对“安全”有要求的市场，消费者关注产品对身体的影响。

(3) 社交需要→满足对“交际”有要求的市场，消费者关注产品是否有助于提高自己的交际形象。

(4) 尊重需要→满足对产品有与众不同要求的市场，消费者关注产品的象征意义。

(5) 自我实现→满足对产品有自己判断标准的市场，消费者拥有自己固定的品牌。

市场的竞争，总是越低端越激烈，价格竞争显然是将“需要层次”降到最低，消费者感觉不到其他层次的“满意”，愿意支付的价格当然也低。需要层次越高，消费者就越不容易被满足。

二、X 理论和 Y 理论

(一)X 理论简介与管理要点

道格拉斯·麦格雷戈(Douglas McGregor)提出两种完全不同的人性假设：一种基本上是消极的，称为 X 理论；另一种基本上是积极的，称为 Y 理论。通过观察管理者对待员工的方式，麦格雷戈得出结论：一个管理者关于人性的观点是建立在一组特定的假设之上的，他倾向于根据这些假设塑造自己对待下级的行为。

根据 X 理论，管理者持有以下四种假设。

(1) 员工天生讨厌工作，尽可能地逃避工作。

(2) 由于员工讨厌工作，必须对其进行强制、控制和惩罚，迫使他们实现目标。

(3) 员工逃避责任，并且尽可能地寻求正式的指导。

(4) 大多数员工认为安全感在工作相关因素中最为重要，并且没有什么进取心。

管理要点：管理者以经济目的——获得利润为出发点，来组织人、财、物等生产要素；管理是一个指挥他人的工作、控制他人的活动、调整他人的行为以满足组织需要的过程；管理的手段或者是奖惩、严格的管理制度、权威、严密的控制体系，或者是采用松弛的管理方法，宽容和满足人的各种要求，求得相安无事。

(二)Y 理论简介与管理要点

与这些关于人性的消极假设相反，麦格雷戈还提出了四个积极假设，他称之为 Y 理论。

(1) 员工会把工作看成与休息或游戏一样自然的事情。

(2) 如果员工对工作作出承诺，就能做到自我引导和自我控制。

(3) 普通人能学会接受甚至寻求责任。

(4) 人们普遍具有创造性决策能力，而不只是管理层次的核心人物具有这种能力。

如果我们接受麦格雷戈的分析，X 理论假设低级需要主导个体行为，Y 理论假设高级需要决定个体行为，麦格雷戈自己认为 Y 理论比 X 理论更符合实际。因此，他提出了一些促进员工工作动机的方法，如参与决策过程、提供有责任性和挑战性的工作、建立融洽的群体关系等。

管理要点：管理要通过有效地综合运用人、财、物等生产要素来实现企业的各种目标；把人安排到具有吸引力和富有意义的岗位上工作；重视人的基本特征和基本需求，鼓励人们参与自身目标和组织目标的制定；把责任最大限度地交给工作者；要用信任取代监督，以启发与诱导代替命令与服从。

(三)最新研究成果

1. Z 理论

日本学者威廉·大内在比较了日本企业和美国企业的不同的管理特点之后，参照 X 理论和 Y 理论，提出了所谓 Z 理论，将日本的企业文化管理加以归纳。Z 理论强调管理中的文化特性，主要由信任、微妙性和亲密性所组成。根据这种理论，管理者要对员工表示信任，而信任可以激励员工以真诚的态度对待企业、对待同事，为企业而忠心耿耿地工作。微妙性是指企业对员工的不同个性的了解，以便根据各自的个性和特长组成最佳搭档或团队，增强劳动率。而亲密性强调个人感情的作用，提倡在员工之间应建立一种亲密和谐的伙伴关系，为了企业的目标而共同努力。

X 理论和 Y 理论基本回答了员工管理的基本原则问题，Z 理论将东方国度中的人文感情糅进了管理理论。我们可以将 Z 理论看作是对 X 理论和 Y 理论的一种补充和完善，在员工管理中根据企业的实际状况灵活掌握制度与人性、管制与自觉之间的关系，因地制宜地实施最符合企业利益和员工利益的管理方法。

2. 超 Y 理论

超 Y 理论是 1970 年由美国管理心理学家约翰·莫尔斯(J.J.Morse)和杰伊·洛希(J.W.Lorscn)根据“复杂人”的假定，提出的一种新的管理理论。它主要见于 1970 年《哈佛商业评论》杂志上发表的《超 Y 理论》一文和 1974 年出版的《组织及其他成员：权变法》一书中。该理论认为，没有什么一成不变的、普遍适用的最佳的管理方式，必须根据组织内外环境自变量、管理思想以及管理技术等因变量之间的函数关系，灵活地采取相应的管理措施，管理方式要适合于工作性质、成员素质等。超Y理论在对X理论和Y理论进行实验分析比较后，提出一种既结合X理论和Y理论，又不同于X理论和Y理论的理论，即一种主张权宜应变的经营管理理论。实质上是要求将工作、组织、个人、环境等因素做最佳的配合。

三、激励-保健理论

(一)简介

激励-保健理论由心理学家弗雷德里克·赫兹伯格(Frederick Herzberg)提出。赫兹伯格通过调查总结出，人们对工作满意时的回答和对工作不满意时的回答大相径庭。某些特征总是与工作满意度有关，而其他因素与工作不满意有关。一些内部因素，如工作成就感、工作成绩是否得到认可、工作本身、责任大小、晋升、成长等，看起来均与工作满意度有关。一方面，当被调查者对工作满意时，他们倾向于把这些特征归于自己。另一方面，当他们不满意时，他们倾向于抱怨外部因素，如公司政策及行政管理、监督者、与主管的关系和工作条件等。

赫兹伯格认为，满意的对立面不是不满意，不像通常人们认为的那样，消除工作中的不满意因素并不必然带来工作满意，如图11-2所示。赫兹伯格认为，这一发现表明了一个二元连续统一体的存在："满意"的对立面是"没有满意"，"不满意"的对立面是"没有不满意"。

满意与不满意观点的对比		
传统观点		满意 —— 对立面 ——→ 不满意
赫兹伯格观点	激励因素	满意 —— 对立面 ——→ 没有满意
	保健因素	没有不满意 —— 对立面 ——→ 不满意

图11-2 满意与不满意观点的对比

根据赫兹伯格的观点，带来工作满意的因素和导致工作不满意的因素是不相关的和截然不同的。因此，管理者若努力消除带来工作不满意的因素，可能会带来平静，却不一定有激励作用。他们能安抚员工，却不能激励他们。因此，赫兹伯格把公司政策、监督、人际关系、工作环境和工资这样的因素称为保健因素。当具备这些因素时，员工没有不满意，但是它们也不会带来满意。若想在工作中激励人们，赫兹伯格提出，要强调成就、认可、

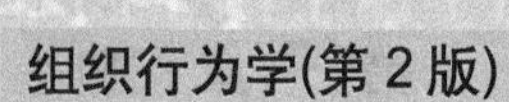

工作本身、责任和晋升，这些因素都是内部奖励。

(二)解析

赫兹伯格双因素理论的核心是：“只有激励因素才能够给人们带来满意感，而保健因素只能消除人们的不满，但不会带来满意感”，因此如何认定与分析激励因素和保健因素并“因材施政”这才是关键。比如就销售人员的工资薪金设计来说，按照双因素理论，应该划分为基础工资与销售提成两部分，基础工资应属于保健因素，销售提成则属于激励因素。对销售人员而言，通常做法是低工资高提成，这样才能促使销售人员尽可能地多做业务。因此，将赫兹伯格双因素理论运用于管理，首先在于对存在的各因素进行质的分析与划分，明确或创造出保健与激励因素两部分；其次，再进行量的分析与划分，既保障保健因素的基本满足程度，又尽量地加大激励因素的成分，从而最终由此最大程度激发员工工作的积极主动性。

保健因素与激励因素的实质区别就在于“平等因素”与“公平因素”的区别，凡是共同享有的、共同承受的、共同面对的就是平等因素，而与其工作职责目标紧密统一的，必须按工作成绩分层次、分等级享有、承受与面对的则是“公平因素”。凡是平等的必然是保健的，因而是必须给予其基本满足，但却是永远难以完全满足的因素；相反，凡是公平的必然是激励的，因而虽然员工不会主动要求，但却是最大程度的有激励性的，从而也是应该给予提倡与实施的。

我们知道了保健因素与激励因素的实质区别，就明白了保健因素与激励因素实际上只是形式上的区别，而没有内容上的区别，任何内容都可能因其平等享有或公平处置而具有保健性或激励性，当然可就多项内容划分为保健与激励的，但也可就一项内容划分为保健与激励的，例如薪金就可划分为基本工资与奖金两部分。

保健因素与激励因素在量上的划分，关键还是取决于工作的性质。当员工的工作性质安全舒适度要求很高时，高工资高福利政策也就是必需的，比如很多高科技公司在员工的福利待遇上照顾得无微不至，工作环境也搞得优美随意，工作时间非常宽松，其原因就在于高科技公司的工作是高创造性的，创造是需要灵感的，而灵感的产生往往需要创造人心无旁骛，因此高基本工资与高福利待遇显得非常重要。相反，当员工的工作性质需要其高外向性，必须面对外面各种令人畏难的艰难困苦环境时，实施低基本工资与高机动工资也就非常必要，比如俗话说“重赏之下必有勇夫”也就反映了这一道理。

四、麦克利兰的需求理论

(一)简介

成就动机理论是美国哈佛大学教授戴维·麦克利兰(David. C. McClelland)通过对人的需求和动机进行研究，于20世纪50年代在一系列文章中提出的。麦克利兰把人的高层次需求归纳为对成就、权力和亲和的需求。他对这三种需求，特别是成就需求做了深入的研究。

(1) 成就需求：争取成功和希望做得最好的需求。

麦克利兰认为，具有强烈的成就需求的人渴望将事情做得更为完美，提高工作效率，获得更大的成功，他们追求的是在争取成功的过程中克服困难、解决难题、努力奋斗的乐趣，以及成功之后的个人成就感，他们并不看重成功所带来的物质奖励。个体的成就需求与他们所处的经济、文化、社会、政府的发展程度有关，社会风气也制约着人们的成就需求。

麦克利兰发现高成就需求者有三个主要特点：第一，高成就需求者喜欢设立具有适度挑战性的目标，不喜欢凭运气获得的成功，不喜欢接受那些在他们看来特别容易或特别困难的工作任务。第二，成就需求者在选择目标时会回避过分的难度，他们喜欢中等难度的目标，既不是唾手可得没有一点成就感，也不是困难得只能凭运气。第三，高成就需求者喜欢多少能立即给予反馈的任务，目标对于他们非常重要，所以他们希望得到有关工作绩效的及时明确的反馈信息，从而了解自己是否有所进步。

麦克利兰指出，金钱刺激对高成就需求者的影响很复杂。一方面，高成就需求者往往对自己的贡献评价甚高，自抬身价。他们有自信心，因为他们了解自己的长处，也了解自己的短处，所以在选择特定工作时有信心。如果他们在组织中工作出色而薪酬很低，他们是不会在这个组织中待很长时间的。另一方面，金钱刺激究竟能够对提高他们绩效起多大作用很难说清，他们一般总以自己的最高效率工作，所以金钱固然是成就和能力的鲜明标志，但是由于他们觉得这配不上他们的贡献，所以可能引起不满。一个公司如果有很多具有成就需求的人，那么公司就会发展很快；一个国家如果有很多这样的公司，整个国家的经济发展速度就会高于世界平均水平。

(2) 权力需求：影响或控制他人且不受他人控制的需求。

权力需求是指影响和控制别人的一种愿望或驱动力。不同人对权力的渴望程度也有所不同。权力需求较高的人对影响和控制别人表现出很大的兴趣，喜欢对别人“发号施令”，注重争取地位和影响力。他们常常表现出喜欢争辩、健谈、直率和头脑冷静；善于提出问题和要求；喜欢教训别人、并乐于演讲。他们喜欢具有竞争性和能体现较高地位的场合或情境，他们也会追求出色的成绩，但他们这样做并不像高成就需求者那样是为了个人成就感，而是为了获得地位和权力或与自己已具有的权力和地位相称。权力需求是管理成功的基本要素之一。

(3) 亲和需求：建立友好亲密的人际关系的需求。

亲和需求就是寻求被他人喜爱和接纳的一种愿望。高亲和动机的人更倾向于与他人进行交往，至少是为他人着想，这种交往会给他带来愉快。高亲和需求者渴望亲和，喜欢合作而不是竞争的工作环境，希望彼此之间能够沟通与理解，他们对环境中的人际关系更为敏感。有时，亲和需求也表现为对失去某些亲密关系的恐惧和对人际冲突的回避。亲和需求是保持社会交往和人际关系和谐的重要条件。麦克利兰的亲和需求与马斯洛的感情上的

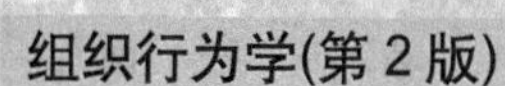

需求、奥尔德弗的关系需求基本相同。麦克利兰指出，注重亲和需求的管理者容易因为讲究交情和义气而违背或不重视管理工作原则，从而会导致组织效率下降。

(二)推论

在大量的研究基础上，麦克利兰对成就需求与工作绩效的关系进行了十分有说服力的推断。首先，高成就需求者喜欢能独立负责、可以获得信息反馈和中度冒险的工作环境。他们会从这种环境中获得高度的激励。麦克利兰发现，在小企业的经理人员和在企业中独立负责一个部门的管理者中，高成就需求者往往会取得成功。其次，在大型企业或其他组织中，高成就需求者并不一定就是一个优秀的管理者，原因是高成就需求者往往只对自己的工作绩效感兴趣，并不关心如何影响别人去做好工作。再次，亲和需求、权力需求和管理的成功密切相关。麦克利兰发现，最优秀的管理者往往是权力需求很高而亲和需求很低的人。如果一个大企业的经理的权力需求与责任感和自我控制相结合，那么他就很有可能成功。最后，可以对员工进行训练来激发他们的成就需求。如果某项工作要求高成就需求者，那么管理者可以通过直接选拔的方式找到一名高成就需求者，或者通过培训的方式培养自己原有的下属。

麦克利兰的成就动机理论在企业管理中很有应用价值。首先，在人员的选拔和安置上，通过测量和评价一个人动机体系的特征对于如何分派工作和安排职位有重要的意义。其次，由于具有不同需求的人需求不同的激励方式，了解员工的需求与动机有利于合理建立激励机制。最后，麦克利兰认为动机是可以训练和激发的，因此可以训练和提高员工的成就动机，以提高生产率。

第二节　现代激励理论

一、ERG理论

(一)简介

耶鲁大学的克莱顿·爱尔德弗重组了马斯洛的需求层次使之和实证研究更加一致，经他修改的需要层次称为ERG理论。他认为有三种核心需要：生存、相互关系和成长，所以称之为ERG理论。首先生存需要涉及满足我们基本的物质生存需要，包括马斯洛称为生理需要和安全需要的这两项。其次需要是相互关系，即维持重要的人际关系的需要。这类需要和马斯洛的社会需要和尊重需要中的外在部分相对应。最后，成长需要即个人发展的内部需要，包括马斯洛的尊重需要的内在部分和自我实现需要的一些特征。

ERG理论证实了：①多种需要可以同时存在；②如果高层次需要不能得到满足，那么满足低层次需要的愿望会更强烈。ERG理论不认为必须在低层次需要获得满足后才能进入高层次的需要。

ERG 理论像马斯洛的理论一样，认为较低层次需要的满足会带来满足较高层次需要的愿望；但同时也认为多种需要作为激励因素可以同时存在，并且，满足较高层次需要的努力受挫会导致其倒退到较低层次的需要。

(二)原则与意义

需要并存原则：ERG 理论并不强调需要层次的顺序，认为某种需要在一定时间内对行为起作用，而当这种需要得到满足后，可能去追求更高层次的需要，也可能没有这种上升趋势。

需要降级原则：ERG 理论认为，当较高级需要受到挫折时，可能会降而求其次。

ERG 理论还认为，某种需要在得到基本满足后，其强烈程度不仅不会减弱，还可能会增强，这就与马斯洛的观点不一致了。

需要就是激发动机的原始驱动力。一个人如果没有什么需要，也就没有什么动力与活力可言了；反之，一个人只要有需要，就表示存在着激励因素。作为一名领导者，不仅要掌握充满活力的需要理论，还要善于将满足员工需要所设置的目标与企业的目标密切结合起来，同时应特别注重下属较高层次需要的满足，以防止“受挫——回归”现象的发生。

二、认知评价理论

认知评价理论是由德西和莱恩在 1975 年提出的，又称为自我决定论，是指人对客观事件、事物的看法和评判。他认为控制行为的外部强化无视个人的自我决定，会导致内在动机降低，使本来具有内在兴趣的活动必须依靠外在奖励才能维持。正如钱钟书先生所言：“内在的不足才借助外在的多余。”外部强化对于本身具有兴奋性的活动不仅是多余的，而且是有害的。认知评价理论提出了“内在激励”的概念，也称为内在激励理论。认知评价理论认为过分强调外在的激励因素会导致内在激励因素的萎缩。当员工是出于喜欢某种工作而非常投入地工作，如果管理者对他的工作业绩过分看重，并对工作结果进行奖励，可能会导致员工工作动机下降。因为对工作业绩进行奖励会使员工感到自己是为了物质利益而工作，而不是为了自己的爱好和兴趣，因此觉得自己丧失了对自己行为的控制。依靠内在动机促使员工工作可以确保员工工作比较稳定和持久地保持较高的质量；而外在激励因素促使员工工作是刚性的，一旦减少外在的激励因素，员工工作动机可能会大大下降。这种理论适用那些外在奖酬对员工工作动机比较重要，而工作本身又有一定内在激励作用的工作。而大部分的底层工作都不太能提供内在性的激励，只有部分专业性与管理性的工作才有这种作用。

认知评价理论主要集中于探讨内在奖励与外在奖励之间的关系。这个理论指出，过分突出的外在奖励很可能削弱内在激励的程度，因为过分突出的外在奖励往往会强化行为的

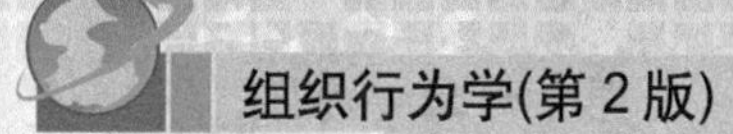

外部控制源，使得人们对工作行为和获得奖励的原因“外在化”，从而削弱行为与目标的自身价值与内在激励。认知评价理论对于设计使用内在和外在奖励方面具有一定的指导意义。

三、目标设置理论

(一)简介

埃德温·洛克是美国马里兰大学的心理学教授，他于1968年提出了目标设置理论，简称目标理论。埃德温·洛克与同事在经过大量的实验室研究和现场调查后发现，无论采取何种激励手段，都离不开目标设置，各种激励因素多半也都是一定的目标，因此研究激励问题最根本的就是高度重视目标设置并尽可能设置合适的目标。怎么才能知道目标是否合适呢？洛克认为可以从以下三个方面去研究：一是目标的具体性，即目标能够精确观察和测量的程度；二是目标难度，即目标实现的难易程度；三是目标的可接受性，即目标被员工认可的程度。

目标设置要遵循以下原则：目标应当具体，即具体到每小时、每天、每周的任务指标以此来代替“好好干”的口号；目标应当难度适中，难度会影响自我效能感，自我效能感是指一个人对他能胜任一项工作的信心。目标应当被个人所接受；必须对达到目标的进程有及时客观的反馈信息；个人参与设置目标要比别人为他设置目标更为有效。

(二)目标设置方法

目标有两个最基本的属性：明确度和难度。

从明确度来看，目标内容可以是模糊的，如仅告诉被试者“请你做这件事”；目标也可以是明确的，如“请在十分钟内做完这25题”。明确的目标可使人们更清楚要怎么做，付出多大的努力才能达到目标。目标设定得明确，也便于评价个体的能力。目标的明确与否对绩效的变化也有影响。也就是说，完成明确目标的被试者绩效变化很小，而目标模糊的被试者绩效变化则很大。这是因为模糊目标的不确定性容易产生多种可能的结果。

一般来说，目标的绝对难度越高，人们就越难达到它。有400多个研究发现，绩效与目标的难度水平呈线性关系，当然这是有前提的，前提条件就是完成任务的人有足够的能力、对目标又有高度的承诺。在这样的条件下，任务越难，绩效越好。一般认为，绩效与目标难度水平之间存在着线性关系，因为人们可以根据不同的任务难度来调整自己的努力程度。

四、强化理论

(一)简介

与目标设置理论相对应的一个观点是强化理论。前者是一种认知观点，它假设一个人的目的指引他的行为。强化理论是一种行为主义观点，它认为强化塑造行为。强化理论家把行为看成是由环境引起的，他们认为不必关心内部认知活动，控制行为的因素是外部强化物，行为结果之后如果能马上跟随一个反应，则会提高行为被重复的可能性。强化理论忽视了人的内部状态，仅仅关注一个人采取一定行为时会出现什么结果。因为强化理论没有考虑引发行为的因素，所以严格地说，它不是一种激励理论。但是它确实对控制行为的因素提供了有力的分析工具，正因为如此，人们一般把它当作一种激励理论来讨论。

强化作用离不开强化物。所谓强化物不一定是实物，也可以是行为、表情等。只要在某种行为之后，这种行为本身或者由它带来的后果可以刺激该行为的再次出现，就属于强化物。强化物在塑造人们的行为上有着极大作用。一般来说，强化有两种：正强化和负强化。通过某种强化物，能使管理者期望的行为发生概率增大，行为者受到这种强化物的激励，其积极性会得到提高，这就是正强化。反过来，通过某种强化物，能使管理者期望的行为发生概率减小，行为者受到这种强化物的激励，其积极性会消退甚至丧失，这就是负强化。由此出发，斯金纳把强化物分为两种：正强化物和负强化物。

对正强化物的效用可以从两个层面来理解。一个层面是某一行为如果会带来行为者的愉快和满足，如给予食物、金钱、赞誉、关爱等，行为者就会倾向于重复该行为；另一个层面是某一行为如果能减少和消除行为者的不快和厌恶，如减少噪声、严寒、酷热、电击、责骂等，行为者也会倾向于重复该行为。

与此类似，对负强化物的效用照样可以从两个层面来理解：惩罚性强化物和消退性强化物。惩罚性强化物是指会给行为者带来不快的东西，能使行为者的行为倾向减弱；消退性强化物是指减少或取消令行为者愉快的东西，也能使行为者倾向于终止或避免重复该行为。对正强化物与负强化物的区分，不能想当然，而要以其效果确定。

(二)具体应用的行为原则

(1) 经过强化的行为趋向于重复发生。强化因素的作用是会使某种行为在将来重复发生的可能性增加。例如，当某种行为的后果是受人称赞时，就增加了这种行为重复发生的可能性。

(2) 要依照强化对象的不同采用不同的强化措施。人们的年龄、性别、职业、学历、经历不同，需要就不同，强化方式也应不一样。例如，有的人更重视物质奖励，有的人更重视精神奖励，就应区分情况，采用不同的强化措施。

(3) 小步子前进，分阶段设立目标，并对目标予以明确规定和表述。对于人的激励，首先要设立一个明确的、鼓舞人心而又切实可行的目标，只有目标明确而具体时，才能进行衡量和采取适当的强化措施。同时，还要将目标进行分解，分成许多小目标，完成每个小目标都及时给予强化，这样不仅有利于目标的实现，而且通过不断的激励可以增强信心。如果目标一次定得太高，会使人感到不易达到或者说能够达到的希望很小，这就很难充分调动人们为达到目标而做出努力的积极性。

(4) 及时反馈。所谓及时反馈就是通过某种形式和途径，及时将工作结果告诉行动者。要取得最好的激励效果，就应该在行为发生以后尽快采取适当的强化方法。一个人在实施了某种行为以后，即使是领导者表示“已注意到这种行为”这样简单的反馈，也能起到正强化的作用。如果领导者对这种行为不予注意，这种行为重复发生的可能性就会减小以至于消失。所以必须利用及时反馈作为一种强化手段。强化理论并不是对职工进行操纵，而是使职工有一个最好的机会在各种明确规定的备选方案中进行选择。

(5) 正强化比负强化更有效。所以在强化手段的运用上，应以正强化为主；同时必要时也要对坏的行为给以惩罚，做到奖惩结合。强化理论只讨论外部因素或环境刺激对行为的影响，忽略人的内在因素和主观能动性对环境的反作用，具有机械论的色彩。但是许多行为科学家认为，强化理论有助于对人们行为的理解和引导。因为一种行为必然会有后果，而这些后果在一定程度上会决定这种行为在将来是否重复发生。与其对这种行为和后果的关系采取一种碰运气的态度，就不如加以分析和控制，使大家都知道应该有什么后果最好，因此强化理论已被广泛地应用在激励和人的行为的改造上。

五、公平理论

(一)简介

美国心理学家亚当斯 1956 年提出了一种专门研究利益分配的合理性以及这种合理性对工作积极性的影响的理论，我们称为公平理论。公平理论认为，每个人都有追求公平的倾向，而是否公平则是被激励者将自己得到的报酬与自己所做的贡献进行比较后得出的。如果有客观标准，则被激励者会以客观标准来比较。如果没有客观标准，则被激励者就会与类似的情况相比较，如与他人、与自己的过去相比较等。公平理论还认为，人们的工作积极性不仅取决于其所得到的报酬的绝对值，而且取决于其所得到的报酬的相对值。为了解这个相对报酬，人们就会进行比较，如果比较的结果是自己的收支比与他人的收支比不相等，自己现在的收支与过去的收支不相等，那么人们就会产生心理的不平衡，从而产生追求公平的动机。

用公平关系式来表示。设当事人 a 和被比较对象 b，则当 a 感觉到公平时有下式成立：

$$Op/Ip=Oa/Ia$$

其中：Op——自己对所获报酬的感觉。

Oa——自己对他人所获报酬的感觉。

Ip——自己对个人所作投入的感觉。

Ia——自己对他人所作投入的感觉。

当上式为不等式时，也可能出现以下两种情况。

(1) $Op / Ip<Oa/Ia$。

在这种情况下，他可能要求增加自己的收入或减小自己今后的努力程度，以便使左方增大，趋于相等；第二种办法是他可能要求组织减少比较对象的收入或者让其今后增大努力程度以便使右方减小，趋于相等。 此外，他还可能另外找人作为比较对象，以便达到心理上的平衡。

(2) $Op/Ip>Oa/Ia$。

在这种情况下，他可能要求减少自己的报酬或在开始时自动多做些工作，但久而久之，他会重新估计自己的技术和工作情况，终于觉得他确实应当得到那么高的待遇，于是产量便又会回到过去的水平了。

除了横向比较之外，人们也经常做纵向比较，只有相等时他才认为公平，如下式所示：

$$Op/Ip=OH/IH$$

其中：Op——对自己报酬的感觉。

Ip——对自己投入的感觉。

OH——对自己过去报酬的感觉。

IH——对自己过去投入的感觉。

当上式为不等式时，也可能出现以下两种情况。

(1) $Op/Ip<OH/IH$。

当出现这种情况时，人也会有不公平的感觉，这可能导致工作积极性下降。

(2) $Op/Ip>OH/IH$。

当出现这种情况时，人不会因此产生不公平的感觉，但也不会觉得自己多拿了报酬，从而主动多做些工作。调查和试验的结果表明，不公平感的产生，绝大多数是由于经过比较认为自己报酬过低而产生的；但在少数情况下，也会由于经过比较认为自己的报酬过高而产生。

(二)不公平行为的原因与后果

我们看到，公平理论提出的基本观点是客观存在的，但公平本身却是一个相当复杂的问题，这主要是由于下面几个原因。

(1) 它与个人的主观判断有关。上面公式中无论是自己的或他人的投入和报酬都是个人感觉，而一般人总是对自己的投入估计过高，对别人的投入估计过低。

(2) 它与个人所持的公平标准有关。上面的公平标准是采取贡献率，也有采取需要率、平均率的。例如，有人认为助学金应改为奖学金才合理，有人认为应平均分配才公平，也有人认为按经济困难程度分配才适当。

(3) 它与绩效的评定有关。我们主张按绩效付报酬，并且各人之间应相对均衡。但如何评定绩效？是以工作成果的数量和质量，还是按工作中的努力程度和付出的劳动量？是按工作的复杂、困难程度，还是按工作能力、技能、资历和学历？不同的评定办法会得到不同的结果。最好是按工作成果的数量和质量，用明确、客观、易于核实的标准来度量，但这在实际工作中往往难以做到，有时不得不采用其他方法。

(4) 它与评定人有关。绩效由谁来评定，是领导者评定还是群众评定或自我评定，不同的评定人会得出不同的结果。由于同一组织内往往不是由同一个人评定，因此会出现松紧不一、回避矛盾、姑息迁就、抱有成见等现象。

然而，公平理论对我们有着重要的启示。首先，影响激励效果的不仅有报酬的绝对值，还有报酬的相对值。其次，激励时应力求公平，使等式在客观上成立，尽管有主观判断的误差，也不致造成严重的不公平感。最后，在激励过程中应注意对被激励者公平心理的引导，使其树立正确的公平观：一是要认识到绝对的公平是不存在的；二是不要盲目攀比；三是能否按酬付劳是在公平问题上造成恶性循环的主要杀手。

每个人都会自觉或不自觉地进行这种社会比较，同时也要自觉或不自觉地进行历史比较。当职工对自己的报酬作社会比较或历史比较的结果表明收支比率相等时，便会感到受到了公平待遇，因而心理平衡，心情舒畅，工作努力。如果认为收支比率不相等时，便会感到自己受到了不公平的待遇，产生怨恨情绪，影响工作积极性。当认为自己的收支比率过低时，会产生报酬不足的不公平感，比率差距越大，这种感觉越强烈。这时职工就会产生挫折感、义愤感、仇恨心理，甚至产生破坏心理。少数时候，也会因认为自己的收支比率过高，产生不安的感觉或感激心理。

当职工感到不公平时，他可能千方百计进行自我安慰，如通过自我解释，主观上造成一种公平的假象，以减少心理失衡或选择另一种比较基准进行比较，以便获得主观上的公平感；还可能采取行动，改变对方或自己的收支比率，如要求把别人的报酬降下来、增加别人的劳动投入或要求给自己增加报酬、减少劳动投入等；还可能采取发牢骚、讲怪话、消极怠工、制造矛盾或弃职他就等行为。

(三)最新研究理论

组织公平感是组织或单位内人们对与个人利益有关的组织制度、政策和措施的公平感受；而社会公平感则是以不同的阶层、行业和职业等特征划分人群的公平感。组织中的公平也可划分为两个层面：第一层面为组织公平的客观状态。在这一层面上人们可以不断地改善和发展各种组织制度、建立相应的程序和措施来达到组织公平，但是绝对的、终极的组织公平是很难实现的。第二层面为组织公平感，即在组织中成员对组织公平的主观感受。这二者有联系，但也存在差别。一个“公平的制度”如果不被员工所认识和接纳，它对员工行为的影响力就不能得到充分的发挥。因此，从组织行为学的角度上讲，组织公平感更为重要，它对公平问题的探讨实际上主要是对组织公平感的探讨。

1. 分配公平感

分配公平感是指员工对组织报酬的分配结果是否公平的感受。分配不公平感导致员工降低其工作绩效，与同事合作减少，降低工作质量甚至于产生偷窃行为。

2. 程序公平感

用什么方法和过程来保证公平，这就涉及程序公平感问题。程序公平感是指员工对用于做报酬决策的方法(即程序)是否公平的感受。当人们认为决策过程不公开时，员工会降低对组织的承诺，产生更多的偷懒行为、高的跳槽(离职)倾向以及低绩效行为。

莱文瑟尔提出了程序公平的 6 条标准。

(1) 一致性规则。即分配程序对不同的人员或在不同的时间应保持一致性。

(2) 避免偏见规则。即在分配过程中应该抛弃个人的私利和偏见。

(3) 准确性规则。即决策应该依据正确的信息。

(4) 可修正规则。即决策应有可修正的机会。

(5) 代表性规则。即分配程序能代表和反映所有相关人员的利益。

(6) 道德与伦理规则。即分配程序必须符合一般能够接受的道德与伦理标准。这些标准基本上代表了实现组织公平的主要程序内容，如果组织严格按照这些要求执行，员工的公平感会得到提高。

3. 互动公平感

互动公平也可称为人际关系公平，顾名思义指的是个人所感受到的人与人之间交往的质量。不论分配结果是否公平，员工最早获得了这些信息，而且还会对这些信息产生反应，信息提供者需要对员工的反应做出回应。互动公平分成两种：一种是“人际公平”，主要指在执行程序或决定结果时，权威或上级对待下属是否有礼貌、是否考虑到对方的尊严、是否尊重对方等。另一种是“信息公平”，主要指是否给当事人传达了应有的信息，即要给当事人提供一些解释，如为什么要用某种形式的程序或为什么要用特定的方式分配结果。

六、期望理论

(一)简介

弗洛姆 1964 年在《工作与激励》一书中提出了期望理论。

行为主体对自己实际能力与目标之间差距的估计称为“期望概率”，而行为主体对目标价值的估计称为“目标价值”。这正是弗洛姆期望理论要告诉我们的：人们工作积极性的强弱取决于其工作动机的强弱，人们工作动机的强弱取决于对他们工作动机的激励力量的大小，而激发力量的大小则取决于目标价值与期望概率的乘积。

用公式表示就是：

$$M=\sum V*E$$

式中：M 表示激发力量，是指调动一个人的积极性，激发人内部潜力的强度。

V 表示目标价值(效价)，这是一个心理学概念，是指达到目标对于满足他个人需要的

价值。同一目标，由于各个人所处的环境不同，需求不同，其需要的目标价值也就不同。同一个目标对每一个人可能有三种效价：正、零、负。效价越高，激励力量就越大。例如金钱、地位、汽车等，如果个体不喜欢、不愿意获取，目标效价就低，对人的行为的拉动力量就小。举个简单的例子，幼儿对糖果的目标效价就要大于对金钱的目标效价。

E是期望值，是人们根据过去经验判断自己达到某种目标的可能性是大还是小，即能够达到目标的概率。目标价值大小直接反映人的需要动机强弱。期望概率反映人实现需要和动机的信心强弱。如果个体相信通过努力肯定会取得优秀成绩，期望值就高。

这个公式说明：假如一个人把某种目标的价值看得很大，估计能实现的概率也很高，那么这个目标激发动机的力量越强烈。

经发展后，期望公式表示为：动机=效价×期望值×工具性。其中：工具性是指能帮助个人实现的非个人因素，如环境、快捷方式、任务工具等。例如：战争环境下，效价和期望值再高，也无法正常提高人的动机性；再如：外资企业良好的办公环境、设备、文化制度，都是吸引人才的重要因素。

怎样使激发力量达到最好值，弗洛姆提出了人的期望模式：

个人努力→个人成绩(绩效)→组织奖励(报酬)→个人需要

在这个期望模式中的四个因素，需要兼顾如下几个方面的关系。

(1) 努力和绩效的关系。这两者的关系取决于个体对目标的期望值。期望值又取决于目标是否合适个人的认识、态度、信仰等个性倾向，及个人的社会地位，别人对他的期望等社会因素。即由目标本身和个人的主客观条件决定。

(2) 绩效与奖励的关系。人们总是期望在达到预期成绩后，能够得到适当的合理奖励，如奖金、晋升、提级、表扬等。组织的目标，如果没有相应的有效的物质和精神奖励来强化，时间一长，积极性就会消失。

(3) 奖励和个人需要的关系。奖励什么要适合各种人的不同需要，要考虑效价。要采取多种形式的奖励，满足各种需要，最大限度地挖掘人的潜力，最有效地提高工作效率。

(4) 需要的满足与新的行为动力之间的关系。当一个人的需要得到满足之后，他会产生新的需要和追求新的期望目标。需要得到满足的心理会促使他产生新的行为动力，并对实现新的期望目标产生更高的热情。

期望理论对领导者的启示有以下几点。①要正确认识目标价值。目标在激励中实际起作用的价值不是管理者心目中的价值，也不是激励目标的客观价值，而是行为主体的主观感受价值，因此不要只从管理者的角度认定或根据客观指标以及某种社会上的一般看法与标准来确定目标价值，而要从激励对象的角度来考虑问题。②要重视目标难度设计。期望概率，特别是主观概率的引入不仅很好地解释了一些曾经难以理解的现象，更主要的是丰富了激励手段。它告诉我们，不仅设置目标能起到激励作用，设置好目标的难度也能起到激励作用，而这并不需要更多的资金投入。③要注意目标价值与期望概率两个激励因素的配合使用。目标价值与期望概率的巧妙配合可以出现乘积效应，使激励效果显著地扩大。

(二)应用价值与实践意义

因为期望理论是在目标尚未实现的情况下研究目标对人的动机影响。一个好的管理者，应当研究在什么情况下使期望大于现实，在什么情况下使期望等于现实，以更好地调动人的积极性。因为不同的人有不同的目标，同一个目标，对不同的人也会有不同的价值。只有具体问题具体分析，才能真正调动起每个员工的积极性。

目标设置：根据弗洛姆的期望理论，为了使激发力量达到最佳效果，首先应当注意目标的设置。心理学认为，恰当的目标能给人以期望，使人产生心理动力，从而激发起热情产生积极行为。为此，在设置目标时，必须考虑以下两个原则。

(1) 目标必须与员工的物质需要和精神需要相联系，使他们能从组织的目标中看到自己的利益，这样效价就大。

(2) 要让员工看到目标实现的可能性很大，这样期望概率就高。

期望理论在人事管理中的实际价值如下。

(1) 管理者应该同时注意提高期望概率和效价。仅仅重视激励是片面的，应该注意提高工作人员的素质，包括提高他们的思想素质和业务能力，通过提高他们对自身的期望概率去提高激励水平，创造较高的绩效目标。

(2) 管理者应该提高对绩效与报酬关联性的认识，将绩效与报酬紧密结合起来。绩效与报酬的联系越紧密，拟实现的目标能够满足受激励者需要的程度相对提高，目标对受激励者的吸引力也就相对加大，激励的水平也就相对提高。

(3) 管理者应该将物质奖励与精神奖励结合起来。期望理论表明，目标的吸引力与个人的需要有关。价值观的差异会产生需要的差异。因此，管理者应该了解自己的管理对象，在可能的情况下，有针对性地采取多元化的奖励形式，使组织的报酬在一定程度上与工作人员的愿望相吻合。

第三节　目标管理与行为校正

1974 年，研究人员对艾默瑞航空货运公司(现在是联邦快递的一部分)的搬运工进行了一项很经典的研究。艾默瑞的管理层希望搬运工将货物搬入集装箱内而不是四处分散搁置，认为使用集装箱可以节省开支。当问到搬运工放了多少货物到集装箱内时，标准的回答是 90%。然而据艾默瑞的分析，集装箱的使用率仅为 45%。为了鼓励搬运工使用集装箱，管理层建立了一个反馈和积极强化方案。每位搬运工将每天搬运的货物记录到一张货物搬运一览表中，包括放入集装箱和没有放入集装箱的。每天搬运结束，工人们计算其集装箱使用率。几乎让人难以置信，在方案实施的第一天，集装箱的使用率就达到 90%以上而且一直保持在这种水平。据艾默瑞报道，这个简单的反馈和积极强化方案为公司节省了数百万美元。

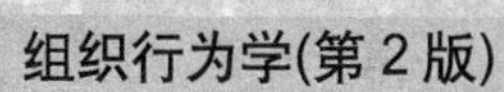

艾默瑞航空货运公司的这个方案是采用行为纠正的一个例证，或者用更为流行的说法叫作组织行为学 MOD。它是将强化理论用于个体工作安置的代表。

行为校正法就是树立一个正确的行为标杆，通过一些干涉策略，运用正强化与负强化手段，促使个体行为与既定的标杆行为趋同。泰勒在早期运用动作-时间研究的结果，对员工进行强化培训，剔除工作中的无效动作，进而提高有效工作效率。这一方法其实就属于行为校正法之一。

如图 11-3 所示，典型的组织行为学 MOD 方案是一个五步骤问题解决模型：①确定相关的绩效行为；②评测行为；③确定行为的偶然性；④设计一个干涉策略并贯彻之；⑤评估绩效改善情况。

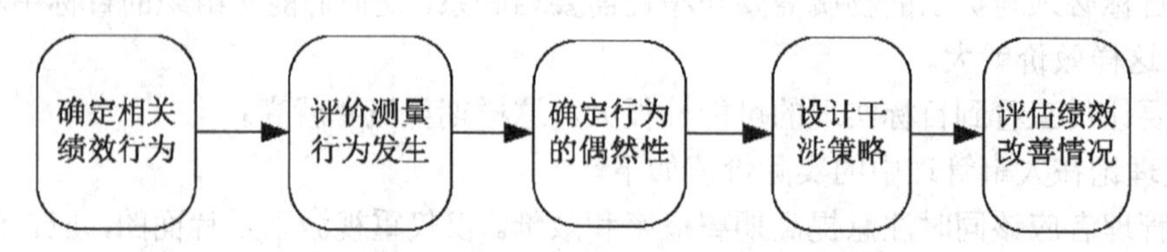

图 11-3　组织行为学 MOD 解决方案模型

根据绩效结果，员工在工作中所做的每一件事的重要程度是不同的，因而组织行为学 MOD 方案分成三步。

第一步，确定对员工工作绩效有重大影响的关键行为。这是指那种仅占 5%到 10%，但对员工的绩效却有 70%或 80%的决定作用的行为。艾默瑞航空运输公司的搬运工在任何可能的时候使用集装箱就是关键行为的一个例子。

第二步，要求管理者收集一些一线的绩效信息，即在当前条件下被确定的关键行为所发生的次数。在艾默瑞的货物搬运例子中，该信息是指有 45%的货物被装入集装箱。

第三步，需要进行功能性分析，以确定行为的偶然性及绩效结果。这一步告诉管理者什么原因导致低绩效行为，以及使得该行为目前得以维持的行为结果。在艾默瑞航空货运公司的例子中，低绩效行为的原因是社会规范和搬运集装箱更加困难。而在组织干涉之前，继续该行为的结果是得到社会接受或逃避要求更苛刻的工作。

一旦完成功能分析，管理者就准备设计和贯彻干涉策略，以加强希望的绩效行为并且减少不希望的行为。适当的策略将改变绩效/报酬关系中的一些因素，如结构、过程、技术、群体、任务等，目的是使高绩效得到更多的报酬。在艾默瑞例子中，工作技术改变为要求员工记录一张货物搬运一览表。一览表和每天工作结束后计算集装箱使用率担当着强化所希望的行为，即使用集装箱的角色。组织行为学 MOD 的最后一步是评估绩效提高，绩效的迅速提高证明员工发生了行为改变。

第四节 识别挫折行为

上面介绍的各种理论都是研究如何激发人的动机、调动人的积极性问题，挫折理论则要研究阻碍人们发挥积极性的各种因素。人们在生活和工作中，会遇到各种障碍，受到各种挫折。了解挫折产生的原因、挫折的表现以及应付挫折的方法有助于做好人的管理工作，调动人们的生产积极性。

一、挫折及其产生的原因

挫折(Frustration)是个含糊的概念，它包括不同的含义。一般来说，既可把挫折看成是一种外部条件，也可看成是人们对这种条件的反应。例如，人们要乘车旅行，车子突然坏了。在这种情况下，挫折既可理解为“车子坏了”这一外部条件，也可理解为人们由于不能如期旅行而产生的内部紧张状态的情绪反应。但是，多数心理学家认为，心理学应侧重从人的内部状态研究挫折，即研究挫折行为。

从行为方面来看，什么是挫折？人们的行为总是从一定动机出发达到一定目标。如果在通向目标的道路上遇到了障碍，会产生如下三种情况：①改变行为，绕过障碍，达到目的；②如果障碍不可逾越，可能改变目标，从而改变行为的方向；③在障碍面前无路可走，不能达到目标。正是在后一种情况下，人们才会产生挫折感。因此，挫折是指人们在通向目标的道路上遇到无法克服的障碍时产生的紧张状态或情绪反应。

引起挫折的原因是多种多样的，人们受挫折的程度也各不相同，但是总的来说，挫折不外乎由客观因素和主观因素造成。

由客观因素引起的挫折叫作环境起因的挫折(Environmental Frustration)，这是由于外界事物或情况阻碍人们达到目标而产生的挫折。例如，人们之间的关系紧张、工作岗位不能使人充分发挥才能、教育方法不当、管理方式不妥以及不良的物理环境(噪声水平很高、照明条件很差等)，都可能成为挫折的原因。

由主观因素引起的挫折叫作个人起因的挫折(Personal Frustration)。例如，由于个人体力和智力条件的限制，不能达到目标；或由于个人健康状况不佳或生理上有缺陷，不能胜任某种工作；或知识经验不足和智力水平较差，在工作中遭受失败等。

(一)受挫的客观因素

客观因素，又可分为物质因素和社会因素两类，其中后者对心理挫折产生的影响要大于前者。对员工来说，企业的组织环境是直接导致受挫的重要客观因素，具体有以下五个方面。

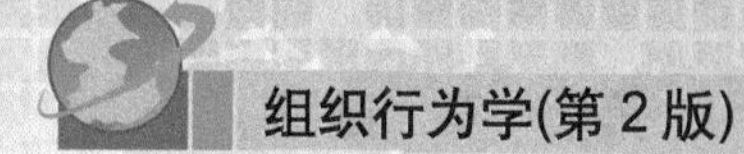

(1) 政策贯彻不力，思想工作缺乏实效。

政策是广大员工的期望与理想等重要目标的根本支柱。政策贯彻不力不可避免地要造成员工的各种心理挫折，其影响的深远程度不是一般挫折所能比拟的。与贯彻政策相关的是企业的思想政治工作，这方面可能成为员工挫折的重要起因，如内容性质背离政策或精神，或方式方法上的简单化与形式化，甚至是简单粗暴等。

(2) 企业管理作风和管理方式的失误。

例如：片面强调集权、规章制约及惩罚，而忽视对员工多种需要的恰当尊重；忽视教育工作的特点，以对体力劳动或物性对象的管理方式来管理员工；等等。

(3) 企业组织内部的人际关系障碍。

企业内部上下、左右没有建立起通畅的沟通网络，缺乏有效的沟通方式，没有建立起集体水平的人际关系结构，缺乏良好的社会心理气氛等，都容易导致人际关系的紧张，这些都是引起员工心理挫折的常见原因。

(4) 工作安排欠妥。

工作安排的重要目的是实现教育目标和企业管理目标，关键的两点是能使员工充分发挥自身才干，以利于满足成就的需要，使员工因努力和成就而提高在企业组织成员心目中的地位，满足自尊的需要；同时也带来一定物质、文化生活需要的满足。如果企业工作的安排对员工个人的兴趣、能力、专长考虑得不够，造成大材小用、小材大用、能才专用、专才杂用、用非所学、避长就短及无用武之地等，都容易增加员工产生挫折感的可能。

(5) 企业物质环境不良。

企业的物质环境，如通风、照明、温度、布局、绿化、卫生之类不够理想，也容易产生心理疲劳，增加产生心理挫折的可能。

(二)受挫的主观因素

受挫的主观因素有两个方面：一方面是身心上的，如口吃等生理上的某些缺陷，知识、能力、性格、气质等心理上的弱点等；另一方面是将实际挫折反映为心理挫折的因素。这是导致挫折的重要主观因素，其主要表现为以下几点。

(1) 对挫折情境的主观判断。

当人对某种挫折情境无所谓时，不会有挫折感；当人认为挫折严重时，自然会有挫折感，这是由人的认识、判断所决定的。一般来说，生活道路顺利的人，容易持乐观态度，很少有挫折感；经历坎坷的人则易从悲观、消极或不利的方面去判断，所以易有挫折感，但这也要看坎坷经历对人忍受力的影响而定。

(2) 受挫目标的重要性。

一般来说，目标越重要就越容易产生挫折感或挫折感就越深，目标的重要性依个人的认识而定。在个人认为是重要目标受挫时，挫折感就深；而同一工作目标受挫折时，对具有不同程度事业心、责任感的人来说，挫折感产生的程度也是不一样的。这也是基于他们对工作目标的重要性如何认识而定的。

(3) 目标预定指标的高度。

这种预定指标高度就是“抱负水平”或“志愿水平”。两个人都实现了目标，都达到了同一指标高度，但一个人的原定指标若脱离实际则很难达到，他便可能有挫折感；而一个人预定指标低于实际则容易达到，便不会有挫折感。

一个人是否体验到挫折，与其抱负水平(Level of Aspiration)密切相关。抱负水平是指一个人根据自己所要达到的目标而规定的标准。规定的标准高，表明抱负水平高，反之亦然。一个学生认为数学考试得 80 分是理想水平，另一个学生要争取 100 分，结果，两个学生都得了 90 分，前一个学生会感到满意，而后一个学生会感到一种挫折。

(4) 对挫折的容忍力。

容忍力是指遭受挫折时避免行为失常的一种适应能力。容忍力有明显的个体差异，一般来说，容忍力强的人，不易遭受挫折；容忍力弱的人，挫折感则易于产生，感受也深。

容忍力(Tolerance)不同，人们对挫折的感受程度也会不同。这就是说，人们在遇到挫折时的容忍力有个体差异。有的人能忍受严重挫折，毫不灰心丧气；有的人遇到轻微的挫折就会意志消沉；有的人能忍受来自工作上的严重挫折，但却不能容忍自尊心受到伤害；有的人能忍受别人的侮辱，但面对环境的障碍却会焦虑不安、灰心沮丧。心理学的研究证明，人对挫折的容忍力受到人的生理条件、过去挫折的经验以及个人对挫折的主观判断的影响。身体强壮的人比体弱多病的人更能容忍挫折，生活中历尽艰辛的人比一帆风顺的人更能忍受挫折。此外，人们对挫折的情境有不同的判断，对同样的情境，一个人可能认为是严重的挫折，另一个人可能认为是无所谓的事情。

二、员工的心理冲突与心理挫折

心理冲突主要是指动机冲突或动机斗争。心理冲突是心理挫折的重要内部起因。在员工中，一些表层的心理冲突容易被发现，但某些深层的心理冲突则往往被领导所忽视。

(一)成就需要与成功可能性的冲突

员工工作的地位和性质造成了员工强烈的成就需要。员工一般都以自己事业成功作为成就的重要标志。但是由于工作的特点等方面的原因，又使员工的成功具有某种不确定性，正是这种不确定性构成了与成就需要的经常冲突。

成功上的不确定性来自工作特有的复杂性。一个人在德才上的成长，既受遗传、家庭、企业、社会等方面无数正反因素的制约，同时又受其自身生理、心理规律的制约。它是所有这些内外正反因素交互作用的结果，并且还要在一个较长周期以后才能显示其效果。对任何一个员工来说，这些因素的可控性都是有限的。因此，员工工作成功的可能性是很难把握的，这就反映了员工主观上对成功期望的不确定性。

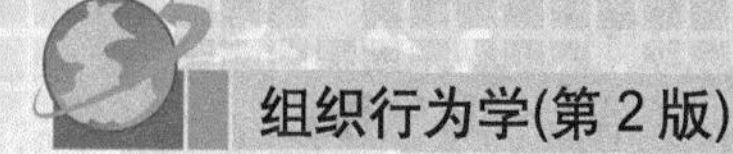

工作的成功不是员工凭个人的努力就一定可以实现的，还必须同时借助于集体与社会的力量。如果企业领导简单地只在员工个人的成就需要上“加油”，或只在个人的努力上“加压”，结果就会造成员工的心理冲突，加深员工的挫折感。员工个人的因素无疑仍是重要的，但不宜脱离整体的力量来单独要求员工个人。

(二)工作责任感与工作疏离感的冲突

员工一向具有高度的工作责任感。这种责任感是员工努力工作的巨大力量。但是，有些员工的责任感不时地受到工作疏离感的干扰，并因此产生离职改行的念头。所谓“工作疏离感”，就是指对工作疏远的心理感受。究其产生的原因为：①工作本身不能成为目标对象，只是达到目的的中介手段；②对工作成就的获得和工作环境的改善有无能为力之感；③对工作感觉不到有直接的、真实的个体意义；④缺乏对集体或组织的归属感，因此感到孤立。

对于员工的工作由于成功概率的捉摸不定，易产生无能为力之感；由于工作对象的个体性和工作成果的“集体性”，不易很真切地感受工作的个体意义；加上一个时期以来对员工的轻视等原因，使员工产生了较深的社会孤独感。这些原因在不同程度上造成了部分员工的工作疏离感，从而会使这些员工只将工作作为谋生手段而不视为努力的目标，这又反过来加深了疏离感。

企业领导要一方面加强对员工工作责任感和荣誉感的教育，另一方面要针对疏离感的起因有效地丰富员工的工作、扩大交往，以消除这种心理疏离感。

(三)自尊与自卑感的冲突

强烈的自尊需要是员工心理的重要特点，但是它却常常遇到和自卑感的冲突。员工自卑感的产生既有工作环境方面的原因，也有工作本身的原因。环境原因有历史的，如旧社会歧视员工的封建残余思想的影响；也有现实的，如“左”倾思潮和十年“动乱”的影响。环境方面的原因随着社会的进步肯定会被消除，而工作本身的原因却要复杂得多。员工工作本身造成自卑感的因素关键是难以确定其成功的概率，对教育成果的个体意义缺乏深刻理解。人们的一般倾向则是成功的概率越确定，取得成功越有把握，越有成就就越令人尊敬；成就的个人意义越突出，个人受尊敬的可能性就越大；从事知识要求越高的工作就越容易受人尊敬，因此这会使某些员工产生自卑的心理，特别是当他们看到同辈人在其他岗位上都已功成名就，受到尊重的程度已远远超过自己时，也就更加深了他们的自卑感。

(四)多重角色与角色期待的冲突

任何一种职业都使员工处于一系列内容广泛的角色期待之中。这些角色和角色期待，彼此之间必然会有矛盾和冲突，作为一个具体人要承担如此众多的角色并符合角色期待是很困难的，它是困扰员工、导致员工心理冲突的又一方面。对此，企业领导首先要注意减少压力，对员工不应求全责备、过苛要求，另一方面，还要引导员工全面提高自己。

(五)理想化与现实感的冲突

凡是从书本“讨生活”，即所谓“知书达理”的人，都容易将现实生活理想化。因此，人总是按照理想来希望和要求现实、按照“理应如何”来希望和要求现实的特点。

但是，现实中却还有不理想的假恶丑的一面，还有与“理应如何”相背离的一面。在有些情况下，这一面还可能相当严重。这种现实感就构成了与理想化的尖锐冲突。

企业领导要引导员工正确理解“光明的前途”和“曲折的道路”的关系，要让员工到更广阔的社会实践中去理解这种关系。这个工作要做得细致、不能简单化，那种随便乱扣“不满现实”帽子的粗暴做法只会加深员工心理上的冲突和挫折，不利于实际问题的解决。

三、挫折的表现

挫折行为表现的主要特征是攻击、倒退、固执和妥协。这些表现往往以综合的形式出现，把它们分开，只是为了更清楚地进行分析。

(一)攻击

美国耶鲁大学心理学家道蓝德(Dollard)及其同事于 1939 年提出了“挫折-攻击”假说。这种假说最初认为，任何挫折必然要导致攻击行为(Aggression)。以后根据他们的研究结果对这种假说做了修改。他们得出结论说，攻击行为的产生依赖于四种因素：①受挫折驱力(Drive)的强弱；②受挫折驱力的范围；③以前遭受挫折的频率；④随着攻击反应而可能受到惩罚的程度。应当指出，“挫折-攻击”假说有很大的片面性。多数心理学家都指出，挫折与攻击之间没有必然的因果关系。攻击只是人们遇到挫折时的表现形式之一，而不是唯一的表现形式。

攻击行为可能直接指向阻碍人们达到目标的人或物，也可能转向其他的代替物。直接攻击障碍物，对人嘲笑谩骂，甚至动手打人，都是直接攻击的例子。如果不能直接攻击阻碍自己达到目标的对象，攻击者会把攻击行为转向某种代替物。这种攻击往往采取寻找“替罪羊”(Scapegoating)的形式。美国的一项研究证明，父母不和的家庭中，打骂孩子的情况要比夫妻关系和谐的家庭中多 2.5 倍，而孩子在受到打骂后又把攻击的矛头指向学校和社会，构成产生少年犯罪现象的原因之一。

(二)倒退

倒退(Regression)是指人们在受到挫折时表现出来的与自己年龄不相称的幼稚行为。

倒退的一种表现形式是受暗示性(Suggestibility)。受暗示性最经常的表现是人们在受挫折后会盲目地相信别人，盲从地执行某个人的指示。

在企业中，倒退现象表现为不能控制自己的情绪，盲目地追随某个领导人，缺乏责任心，无理取闹，毫无来由的担心，轻信谣言等。管理人员也会表现出倒退的迹象，有些管理人员在受到挫折后不愿承担责任，难以做出简单的决策，敏感性降低，不能区别合理的要求与不合理的要求，盲目忠实于某个人或某个组织等，这一切都是倒退的表现。

(三)病态的固执

病态的固执(Abnormal Fixation)通常是指被迫重复某种无效的动作。尽管反复进行某种动作并无任何结果，但仍要继续这种动作。由于这种行为具有强制性的特点，它们往往不能被更适当地取代。

通过对大学生进行实验发现，他们在受到轻度挫折后学习新问题的能力大为降低，这是因为挫折的效应之一是使他们原有的行为凝固化，从而阻碍了学习的新反应。

表面上看固执与正常习惯非常相似，但当设法改变固执和正常习惯时会看出它们之间的明显区别。如果习惯的行为不能满足人的需要或者受到惩罚时，习惯的行为会发生改变；或者情况相反，固执行为不仅不会改变，反而会更加强烈。因此，惩罚对人可能有两种完全不同的效果。它可能成为挫折的起因，从而产生固执行为，也可能是改变不良习惯的手段。正因为惩罚有这样两种效果，所以在使用惩罚手段时要特别谨慎，否则会产生事与愿违的结果。

人们处于惊慌失措的状态下往往会发生固执行为。例如，在发生火灾时，人们往往拼命推拉上锁的大门，越重复这种动作，越可能丧失逃避的时机，但人们往往还要继续这种动作。在企业中，人们受到挫折后往往会抵制经济或技术上的变化。他们会执拗地认为老一套的办法是最好的，甚至找出各种理由为他们的抵制行为辩解。一般来说，挫折情境较少的企业职工的士气较高。

(四)妥协

人们受到挫折时会产生心理或情绪的紧张状态，这种状态在心理学中称为“应激”(Stress)。人们长期处于过度应激状态会引起各种疾病，因而需要采取妥协性的措施(Compromise)减轻应激状态。妥协性措施有下面几种表现形式。

(1) 文饰作用(Rationalization)。人们在受到挫折后会想出各种理由原谅自己或者为自己的失败辩解。文饰作用起着自我安慰的作用。这非常类似于我们平常所说的“阿Q精神”。一个学生考试成绩很差，会用“我不做死啃书本的书呆子”为由安慰自己。

(2) 投射作用(Projection)。一个人把自己身上存在的不良品质强加于别人身上就是投射作用的表现。把自己的不良品质投射到别人身上，会减轻自己的内疚、不安和焦虑，例如自己作风不正派的人往往大谈别人作风不正派。投射作用是一种无意识的反应。

(3) 替代作用(Replacement)。当一个确立的目标与社会的要求相矛盾，或者受到条件的限制而无法达到时，人们往往会设置另一个目标取代原来的目标，这就是替代作用。

“升华”(Sublimation)是替代作用的一种主要表现形式。弗洛伊德提出的“升华”概念，原意是指人的性欲本能受到社会禁忌时会转向文学艺术等活动的创造上去。用性欲解释人的一切行为当然是完全错误的。如果我们在批判弗洛伊德主义的同时，把“升华”理解为人们受挫后的行为表现，则是经常可见的事实。例如，个人生活中的不幸往往会使人在事业上取得突出的成就。

(4) 反向作用(Reaction Formation)。人们表现在外部的行为或情感与他们内心的感受完全相反，称为反向作用。反向作用往往是为了掩盖内心憎恨、敌视的感情。不想赡养年迈父母的子女可能表示对父母过分殷勤的态度，不想抚养子女的后母可能表现出对孩子过分的关心和照顾，以此来掩盖自己的真实感情，等等。

(5) 表同作用(Identification)。表同作用是与投射作用完全相反的表现。投射作用是把自己不良品质强加到别人身上，而表同作用则是把别人具有的、使自己感到羡慕的品质加到自己身上。这往往表现为模仿别人的举止言行、以别人的姿态风度自居。儿童由于身心发展不成熟，不能像成人那样行事，会体验到挫折。为了减轻挫折，他们往往在游戏中扮演成人的角色。成年人也会有表同作用，例如想当演员，但条件不够，就模仿演员的穿着打扮。

应当指出，上述种种妥协措施并不能从根本上消除人们的挫折感和应激状态。但是，如果我们把上述种种妥协看成是人们受到挫折时的行为表现，则会对于我们了解挫折者的心理状态和行为特点有一定的意义。

四、应对挫折的方法

采取什么方法应对挫折、如何减轻或消除人们的挫折感，是心理学研究的一项重要课题。

(一)正确对待挫折

人的生活和工作不可能是一帆风顺的。人生遇到各种挫折是不可避免的。因此，对于生活和工作中可能遇到的困难和失败应有充分的心理准备。对于生活和工作中的困难和失败做好充分准备的人，在面对挫折时会冷静地分析失败的原因，总结经验教训，继续前进。而对困难和失败毫无准备的人，在面对挫折时会惊慌失措，进而灰心丧气，失去继续前进的勇气和信心。管理人员自己首先应当正确对待挫折，同时要使职工树立百折不挠的精神、锻炼顽强克服困难的意志力。

(二)对受挫折者的攻击行为要有容忍的态度

一般来说，面对受挫折者的攻击行为不应采取针锋相对的反击措施。有修养的管理人员会采取容忍态度，这并不表明管理人员软弱，而是表示其有比反击更好的办法来应对攻击。在这方面，关键在于能否对受挫折者抱有正确的态度。要把受挫折者看成是一个需要帮助的人，这样就能营造一种解决问题的气氛。

(三)改变情境

应对挫折的有效方法之一是改变引起挫折的情境。例如，对于犯错误的职工要创造一种情境，使他们感到集体的温暖，感到自己不会受到集体的排斥，可以成为集体的成员。在企业中，要对管理人员进行处理人际关系的训练，这样也可以避免使职工遭遇挫折的情境。

(四)采用精神发泄方法

这是一种心理治疗方法，通过创造一种情境，使受挫折者可以自由表达他们受压抑的情感。因为人们处于挫折情境中时，会以紧张的情绪反应代替理智行为，只有使这种紧张的情绪发泄出来，才能恢复理智状态。

精神发泄(Catharsis)可以采用各种形式。例如，可以给让自己受到挫折的人写信，借此发泄自己的不满，但信写好后不要寄出，否则会伤害别人。有时，一个晚上写好信，第二天早晨就会心平气和。在霍桑实验中，研究者采用个别谈话的方式让工人发泄对工厂管理当局的不满和抱怨，研究人员只是洗耳恭听、详细记录，经过上万人次的谈话以后，霍桑厂的产量大幅度上升，这也可以说是精神发泄方法的结果。日本的一家电气公司，设立了所谓 Human Control Room(情绪发泄控制室)。墙上挂着公司老板和蔼微笑的照片，室内放着橡皮做的人形靶，旁边架子上有各种棍子，心怀不满的职工可以进去用棍子或拳头痛打人形靶，以发泄自己的气愤。

本章小结

本章首先阐述了早期的需要层次理论、X 理论和 Y 理论以及激励-保健理论三种激励理论的主要观点；其次阐述了现代的激励理论和 ERG 理论、麦克莱兰德的需要理论、认知评价理论、目标设置理论、强化理论、公平理论和期望理论这七种激励理论观点；再次论述了目标管理与行为校正在企业管理中发挥的作用；最后阐述了怎样识别挫折行为，具体包括挫折的产生原因、表现形式及应对挫折的方法。

实训课堂

华为公司裁员换血

所谓华为 34 岁裁员这个事情，最早是华为自己的心声论坛爆出，多个 ID 证实。然后裁员这个事情从华为自己的心声论坛到通信行业的 C114 论坛，再到知乎，进而出现在各个媒体之上。其实，华为裁员并不是新闻，华为的人员流动一直比较大，但是出现以年龄裁人的传言，这还是第一次，这让华为内部外部震动都很大。2016年，华为的业绩喜忧参半，一方面华为的销售额继续保持高速增长，而在营业收入高速增长的同时，华为的利润并没有与营业收入同步快速增长。华为轮值CEO徐直军在2017新年献词中便明确表示："过去几年，公司保持两位数收入增长，但运作效率和现金流的改善不足，管理费用增长超过收入和销售毛利的增长，现金收入比下降。"另外，他认为华为要优化人员结构，对外积极引进优秀人才，对内开展不合格调整。这个优化人员结构并不是徐直军个人的意思，任正非也是2017年开年就提出要破格提拔4000人。一个公司盈利下降，同时还要优化人员结构，破格提拔干部，薪酬较高而性价比不高的老人自然会成为调整目标。虽然心声论坛这种34岁一刀切的说法并不完全可信，但是老员工要被冲击这个事情恐怕是很难避免的。

互联网公司、IT公司裁员这个事情并不奇怪。为何华为的举动会引发各方关注和广泛讨论呢？这是因为华为员工的高收入和年龄划线让众多科技公司的从业人员有了兔死狐悲的感觉。华为的薪酬体系包括工资、奖金和虚拟股的分红。华为工资高，但是相对于互联网企业并没有太大差别，但是华为的奖金再加虚拟股的分红就是一个可观的数字。华为的老员工随着年头工资涨幅也许不是很大，但是一年年奖金的积累再加越来越多的虚拟股，一个级别不高的老员工一年也能拿到百万以上，相当于其他公司高级经理人的水平。而通信行业的技术细分得很细，一些职位并不是随着年龄和经验丰富就有更高的水平，而是达到一定层次水平和职位就遇到天花板。这种情况下，没有家庭拖累，精力充沛，体力旺盛、学习能力更强的新人就会有竞争优势。而在华为的薪酬体系下，新人的工资、奖金、分红综合下来要比老人少得多。起用新人的性价比高得多。在总体效益好、利润丰厚的情况下，华为可以容忍众多性价比不高的职位，而到了利润增长不那么乐观的时候，就要适当吐故纳新了。从企业经营的角度来看，华为这么做有他们的逻辑思维。34岁以上的技术人员，在华为是这样的现状：①收入很高，这是激励的积累。②激情下降。(年龄所致)③学习力不足。(家庭、婚姻、个人爱好)④动力减弱。(收入已经很高了)⑤倚老卖老，阻碍新生力量。这些老员工的价值已经无法再值这个价格。

总而言之，就是这些人才过去是资本，未来开始转向成本。事实上，在其他行业这种情况非常多见，而且不限于老员工(其他行业薪酬一般与职位挂钩，同职位老员工相比新员工并没有那么大的差异，40岁的服务员并不能比20岁的服务员赚得更多)。中高管理层如果性价比低了一样会新人换旧人的。只是科技公司、互联网公司的历史太短，流动性太大，入职多年的人是少数，还感知不到这一点罢了。

思考讨论题

1. 华为裁掉性价比不高的老员工进行内部换血，以此减轻企业负担、节省成本，是否一定可以激励现有员工长期更加努力地工作？

2. 裁掉大批老员工是否在一定程度上违背商业伦理？

3. 新加入的员工尽管人力成本低，但是培养成本高、时间长，当新员工成熟后是否会因为华为有按年龄大批裁老员工的先例而提前跳槽？

第五篇　工作设计与组织文化构建

第十二章　工作生活质量与工作设计

【学习要点及目标】

- 重点掌握工作压力的含义及其构成，工作压力的性质和分类及工作压力的缓解方法，并了解工作幸福感的意义和作用。
- 了解早期的工作设计研究理论、现代工作特征的理论研究及社会技术系统理论的主要内容。
- 掌握职业生涯管理和组织职业生涯管理的内涵，包括其特点、影响因素，了解其研究的理论基础。

【核心概念】

工作压力　工作生活质量　工作设计　职业生涯管理

【引导案例】

华为高管面临健康危机

自 1988 年成立以来，华为这家 2 万元起家的小代理商，逐渐发展成全球一流的跨国公司。华为从危机四伏和惊涛骇浪中颠簸跋涉而来，经常面临以小博大、虎口夺食的状况。华为人凭借不服输的精神，高强度、不惜代价的拼命工作，才得以缩小与强大的跨国公司的差距，并最终超越它们。正如华为一直强调的战略“质量好、服务好、运作成本低、优先满足客户需求，提升客户竞争力和盈利能力”。在创业初期，在技术和产品都不如对手的情况下，怎么才能达到“质量好”“服务好”，怎么才能“优先满足客户需求”？主要依靠牺牲员工的休息时间。

这样一种高强度工作状态，使得华为的很多高管遭遇了身体和心理的双重危机。身体方面，由于长期没有充分的休息，很多高层患上了严重的疾病：任正非患有严重的糖尿病，郑宝身患脑瘤，费敏患有抑郁症……

除了身体上的疾病，很多高管和员工心理上的危机也比较严重。由于长期忙于工作，忽略了家庭和家人，很多高层都遭遇了家庭危机，不少的华为高层都有过离婚的经历。曾经在华为有个传言：要想当高管，首先得离婚。对数量众多的基层员工来说，华为这种超

强的工作压力和工作节奏，使得他们的神经始终都处于紧绷的状态，最终也导致了一些不该发生的悲剧。

(资料来源：https://www.chinaventure.com.cn)

【案例导学】

工作压力是组织中的一个重要问题。一般来说，中低水平的压力可以是良性的，有可能会带来较高的绩效。因此，当员工承受这种水平的压力时，管理者可能并不在意。甚至在某些管理者看来，“激发肾上腺素可以产生更积极的推动力”，然而员工却把它视为“过度性的压力”。

考察工作压力的起因与后果以及员工和组织采取的缓解工作压力的措施，决定了一个组织内部员工工作绩效的持续性。良好的工作设计以及规范的职业规划，可以为员工提供更多的职责、更有意义的工作、更大的自主性和更多的信息反馈，从而可以减轻员工的压力，使员工能够更好地掌控工作活动，获得比预期更好的工作结果。

第一节　工作压力与工作生活质量

目前，沉重的工作压力已成为全球性问题。工作对大多数人而言是他们所承受压力的最主要的来源，如表12-1所示。

表12-1　生活中的哪个领域给你带来最大的压力

领　域	给多少人带来最大压力
我的工作	34%
我的经济状况	30%
健康	17%
其他	19%

资料来源：基于2013年2000名英国人的投票结果，www.mind.org.uk/news/8566_work_is_biggest_cause_of_stress_in_peoples_lives, accessed July 31, 2013。

在日常工作中，对个体而言，过度的工作压力会造成高血压、心悸、烦躁、焦虑、忧愁等一系列身心疾病；对企业而言，工作压力影响一系列企业人力资源考核指标，如工作满意度下降、工作效率降低、员工合作性差、缺勤、频繁跳槽等各种反应，致使企业人力成本不断攀升。因此，压力不仅仅是所有员工都面临的个人问题，而且还是一个企业问题与社会问题。在行业竞争十分激烈的市场环境中，如何通过有效的工作体系和工作方法帮助员工更好地应对压力，已成为管理者亟待解决的问题。提高员工的工作效率和工作满意度，并尽量减少人员流动与缺勤所带来的损失，是每一个企业管理者所追求的目标。

日本人创造了一个词，叫作过劳死(Karoshi)，意思是因工作过度引起心脏病发作或中风而暴死。在日本，一天工作16小时的人并不罕见，一个普通的公司经理每年比他的德国同行多工作500小时，比他的美国同行多工作250小时。在工作一天之后，日本的经理人往往会走进办公室附近的酒店大厅，在大堂的沙发上倒头便睡。专家估计，每年因工作过度而死亡的日本人有10000人。1994年，日本劳动省正式把工作过度列为“职业灾害”。后来，日本官方也把“过劳”正式列为职业病的一种，并且把“过劳死”一词写进了日本法律。索尼等大公司也已经开始要求全体员工每年必须无条件地接受为期两周的假期。其实，早在1987年4月，美国疾病预防控制中心就已经将这种以慢性持久或反复发作的脑力和体力疲劳作为主要特征的症候群命名为慢性疲劳综合征。由压力导致的疾病、缺勤、体力衰竭等每年耗费美国企业界3000亿美元。据美国劳动福利部门的报告，美国社会劳保支出的主要项目已经由“对白领工种的压力致病的补偿”代替了原有的“蓝领工种的工伤与职业病”。现在，美国已经将这种病与艾滋病等量齐观，视为“21世纪人类最大的敌人”。

一、工作压力的定义

(一)什么是工作压力

压力的研究起源于医学领域，是由加拿大蒙特利尔(Montreal)大学国际压力研究所主任汉斯·塞尔耶(Hans Selye)于20世纪30年代开创的。随后，压力的研究在强烈的社会需求推动下，从医学领域迅速扩展到社会学、心理学、管理学等几乎所有学科研究领域，引起无数研究者的极大兴趣。有关压力的各种研究文献和书籍仅在Hans Selye领导的国际压力研究所的图书资料室里就有20多万种。这也充分体现了压力研究旺盛的生命力和研究的深入程度。

然而，随着信息社会的到来，个体与环境(自然环境和社会环境)这对古老的矛盾却愈演愈烈，甚至已经接近激化的边缘，学者们对于压力的研究欲罢不能。Selye开创压力研究并全身心投入其中50多年，曾不无感慨地说：“我感到我的工作没有结束，距离完成还相去甚远。我深信，我绝对看不到这项研究的终结……”

Hans Selye医学研究院创造了“一般适应性综合征”(General Adaptation Syndrome，GAS)。这个术语用于表示人类在他们所处的环境中适应压力因素的过程如图12-1所示。

Selye把一般适应综合征分为三个发展阶段：惊觉阶段(Alarm Reaction)、阻抗阶段(Stage of Resistance)和枯竭阶段(Stage of Exhaustion)。惊觉反应又细分为振动阶段(Shock Phase)和逆向振动阶段(Counter Shock Phase)。

在惊觉阶段，引起压力的外界刺激因素(Stressor)使人体内产生一系列生理和化学反应，如肾上腺素分泌增多、呼吸加速、心跳加快、血压升高、敏感性增强，等等。如果这种因素持续起作用，则进入第二阶段，即阻抗阶段。这时，人体会动员相应的器官或系统去应付这些因素。这会对人体产生破坏作用，如免疫力下降等，最终将导致人体病变。最后，

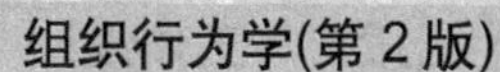

当这些引起压力的因素长期不断地持续下去时，人体就会进入枯竭阶段。这时，第二阶段出现的某些器官或系统的适应机制所产生的能量已消耗殆尽。在这种情况下，会出现两种结果：一种是返回到惊觉阶段，再动员其他系统或器官去应付造成压力的因素；另一种则是导致个体的死亡。

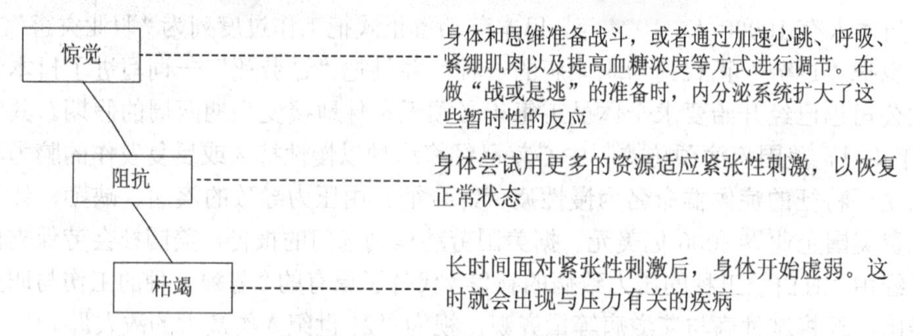

图 12-1　一般适应性综合征

直到今天，在专业研究人员之间对于压力概念的理解也远没有达成统一。众多的研究者试图总结和归纳出一条压力概念的定义来，但往往不能得心应手，结果总是不能尽如人意。但是，如果对这些研究进行抽象分析，提取共同特征，舍弃不同的部分，还是能够找到一点儿有关压力本质的端倪。

压力因素是自然和社会环境中对我们的心理和身体产生压力的对象、事件和情况。对压力因素产生的心理或生理上的反应就是压力反应，即我们的感知机制刺激我们的身体对压力因素进行积极或消极的反应。

如果我们在工作中将上级的要求(压力因素)当作令人兴奋的挑战，便可以激发更高的责任感，从而在心理上或生理上对压力产生积极的反应，这叫正面压力，也可称之为“挑战性压力”。正面压力可以激励员工实现期望的结果，如加薪、学习新技能和职位提升。调查显示，这种正面压力在忠心耿耿、热爱工作和不愿改变现有工作的员工中比较普遍。公司员工们经常会在工作中寻找这种挑战性压力，并尽力保持能够令他们获得这种压力的工作状态。但如果我们将这种要求理解为对工作前景的威胁，那么便会在心理上或生理上对压力产生负面的反应，这便是负面压力，也可称之为“障碍性压力”。负面压力是一种身体机能障碍，它可能意味着员工在适应工作环境方面是失败的。负面压力在官僚性、前景不好、不稳定、不受人理解或高度政治性的工作环境中经常出现，在单位领导或主管喜欢随意使用个人权力的部门则更加普遍。如果我们感受到正面压力，说明我们已经成功适应了工作中的压力，或者说工作压力在我们的承受能力范围之内。

如何才能了解所经受的压力是否已从正面压力过渡到负面压力？这是一个值得探讨的问题，因为许多员工发现他们经常在一天内在正面心态和负面心态之间反复摇摆。当你在工作中感觉精疲力竭、手足无措、被所有的人误解时，那么你一定是进入了负面心态。如果工作中出现了问题，而你又把所有的问题自己承担，那么你便会产生负面心态。

问题在于，现代生活中，我们的压力处理能力跟不上生活中面对的千变万化的负面压力因素。当身体里的预警机制无法关闭时，我们的问题就来了。例如，当我们面对交通堵塞、空气污染或者紧迫的工作需求时，大脑中的“战或逃”原始反射模式会发挥作用。科学家已经发现大脑是人体长期承受生理和心理压力的主要部分。他们还发现压力刺激会引发心脏疾病和哮喘病、导致消化不良，并会释放抑制免疫机能的荷尔蒙，从而增加患感冒、癌症和慢性感染的可能性。医学研究表明，负面压力因素不会立即危害人的性命，但是它们会增生扩散并可以轻易击破我们的防护能力。

IT 行业常常被认为是一个充满激情和活力的行业，但事实上，IT 企业人力资源现状不容乐观，不少 IT 人的工作生活并不是充满朝气的，他们压力大、生活枯燥、超负荷工作……2012 年新浪科技的一个网络调查结果显示，57%的人在公司“混饭吃”，62%的人对领导不信任，42%的人打算跳槽，超过八成的 IT 企业员工对自己所在的企业没有好感，四成员工随时准备为了更优厚的薪酬向更高的职位跳槽。由于国内 IT 企业多为小型民营性质，管理上的不规范使得员工很难形成对企业的归属感。57%的被访者认为自己在公司只是“混口饭而已”，并不会为企业的荣誉感到自豪。25%的被访者更是明确表态：“它压榨我，我为什么要为它自豪。”相比之下，只有 18%的被访者表示自己可以与企业荣辱与共，而这未免显得势单力薄了。

补充阅读

2011 年 11 月 23 日报道，年仅 25 岁的百度技术研发人员林海韬因心脏衰竭而亡。近年来，陆续有多名 IT 业界高管、员工发生猝死，网友在表示遗憾惋惜的同时，感慨 IT 业是否已成为猝死高发的重灾区。江民科技创始人王江民，59 岁时便因为突发心脏病去世，不得不说心脏病只是诱因，真正的原因还是在电脑前面操劳过度，也属于过劳死。而普通的 IT 员工的工作量就更为惊人，工作强度大，每天早上 9 点开始打开电脑，经常为了赶项目加班到次日凌晨，无论是对心脏还是腰椎，都造成了极大的负荷，长此以往，身体会越来越差。

医学专家表示，压力大、工作过度繁忙的 IT 一族心源性猝死发生病例近年来有人数增加、年龄下移趋势。

上海社科院社会学所助理研究员刘漪曾对 92 个过劳死案例进行分析，发现近年来“过劳死”发病率直线上升、男性人群居多。IT 行业“过劳死”年龄最低，平均只有 37.9 岁。IT 行业人士分析，频繁更新是整个 IT 业的主旋律，这就造成节奏快、压力大的行业环境。

(二)工作压力的性质

(1) 压力是一个动态过程。从根本上说，压力是一个过程，一个从刺激即压力源到反应的动态过程。在这一过程中，存在着多种中介因素，如控制、社会支持和个性变量等。在整个压力动态过程中，个体的主观评价始终起着决定性作用。因为外界的刺激只能作为潜在的压力源存在，只有当个体把这种潜在的压力源主观评价为一个压力事件时，它才能成

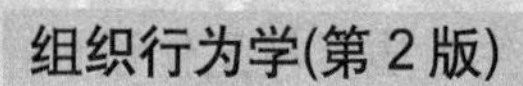

为一个真正的压力源；同时，许多影响压力反应的中介因素也正是通过影响个体对潜在压力源的主观知觉评价过程而发生作用的。

(2) 压力过程具有多重性。压力过程的多重性可以从两个维度上进行分析。一是从个人适应能力的运用程度上进行分析，可把压力分为过度压力和匮乏压力。前者是指已经超过个体适应能力的极限时的压力状况；后者是指譬如生理上的长期静止、单调乏味或感觉剥夺等引起的一种缺乏自我实现的压力状况。二是从压力对于个体行为的意义上去分析的，一些适度的压力可以令人振奋、增强动机，有利于提高个体行为的绩效，这叫作良性压力；而那些不适当的压力只会带来破坏性后果，这叫作恶性压力。压力的四个基本变形(过度压力、匮乏压力、良性压力、恶性压力)，从本质上说，具有相同的机制。如此区分的目的就是设法做到在过度压力和匮乏压力之间保持平衡的同时，尽量找寻更多的良性压力而避免恶性压力的出现。

二、工作压力的来源及分类

(一)压力的来源

压力源从形式上可分为工作压力源、生活压力源和社会压力源三种。

(1) 工作压力源。引起工作压力的因素主要有：工作特性，如工作超载、工作欠载、工作条件恶劣、时间压力等；员工在组织中的角色，如角色冲突、角色模糊、个人职责、无法参与决策等；事业生涯开发，如晋升迟缓、缺乏工作安全感、抱负受挫等；人际关系，如与上司、同事、下属关系紧张，不善于授权等；工作与家庭的冲突；组织变革，如并购、重组、裁员等使许多员工不得不重新考虑自己事业的发展、学习新技能、适应新角色、结识新同事等，这都将引起很大的心理压力。

(2) 生活压力源。美国著名精神病学家赫姆斯(Helmes)列出了43种生活危机事件，按对压力影响程度排列主要有：配偶死亡、离婚、夫妻分居、拘禁、家庭成员死亡、外伤或生病、结婚、解雇、复婚、退休等。可见，生活中的每一件事情都可能会成为生活压力源。

(3) 社会压力源。每位员工都是社会的一员，自然会感受到社会的压力。社会压力源包括社会地位、经济实力、生活条件、财务问题、住房问题等。

研究者通过近期对IT企业员工工作压力进行调查后发现以下几点特征。

① 女性压力略大于男性，但两者之间不存在显著性差异。

② 年龄差异。小于25岁的受调查者与25～35岁之间的受调查者存在一定的差异，中年人群的工作压力大于青年人群。检验发现，处于职业生涯的发展阶段中的受调查者，工作压力和年龄之间并没有显著差异。与处在其他职业发展阶段的员工相比，员工在职业生涯晚期或将要退休之际，工作压力最小。

③ 学历差异。压力水平与学历高低无关。相关研究结果发现，总体上压力水平与学历没有显著相关关系，其中本科学历压力略高。

④ 工作性质差异。有研究表明，工作性质是工作压力显著性检验中差异最为显著的一组，其中：管理与辅助人员之间存在较大差异；工程技术与普通文员之间存在较大差异；工程技术与辅助人员存在显著性差异。

⑤ 职位层次差异。工作压力趋势从高层向低层递增。其中中层管理者与基层管理者、基层管理者与职员之间压力几乎不存在差异。

⑥ 工龄差异。通过横向比较，我们可以看出，刚参加工作的员工压力较大，但经过一段时间后，随着对工作环境和工作要求的逐步熟悉和适应，他们的压力会有所减少。

(4) 个人性格会决定个体是以积极的方式还是消极的方式对待压力因素，是得到正面压力还是负面压力，是挑战性压力还是障碍性压力。这些因素也会调和潜在的压力因素和实际感受到的压力之间的关系。

(二)工作压力的来源

工作压力的来源多种多样，视具体的工作性质和工作环境而定。有些是由时间紧、任务重引起的，有些是由工作情境中人际关系的问题引起的，还有些是由竞争方面的原因引起的。压力在本质上是由于环境要求和个体特征相互作用引起的个体焦虑性反应。压力反应是个体在某些方面过分紧张的一个预警性指标。压力的产生与个性、个人的因素和职务方面的因素有关。压力在本质上是人与环境系统的机能障碍问题。它有积极的一面，也有消极的一面，必须进行有效的管理，才能创造有利的减轻压力的情境，从而提高个体和组织的绩效。

压力模型如图 12-2 所示，研究人员把工作压力的成因分为三类：环境因素、组织因素和个人因素。工作压力的三类后果包括：生理、心理和行为方面的症状。

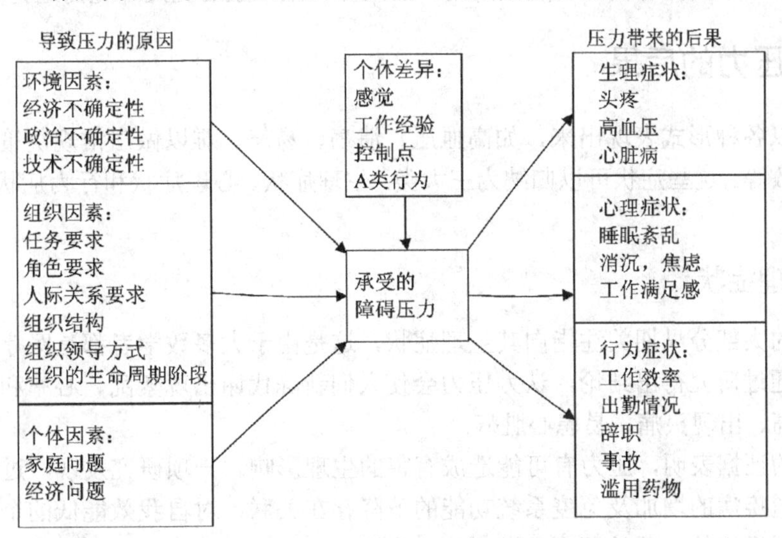

图 12-2　压力模型

(1) 环境因素。环境的不确定性不仅会影响到组织的设计，而且会影响到组织中员工的压力水平，主要表现在这样几个方面：经济环境的不确定性、政治环境的不确定性和技术环境的不确定性。

(2) 组织因素。组织内有许多因素能引起员工的压力感。例如，所做的不是自己愿意做的事或组织要求在有限的时间内完成工作，工作负担过重；同时令人讨厌、难以相处的领导或老板等都会给员工带来压力。来源于组织因素的工作压力表现在以下几个方面。

① 任务要求：个体的工作设计(工作的自主性、任务的丰富性和自动化程度)，工作条件、体力消耗程度等都会影响到员工对压力的感受。

② 角色的要求。

③ 人际关系的要求。

④ 组织领导方式或作风。

⑤ 组织所处的运行周期。

(3) 个人因素。员工每天除了工作外，在不工作的时候所经历及碰到的各种问题也会影响到员工的工作，因此在考虑直接的工作压力时，也应该考虑到员工的个人因素。这些因素主要有家庭问题、经济问题、员工的个性特点等方面。

以上模型显示了三种类型的潜在压力。西方的压力研究发现，人际关系对压力的影响是由关系本身的性质决定的。负面的人际关系一定是压力源，譬如人际冲突、和同事有矛盾，或者是遇到非常合不来的上司等。而正面的人际关系是帮助人们抗压的社会支持，就像一个缓冲装置。在中国，人际关系本身就是强大的压力源。人际关系不论好坏有无，都会成为个体巨大的压力来源。个体普遍对良好的人际关系有极大的向往与追求，人际关系已经良好的个体希望拥有更好的关系网络，而人际关系一般的更是不免为之担忧与烦恼。

三、工作压力的后果

压力会以各种形式表现出来，如高血压、溃疡、易怒、难以做出常规决策、食欲不振以及易出事故等。这些症状可以归纳为三大类：生理症状、心理症状和行为症状，如图12-2所示。

(一)生理症状

对压力的大部分早期关注指向其生理症状，这是由于大多数学者都是医疗卫生领域的专家。他们通过研究得出结论，认为压力会使人们新陈代谢出现紊乱、心率和呼吸频率加快、血压升高、出现头痛、易患心脏病。

有明确的证据表明，压力有可能造成有害的生理影响。一项研究发现，过大的工作压力与上呼吸道疾病的增加及免疫系统功能的下降存在关联，对自我效能低的个人来说尤其明显。在英国进行的一项长期研究发现，工作压力与冠心病发病率呈正相关。另一项在丹麦进行的针对公共事业领域人员的研究发现，如果工作小组中出现普遍的心理倦怠，员工请病假的情况会显著增加。许多其他研究得出了类似的结果，将工作压力与各种不健康的症状联系起来。

(二)心理症状

对工作不满意是造成压力的一个明显原因。不过，压力还在其他心理状态中反映出来，如紧张、焦虑、易怒、枯燥、拖拉等。例如，一项针对员工生理反应的跟踪研究发现，工作负载过重所造成的压力与高血压和较低的幸福感存在关联。

当工作提出多种相互冲突的要求时，或者对员工的任务、权限和职责缺乏明确的界定时，该员工的压力和不满意度都会增加。与之类似，对工作的节奏和速度越缺乏控制力，员工的压力和不满意度就越高。如果一项工作所提供的多样化、重要性、自主性、工作反馈和认同感均较低，那么员工的压力会增加，工作满意度会降低，对工作的投入程度会减弱。然而，并非每个人对工作自主性的反应都是相同的。对于那些具有外部控制点的员工而言，更高程度的工作自主性会增加他们感受到压力和倦怠的可能性。

(三)行为症状

多个国家在对压力和行为进行长时间的研究后发现，行为与压力之间的关系相对一致。与行为相关的压力症状包括生产率降低、缺勤、离职、饮食习惯的变化、烟酒消费的增多、言语速度的加快、烦躁、睡眠障碍等。

大量研究调查了压力—绩效关系，对于这两者的关系，获得最广泛应用的模型是倒 U 曲线，如图 12-3 所示。

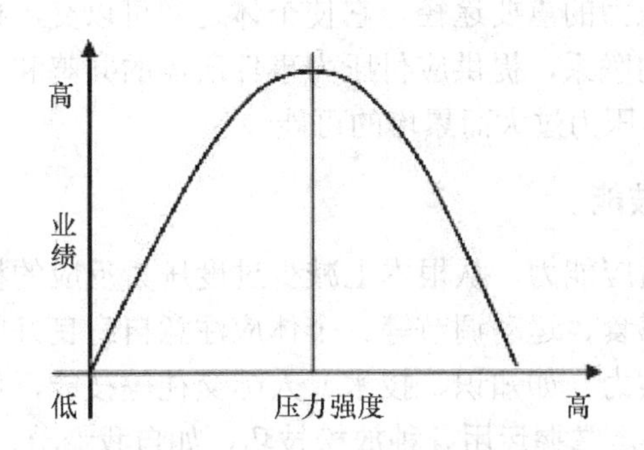

图 12-3　压力和工作绩效之间的倒 U 曲线关系

这一模型的逻辑基础是：当压力处于中低水平时，它会激活机体并增强其反应能力。此时，个体的工作会做得更好、更快。但是，当给个体设置无法达到的要求或约束时，这种过高的压力会使员工的工作绩效降低。

四、工作压力的管理

(一)个体层面的压力管理

1. 认知性自我管理技能

这是指个体通过对自身和压力源的剖析来减轻压力反应的技能。这种技能包括认知训练、运动、呼吸训练等。认识自己的性格特征、生活习惯和工作状态，聆听自己的压力信号，审视自己对每日面对生活中的压力付出的代价，注意可能引起高压力的个人嗜好、特殊生活习惯和工作情况，找出压力来源——人物、地点，并积极地减少或消除压力。另外，也可以通过运动放松和呼吸训练来减轻压力体会。

2. 应对性自我管理技能

这是指个体在感觉到很大压力的时候，如何通过工作和时间的调整使自身从过分紧张状态恢复到乐观放松心态的技能。有效的时间管理是一个非常好的手段，也就是将任务根据紧急和重要两个维度分类。时间管理的原则可以概括为：列出每天要完成的事情；根据重要程度和紧急程度对事情进行排序；根据优先顺序进行日程安排，努力确定所有任务中最关键的20%；了解自己日常活动的周期状况，在自己最清醒、最有效率的时间段内完成工作中最重要的部分。

3. 支持性自我管理技能

这是指个体在面对较大压力时，通过寻求外部支持性途径排遣压力的技能。建立并扩大社会支持网络是应对压力的重要途径，它使个体之间可以交流挫折和不满，得到建议和鼓励，并体验到情感上的联系，提供应付压力事件所需的共鸣和支持。研究表明，较多的人际交往能够减轻因工作压力过大而累垮的可能性。

4. 保护性自我管理技能

这可以增强个体的适应能力，从根本上减少过度压力反应的机会。这些措施包括精神构想、放松技巧、合理膳食、运动调节等。个体应注意自身良好的心态和正确人生价值观的培养，努力增强自身实力，如知识、技术、人际交往等技能，可有效减少因自身能力不足而体会到压力的可能性。掌握运用各种放松技巧，如自我调节、催眠、生物反馈等方法；注意科学、合理、均衡的饮食习惯；保证充分的睡眠和休息时间；营造舒适放松的生活空间，坚持定期运动等方式都可以有效地缓解压力。

(二)工作层面的压力管理

合理的工作安排是指根据具体工作的重要性和难易程度对任务进行合理的安排，有效的工作安排可以缓解过多的压力。根据普瑞马克定律，先做不喜欢的工作，然后再做喜欢的工作的整体效率要比先做喜欢的工作、后做不喜欢的工作效率高。

应用普瑞马克定律进行工作安排时，需要对雇员工作偏好等级的性质加以确定。首先，可以询问员工喜欢做什么工作、不喜欢什么工作；其次，就是观察员工的选择，在了解其工作偏好后，有的放矢地安排工作，提高工作效率。

进行工作再设计调查显示，工作环境和工作满意度是影响员工工作压力的两个重要因素。所以有必要对原有工作进行再设计，有三种可以选择的方案：工作轮换、工作扩大化和工作丰富化。

工作轮换是指当员工觉得现在的工作已经不再具有挑战性时，就轮换到同一水平、技术要求相近的另一岗位上工作。工作扩大化是指增加员工的工作数量，丰富工作内容，在克服专业性过强、工作多样性不足等方面具有显著效果。工作丰富化是指对工作的纵向扩展，可以增强员工对工作计划、执行和评估的控制程度，使员工所做工作具有完整性，提高员工的自由度和独立性，增强员工的责任感并及时提供工作反馈，以便员工了解自己的绩效状况并加以改进。

(三)组织层面的压力管理

组织应承担减轻工作情境中的压力以及降低这些压力对员工的行为、情感、绩效方面负面影响的责任和义务。

1. 压力源管理

压力源是压力结果的直接来源，通常所讲的过高的工作压力主要就是指压力源因素是呈高压态的。在对压力源进行全面调查测量的基础上，找出过高压力的主要诱因，进而拟订并实施针对性的压力减轻计划，从源头上消除引起消极压力结果的因素。例如，不良的工作条件如果是引起消极压力结果的主要压力源因素，那么对该因素的调整就表现为通过改善设备的质量、重新布置格局、播放背景音乐等措施，使员工在工作中体验到愉快的感觉，从而减轻压力、提高工作绩效。同时，组织必须评价这些措施的执行结果，以确保措施的有效性。

2. 合理的人力资源配置

从组织因素看，降低压力水平的努力始于对员工的甄选，企业应确保员工具有与职务要求相适应的能力。通过识别员工的人力资源特点、职业锚类型和所处的压力环境，使三者合理匹配。在个体所处的不同职业锚阶段，或者针对不同职业锚类型的个体，需要进行不同的人力资源配置，或采用不同的培训方法，这对最大限度地利用个体的认知资源十分重要。

3. 加强职业生涯规划管理

职业生涯管理体系包括自我评估、实际检验、目标设定、行动规划四部分。①自我评估是指员工通过各种信息确定自己的职业兴趣、价值观和行为倾向，以此作为设定职业生涯目标及策略的基础。②实际检验是指员工从公司获得信息，了解公司如何评价其技能和知识，以及他们该怎样适应公司的计划。③目标设定是指员工形成长短期职业生涯目标的过程，这些目标通常与理想的职位、技能的运用水平、工作安排或技能获取相联系。④行动规划是指员工为达到长短期职业生涯目标应采取的措施，包括参加培训课程和研讨会，提高自身技能或申请公司内的空缺职位等。

4. 强化组织沟通

角色的模糊性和角色冲突会增加不确定性，从而产生遭遇性压力和情境性压力，因此加强组织内的沟通是压力管理中必不可少的环节。消除遭遇性压力的两个重要因素：一是建立广泛的社会支持体系；二是提高人际沟通能力。

组织中可以形成两类社会支持体系：一类是良师益友的关系，通过承诺、信任和合作有效地帮助员工避免不必要的压力，提供应对压力的支持；另一类是团队建设，高结合性的团队成员之间的交流会使员工产生更少的压力，取得更好的绩效水平。

提高人际沟通能力也是一种有效的方法。持续的双向沟通在免除或减轻员工不必要的期待性压力的同时，还可以使员工与组织共渡难关。

5. 实施员工帮助计划

按员工的需求属性划分，员工帮助计划可分为六大类。

(1) 咨询类——工作调适、生活问题、身心健康困扰及职业生涯发展咨询。

(2) 教育类——新进员工培训、心理卫生知识推广、员工社团运作。

(3) 申诉类——采用书面、电话或面谈等方式处理员工的不满或意见。

(4) 福利类——急难救助、奖助学金、托儿、托老服务等。

(5) 休闲类——组织休闲、联谊、娱乐活动。

(6) 其他——各种协调工作和组织发展工作。

员工帮助计划的运作模式会因企业经营状况、规模与目标的不同而有所差别，一般可分为四种：内部模式、外部模式、联合模式和会员制模式。

五、缓解压力的对策

总结过去的研究，对压力的控制一般有如下四种途径。

(1) 去除环境中不必要的压力源。

(2) 防止某些中性因素转化为压力源。

(3) 培养应付那些我们不愿意碰到但又不得不接触的情境的能力。

(4) 寻求放松或转移要求。

(一)个人解决压力的办法

员工们现在已经越来越注意到他们自己在解决工作压力和保持健康生活方式上的责

任。但大多数员工还是不能真正了解保护自己身体健康的价值。下面是一些员工用来对付长期压力的办法。

(1) 体育锻炼。无论年龄大小，人们都可以通过走路、骑车、参加健身课、瑜伽、慢跑、游泳和足球等活动得到锻炼。科学证据显示，长期坚持强度适中的锻炼可以延年益寿并保持健康。大多数有长跑习惯和经常锻炼的人都会告诉你运动可以缓解压力。不管采用什么方式进行锻炼，你的肌肉和心肺都需要更多的血液。体育锻炼可以帮助员工转移注意力，使之对障碍性压力产生较少的焦虑，同时提高他们的生理和心理承受能力。

(2) 放松自己。赫伯特·本森(Herbert Benson)在对东西方人进行研究时发现，犹太基督教徒通过祈祷来获得内心平静，而东方人则通过冥想实现此目的。获得放松反应并不需要一套固定的理论或宗教信仰。只要是有规律地进行祈祷或冥想，便可能激发放松反应。内心的平静和放松能够消除我们脑内和体内的压力反应。想要放松时，就应该找一个安静的地方，坐在一把舒服的椅子上，把身上的衣服解开，完全地放松自己。首先，完全放松每一块肌肉，缓慢匀速地深呼吸，把思想集中在呼吸上。在安静坐着的状态下度过4～5分钟，无须定时，不要被打搅。放松过程结束后，睁开双眼，安静地坐上一两分钟再起身。这样便可以激发放松反应，达到需要的效果。许多经常进行冥想和放松的人都认为这样做能够减缓心跳、降低血压、减轻压力产生的其他症状。

(3) 饮食习惯。饮食虽然不会直接减轻压力，但它却对我们的生活有很重要的影响。含糖量高的食品会刺激压力的产生并会延长压力的影响，高胆固醇的食品会对血液产生危害。良好的饮食习惯能够让我们保持身体健康，少受障碍性压力的侵害。

(4) 敞开心胸。生活中我们都会遇到不愉快的事情。向别人倾诉这些不愉快的事情是治疗伤痛的灵丹妙药。对于有些难以启齿的痛苦，可以采用自我倾诉的方法，更好地面对生活。有研究表明，那些每周把痛苦经历记下来的人比那些从不记录痛苦经历的人对生活的态度更为健康。向别人倾诉并不是消除压力的唯一手段，经常在日记里袒露心声也能达到同样的效果。

(5) 专业帮助。有时员工们没有能力解决自己的问题，这时他们需要专业的帮助或咨询治疗。需要这种帮助的人群可以选择心理咨询、职业咨询、财务与家庭咨询、身体治疗、医务护理、外科手术和压力治疗等。

(二)有效的员工帮助计划——EAP

1. EAP 的来源及发展历程

美国是EAP(Employee Assitance Program)的发源地之一，也是EAP最发达的国家之一。早在20世纪初，一些企业注意到员工的酗酒、吸毒和其他一些药物滥用问题会直接或间接地影响到员工和企业的绩效。所以制订了旨在帮助员工的戒酒计划，这大概应该算是EAP的早期雏形了。等到二十世纪六七十年代，由于美国社会的剧烈变动，工作压力、家庭暴力、离婚和各种法律纠纷等诸多个人问题也越来越影响到企业员工的情绪、工作表现，甚

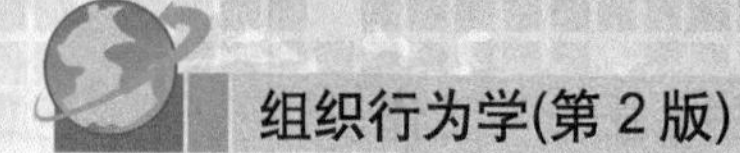

至工作绩效。于是，有的企业建立了一些项目，聘请专家帮助员工解决这些个人问题，这就是 EAP 的开始。

在美国，EAP 是非常盛行的，无论是在企业、政府部门还是军队都广泛应用这项援助计划。据统计，美国有 1/4 的企业为员工提供常年的 EAP 服务；在英国全部员工中有近 10%能够享受到 EAP 服务；在日本一些企业中出现的爱抚管理模式就是 EAP 的部分内容的翻版之一，一些企业设立了放松室、发泄室、茶室，来缓解员工的紧张情绪，或制订员工健康研修计划和增进健康的方案，帮助员工克服身心方面的疾病。在我国的港澳台地区也设有专门的 EAP 机构，许多企业也开始使用这项服务，其中台积电 EAP 的实施受到了业界的广泛关注。到 20 世纪 90 年代末为止，世界财富 500 强中，有 90%以上的企业建立了 EAP 项目。

2. EAP 的组成

目前 EAP 已经发展成为一项很详尽的综合性的服务，其内容主要包括压力管理、职业心理健康、裁员心理危机、灾难性事件、职业生涯发展、健康生活方式、法律纠纷、家庭关系问题、理财问题、饮食习惯、减肥等各个方面，全面帮助员工解决个人问题。随着 EAP 的广泛应用，我们有理由相信会有更多的内容增加到 EAP 服务中去的。

3. EAP 在中国

在我国，EAP 的引进较晚，因为许多企业还没有意识到 EAP 的具体作用和它的存在会对企业带来什么样的收益，并且在我国的企业中存在着根深蒂固的物质情结，认为在所有的资本中，人是最不重要的，所以企业对员工心理的关注意识还很淡薄。调查表明，有 20%的中国员工(尤其是在大城市中)感到压力过大。近年来的一些研究发现，我国抑郁症患者的发病率相当高，而在一些高焦虑、高压力的工作环境，如医院、军队、大型公司中，这一比例可能还会更高。一些与压力和心理问题有关的身心疾病(如高血压、冠心病)的发病率也越来越高。

庆幸的是目前这种状况已有好转，在中国的竞争最激烈的IT业已引入了EAP服务。2001年，联想公司在心理专家的帮助下，率先实施了 EAP 项目。并且国内也出现了专门的 EAP 机构，与此相关的各种心理咨询、诊所亦如雨后春笋般地涌现出来。毋庸置疑，在中国，也会有越来越多的员工，尤其是 IT 业员工受益于 EAP 服务。

4. 令人着迷的 EAP

从理论上说，EAP 是企业“人性化”管理的一个组成部分。对企业来说，通过实施员工援助计划可以更深入地了解员工的个人信息，有针对性地为员工排忧解难，保持员工良好的工作状态，并且更易于培养员工的忠诚度；对员工来说，如果企业所提供的这套援助计划具有高度的保密性、实际的帮助性能、可操作性和便利性，可以为员工们减轻不少来自家庭以及工作方面的压力，使他们能够全神贯注地投入自己的职业生涯中，充分发挥自己的创造力及工作热情。从目前看来，为了消除或减轻由于种种原因造成的压力所带来的危害，EAP 服务的推广应用势在必行，这一点是无须怀疑的。但是在 EAP 的实际实施中，不同的组织必须结合自己的实际情况(企业价值观，愿景，文化渊源)，选择合适的内容、制定有效的应用流程，以使这一服务发挥出应有的效果。EAP 受益表如表 12-2 所示。

表 12-2　EAP 受益表

企业预期获得的收益	员工通过 EAP 能够达到的效果
节省招聘费用	优化工作情绪
节省培训开支	提高工作积极性
减少错误操作	增强自信心
降低缺勤(病假)率	有效处理人际关系
减少医疗费用支出	增强适应力
降低管理人员负担	克服不良嗜好(抽烟、酗酒等)
提高组织的公众形象	提高工作满意度
提高员工士气	提高工作绩效
提高组织绩效	提高工作忠诚度

无论是对压力进行研究还是对 EAP 进行运用，其目的都是要揭示压力过程的本质规律，实现对压力的控制，并减轻员工压力。

从组织的角度讲，员工的压力感低于中等水平时，管理者们可能并不在意，因为低于中等水平的压力感有助于员工提高绩效。但如果压力水平过高，或者即使压力水平较低，但持续时间过长，都会使员工绩效降低，因此也需要组织管理人员采取行动。尽管一定的压力感有助于员工提高绩效，但员工们自己并不这样看。从员工个人角度来讲，即使压力水平很低，也是令人不快的。因此，工作压力感多大才好？管理人员和员工个人的观点有所不同。在讨论员工个人和组织在应对压力问题的方法时，应牢记这一点。所以管理者在制订任何减压计划的时候，都应与员工进行沟通。

从通俗意义上来讲，压力产生的原因就是要在短时间内完成大量的工作，而很多人并不善于管理自己的时间。如果能恰当地安排时间，那么员工在既定的每天或者每周的时间段内所必须完成的任务就不至于落空。在相同的时间段内，与无序的组织相比，有序的组织能够完成无序组织 2～3 倍的任务。因此，理解并学会应用基本的时间管理原则有助于员工更好地应付工作要求带来的压力感。

常用的时间管理原则无外乎以下几点。

(1) 列出每天要完成的事情。

(2) 根据重要和紧急程度来对事情进行排序。

(3) 根据优先顺序进行日程安排。

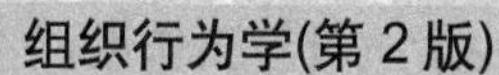

(4) 了解自己的日常活动周期状况，在自己最清醒、最有效率的时间段内完成工作中最重要的部分。

通过各种放松技巧，如自我调节、催眠、生物反馈等方法，员工可以自行缓解紧张感。压力感过于强时，与朋友、家人、同事聊天不失为一个排遣压力的途径。因此，扩大自己的社交网络是减轻压力的一种手段。这样，有问题时，就会有人来倾听你的心声，并帮助你对问题进行客观的分析。还有研究表明，社会支持有助于调解压力感与精神崩溃之间的关系。也就是说，较多的人际交往能够减轻因工作压力过大而累垮的可能性。这是站在员工的角度进行减压的一些基本方法。

不同的工作性质会使人产生不同的压力感，而这也是调查结果中压力差异最显著的一组。尽管工作性质无法改变，但是组织可以在 EAP 的框架下从重新设计工作的角度入手为员工减轻工作压力，比如说更有意义的工作，更大的自主性，更强的反馈等，这样就有助于减轻员工的压力。因此，这些因素可以使员工对工作活动有更强的控制力，并降低员工对他人的依赖性。但并非所有的员工都愿意使自己的工作内容更丰富(因为从个体差异上分析，不同的员工对同一压力情境的反应会有所不同)。那么对那些成就需要较低的员工而言，进行工作设计时，应使他们承担较轻的工作责任，同时还应当增加具体化的工作。如果员工更乐意做例行性和结构化的工作，那么降低工作技能的多样化要求，就能相应地降低工作中的不确定性和压力水平。

最后一个建议是为员工提供组织支持的身心健康方案。这些项目应从改善员工的身心状况着眼。实施这种福利举措的理论假设是，员工应该对自己的身心健康负责(尤其是在身心健康指数明显低于其他行业的 IT 业)，组织只是提供给他们达到目的的手段。因为从分析结果得出压力在性别上几乎没有差异，而员工职业生涯晚期的压力相对要小，所以组织管理者也可以结合以上方法针对女性员工和中青年员工制订适合他们的减压计划。

相信通过这样一系列的有效措施，一定能达到为员工减压的目的。

第二节　工 作 设 计

工作设计一直是组织和人力资源管理的核心研究内容之一。良好的工作设计是确保技术与人之间实现最佳匹配、提高员工的工作满意感、充分调动员工的工作积极性、发挥技术的已有优势和潜在优势的有效管理技术手段之一。此外，工作设计也是企业新技术进步后实施具体运作的关键性环节。

工作设计是指为了有效地达到组织目标、合理有效地处理人与工作的关系而采取的、对与满足工作者个人需要有关的工作内容、工作职能和工作关系的特别处理。工作设计是管理者的一个重要课题。因为，工作设计是否得当对激发员工的工作动机、增强员工的工作满意感以及提高工作效率都有重大影响。从激励理论的角度看，工作设计是对内在奖酬的设计，因为激励理论认为，在员工需求向高层次发展时，他们的积极性主要来自工作本身相关的因素，工作设计得当就能满足员工的内在需要。

对工作设计的研究可以从以下几个方面进行考察。

(1) 工作内容。包括确定工作一般性质的几个维度，主要有多样性、自主性、复杂性、难度与整体性(即做一项工作的全部过程)。

(2) 工作职能。指的是做每件工作的基本要求与方法，包括工作责任、工作权限、信息沟通方式、工作方法以及协作配合等方面。

(3) 工作关系。是指个人在工作中发生的人与人之间的关系，包括在工作中与其他人相互联系及交往的范围、建立友谊的机会以及工作班组中的相互协作和配合等方面。

(4) 工作结果。是指工作的绩效与效果的高低，包括标志工作的完成所要达到的具体标准(如产品的产量、质量、效益等)，以及工作者的工作感受与反应(如满意感、出勤率、缺勤率、离职率等)。

(5) 结果反馈。包括两个方面：一是对工作本身的客观反馈；二是来自别人对工作结果的反馈，如同事、上级和下级对工作的评价。

一、基于工作特征理论的工作设计研究

现代工作特征理论的奠基者是哈克曼(Hackman)和劳勒(Lawlor)。他们在总结以往研究的基础上，强调要建立一种理论框架来预测工作特征和工人对这些特征的反应之间的关系。有关工作特征早期研究的主要代表人物还有亚瑟(Arth)、特纳(Turner)和劳伦斯(Lawrence)等人。在集中对有关“人-机”匹配的“动作-时间”领域进行深入研究基础之上，他们还主要研究了工作的客观特征和工人对其工作反应之间的关系，所研究的工作客观特征有：工作多变性、自主性、技能、知识水平及员工在工作中相互接触的机会等。研究结果表明，不同文化背景的工人对工作有不同的反应。泰勒(Taylor)提出的科学管理原则是一种传统的关于工作特征的工作设计研究。他注重通过过硬的技术手段和严格的作业标准来提高工作效率。

根据工作动机的期望理论和马斯洛的需要层次理论，哈克曼和劳勒(1976)提出了工作特征与个体差异相互作用的概念框架和五个核心工作特征：工作整体性、工作自主性、反馈性、重要性和技能多样性。通过对某电信公司的 13 个工种、208 名工人的调查研究发现，当这些工作特征水平较高时，那些具有高层次需求的员工有较高的工作满意感，而且，其工作质量也较高。

同特纳和劳伦斯等人的研究不同的是，哈克曼(1976)认为，工人对工作的反应是由他们对工作特征的知觉所决定的，而不是由工作的客观特征所决定的。这一点是符合哲学与心理学中有关人的行为反应模式的，并且也为现代组织心理学所证实。因此，在哈克曼等人的研究中，工作特征和各因素变量的关系主要是根据研究者评定结果来确定的。

哈克曼等人提出的有关工作动机的工作特征理论模型的基本含义是，积极的结果是通过激发员工的三种心理状态而产生的，即工作的意义、责任感和对工作结果的了解程度。而这三种关键的心理状态又是受到员工对五个工作特征知觉的影响；各个现代性的个体差异，如个人的知识、技能、发展需要的强度等也同时影响以上三个变量。

根据工作特征理论模型，任何工作都可用以下五个核心维度来描述，其定义如下。

(1) 技能多样性(Skill Variety)：在完成工作任务的过程中，具有进行多种不同的、能使工作人员的各种技能和才能得以发挥的活动的程度。

(2) 工作整体性(Task Identity)：工作的完整性和部分工作的整体性程度，即从头至尾地完成一项具有可见成果的工作。

(3) 工作重要性(Task Significance)：工作对他人的生活和工作具有实质性影响的程度，不论是在临近的组织还是外部环境。

(4) 工作自主性(Autonomy)：工作所具有的自由性、独立性，以及个人在安排工作中和完成任务中所具有的决定工作程序的自决权程度。

(5) 工作反馈性(Feedback)：在完成任务活动中，个人所能够得到的关于他(或她)的活动效果的直接而清晰的信息的程度。

这个模型的结构如图 12-4 所示，注意一下前三个维度，即技能多样性、工作整体性、工作重要性三者之间是如何相互结合，产生出有意义的工作的。也就是说，如果一种工作包括这三个特征，那么我们可以预测，员工会认为这种工作很重要、有意义、值得去做。

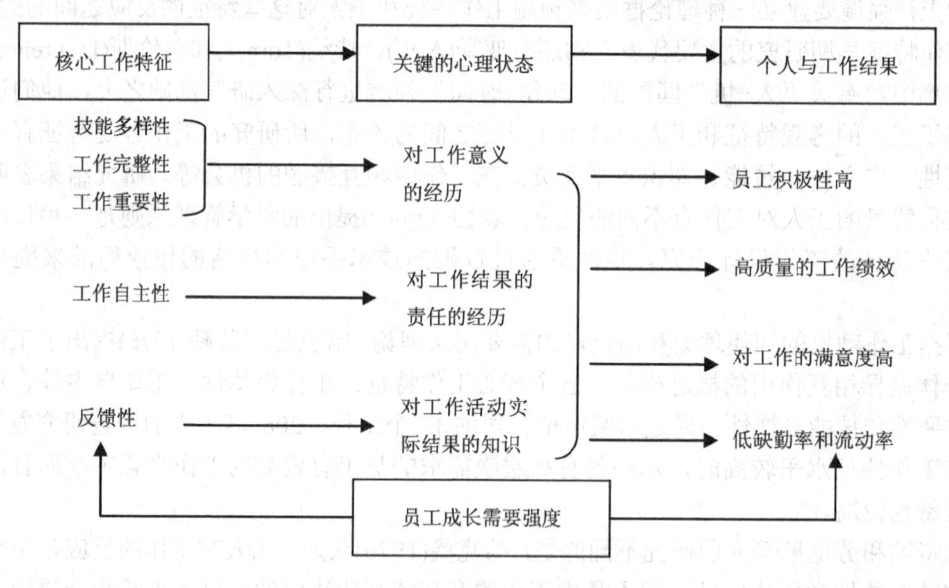

图 12-4　工作特征模型

同时应注意，具有自主性的职位会使任职者对工作结果产生一种个人责任感，如果一种工作能及时给员工以反馈，员工就能知道自己的工作效率如何。从激励的角度讲，这种理论模型表明，当员工得知(关于结果的知识)他个人(体验到的责任)在其喜欢的(体验到的意义)工作方面干得很好时，员工就能得到内在的奖励。这三种心理状态出现的机会越多，员工积极性、工作绩效、满意度就越高，员工缺勤率、流动率就越低。

如图 12-4 所示，工作各维度与工作结果之间的相关程度受到员工成长需要强度的调节和影响。受员工自尊自强、自我实现欲望的影响，成长需要高的员工与成长需要低的员工相比，工作内容得到丰富后，会更多地经历到这几种心理状态，而且他们对于这几种心理状态的反应也更加积极。

可以把上面几种维度归并，得出一个预测性指数，即激励潜能分数(MPS，Motivating Potential Score)，其计算方法如下面的公式所示：

$$MPS=(\text{技能多样性}+\text{任务完整性}+\text{任务重要性})/3\times\text{工作自主性}\times\text{反馈性}$$

激励潜能高的工作，在导致使工作有意义的 3 个因素(技能多样性、工作完整性、工作重要性)中，至少在其中一个因素上的得分会很高，而且在自主性和反馈性方面的得分也都很高。如果工作激励潜能得分高，那么就可以预测，这对员工的工作动机、工作绩效、工作满意度都会有积极的影响，而且缺勤率和流动率会有所下降。

为此，哈克曼根据其工作特征理论还设计了一套专门的工作特征调查问卷(JDS，Job Diagnostic Survey)。这份问卷是由 78 个项目构成的 7 点量表，通过对员工的工作特征知觉、关键心理状态以及满意感等内容的测定，寻找工作中存在的问题，进而确定工作改进的必要性与可行性，并制定相应的改进方法。此外，该问卷还可以用于评价工作重新设计的结果。

工作特征理论模型是历经多次研究验证过的。相关研究结果表明：①五个工作特征的因素分析结果证明其维度是相互独立的结构(Katz & Abdel，1978)；②目前尚未有一个方便易行的工作特征客观评价指标和方法。相对来说，对客观工作特征的主观知觉的严格控制，可以获得较高的信度，而且其方法也更直接得多；③在绝大多数研究中，个体差异，如教育水平、工龄、能力、志愿水平等，对工作特征知觉和工作结果之间的中介效应不是十分显著(Cumming，1984)。大量研究资料已证明该理论的一般框架是正确的，也就是说，工作特征有很多，而且这些特征能影响到行为后果，但在工作特征理论模型的五个核心维度、MPS 的倍增特性以及作为中介变量的成长需要强度的效度等问题上，仍存在大量的争议。

据此，其他一些研究者进一步将工作特征理论进行了拓展和改进。埃文斯(Evans，1979)等将期望理论和目标管理理论纳入工作特征模型中。而凯古德(Kiggud，1988)则在模型中加入了工作相依性这个工作特征变量，认为这一特征对体验到的工作责任感有关。赛尔(Seer，1984)则根据组织角色理论，把工作特征模式与领导的作用统一起来，提出了新的模式——The Dual Attachment Model。这些结果表明，越来越多的研究者将现代组织理论运用到工作特征研究中，但对于组织特征和工作特征往往缺乏系统的全面考证。

二、基于社会技术系统理论的工作设计研究

社会技术系统理论是在英国塔维斯托克研究所的一系列研究工作的基础上形成的，该理论研究特别强调整个工作系统总体设计的重要性，试图以此促进企业组织中社会系统与技术系统两方面的进一步联系和相互配合。

社会技术系统理论认为，组织的活动效率与工作绩效是由组织系统内的社会心理子系统与技术结构子系统共同作用的结果。社会心理系统包括个体、人与人之间和群体各方面的相互作用与关系，组织气氛和文化价值观等。技术结构系统则包括生产技术类型、设备工具、作业标准与工作方式等。在进行工作设计时，必须对这两个方面做出充分的考虑。

当根据社会技术系统理论进行工作设计时，一般不会采用零敲碎打的形式进行工作系统的改变，虽然工作形式、报酬、物理装置、空间安排、工作计划程序等方面的众多因素都会随着社会技术系统的变革而有所改变，但这些因素都不会作为变革活动中的主要焦点。社会技术系统的变革强调依据不同的组织结构和群体气氛选择适宜的工作设计方案，重视工作群体之间的相互关系，要求在工作设计的同时，调整和改革组织内整个工作关系、作业流程和组织结构。社会技术系统变革的通常做法是，由组织中各个层面的代表对组织进行综合考察，这种考察包括了组织活动中所有和工作效率与工作生活质量有关的方面，再根据考察提出变革措施。这种变革包括社会技术系统的各个方面，其重点在于建立新的工作组合形式，由每个员工自主负责某一部分的工作，也就是人们经常提及的“自主性工作团体”。现在，自主性工作团体已经成为广泛采用的工作组织形式，即使在那些并不是明显地由社会技术系统理论所指导的工作设计活动中也可经常被发现。

三、工作再设计

对于不同的员工，工作设计不应该是千篇一律的。有的员工喜欢重复简单的工作，有的员工喜欢有创造性的、有挑战的工作。一旦发现员工与其所担负的工作不匹配，就要进行工作再设计。工作再设计主要有两大类：工作的横向变化和纵向变化。

(1) 工作的横向变化。有多种形式，包括工作扩大化、工作轮换以及交叉培训等方面。工作扩大化指的是一种进行工作设计的方法，它可以增加工作的任务数量或变化性，以减少工作过度细分所带来的乏味感。工作轮换是对工作扩大化的进一步发展，它能够使工人在一段时间内从事多种不同的劳动。通过科学的管理方法进行工作设计会使工作各流程得到高度细分，从而导致工人对劳动产生乏味感，以上这两种工作方法则可以缓解科学管理方法的弊端。因此，如果劳动活动更加多样化，工人们就会对劳动产生兴趣并能主动完成工作。使用工作扩大化和工作轮换制，可通过增加工人的劳动活动或在一定时间内让工人从事不同的劳动活动来丰富工作内容。交叉培训是对工作扩大化制度的一种变化，工人们可以接受不同工作的相关培训。以上这三种工作制度增加了工人们所从事工作的数量和种类，进而横向扩展了劳动活动的内容。但是，这些变化并没有提供工人们的劳动自主权，它们需要工人们完成更多的任务，由此带来更多的责任。

(2) 工作的纵向变化。即工作丰富化，是指在工作中垂直地增加工作内容，通过提高员工对工作任务的规划、执行和评估的控制程度来扩展工作，赋予员工更多的责任、自主权和控制权。传统管理组织因强调专业化，限制了工人独立自主和创造性的发挥，导致“性格不能走向成熟”，阻碍了“人性自然的发展”。因此，企业管理者应该改变旧的管理方式，提供一种有利于职工成长和成熟的环境。一份丰富化的工作会有机结合各项任务，以使员工能够从事一项完整的活动。它还会增加员工的自由度和独立性，增强员工的责任感，提供反馈信息使员工能够及时评估自己的绩效，并在必要时做出相应的修正。

如图 12-5 所示，根据工作特征模型，J. R. Hackman 和 J. L. Suttle(eds.)归纳总结了工作丰富化的指导原则。组合任务就是把那些已存在的、零散的任务组合到一起，以形成一种新的、更大的任务模块，以提高任务的完整性与技能的多样化。建构自己的工作单元使得员工所从事的任务成为一个完整的、有意义的整体，以提高任务的完整性与重要性。建立客户关系可以增进员工与其(组织内部的和外部的)客户的直接关系，以提高工作的自主性、技能多样化和反馈程度。纵向拓展工作让员工获得了之前保留在管理者手中的部分职责和控制权，以提高工作自主性。开通反馈渠道让员工可以知道他们的工作做得怎么样，他们的绩效是在提高还是降低，抑或保持不变。

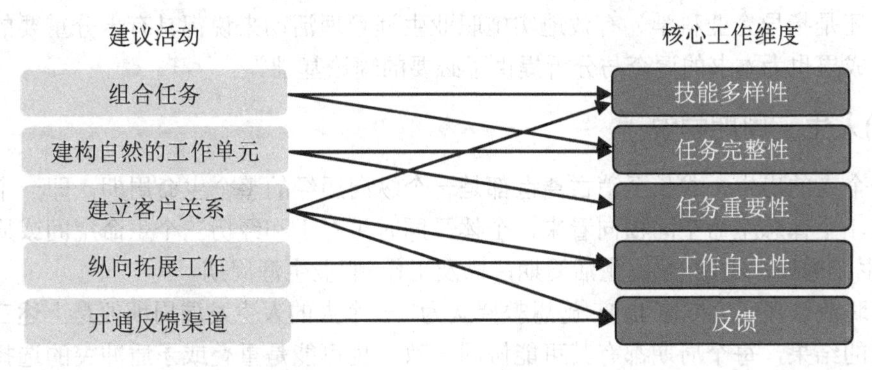

图 12-5　工作丰富化的指导原则

四、其他的工作安排方案

利用弹性时间制、工作分担或远程办公来改变工作安排也是很有效的激励方案。这些对很多员工来说尤为重要，比如双职工夫妻、单亲家庭，或者需要照顾病人或老人的员工。

弹性时间制是“灵活的、弹性的工作时间安排方案”的简称。它给了员工一定的自主权来决定上下班时间。员工每周工作的小时数是固定的，但在一定的条件下，他们可以自由改变工作时间。最近的一项调查显示，如今大多数的组织(53%)都会提供某种形式的弹性

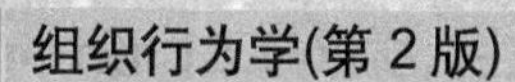

时间。这不是只在美国才有的现象，73%的德国企业提供弹性时间制，这样的制度在日本也越来越普遍。事实上，根据法律，德国、比利时、荷兰和法国的雇主不得拒绝员工申请兼职或灵活工作时间的要求，只要这一要求是合理的，比如照顾自己年幼的孩子等。

弹性时间制的好处很多，包括降低缺勤率、提高生产率、减少加班费用、减少员工对管理层的敌对情绪、缓解工作场所附近的交通拥堵状况、减少迟到现象以及提高员工的自主性和责任感，而这些又可能提高员工的满意度。

第三节　职业生涯规划

职业生涯管理是近些年来在发达国家兴起的、颇受人们关注的人力资源管理领域的一项新内容，它体现了一种全新的人力资源管理理念和模式，代表着当前人力资源管理领域中一个崭新的发展方向。

一、职业生涯规划相关研究

近 40 多年来，各国学者和专家对职业生涯的发展进程进行了大量、长期的研究，发现并总结出了许多关于职业生涯发展的理论和规律，这些理论和规律无论对于指导员工职业生涯发展还是指导企业科学、有效地实施职业生涯管理活动来说都具有十分重要的意义。这些研究成果也为本书的调查与分析提供了必要的理论基础。

(一)人生三周期学说

每一个人的出生、成长至消亡离世都是一个纵向历经的整个生命周期，即一个人的总生命空间。个体总生命空间横向看来，个体又同时生存于和经历三个生命空间或周期：生物-社会生命周期、婚姻-家庭生活周期，以及工作-职业生涯周期。

美国职业管理研究专家 E. H. 施恩教授认为，一个人的人生发展周期便是上述三种周期交互作用的结果，每个周期都有其可能协同一致，也可能是重叠或矛盾冲突的选择点、里程碑、阶段性目标及终点。生物-社会生命周期显然首先与年龄相关，大致说来，30 岁、40 岁、50 岁以及 60 岁，可看作是人生的关键转折点或重要里程碑。从婚姻-家庭生活周期来看，一般人要经历青春期、单身成年、结婚成家、生儿育女、照料年迈父母乃至成为年迈祖父母等人生阶段。婚姻-家庭生活周期各阶段中的责任和义务所造成的压力往往远远超出一项工作或职业的压力。虽然每个人的职业选择及职业生涯路径会各不相同，但都无外乎是在一定的生物-社会生命周期基础上和婚姻-家庭生活周期的背景下形成的。

人生三周期虽相对独立但又相互联系、相互作用和相互影响，因而来自个人事务和家庭人生方面的问题会直接影响职工的工作和职业决策，这将是不争的客观事实，以一个完整的人生周期来考虑完整的成年人显得极为重要。企业的人力资源和职业生涯管理不能忽视这一点，必须接受现实，更灵活、宽容地管理下属，尽可能采取措施帮助员工协调各方面的矛盾，取得工作和家庭、生活等的平衡，从而顺利实现其职业生涯发展，这对组织也是十分有益的。

(二)职业生涯发展阶段理论

每个人的职业生涯发展都要经历大致相同的几个阶段，只有了解、熟悉每个阶段各自的职业特征、职业偏好和需求以及不同的职业发展任务，才能有针对性地采取不同管理措施以促进员工个人的职业生涯发展。比较有代表性的几种职业生涯发展阶段理论如下。

1. 萨伯的职业生涯发展阶段理论

萨伯是美国的一位有代表性的职业管理学家，他以年龄为依据，将人的职业生涯发展划分为 5 个大阶段。

(1) 成长阶段(Growth Stage)：0～14 岁，属于认知阶段。

(2) 探索阶段(Exploration Stage)：15～24 岁，属于学习打基础阶段。

(3) 建立阶段(Establishment Stage)：25～44 岁，属于选择、安置阶段。

(4) 维持阶段(Maintenance Stage)：45～64 岁，属于升迁和专精阶段。

(5) 衰退阶段(Decline Stage)：65 岁以后，属于退休阶段。

2. 格林豪斯的职业生涯发展阶段理论

格林豪斯从人生不同年龄段职业生涯发展所面临的主要任务的角度将职业生涯发展简洁明了地划分为 5 个阶段。

(1) 职业准备阶段：0～18 岁。这一阶段的主要任务是：发展职业想象力、培养职业兴趣和能力、对职业进行评估和选择、接受必要的职业教育和培训。

(2) 进入组织阶段：18～25 岁。这一阶段的主要任务是：以求职者的身份出现在劳动力市场上，在获取足量信息的基础上尽量选择一种合适的、较为满意的职业，并在一个理想的组织中获得一份工作。

(3) 职业生涯初期：25～40 岁。这一阶段的主要任务是：了解和学习组织纪律和规范、接受组织文化、逐步适应职业工作、适应和融入组织、以获取组织正式成员资格；不断学习职业技术、提高工作能力，为未来职业生涯成功做好准备。

(4) 职业生涯中期：40～55 岁。这一阶段的主要任务是：不断学习新知识、努力工作，并力争有所成就、对早期职业生涯进行重新评估，以便强化或转变自己的职业理想，重新选定职业。

(5) 职业生涯后期：55 岁至退休。这一阶段的主要任务是：继续保持已有的职业成就，成为一名良师，对他人承担责任，维护自尊，准备隐退。

3. 施恩的职业生涯发展阶段理论

施恩将职业生涯分为 9 个阶段。

(1) 成长、幻想、探索阶段；一般为 0～21 岁。

(2) 进入工作阶段：一般为 16～25 岁。

(3) 基础培训：一般为 16～25 岁。

(4) 早期职业的正式成员资格：一般为 17～30 岁。

(5) 职业中期：一般为 25 岁以上。

(6) 职业中期危险阶段：一般为 35～45 岁。

(7) 职业后期：一般为 40 岁以后至退休。

(8) 衰退和离职阶段：一般为 40 岁以后至退休。

(9) 退休。

施恩的理论较为丰富，阶段划分的依据更科学、具体和实际，但阶段划分较烦琐。

4. 职业锚理论

“职业锚”是施恩首次提出的。它是指当一个人不得不做出选择的时候，无论如何都不会放弃职业中的那种至关重要的东西或价值观。职业锚是“自省的才干、动机和价值观的模式”，是自我意向的一个习得部分。具体而言，是个人进入职业生涯早期工作情境后，由习得的实际工作经验所决定，并在经验中与自省的才干、动机、需要和价值观相符合，逐渐发展出的更加清晰、全面的职业自我观，以及达到自我满足和补偿的一种长期稳定的职业定位。

施恩根据自己对麻省理工学院毕业生的调查研究，提出 5 种基本的职业锚，它们各有其特点。

(1) 技术职能型职业锚。其特点如下。

① 强调实际技术、职能等业务工作。

② 拒绝一般管理工作，但愿意在其技术、职能领域管理他人。

③ 追求在技术、职能能力区的成长和技能不断提高，其成功更多地取决于该区域专家的肯定和认可，以及承担该能力区域日益增多的富有挑战性的工作。

(2) 管理权威型职业锚。其特点如下。

① 追求承担一般管理性工作，且责任越大越好。

② 具有强烈的升迁动机和价值观，以提升等级和收入作为衡量成功的标准。

③ 具有分析能力、人际沟通能力和情感能力的强强组合。

④ 对组织有很大的依赖性。

(3) 安全稳定型职业锚。其特点如下。

① 这类职业锚雇员的驱动力和价值观是：追求安全、稳定的职业前途。

② 对组织具有较强的依赖性。

③ 个人职业生涯的开发与发展往往会受到限制。

(4) 变革创新型职业锚。其特点如下。

① 具有强烈的创造需求和欲望。

② 意志坚定、勇于冒险。

③ 同其他类型的职业锚存在一定程度的重叠。

追求变革创新型职业锚的人，要求能施展自己的特殊才干，要有管理能力，但创造才是他们的主要动机和价值观。

(5) 独立自主型职业锚。其特点如下。

① 希望随心所欲地安排自己的工作方式、工作习惯、时间进度和生活方式，追求能施展个人职业能力的工作环境，最大限度地摆脱组织的限制和约束。

② 追求在工作中享有自由，认为组织生活太限制人，是非理性的，甚至侵犯了个人私生活。

③ 与其他类型的职业锚有明显的交叉。

职业锚反映了雇员被发现的才干及可能的长期职业贡献区。职业生涯管理人员及直接主管只有帮助并了解其各自的职业锚，才能基于此与员工共同制定适合每个人的更加科学、可行的职业生涯发展道路和规划，帮助员工事业顺利进展，同时为企业做出更大贡献。

5. 组织内职业生涯三维说

通常，雇员在组织内的职业生命是沿着三种维度发展的。

第一种：在组织中工作的多数雇员在其职业道路上沿着一个等级层次维度移动。这是通过升迁而完成的，这种按等级向上的运动，是一种“垂直的”职业成长。

第二种：是沿着专业职能维度跨专业区域横向移动，它描绘出这些人的特长区或才干与技能的结合。一些较早进入某种专门领域的人可能很少流动，另一些员工可能不断地从一个部门到另一个部门进行工作轮换。这种职业运动相对于沿等级维度的职业运动，乃是一种“水平的”或“横向的”职业成长。

第三种：也是一种水平或横向的职业成长，但比较微妙，它涉及进入权力“内圈”或者说从“边缘”靠近组织“核心”的正式或非正式运动。例如，一个员工由于种种原因虽未获得晋升，在组织中一直处于较低层次的职位上，但却通过某种非正式的途径，诸如社交或业余活动中偶然邂逅领导并得到赏识，从而得以进入权力核心层、具有组织影响力。接近组织核心的显著信号就是获得专门特权或组织“机密信息”，对许多晋升受阻的人来说，这种职业成长具有非同一般的潜在晋升和职业发展意义。

现在，企业组织越来越趋向于扁平化，员工在等级层次维度的发展空间也越来越有限，未来员工个人在组织内的职业生涯发展路径将主要以横向专业职能维度和靠近核心维度为导向。

总之，职业生涯三维说为员工在组织内的职业生涯发展开辟了更广阔的路径和空间。

二、什么是职业生涯管理

(一)职业生涯的内涵

尽管目前不同学者对职业生涯的内涵有着不同的认识，但作为一种客观存在，职业生涯有其基本含义，主要包括如下内容。

(1) 职业生涯是个个体的概念，是指个体的行为经历，而非群体或组织的行为经历。

(2) 职业生涯是个职业的概念，实质是指一个人一生中的职业经历和历程。

(3) 职业生涯是个时间的概念，意指职业生涯期。职业生涯期始于最初工作之前的专门的职业学习和训练，终止于完全结束或退出职业工作。实际的职业生涯期在不同个体之间的差别很大，有长有短。

(4) 职业生涯是个发展和动态的概念，寓意着个人具体职业内容和职位的发展和变化。职业生涯不仅表示职业工作时间的长短，而且含有职业变更与发展的经历和过程，包括从事何种职业、职业发展的阶段、职业的转换、晋升等具体内容。

(二)组织职业生涯管理

组织的职业生涯管理是指企业根据自身的发展目标，并结合员工的发展需求，制定企业职业需求战略、职业变动规划与职业通道，并采取必要的措施加以实施，以实现企业目标与员工职业发展目标相统一，以及企业与个人的共同发展。职业生涯管理包含丰富的内容，它不仅包含了企业职业生涯管理的方法和程序，还包含了企业人力资源招聘计划、职业生涯阶梯设置、企业继任计划、顾问计划、退休计划以及企业职业生涯落实措施等诸多内容。为了有效地进行职业生涯管理，企业必须激发个人的职业动力，调动员工工作和发展的内在欲望。因此，企业首先应该认识到“人”的重要性，摆正“人”的应有地位。其次，还应该为员工创造良好的工作环境，确立明晰的职位体系，指明各职位的发展空间和发展的途径，并配合相应的激励体制，如工资报酬、员工的迁调、奖惩制度等，使得个人和企业目标的协调一致。

(三)职业生涯管理的特点

职业生涯管理是组织与员工双方的责任。组织和员工都必须承担一定的责任，双方共同完成对职业生涯的管理。在职业生涯管理中，员工个人和组织必须按照职业生涯管理工作的具体要求做好各项工作。无论是个人或组织都不能过分依赖对方，因为许多工作是对方不能替代的。从员工角度看，个人职业生涯规划必须由个人决定，要结合自己的性格、兴趣和特长进行设计。而组织在进行职业生涯管理时，所考虑的因素主要是组织的整体目标，以及所有组织成员的整体职业生涯发展，其目的在于通过对所有员工的职业生涯管理，充分发挥组织成员的集体潜力和效能，最终实现组织发展目标。

职业生涯管理是一种动态管理，它贯穿于员工职业生涯发展的全过程和组织发展的全过程。每一个组织成员在职业生涯的不同阶段及组织发展的不同阶段，其发展特征、发展任务以及应注意的问题都是不相同的。每一阶段都有各自的特点、各自的目标和各自的发展重点，所以对每一个发展阶段的管理也应有所不同。由于决定职业生涯的主客观条件发生变化，组织成员的职业生涯规划和发展也会发生相应变化，职业生涯管理的侧重点也应有所不同，以适应情况的变化。

三、影响员工职业生涯管理的因素

(一)影响员工职业生涯管理的个人因素

(1) 心理特质。每个人都有其独特的心理特质和个性，如兴趣、性向、智商、情商、潜能、价值观、动机、态度、人格倾向等。

(2) 生理特质。包括性别、年龄、体能、健康状况、身高、体重、外貌等。

(3) 学历资历。包括受教育程度、培训经历、学业成绩、社团活动、工作经验、生涯目标等。

(4) 家庭背景。包括父母的职业、受教育状况、社会地位、家人的期望等。

(二)影响员工职业生涯管理的企业因素

(1) 企业状况。包括企业规模、企业结构、企业阶层、企业生命周期、企业氛围、企业文化等。

(2) 人力资源管理与评估。包括人力资源规划、供给与需求的预测、招聘方式、晋升管理、工资报酬、福利措施、员工关系、发展政策等。

(3) 工作分析。包括职位分析、工作能力分析、工作绩效评估、工作研究等。

(4) 人际关系。包括与主管、同事或部属间的关系等。

四、组织职业生涯规划开发与管理流程

组织职业生涯开发与管理是职业管理领域的新内容、新模式，是人本主义管理思想的真正体现，对组织和员工个人都有重要作用，从方法层面上把员工个人利益与企业组织利益有机结合起来，使个人的全面发展理想成为实际的管理目标(见图 12-6)。

组织职业生涯开发与管理，指的是将员工职业需求与组织的劳动力需要相联系而做出的有计划的努力。这个过程在与组织机构的商业需要和战略方向一致的情况下，帮助具体的员工规划他们的职业生涯。

组织机构的要求	问题	个人的职业需求
● 组织机构在未来两三年的战略性目标是什么？ ● 组织机构在未来两三年将面临的最紧迫的需要和最严峻的挑战是什么？ ● 迎接这些挑战，需要哪些技能、知识和经验？ ● 要求员工达到什么水平？ ● 组织机构是否具有迎接严峻挑战的后备力量？	是否通过一种把个人效益、自我满足与组织机构的战略目标协调的方式进行员工的自我开发？	在组织机构里我该怎样发现机会： ● 凭借我的实力 ● 说出自己的发展要求 ● 提出疑问 ● 调适我的兴趣 ● 调适我的价值观 ● 调适我的个人作风

图 12-6　组织职业生涯开发与管理体系

职业生涯管理是一种长期的、动态的管理过程，贯穿于员工职业生涯发展的全过程，每一位员工在职业生涯的不同阶段，其发展特征、发展任务都不相同。每一阶段都有各自的目标、特点和发展重点。另外，由于决定职业生涯的主客观条件的变化，员工的职业生涯规划和发展也会发生相应的变化，所以，对每一个职业生涯发展阶段的管理也应有所不同。

(一)职业生涯早期管理

1. 员工在职业生涯早期阶段的特点

职业生涯早期阶段指的是一个人由学校进入组织并为组织所接纳的过程，一般发生在20～30岁之间。这是一个人由学校走向社会、由学生变成雇员、由单身生活变成有家庭生活的过程。这一系列角色和身份的变化，需要经历一个适应过程。

这个阶段员工职业生涯的特点主要有以下几个方面。

(1) 从生理方面看，在职业生涯早期阶段，员工个人年龄正值青年时期，一般还没有建立自己的小家庭，精力充沛，有足够的精力来应对工作中可能出现的困难。

(2) 从心理方面看，初次就业的青年人进取心强，具有积极向上、争强好胜的心态。但年轻气盛，难免表现出浮躁和冲动，很可能导致不和谐的人际关系；由于此时尚处在职业生涯初期，因而对职业锚的选择可能会犹豫不决、易于变动。

(3) 从职业发展方面看，员工尚为职业新手，缺乏经验，一切还在学习、探索之中，需要逐步适应大环境、小环境、人际交往方式等，完成从一个自由人向组织人转化的过程。

2. 组织对员工职业生涯早期阶段的管理

职业生涯早期活动从个人来看就是应聘、受训、上岗的过程；从组织角度看则是筛选、训练、组织社会化和安排第一职业岗位的过程。这期间，个人组织化和组织对个人的包容接纳必然要经历一个磨合阶段。

(1) 企业应实事求是、准确坦率地介绍组织信息，对应聘者做出准确的判断。这样做可以显著提高高潜能应聘者长期留在组织中工作的比率。另外，可以通过测试、访谈、查阅教育时期成就等方式来判断应聘者适应组织的长期潜能及短期职业预期绩效，使招聘与职业培训、监督结合为一体，以保证能招聘到合格的、高潜能的员工。

(2) 科学地培训、考察新员工，进行上岗引导和岗位配置。在员工个人组织化过程中，企业要创造条件和氛围，向新员工灌输组织文化，让他们充分了解团队的基本情况，如人际环境、工作流程、组织所期待的工作态度及价值观与行为模式等。这样做可以使新员工减少因刚进入陌生环境而产生的紧张不安心理，促其尽快进入角色。

(3) 对新员工给予积极的帮助。在新员工开始职业生涯时，选派一位具有较高工作绩效、工作经验较丰富的老员工对其工作提供有力的支持，使新员工更快地建立较高的工作标准，帮助其增强自信，获得成功。还可以采用召开专题研讨会的方式，培训双方分别写出能够提供的东西和预想的结果，然后逐条进行讨论，找出解决方案。

(4) 组织要鼓励新员工发挥个人技能，更多地参与组织的事务。设计适当的从业培训方案，向新成员传达他们想了解的具体信息，如工作绩效考评、薪金报酬的升降条件、休假和福利的规定、本岗位的职业技能知识与职业通路、相关的人事政策等。激励新员工努力提高职业技能，大胆地工作，积极主动地与组织沟通，向新成员传达这样一个信息：只要好好干，就会大有前途。

(二)职业生涯中期管理

1. 员工在职业生涯中期阶段的特点

经过了职业生涯早期阶段，完成了组织与雇员的相互接纳后，必然要进入职业生涯的中期阶段。根据年龄划分，职业生涯中期阶段的年龄跨度一般是从25～50岁。

职业生涯中期的特点主要表现为以下几个方面。

(1) 员工积累了一定的经验，能够独立担当和开展工作。职业发展呈现复杂化和多元化的特征，既要力争在自己的专业领域里保持领先的水平，以自己积累的经验和丰富的知识获取更高的地位与更多的报酬，又要面对职业生涯中期的危机。

(2) 员工的家庭角色和家庭结构会出现明显的变化，来自经济方面的心理压力大大减轻。

(3) 生理机能方面，个人精力和能力正处于下降阶段，逐步以经验而不是精力来构筑自己的竞争力。

2. 组织对员工职业生涯中期阶段的管理

在职业生涯中期，组织必须强化自身的管理职能，帮助员工克服这一时期出现的所有问题，预防和弥补职业生涯中期危机对员工个人造成的困惑和影响，为处于这一阶段的员工创造更多的职业发展机会。

(1) 为员工创造更多的职业发展机会。给职业生涯发展到中期阶段的员工提供更多的发展机会，是组织留住员工的关键所在。当某一职位空缺时，应尽量从组织内部选拔合适的人员来补充。同时，还可以考虑开发新的项目以增加组织内部的工作岗位，或者通过岗位轮换等方式让员工获得发展新技能的机会，重新激起员工对工作的新鲜感和兴趣，有利于激发其创造力。

(2) 鼓励员工提高技能、丰富经验。组织有意识地进行工作再设计，使工作本身得到丰富，工作难度增加，员工对工作的再认识和再适应会使其对工作产生新的职业情感和成就感。尽管员工本身的职位没有得到晋升，但这种成就感却能带给员工新的活力，起到激励作用。

(3) 帮助员工克服职业生涯中期危机，树立新的职业概念。职业生涯中期，许多员工由于感受到周围年轻的组织成员的威胁，以及自身职位升迁面临的困境，自信心和职业理想会发生动摇。组织要帮助职工重新进行自我评估，开展以职业发展为导向的工作绩效评价，在审视自己目前工作的同时，更要将未来职业发展的需要、职业偏好以及个人的职业生涯规划进一步联系起来，挖掘和利用个人潜力，做出新的选择。

(4) 企业应帮助员工协调工作与家庭的平衡。为了减少工作与家庭冲突，组织可以有意识地制定一些政策、采取一些措施以减轻员工的家庭负担，帮助他们协调工作与家庭之间的关系。研究表明，组织对员工的工作与家庭责任平衡的关注程度及政策上的支持，对职业生涯中期员工保持良好的工作状态、保持积极的成长取向都起着很重要的作用。

(三)职业生涯后期管理

1. 员工在职业生涯后期阶段的特点

职业生涯的后期划定在退休前5～10年的时间，也就是50岁至退休之间。这一阶段，员工的职业生涯特征如下。

(1) 知识技能老化，职业工作能力与竞争力明显下降。对新生事物的敏感性下降，态度趋于保守，喜欢根据老经验办事和思考问题。

(2) 在组织中的角色发生明显变化，权力与责任渐渐削弱，其核心骨干的中心位置和作用逐步丧失。

(3) 员工有丰富的实践经验和人生阅历，有娴熟的工作技能，积累了丰富的工作经验。

2. 组织对员工职业生涯后期阶段的管理

企业如果对员工职业生涯后期管理得好，这一年龄段的员工对于组织可以说是一笔十分宝贵的财富；管理不好，会引发冲突、增加矛盾，影响组织的工作。因此，企业应做好以下工作。

(1) 提前安排好退休计划和继任计划。要有计划地安排好人员的退休工作，尽早地选拔和培养岗位接替人员，做好新老接替工作，以确保工作的正常运行。同时要对即将退休的员工进行退休准备教育，可以采用多种方式进行培训，启发职工对自己退休后的生活进行自我设计和规划。

(2) 鼓励和帮助老员工继续发挥自己的一技之长。职业生涯后期的老职工、专业技术人员在几十年的工作经历中积累了丰富的职业经验，对那些具有技能优势的老职工，组织应积极鼓励他们多做些“传、帮、带”工作，继续在组织内部发挥导师、顾问的作用。对那些身体和其他条件符合组织需要的管理专家、技术权威，更要安排到相应的重要岗位上，让其发挥自己的一技之长。

(3) 对退休的职工更要以多种形式进行关心和照顾，采取一些人性化的措施。比如，让即将退休的老职工外出旅游、疗养；让他们在退休后延聘 1 年，在这一年中对工作的要求适当放松，使他们有一个退休的过渡期等。

本章小结

工作压力本身的存在并不意味着工作绩效的降低。有研究表明，压力感对员工绩效的影响可以是正面的，也可以是负面的。对大多数人而言，中等水平的压力感有助于增强员工的敏锐性、反应能力，从而使他们的工作绩效提高。但经受高水平的压力感或持续时间过长的中等水平的压力感会使员工绩效降低。压力感对于员工满意度的影响并不直接，虽然低于中等水平的压力感有助于员工提高绩效，但这种压力感仍然令人不快。

组织职业生涯管理和员工职业生涯管理的有效结合，可以保持工作的压力在可控范围内，有利于提高员工的工作绩效。根据员工职业生涯不同阶段的特点，结合组织的预期目标和组织文化，合理规划岗位配置，做好员工的职业培训和发展引导，达成组织发展顺利和员工职业成功的双赢目标。

实训课堂

华为的工作压力管理

从 2005 年开始，华为的高管由董事长孙亚芳带队，参加了位于加拿大不列颠哥伦比亚省加步里奥拉岛上的海文(Haven)学院为期 5 天的心理咨询课程培训。第一次课程之后，华为还将海文学院的心理咨询师请到了深圳总部以及各海外分支机构，对高管们进行了心理辅导。

海文学院的心理咨询师还帮助华为高管们加强了解，增进感情。例如，心理咨询师曾经给华为某个体系的 20 位高管(其中有 10 名是外籍员工)做过一次 3 天的心理辅导。最后一天，这些高管就像竹筒倒豆子一样把自己的心里话全都说了出来，有积极的，也有消极的，还有相互之间的误解。说到动情或者愤懑之处，还情不自禁地流下了眼泪。经过这么一番交流之后，大家的误解得到了消除，团队的战斗力得到了空前的提升。

年轻的“80 后”已经被企业界称为“史上最难管的一代人”。与他们更年长的同事相比，

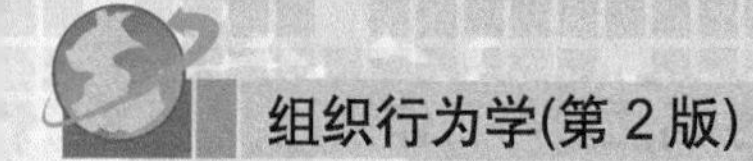

他们更崇尚自我，更看重工作和生活的平衡，更注重享受，也更有创造力。例如，他们会为了自己喜欢的事情而忘我工作，也会为了不感兴趣的事情而拒绝工作，他们会为了有更多的时间陪女朋友而放弃加班，还会因为不喜欢自己的顶头上司而立即辞职……

但是，华为的高层仍然以“60后”和“70后”居多，他们仍然习惯过去那种军事化的管理模式：下属完不成开发任务，加班!下属工作没做好，加班!当追求个性的年轻人遇到了扼杀个性的管理之后，也就有了矛盾和冲突。

对于这种现象，任正非显得痛心疾首，他认识到，华为不能够期望高薪解决所有的问题，还必须加强对员工的心理抚慰和关怀。由于工作量实在太大，虽然仍然免不了要加班，但是华为已经开始重申“加班政策”：晚上10点之后加班必须经公司领导批准，不准在办公室过夜。

2007年6月，任正非给华为党委写了一封信《要快乐地度过充满困难的一生》，其中写道：“华为不断地有员工自杀与自残，而且员工中患忧郁症、焦虑症的不断增多，令人十分担心。有什么办法可以让员工积极、开放、正派地面对人生？我思考再三，不得其解。”

“不得其解”的任正非提出了自己的解决办法：引导员工理解、欣赏和接受高雅的生活习惯和文化活动，使他们从身心上自己解放自己。“晚饭后，一边散步，一边哼哼世界名曲，这些都在陶冶你的人生，你心中升起的是一种正派人生的自豪感觉。”

客观来说，他提出的方案有利于华为人培养多元的兴趣和爱好，缓解过于紧绷的神经，但是无法解决大多数华为人当前所面临的问题。中国与西方发达国家有着上百年的差距，如今却要用几十年走完他们上百年才走完的路，想舒舒服服赚大钱是不可能的。

也许是意识到了这个难题，任正非此后又提议：那些在前线投标、进行高强度作业、压力太大的华为员工，可以短时间到海滨去度假，费用由公司支付；一些工作强度太大、短时间身体不太好的员工，可以临时拉到五星级酒店缓冲一下。

2008年下半年，华为元老纪平辞任CFO，出任“首席员工健康与安全官”。她上任后，除了向员工发送电子邮件，提醒大家注意安全、注意劳逸结合、注意身体健康之外，还专门聘请了一大批有经验的老医生和心理咨询专家，组成了华为“心理健康顾问团”，为员工提供健康和心理咨询服务。此外，华为还成立了健康指导中心，规范员工在餐食、饮水、办公等方面的健康标准，加强疾病预防工作。

2008年，华为在员工福利保障上的支出高达14.4亿元，并将员工健康提升到与员工培训、员工福利同等重要的位置。就在外界还在把冷酷的“狼性”作为华为企业文化第一大关键词的时候，华为内部已经开始注入更多的“温情”了。

(资料来源：https://www.chinaventure.com.cn)

思考讨论题

1. 华为公司的工作压力管理过程说明了什么？
2. 从华为公司工作压力管理中我们能得到什么启发？

第十三章 组织文化与组织发展

【学习要点及目标】

- 重点掌握组织文化的内涵及其层次，了解人性假设的主要内容。
- 掌握组织文化对人员选用的作用及对高层主管的影响，了解培养组织文化的方法。
- 了解组织的发展趋势，包含组织的定义和发展历程，组织发展如何实施，影响组织变革成功或失败的原因。

【核心概念】

组织文化　人性假设　“经济人”假设　“社会人”假设　“自我实现人”假设　“复杂人”假设　组织变革　组织发展

【引导案例】

要坚持真实，华为才能更充实

2017 年 9 月 4 日，华为流出来的一封“要坚持真实，华为才能更充实”内部邮件，在华为的内部论坛引发剧烈反响。此邮件中称：“我们要鼓励员工及各级干部讲真话，真话有正确的、不正确的，各级组织采纳不采纳，并没什么问题，而是风气要改变。真话有利于改进管理，假话只有使管理变得复杂、成本更高。因此，公司决定对梁山广，工号 00379880，晋升两级，到 16A。即日生效。并不影响其正常考核与晋升。根据其自愿选择工作岗位及地点，可以去上研所工作，由邓泰华保护不受打击报复。”这封邮件由华为创始人任正非签发，报送董事会成员、监事会成员，主送全体员工，并且全公开，由此看出华为对此事的重视程度。据邮件中表述，因员工讲真话晋升两级，但并未对此次事件具体描述，同时强调由无线网络产品线总裁邓泰华保护其不受打击报复。可见华为很鼓励员工敢于说真话的行为，对敢于说真话精神的发扬和肯定，并且做出了实质性褒奖。

9 月 6 日，作为华为领头人的任正非呼唤曾经的一名员工回归，并且印发成文件分发至全体员工，这看起来是对这一个员工的点名，实则包含了任正非固有的哲学风格。点名不重要，点谁的名也不重要，关键是如此地位显赫的老板对一个员工显示出如此重视和诚意的这一举动到底是想表达什么？这很重要。

该文件分为两个部分，上半部分主要提出“我们要紧紧揪住优秀人物的贡献，紧紧盯住他的优点，学习他的榜样。这要成为一种文化，这就是哲学”，并且以口语式的语气加双重否定的排比句型表明了其对优秀人物的重视和态度。

文件第二部分转发的是华为内部论坛名为《寻找加西亚》的帖子，主要内容十分动情。虽然是转发，但以任正非的名义转发就是表达了其代表公司对孔令贤或者说是孔令贤这样

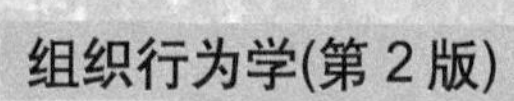

的人的愧疚和这种人才的爱惜，作为公司的老大对于一个有才能的普通员工公开体恤关怀和道歉，并且生动表明了公司的诚意，有员工评论说："看完任总的这段肺腑之言，我竟然感动得哭了！"

综合来看，任正非此举一是表明求贤若渴的态度，二是即刻以孔令贤为例付诸实践，而归根结底是为了用实际行动证明华为是尊重人才和唯才是举的平台，这是华为的生存哲学和永久的企业文化，可以看得出任正非为了华为的发展也是操碎了心。

"打江山容易，守江山难"，一直以来，作为一手创办华为的任正非时不时地就会以过来人的身份语重心长地对员工普及企业文化，毕竟在守江山的阶段，稳定人心才是长久发展的关键，而呼唤孔令贤正是其良苦用心的落地表现了。

9月11日，华为创始人任正非签发的一份关于培育工匠文化的文件，被公布在华为内部论坛心声社区上。

在这份题为《科学的量化、简化管理，关注技能与经验的积累，培育工匠文化——劳动工资科向任总汇报日本制造企业作业类员工管理调研纪要》的文件中，任正非主要讲了四方面内容：一是对作业类员工的考核要逐步走向科学的量化管理；二是注重岗位上的技能与经验积累，导向专注与踏实；三是职级会有封顶，探索结构化工资，可以尝试工龄工资和岗位津贴，鼓励在本岗位做精做深；四是重视非物质激励，关注工匠氛围营造。

任正非说，华为在这两个地方设点，找到华为的质量文化的哲学体系是什么，考核也是哲学体系的一部分。

"你们这个日本的调研非常好，再去调研下德国宝马等公司，把这些东西归纳出来形成个大纲，拿去试用一下，看好不好用，我们再修正一下，就可以发布我们自己的质量文化大纲，质量和收入肯定是有关系的。"任正非在讲话中表示，华为的目标是走向自动化，最终走向智能化。

但是现在要有一个过渡时期，一步是到不了自动化的。任正非说，华为现在开始就要优化劳动力结构，逐步提升自动化水平，"然后我们的评价都简单化了。我们前面是有榜样的，不是完全摸着石头，要向榜样学习"。

(资料来源：http://www.cghuawei.com.)

【案例导学】

强劲的组织文化，能够使组织成员清楚地明白"在这儿事情应该怎么办"，就像华为的组织文化能够为企业员工指明努力的方向。从这里我们可以看出企业文化的重要性：企业文化是企业的灵魂，是企业活动中的一个统帅，是企业行动的指南。在企业经营活动中，它具有一种无法替代的核心作用。所以，一个成功的企业，它一定有非常优秀的企业文化；相反，没有企业文化的企业，注定要失败。企业文化对企业的发展起着至关重要的作用。

第一节　什么是组织文化

一、组织文化的定义

组织文化(Organizational Culture)是指组织成员共享的一套能够将本组织与其他组织区分开来的意义体系。以下 7 个主要特征似乎体现了组织文化的本质。

(1) 创新与冒险。员工在多大程度上受到鼓励进行创新和冒险。

(2) 关注细节。员工在多大程度上被期望做事缜密、仔细分析和注意细节。

(3) 结果导向。管理层在多大程度上重视结果和效果，而不是为了实现这些结果所使用的技术与过程。

(4) 员工导向。管理决策在多大程度上考虑到决策结果对组织成员的影响。

(5) 团队导向。工作活动在多大程度上围绕团队而不是个体进行组织。

(6) 进取心。在何种程度上，组织成员是有进取心和竞争力而非随和的。

(7) 稳定性。组织活动在多大程度上强调维持现状而不是成长和发展。

以上每个特征都表现为一个从低到高的连续体。根据这 7 个特征来评价组织能得到组织文化的一幅合成图。通过这幅图，组织成员更深刻地理解对本组织开展工作的风格以及组织成员应有的行为方式等。

一些研究基于竞争价值观将文化分为 4 种类型：强调协作和凝聚力的宗族型文化，强调创新和适应力的活力型文化，强调控制和一致性的层级型文化，以及强调竞争和客户的市场型文化。一个包括 94 项研究的元分析发现，在宗族型文化中，员工的工作态度尤为积极，而市场型文化中的创新能力特别强，同时经济方面的绩效非常好。虽然竞争价值观这一框架得到一些支持，但是这项元分析的作者指出，需要进一步的理论支持才能确保它与组织实际的文化价值观是一致的。

对组织文化的研究寻求评测员工对组织的看法：是否有明确的目标和绩效期望？组织是否奖励创新？是否鼓励竞争？

相反，对工作满意度的研究则寻求评测人们对工作环境的情感反应，它牵涉到组织的期望、报酬、处理冲突的方法等。虽然这两个概念无疑有部分重叠的特征，但请记住组织文化概念是描述性的，而工作满意度则是评价性的。

组织文化代表组织成员所持有的共同认知。当将文化定义为共享意义的系统时，这一特征就更加清晰。这样，我们可以预期，组织中具有不同背景或不同级别的人会按照类似的方式描述组织的文化。

然而，承认组织文化具有公共的属性，并不代表在一个特定文化内不存在亚文化。许多大组织都具有一个主流文化和无数的亚文化。主流文化表达组织中大多数成员所共同持

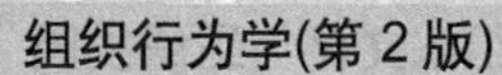

有的核心价值观。当我们谈论组织的文化时，我们指的就是主流文化。它从宏观的文化角度给予组织独特的个性。亚文化生长于大组织中，反映成员所共同面对的问题、环境以及经历。这种亚文化可能会根据部门或地理区域来定义。例如，会计部门可能拥有仅属于自己部门成员的亚文化。它包括主流文化的核心价值观再加上本部门成员所持有的独特价值观。同样，在地理上与组织总部分割的部门或单位可能会具有不同的个性。但是核心价值观仍然保留，只不过反映的是这个分割单位的独特情况。

二、组织文化的三个层次

第一层次是可以观察到的文化。它包括具有代表性或说服力的、体现组织风貌与精神的展示(如：组织中管理者成功经营或某成员爱厂如家的事例)，每日上班前的仪式，以及组织成员的日常行为等常被用来向参观者、新录用的组织成员进行介绍或教育培训。

第二层次是共享的价值观。它是连接与激励组织成员思想与行动的核心。所谓的“共享”意味着将组织视为一体，即以一些共同的行为特征来统一组织成员的思想与行动。如在惠普公司，“质量至上”成为每个公司成员的行为导向，每个成员都应在提高产品的生产与服务质量上下功夫。

第三层次是共同的假设。它是组织文化最深层的部分，属于一种心理契约现象。所谓“假设”，是指存在于组织成员内心深处的一种对所属组织的信念。共同假设的存在，既可使组织从组织文化中获得有利于组织健康成长的成分(如一致的行动等)，也可使组织从组织文化中得到一些不利于组织健康成长的成分，如偏见以及某些根深蒂固的观念等。

很多大型组织中都存在一种主导文化和众多亚文化。主导文化(Dominant Culture)体现的是组织中绝大多数成员所认可和共享的核心价值观，正是这种主导文化使组织具有独特的个性。亚文化(Subculture)通常在大型组织内部发展起来，反映了同一个部门或者同一个地点的成员所面临的共同问题、情况或经历。例如，采购部可以有本部门成员共享的一种亚文化，它既包含主导文化中的核心价值观，又包含部门成员所特有的一些价值观。

如果组织中没有主导文化，而是由多种亚文化组合成组织文化，那么，这一组织文化作为独立变量的影响力将大大减弱。组织文化中的“共享意义”使其成为引导和塑造员工行为的有力工具。

第二节　组织文化的创建与维系

对一个初创的组织而言，组织文化来源于组织创建者的偏见和假设与初始成员从过去经历中不断学到的经验之间的交互作用。组织当前的习惯、传统以及做事的一般方式，很大程度上取决于其从前的做法以及这些努力所取得的成功程度。因此，组织文化的终极源泉是组织的缔造者。

组织文化的形成有三种途径。第一， 创始人仅仅聘用和留住那些与自己的想法和感受一致的人员；第二，他们把自己的思维方式和感受方式灌输给员工并使其社会化；第三，创始人的行为鼓励员工认同这些信念、价值观和假设，并内化为自己的想法和感受。当组织获得成功时，创始人的人格特点会根植于组织文化之中。

韩国汽车巨头现代公司激烈的竞争风格以及纪律严明、高度权威的特色，同样可以用来描述其创始人郑周永的特点。创始人对组织文化产生显著影响的例子还有：比尔·盖茨之于微软，英格瓦·坎普拉德之于宜家，赫布·凯莱赫之于西南航空公司，弗雷德·史密斯之于联邦快递以及理查德·布兰森之于维珍集团。

组织文化形成之后，组织就会采取各种措施保持和维护这种文化。例如，通过人员选用、制定绩效评估标准、报酬奖励制度、晋升制度、进行培训等来保证组织成员适合于组织文化。对于支持和维护组织文化的成员应给予奖励，而对违背组织文化的成员应给予惩处。在保持和维护组织文化方面有 3 个因素是至关重要的。这就是人员的选用、高层主管的影响和社会化过程。

一、人员的选用

一般来说，组织招聘人员是根据申请者的专业知识、技能和能力进行选拔的。在经过一定程序的选拔之后，会留下一定数量符合从事某项工作的申请者。但在此之后，还须进一步考察申请人是否能接受组织的核心价值观。如果申请人发现自己的价值观与组织的价值观互不相容或相差甚远，可能不会被录用，或者申请人自己放弃申请。因此，选择是双向的。组织或申请人在感到价值观存在分歧时，都可以拒绝做出参加组织的决定。从组织的角度来看，在选拔过程中剔除那些可能会危及组织核心价值观的申请人，将有助于保持和维护组织文化。

例如，美国宝洁公司(P&G)有一批经验丰富的负责招聘的人员，他们通过演讲、播放录像带、实际面谈等措施，挑选适合于该公司的申请人。他们深入大学中，与应聘的毕业生进行 2 次面谈后，再请他们到公司参加至少 3 次个人面谈和 1 次集体面谈，然后决定是否录取。录取的标准除知识、技能和能力以外，主要是考察应聘者是否适应该公司的价值观。Gore-Tex 化纤(用来做外套)制造商戈尔公司为自己的民主文化和团队工作感到骄傲。在此公司中，并没有常见的工作头衔、上司、指挥链。所有的工作都在团队中完成。在戈尔的甄选过程中，团队成员会对求职者进行全面的面试，以确保剔除那些不能应对不确定性、灵活性和团队工作的求职者。不出意料，该公司经常在《财富》杂志的“最佳雇主 100 强”榜单上出现(2013 年排名第 21 位)。

二、高层主管的影响

组织的高层主管对组织文化有很大的影响力。高层主管的价值观念、行为作风在很大

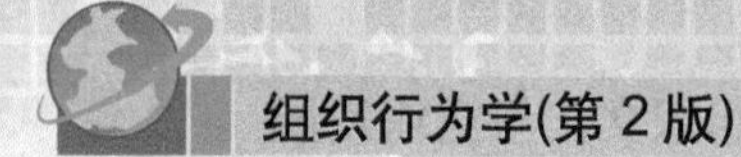

程度上将贯穿于整个组织，影响组织规范的形成和确立。例如，组织的风险取向、向下级授权的程度、奖惩制度和提升制度等，都会受到高层主管价值观的影响。

美国施乐复印机公司(Xerox)的实例可以用来说明高层主管的影响。于 1961—1968 年间担任该公司总裁的威尔逊极其富有进取精神，使得当时公司中形成了创新、冒险、同事间密切合作的氛围，产品开发和销售都非常成功。后一任总裁是哈佛商学院工商管理硕士，他的管理风格倾向于正规化，在公司内采用层峰结构式的控制，使公司文化有了重大改变。当他于 1982 年卸任时，公司机构臃肿、运转失灵，内部矛盾重重。第三任总裁继任后，认为这种文化阻碍了公司的竞争力。因此，为了提高竞争力，公司削减了 15000 个工作岗位，实施授权，重塑组织文化，强调提高产品质量和售后服务。公司总裁及几位高层主管都以身作则，使公司职工都了解到产品质量和售后服务的重要性，增进了公司的活力。1990 年，第三任总裁退休，公司又面临新问题。复印机产业已进入成熟期，公司必须转而开发办公室自动化系统。新任总裁对公司组织结构进行了重组，成立了国际营销部门，将产品开发与制造部门统一起来，形成了提倡创新思考、快速反映环境变化、向外来竞争挑战的新文化。这个案例充分显示了高层主管对组织文化的保持和改变的重要影响。

三、社会化过程

新成员进入组织时，无论经过何种选拔程序都不可能一下子完全融入组织文化之中。因此，组织要帮助新成员逐步适应组织文化。这种适应过程就是新成员的社会化过程。

社会化过程大致可以分为 3 个阶段，即职前期、接触期和转变期，如图 13-1 所示。

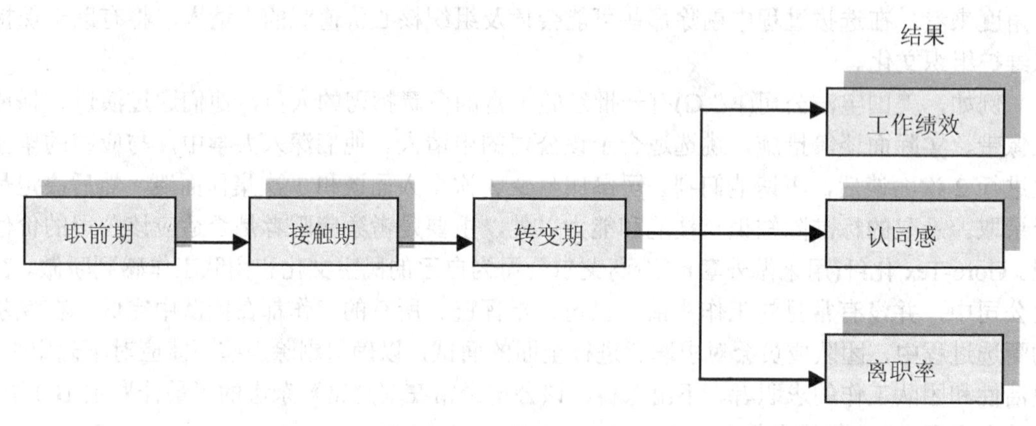

图 13-1　社会化过程

(1) 职前期(Pre-arrival Stage)。是指个人在进入某一组织之前，对于某些工作或组织已经具有的态度、期望和观念。例如，许多人都在以前工作的组织中或在学校中经历过一定程度的社会化过程。如果一个组织要招聘员工，就会挑选较能适应本组织价值观的人员。

这些人员是否被录取主要取决于他们是否符合组织的期望和要求。

(2) 接触期(Encounter Stage)。是指新成员进入组织之后的时期。这是社会化过程最为关键的时期，是新成员的价值观与组织的价值观发生直接接触的时期。这时，新成员会发现，在对工作、同事、上级还是对整个组织的看法上，期望与现实之间总是有差距的。如果差距不大，新成员可以适当地调整自己的观念以适应组织的价值观。但是，在多数情况下期望与现实往往差距很大，这就需要组织采取多种社会化方案，使新成员原有的观念转变为组织所提倡的观念。在极端情况下，新成员可能无法接受组织的观念，只能离开组织，另谋职业。但由于新成员都是组织经过精心挑选的，从而降低了发生这种极端情况的可能性。

(3) 转变期(Metamorphosis Stage)。是指新成员解决了在接触期遇到的问题之后，观念已发生转变的时期。在这个时期，社会化过程才基本完成。此时新成员会认同组织的目标、自觉遵守组织的正式规章和非正式的惯例，与同事们融为一体，愉快地适应组织的工作，了解组织期望于自己的行为。这种转变会提高工作效率，增强对组织的认同感，减少离职倾向。

组织采取的社会化方案可以灵活多样，既可以是正式的，也可以是非正式的。所谓正式的社会化方案，是指使新成员单独相处，对他们进行系统的指导，促使他们了解组织对他们的期望和要求；所谓非正式的社会化方案，是指新成员进入组织后与老成员一起工作，在工作中逐步接受组织的价值观。此外，社会化方案可集体进行也可个别辅导，可以规定固定的时间也可以不固定时间，可以连续进行也可以断续进行等。总之，应针对实际情况采取不同的方案。

新员工越与当前的工作环境隔离，越以某种方式受到区别对待以明确表明他的新员工角色，则社会化过程越正式。具体的上岗培训和其他培训项目就是这方面的例子。非正式的社会化让员工直接开展工作，很少强调或不特别强调社会化。

(1) 个体的 VS.集体的。新成员可以单独完成社会化，在很多专业办公室里就是如此。新员工也可以聚集到一起并经历共同的体验，例如在新兵训练营中接受训练。

(2) 固定的 VS.可变的。新成员从局外人转变为局内人的日程安排可以有标准化的转变阶段，也可以有可变的时间表。固定日程的特点是循环式培训，可变日程是典型的晋升系统，即一个人在没有被“完全考察合格”之前不会晋升到新的职位。

(3) 成套的 VS.随机的。成套的社会化的特点是使用角色榜样来培训和鼓励新成员，如学徒制和导师制。在随机的社会化中，角色榜样被有意隐蔽起来，新员工需要自己去思考和理解。

(4) 自由的 VS.强制的。自由的社会化假设新员工的特征和资质是工作成功的必要组织部分，因此这些特征和资质将获得强化和支持。强制的社会化则设法去掉新成员的某些特征。

四、组织文化的培育

组织文化的培育是一项长期的任务，应采取不同的方式经常向全体组织成员灌输组织的价值观。这种灌输应采取潜移默化的方式，具体的方式主要有故事、仪式、物质象征和语言。

(一)典型事例

由于组织是一个为了某一具体目标或目标群而共同运作的实体，因此组织在运作中会有成功或失败的时候，而组织管理者也会有成功或失败的经历。“千里之行，始于足下”，如果我们能将组织创业及发展的事例加以整理，形成一个个相互联结或有典型意义的故事，则对教育组织成员尤其是新成员对组织的认知、促成他们对组织的信心以及吸取以往的经验教训，大有帮助。

在商业化的组织中，如果公司可向其成员、社会以生动活泼的故事形式讲述组织的价值观与行为方式，则也会使故事的倾听者留下深刻的印象，并很快受到成员或社会的注意。比如，组织如何对待成员的过失、何为组织提拔成员的原则、组织如何公平对待成员、组织如何向成员提供发展的天地等。研究发现，通过故事形式或通过具体的事例讲解组织的价值观与行为方式，将有助于组织文化的贯彻与落实。

耐克公司的很多高层管理者会花相当多的时间来讲述公司的故事。他们常讲的故事是公司创始者之一的比尔·鲍尔曼为了制造更优质的跑鞋，拿了自己太太的华夫饼干制作模具，到车间里把橡胶灌进去。管理者说的其实是耐克的创新精神。当新员工听到赛跑明星史蒂夫·普雷方丹为使跑步成为职业运动，为获得更高水平的运动设备而奋斗的故事时，新员工学到的是耐克对帮助运动员的承诺。耐克公司管理者之所以热衷于讲耐克的故事，实际上是在传递耐克的文化，让员工与公司产生心灵上的契合，自觉融入组织的文化中。

(二)仪式

日常工作中所举行的仪式也是一种强化组织文化意识的有效方式。例如，在组织运作的第一线，每日上班前的班组晨训与下班前的班组总结，以及一些组织在上班前将包括公司领导在内的所有成员聚集在一起，升公司旗、唱公司歌等，均为仪式的具体体现。在日本与我国的一些大企业中，仪式已成为公司成员每日必须进行的内容。

在海尔公司的车间里，每天工作开始之前，昨天工作最出色的一个员工就站在一个稍微高点的台阶上。能站到这个台阶上，象征着一种荣誉。这也是一种心理暗示，让能站到上面的员工继续努力，让站在下面的员工向上面的员工看齐。

(三)标识

标识是指以某一个或多个符号(包括文字和图像)来传递特定的组织文化。例如，2004

年12月26日，海尔集团开始启用新的海尔标志，由中英文(汉语拼音)组成，与原来的标志相比，新的标志延续了海尔20年发展形成的品牌文化；同时，新的设计更加强调了时代感。

如图13-2所示，英文(汉语拼音)每笔的笔画比以前更简洁，共9画。a减少了一个弯，表示海尔人认准目标不回头；r减少了一个分支，表示海尔人向上、向前的决心不动摇。英文(汉语拼音)海尔新标志的设计核心是速度，因为在信息化时代，组织的速度、个人的速度都要求更快。该标志的风格是：简约、活力、向上。英文(汉语拼音)新标志整体结构简约，显示海尔组织结构更加扁平化；每个人更加充满活力，对全球市场有更快的反应速度。

Haier 海尔

图13-2　海尔标志

汉字海尔的新标志，是中国传统的书法字体，它的设计核心是：动态与平衡；风格是：变中有稳。这两个书法字体的海尔，每一笔，都蕴含着勃勃生机，视觉上有强烈的飞翔动感，充满了活力，寓意海尔人为了实现创世界名牌的目标，不拘一格，勇于创新。孙子兵法上说："能因敌变化而制胜者谓之神"，信息时代全球市场变化非常快，谁能够以变制变，先变一步，谁就能够取胜。海尔在不断打破平衡的创新中，又要保持相对的稳定。因此，在"海尔"这两个字中都有一个笔画在整个字体中起平衡作用，"海"字中的一横，"尔"字中的一竖，横平竖直，使整个字体在动感中又有平衡，寓意变中有稳，企业无论如何变化是为了稳步发展。

(四)规范

组织文化的规范是指组织成员习以为常的、指导或制约他们日常行为的标准，如组织成员与人沟通的方式、召集会议的程序、撰写与提出报告的准则，等等。组织文化的规范在各个组织间有着很大的差异。例如在A公司，经理开会时会鼓励与会者对议程及内容提出意见；而在B公司，经理开会则完全按照事先规定的议程进行，不允许成员对议程有任何意见。前者较为生动，后者则较为严肃。但这并不意味着前者一定比后者好，因为这与每个公司的文化有直接关系。B公司的成员也许习惯了公司开会的风格，反而会觉得公司开会有效率。如果要他们评价A公司的开会方式，他们有可能认为A公司开会是在浪费时间。

(五)对组织文化的观察

当我们作为外来者去观察某个特定组织的文化现象时，其感受与组织内成员的感受截然不同。比如，当我们在观察非本校教师与学生的行为时，首先会有一种好奇感，慢慢地会感受到他们与我们的不同之处，然后又会观察到不同之处的一些特征，逐渐地对对方学校的文化有了较为理性的认识。隔了一段时间，当我们再去了解对方时，又会发现一些新

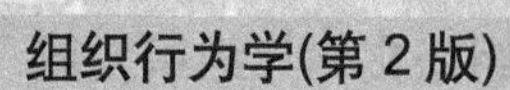

的特征。如果我们能较为仔细地做较长时间的观察，我们就会发现被观察学校教师或学生行为的变化趋势。观察有利于我们了解其他组织的文化及其变化趋势，也有利于我们将自身的文化与其他组织的文化做比较，以发现并确定自身文化的成就与缺陷、其他组织文化的优势与劣势，最终做出必要的调整。

五、全球化层面的意义

由于互联网的飞速发展和无国界集团的不断壮大，组织文化常常受到全球化背景的影响，超越国界，以寻求组织文化氛围的协调统一性。但这并不意味着组织应该或者能够忽视当地本土文化。

组织文化经常体现了民族文化。比如，马来西亚的亚航就强调开放和友好。乘务员会经常举办聚会，参与公司管理等，反映了马来西亚相对集体主义的文化。但如果美国的航空公司要与亚航进行合并，就需要将两个公司的文化差异考虑在内。然而，组织文化并不是完全由地域文化差异造成的，全美航空公司和美国航空公司在合并时面临的最大挑战之一就是文化上的融合，全美航空公司强调的是“轻松开放”，美国航空公司则坚持“严谨保守”。

解决组织文化差异的基本措施之一就是增强企业管理者和员工的文化敏感性。海尔集团在美国投资办厂，可以提高海尔的国际知名度，提升自己的品牌形象，从最难的地方下手，海尔的全球化就没有畏惧了。但是从最难的地方下手会遇到很大的挑战。首先，中美两国的文化有很大的差异。美国文化有三大特征：“自主主义”，“理性主义”和“英雄主义”。而在我国几千年的传统文化中，二人为“仁”，个人是没有地位的。海尔首席执行官张瑞敏认为，美国海尔实现本土化方向和目标是能够在当地“融智”，就是用当地的人做当地的事。只有通过人员的本土化，实现本土化经营的就地“融智”功能，才能真正办成本土化海尔。按照这一搞好境外知识经营的全新理念，海尔在美国积极实施了一系列就地融智的举措。无论是海尔的洛杉矶设计中心，还是纽约的海尔贸易中心，或是南卡罗莱那州的海尔生产中心，其人力资源管理完全实施本土化战略。

第三节 组织的发展趋势

组织是人类社会最普遍的社会现象，整个社会的巨大变化势必影响组织的发展。社会的发展和科技的进步都将使组织做出调整，使其成为更有效的工具。随着社会的变化，组织在其结构和功能方面不断调整，努力创造更为适宜的环境，使组织在社会互动过程中彼此适应，达到一种良性发展。

注意企业内部和外部因素的变化并提出相应的变革措施从来都是经理人员的重要任务。第二次世界大战以后，特别是近20年来，由于这种变化的加剧，加上行为管理学派对西方企业管理的观念和方式方法的影响，使企业的发展与变革工作日益受到重视。于是组织行为学中一个新的领域——组织发展应运而生。

一、组织发展的含义与发展历程

这里所讲的组织发展，不是一般意义上的概念，而是一个学术专称。由于这一学术领域历史很短，它的含义还在不断发展，至今还没有统一的定义。

早期最狭隘的观点把组织发展看成“敏感性训练”的同义词。一些比较广泛的观点则把组织发展看成是改善组织中人的因素的措施，如美国“全国训练实验室”(National Training Laboratory)认为，组织发展专门致力于组织中人事的改革，诸如处理对个人的激励、权力、知觉、人际关系、群体内部和群体间关系等过程。

以贝格哈特(Beckhard)为代表的组织发展理论家从目的性和方法论的角度提出了另一个定义，认为组织发展是运用行为科学知识进行有计划的、全局性的和自上而下的努力，目的在于通过对组织内各种有过程的、有计划的干预增进组织的有效性和健康发展。

近年来，随着组织发展的内容在实践中不断充实，它的含义也随之有了发展。例如比尔(M. Beer)认为，组织发展是从收集资料、分析问题、做出行动计划、采取干预措施，到评价的整个系统的活动过程。目的在于：第一，使组织结构、活动过程、战略、人员以及组织的规章制度更好地互相配合；第二，提出新的和创造性的问题解决方案；第三，开发组织自我更新的能力。这些目的的实现要运用行为科学的理论、研究成果和技术，并通过组织成员和外来咨询人员的共同努力。

目前，组织发展特别强调组织的自我更新能力。传统的观念认为，企业管理人员整天生活在问题堆里，无须主动去寻找问题。这好比在水里游泳，身体浸在水里无须找水一样。按照这种观念办事，企业就将处于被动地位；在目前瞬息万变的形势下采取这样的态度，企业就会落后甚至被淘汰。管理者必须使组织具有自我更新能力，觉察问题于萌芽状态，争取主动，这样才能使企业永葆活力。

组织发展理论源于20世纪50年代初期的调查反馈方法和“实验室培训运动”。在这两方面起先锋作用的是卢因。卢因是犹太籍德国人，1933年因受纳粹的威胁而定居美国；1944年应麻省理工学院聘请，领导建立了团体动力学研究中心，以对职工态度进行调查和资料反馈作为主要研究手段。1947年卢因去世，他所开创的研究规划和方法仍继续进行。1984年，该研究中心的工作人员对美国芝加哥爱迪生电气公司的全体经理人员、基层管理人员和职工进行了态度调查，最后总结时提出：“这一实验性调查说明，利用调查所得资料进行深入的集体讨论能成为企业积极改革的有效手段。”这是组织发展应用调查反馈的开端。

团体动力学研究中心在1947年又和美国教育协会在缅因州合作成立了“全国训练实验室”，这个实验室根据卢因的理论和方法，从事T-团体的训练(T-团体指训练团体，系英文Training Group的简写)。从20世纪50年代开始，实验室的工作开始面向社会。当时的任务

是如何将原有的行为科学技术用于解决企业实际问题。1957 年，麦格雷戈应邀到联合碳化公司与公司人事管理部门联合成立顾问小组，把全国训练实验室的训练技术系统地在公司中推行。这是行为科学家进入大公司帮助解决实际问题的首次尝试，这个小组后来被称为“组织发展小组”。同年，心理学家谢泼德(H. ShePard)进入埃索标准石油公司担任职工关系部研究助理，他在公司所属的三家炼油厂进行了组织发展的试验，把原来的实验室训练技术扩大到处理团体间矛盾、班组建设等问题。心理学家布莱克当时也参与了这一工作，后来在这一试验的基础上又与莫顿合作，创造了管理方格图，成为组织发展的重要工具。继联合碳化公司和埃索公司之后，美国两家航空公司和宇宙航行局、美国旅馆、德克萨斯仪表、美国航空、Saga 食品、TRW 系统集团等大公司都展开了组织发展工作。

二、组织发展的实施

(一)以系统理论为指导思想

组织发展接受了现代系统理论，把企业组织看成开放、有机和动态的系统。作为一个开放系统，企业是社会的一个分系统，一端是原材料、资金、能源、劳动力和信息的输入，另一端是产品、劳务和利润的输出。在输入和输出之间，要经过生产、技术、组织结构及人事等各个分系统的转换过程。按照系统观点，这个系统中任何一处的改变都会影响其他相关的分系统甚至整个系统的改变，而改变的原动力往往要追溯到人的行为和人际关系。因此，如何改革人的行为和人际关系，成为组织发展的重点。图 13-3 从人的角度表示输入、转换和输出之间的系统过程。

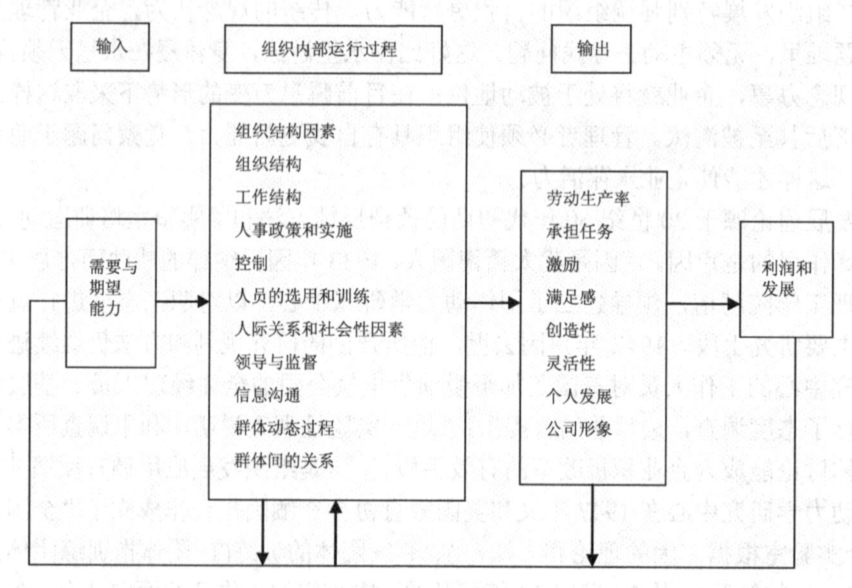

图 13-3　从人的角度看组织的系统运行

从图 13-3 可以看出，一个完善的组织发展规划需要从各个层次考虑各种变量，使这些变量得到平衡，这样才能充分发挥成效。

(二)计划性发展和变革的模式

西方理论家认为组织发展是无休止的过程，一个问题的解决又会引起另一个新的问题。例如，企业为了提高产量而购置了新的技术和设备，结果产量确实提高了，可是一部分工人却由于感到自己英雄无用武之地而情绪低落，对企业产生不满，相应地，管理部门就要研究对这些工人的安置和说服。有人认为这是一个“变革的辩证过程”。尽管组织发展的过程没有中止，但一个改革的辩证过程一般都要经过一定的步骤，管理学家吉普森等把企业归纳为如图 13-4 所示的模式。

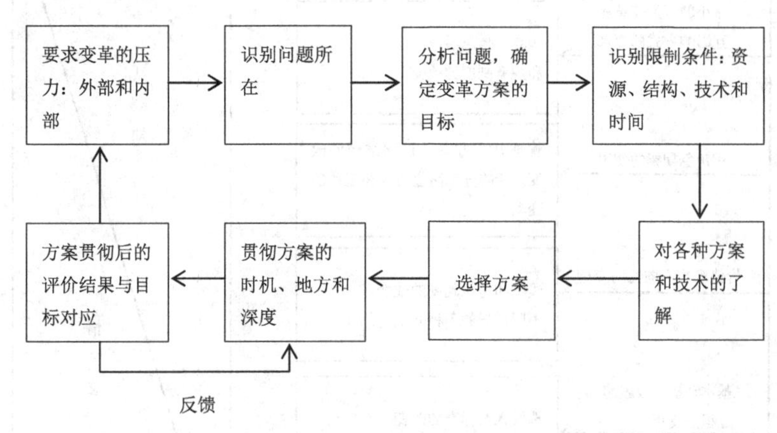

图 13-4　计划性发展和变革模式

企业作为一个经济实体，经常会遇到来自外部和内部各方面的压力。外部压力包括政府法案，经济金融情况的变动，资源、市场消费习惯的变更，竞争者的新策略等各种因素。例如，1973 年发生的石油危机给所有企业带来了深刻的影响。内部压力包括组织结构、运行过程和人的行为等各种变量。由于这些压力的存在，会导致决策迟缓、信息不通、领导软弱无力、同事间相互倾轧等不良现象。

对问题的察觉和识别，关键在于对企业内部信息的掌握。掌握信息愈及时、愈准确，管理者愈能发现问题所在。对某些重要信号的出现，如销售份额的突然下降、关键人员的离职、职工情绪低落等都要时刻保持警觉。

认清问题所在以后，领导者需要深入分析：①哪些是需要纠正的问题；②造成问题的根源在哪里；③要做哪些变更，什么时间变更；④怎样规定变革的目标及其衡量办法；接着就要研究在企业变革中有无限制因素。限制因素时常反映在领导作风、组织结构和成员特点三个方面。领导的风格、个性、知觉和价值观以及组织机构的现状常会影响职工对变革持有的态度。

例如，一个独裁成性的领导者和官僚主义机构往往不能有效贯彻和参与管理。成员的性格、学习的能力、态度和期望也是必须研究的因素。同样地，对工作丰富化这一变革措施，不同的职工就有不同的反应。

接着，就要研究变革的途径和方法。这里主要考虑的是变革方法与变革目标的匹配问题。行为科学家劳伦斯和洛斯契设计了一种匹配表，虽未把许多组织发展的方法列入，但是仍然对我们有启示，如图13-5所示。作者告诉我们变革方法要针对行为改变程度的大小，即不同的变革方法所触及的人们的认识和情感的深度也有所不同。

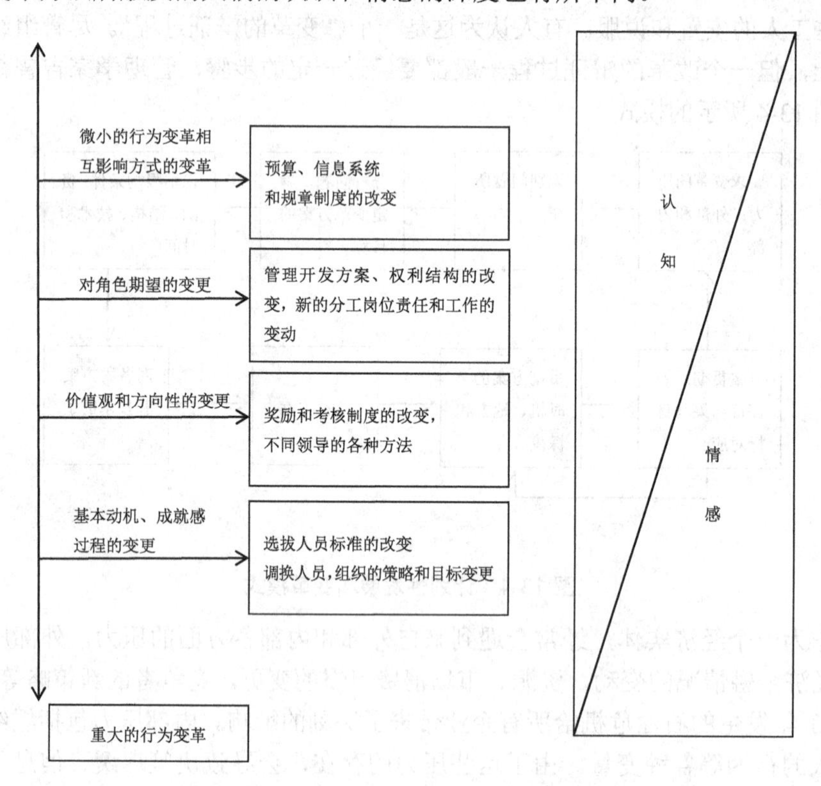

图13-5　变革方法与行为变革程度的匹配

面临多种变革方案时，管理者要从中做出抉择。美国利特尔咨询公司的格宋彻尔曾就选择方案提出下列公式：

$$c=(abd)>x$$

其中：c是指变革；a是指对现状的不满程度；b是指对变革前后可能达到目的的把握；d是指实现的起步措施；x是指变革所花的代价。(abd)三者跟x的差距愈大，方案的可行性愈高。

确定方案以后，转入如何贯彻的问题。这一阶段通常要考虑三方面的问题。一是时机。要避开工作的忙季，等待改革准备工作的完成。二是从何处发动。许多行为科学家认为，企业的变革必须来自上层，这样才能有利于推行。但也有人认为取得上层许可是先决条件，具体进行时，宜根据变革的性质或从中层/基层发动。三是深度。是指变革的对象涉及一个组织，还是一个部门、小组或个人。

最后，对变革的效果做出评价。组织行为学特别指出在评价环节已经出现赶时髦和渲染夸大效果的倾向，为此要求科学研究者与企业实干家密切合作，严格地按照科学方法对组织发展和变革措施做仔细的追踪调查研究。在调查中，可以选用我们在第七章谈到的访问、自述、观察等方法，对特殊事件要做出记录。评价的结果分别反馈给上述第一阶段(内外压力)和第七阶段(方案的贯彻)的有关人士，促使管理者了解所采取的变革措施及其深度能否达到预期的改革目标。

三、组织发展的干预措施

组织发展的干预措施(OD Intervening Technique)按照组织发展专家弗伦奇(F. French)和贝尔(E. Bell)的定义是："各种有组织的工作活动，以及推动组织中有关成员或团体从事一项或一整套工作任务的举措，其目的在于直接或间接地对组织加以改善。"用简明的语言来说，就是为了改善组织，针对有关的成员或团体所采取的各种措施。

弗伦奇和贝尔在所著的《组织发展》(1873)一书中把主要的组织发展干预活动分为 12 种：①分析活动；②小组建设；③群体之间的活动；④调查反馈；⑤教育与训练；⑥技术-结构活动；⑦过程咨询；⑧格道式组织发展活动(Grid-OD Activities)；⑨第三者调解；⑩辅导和咨询；⑪终身性规划和事业计划活动；⑫计划和制定目标活动。

这些干预措施，因工作着眼范围和对象的不同，在采用时各有所侧重，具体内容归纳如表 13-1 所示。

表 13-1　组织发展的干预措施归纳

工作着眼范围	干预措施
个人	(1) 协调制订终身性长期规划和事业计划； (2) 角色分析； (3) 个别辅导和咨询； (4) 敏感性训练； (5) 教育和训练，包括技能、技术知识、相处关系能力、处理各种动态过程的能力、决策、处理问题、计划、制定目标； (6) 格道式发展(第一阶段)
两三人之间	(1) 过程性咨询； (2) 第三者介入和解； (3) 格道式发展(第一，二阶段)； (4) 活动过程咨询； (5) 角色分析； (6) 小组建设的发动； (7) 小组范围的决策，处理问题，计划，制定目标

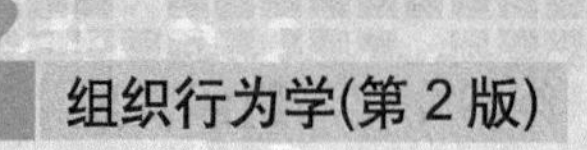

续表

工作着眼范围	干预措施
群体之间	(1) 群体之间的活动； (2) 以群体活动过程为主； (3) 以工作任务为主； (4) 组织性问题透视(两或三个群体)； (5) 技术-结构性干预； (6) 活动过程咨询； (7) 格道式发展(第三阶段)； (8) 调查反馈
整个组织	(1) 技术-结构活动； (2) 思想见面会； (3) 战略性的计划活动； (4) 格道式发展(第四、五、六阶段)； (5) 调查反馈

(1) 格道式发展(Grid-OD)是在管理方格图基础上发展起来的一种系统改进企业组织的方法，其中包括：改进领导能力，群体协作、计划，制定目标，检查等各方面的工作。贯彻这一方法的过程共分6个阶段，每一阶段规定活动的重点。

(2) 活动过程译自英语Process。作为一个组织通常有两个方面的含义：一是组织结构；二是组织的活动过程。“活动过程咨询”是指信息沟通、处理问题、决策等活动的咨询。

(3) 组织性问题透视(Organizational Mirroring)是指两个或三个群体之间，在第三者帮助下，相互倾吐彼此的看法，借以认清本群体的真实面貌。

此外，组织行为学家们对干预措施从不同角度还采取了其他的归类方法，比较突出的是萨尔福里奇(Selfridge)和索科立克(So-kolik)的分类法。他们认为组织发展和变革要解决的问题可分两大类。第一类属于组织结构和经营管理性质的问题，这类问题带有逻辑和物理性质，比较显而易见。第二类属于人的行为和动态过程的问题，这类问题带有感情性质，往往隐蔽而不易察觉。他们按照问题的明暗程度，由浅入深地把变革措施分为10个等级(见图13-6)，并提出了下列模式。

机械性目标管理是指管理部门向各级机构下达工作指标，目的在于加强对各个部门的协调和控制。

成果定向性目标管理是指通过更完备的计划和对结果的检查，帮助各级管理人员提高管理能力。

有机目标管理是指小组帮助成员完成在目标管理中所规定的指标，借以充分发挥组织目标管理的潜力。

萨尔弗立奇和索科立克认为，在一个组织中，结构和行为两个领域不能截然分开，但所包含的却是两类不同性质的变量。管理者对哪一类变量的重视实际反映出其对人性的看法。单重视结构领域问题的经理人员往往是麦格雷戈 X 理论的奉行者。就组织变革来说，对行为领域的干预措施比对结构领域的干预措施要复杂得多，但不能说，前者比后者更为重要，因为一个组织的改进有赖于两个领域的全面改善。对结构领域的干预措施往往较多地着眼于组织的需要、规范和目的；对行为领域的干预措施则较多地着眼于个人的需要、价值观和目的。干预措施的由浅入深意味着从满足组织的需要逐步引向满足个人的需要。一个健康的组织必须建立在这两种需要的协调和同时满足的基础上，不能顾此失彼。

组织发展的干预措施和分类方法，不止上述两种，但这是比较有代表性的两种。表 13-1 中所列各种措施的内容在本书有关章节中已分别介绍，这里不再重复。

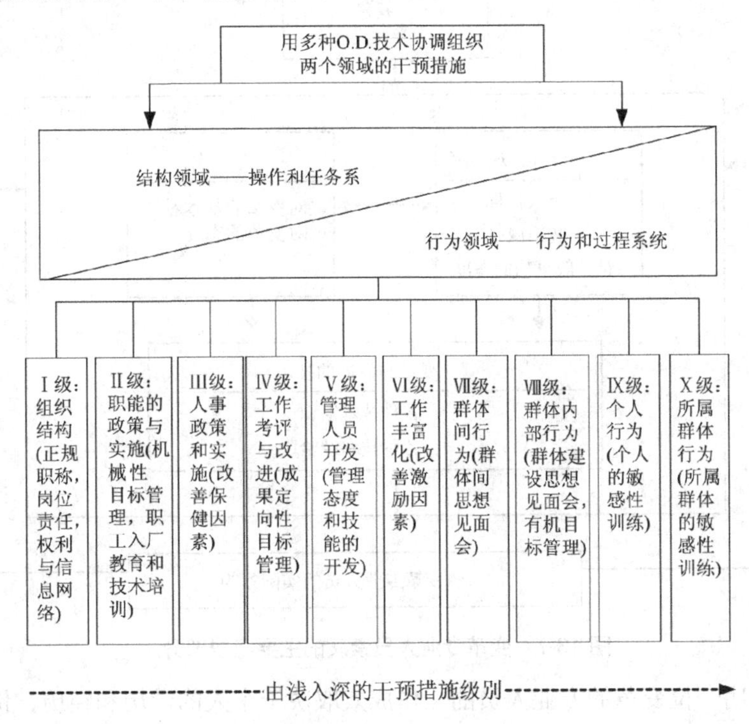

图 13-6 组织发展和变革的综合模式

四、变革专业人员

组织发展的特点之一是使用变革专业人员(Change Agent)，他们可能是组织内部的成员，也可能是组织外部聘请的顾问，无论外部和内部，承担变革的专业人员的角色一般需要具备如下 4 个条件。

第一，他们要扮演多种角色：研究者、培训者、咨询顾问、导师，有时还需要充当经理人员。因此，他们必须具备这个角色应有的知识和经验，行为科学是主要的知识基础。

第二，变革专业人员在不同时期要插入组织的各级层次，因此，在执行具体变革之前，

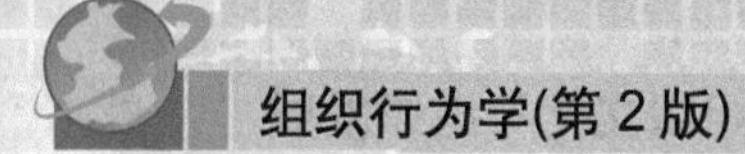

必须懂得干预措施所涉及的人事背景。

第三，要有一套评价成绩的程序，正确衡量干预措施的成功或失败并及时做出修正。

第四，要有正直和客观的价值观。心理学家蒂奇(N.Tichy)研究和分析了几千个变革专业人员的特点之后，综合成下列模式，如图 13-7 所示。

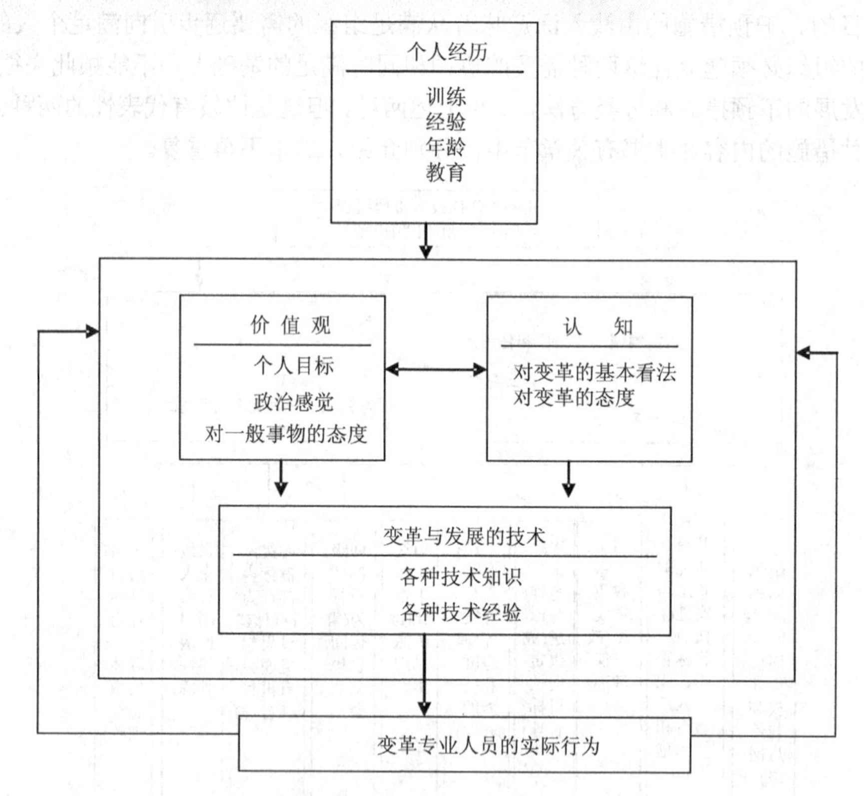

图 13-7　变革专业人员素质的主要组成部分

图 13-7 说明一位变革的专业人员的工作成效取决于个人的学历和经历、价值观、思想意识和掌握变革技术的成熟程度。这几个组成部分的任何一处欠缺都将影响变革的效果，而变革工作的效果通过反馈反过来又影响变革者的思想和技能。

有一种传统看法，认为企业组织应从外部聘请变革的咨询专家，其优点在于：①不受老框框的束缚，有助于企业组织的价值系统破旧立新。②不受在职人员的牵制，能使人们开诚相见。外来的咨询专家可以成为平衡企业内部权力的积极因素。③能带来客观的、新的信息和论点。但近来又出现了另一种观点，认为要向组织的管理人员灌输组织发展的知识和技能，以增进组织自我更新的能力。麦格雷戈曾经说，无论有无外来行为科学专家的帮助，管理部门会像制订预算、核算成本一样，能够成功地自我开发。

五、组织发展成功与失败的条件

近20年来国外许多公司积极推行组织发展，有的成功，有的失败。追究失败的原因成了很多组织行为学家的研究课题。富兰克林(J. L. Franklin)于 1976 年发表专论，总结了 11家组织发展取得成功的企业和 14 家遭受失败的企业的经验，发现它们之间有三个基本不同点。

第一，成功的企业对变革比较开放，并且主动去适应；失败的企业比较保守，倾向于保持现状。

第二，成功的企业对变革专业人员都经过精心挑选，有明显的评价和出谋献策的能力。

第三，成功企业的管理部门对组织发展项目特别关心，并且愿意承担责任。

(一)导致失败的原因

导致组织改革失败的原因如下。

(1) 把手段当成目的。例如搞培训，目的是改进组织效率，结果却把培训作为目的，变成为培训而培训。

(2) 急于求成。组织发展一般需要三五年才能收到真实效果。高层管理人员犯下了不切实际的急性病。

(3) 行为科学和运筹学的改革措施各搞一套，缺乏协调和联系。

(4) 过于依赖外来的咨询专家。

(5) 直线管理人员不过问变革，全部由变革专业人员负责。

(6) 执行变革工作中，高层管理人员与中层管理人员脱节，互不通气。

(7) 把重大改革措施纳入老的组织结构。

(8) 把搞好关系作为最终目的，不作为提高组织效率的手段。

(9) 一心想找“食谱式”的速战速决的方式。

(10) 不针对具体情境使用合适的变革方法。

(二)导致成功的条件

导致组织改革成功的条件如下。

(1) 企业的内部和外部确实存在压力，有改革的客观需要。

(2) 某些关键人物感到压力。

(3) 有愿意认真研究和分析问题的关键人物。

(4) 有较好的执行变革的领导(包括咨询人员、关键的参谋人员、新的直线管理人员)。

(5) 已认清直线管理人员与参谋人员之间合作上有问题。

(6) 对试行新的关系形式有一定的愿望。

(7) 有现实的规划和远景规划。

(8) 有面对现实情况并努力改变这种情况的愿望。

(9) 除了对人们取得眼前的成果给予奖励之外，对他们从事改革的努力也予以奖励。

(10) 有看得到的中间成果。

本章小结

组织成员通过诸如容忍革新和冒险的程度、重视团队的程度、员工的支持程度等因素对组织总体形成主观的认识。而员工对组织的这种总体认知实际上就成了组织的文化和个性。这些肯定的或否定的认知又影响着员工的工作绩效和工作满意度。而且，文化力度越强，影响就越大。

组织文化对于管理人员的重要意义在于其与组织甄选过程相关。如果组织所聘员工的价值观与组织价值观不一致，这些员工就可能会缺少工作的动力，缺乏对组织的忠诚感，对工作和组织不满意，等等。毫无疑问，在员工与组织不匹配的情况下，员工流动率肯定很高。

我们不应该忽视社会化过程对员工绩效的影响。员工的绩效在很大程度上取决于自己是否知道自己应该干什么、不应该干什么。员工能够接受合理的工作方式就说明员工社会化过程很顺利。而且，对员工的绩效评估还包含着员工对组织的适应程度。合理的社会化过程不仅是影响员工实际工作绩效的因素，而且是影响别人如何评价这种绩效的重要因素。

实训课堂

海尔集团发展战略阶段与组织变革

海尔的前身是在1984年引进德国利勃海尔电冰箱生产技术基础上成立的青岛电冰箱总厂，经过十几年的发展现已成为国家特大型企业集团。在“名牌战略”思想指导下，海尔集团通过技术开发、精细化管理、资本运营、兼并控股及国际化，使一个曾亏损147万元的集体小厂迅速成长为中国家电第一名牌厂商。海尔现有员工2万多人，在海外拥有62个经销商、30 000多个营销点。到1999年，海尔产品包括58大门类9200多个品种，企业销售收入以平均每年81.6%的速度高速、持续、稳定增长，集团工业销售收入达215亿元。海尔从引进冰箱技术起步，现在依靠成熟的技术和雄厚的实力在东南亚、欧洲等地设厂，实现了成套家电技术向欧洲发达国家出口的历史性突破。

海尔的发展很快，但也是一步步走过来的。企业发展过程实际上就是战略转移的阶段性连接，旧的战略不断地、不失时机地被新的战略所替代，这样才能使企业不断达到新的高度，赢得长期持续发展。海尔的成功也正在于这种战略更替和转移的成功，在于它能够根据内外部环境的变化不失时机地以新的战略替代旧战略，顺利实现不同阶段上的战略转移。海尔的发展经历了 3 个阶段。

第一阶段，名牌战略阶段(1984—1991 年)。在“要做就做最好的”战略理念指引下，专注于冰箱专业化生产过程，实施“名牌战略”，建立了全面质量管理体系。

第二阶段，多元化战略发展阶段(1992—1998 年)。通过企业文化的延伸及“东方亮了再亮西方”的经营理念，成功地实施了多元化战略扩张。所采取的策略就是通过所谓“吃休克鱼”的办法来扩张。当时许多企业属于那种硬件比较好但软件不行、管理不行(即所谓“休克鱼”)的情况，海尔就积极地把这样的企业兼并过来，先后兼并了 18 个，这 18 个企业当时账面上亏损了 5.5 亿元，后来都扭亏为盈了。海尔的做法是：为每个企业差不多派 3 个人，一个全面负责，一个抓质量，再一个抓财务；不是靠再投资，只是把海尔企业文化管理模式移植过去，使这些企业起死回生了。

第三阶段，国际化战略阶段(1998 年以后)。实施以创国际名牌为导向的国际化战略。其基本战略理念就是“从海尔的国际化到国际化的海尔”。所谓“海尔的国际化”，简单地说就是要求海尔产品的各项标准都能符合国际标准的要求，而且要成为中国很有竞争力的出口商，增强产品在国际上的竞争力，而且要打海尔的国际品牌；而“国际化的海尔”则是要在世界各地建立海尔，不再是一个从中国出来的海尔产品，而是在当地设计、当地生产、当地制造、当地销售的产品，这也就是“本土化的海尔”，这是个非常大的战略转折，而且对海尔来说也是个很大的新考验。在国际化战略阶段，海尔的策略原则是“先难后易”，国内有好多企业以“出口创汇”为导向，而海尔则是以“出口创牌”为导向，取得了成功。在“走国际化道路，创世界名牌”的思想指导下，海尔集团通过实施名牌战略、多元化战略和国际化战略，取得了持续、稳定、高速的增长，其品牌价值不但稳居中国家电业榜首，在国际市场的美誉度也越来越高。海尔是家电行业获得国优金牌、通过 ISO 9000H 认证和 ISO 14001 环保认证的第一家，并先后取得了 UL、CSA、VDE、SMARK、SAS、SAA 等国际认证，1997 年，国家经贸委确定海尔为重点扶持冲击世界 500 强的 6 家试点企业之一。目前，海尔的国际化经营已驶入快车道，成为世界级的供应商，跻身世界冰箱生产十强行列，在国际市场赢得越来越多的美誉。

思考讨论题

海尔公司的组织文化带给人们什么样的启示？

参 考 文 献

[1] 卢盛忠，郑汉阳. 组织行为学[M]. 石家庄：河北教育出版社，2003.
[2] 卢盛忠. 管理心理学[M]. 杭州：浙江教育出版社，1984.
[3] 郭毅. 组织行为学[M]. 北京：高等教育出版社，2000.
[4] 魏江. 管理沟通——理念与技能[M]. 北京：科学出版社，2001.
[5] [美]利维特. 管理心理学[M]. 刘君业，译. 台北：远流出版公司，1981.
[6] [美]理查德・L. 达夫特. 领导学原理与实践[M]. 杨斌，译. 北京：机械工业出版社，2005.
[7] 杨锡山，徐纪良. 西方组织行为学[M]. 北京：中国展望出版社，1986.
[8] [美]斯蒂芬・P. 罗宾斯. 组织行为学[M]. 10 版. 孙健敏，李原，译. 北京：中国人民大学出版社，2005.
[9] [美]理查德・L. 达夫特，雷蒙德・A. 诺伊. 组织行为学[M]. 北京：机械工业出版社，2004.
[10] 张春兴. 现代心理学[M]. 台北：东华书局，1991.
[11] [美]斯蒂芬・罗宾斯. 组织行为学[M]. 北京：中国人民大学出版社，2000.
[12] [美]佛雷德・鲁森斯. 组织行为学[M]. 北京：人民邮电出版社，2003.
[13] [美]理查德・L. 达夫特. 组织理论与设计[M]. 北京：清华大学出版社，2003.
[14] 张德. 组织行为学[M]. 北京：清华大学出版社，2000.
[15] [澳]奥罗克. 管理沟通：案例分析法[M]. 3 版. 魏江等，译. 北京：北京大学出版社，2010.
[16] 欧阳云，丁春生，石津. 哈佛商学院 MBA 最新案例训练[M]. 北京：经济日报出版社，1997.
[17] 周瑜弘. 组织行为学案例精选精析[M]. 北京：中国社会科学出版社，2008.
[18] 刘燕. 组织行为学案例集[M]. 上海：立信会计出版社，2006.
[19] [美]赫尔雷格尔. 组织行为学[M]. 北京：中国社会科学出版社，1989.
[20] 王晶晶，陈忠卫. 组织行为学[M]. 北京：中国统计出版社，2001.
[21] 郑晓明. 组织行为学[M]. 北京：经济科学出版社，2002.
[22] 匡玉梅. 现代交际学[M]. 北京：中国旅游出版社，2003.
[23] 商朝国. 人际关系学 12 讲[M]. 北京：地震出版社，2003.
[24] 袁俊昌. 人的管理科学[M]. 北京：中国经济出版社，1996.
[25] 高玉祥，刘玉玲. 新编管理心理学[M]. 北京：中国青年出版社，1990.
[26] 潘菽，高觉敷. 中国古代心理学思想研究[M]. 南昌：江西人民出版社，1983.
[27] 张连宝. 孙子兵法与管理心理[M]. 哈尔滨：黑龙江科学技术出版社，1990.
[28] [美]莱维特. 管理心理学[M]. 余凯成，译. 太原：山西经济出版社，1991.
[29] 燕国材. 中国心理学史资料选编[M]. 北京：人民教育出版社，1988.
[30] [美]斯蒂芬・P. 罗宾斯. 组织行为学[M]. 北京：中国人民大学出版社，1997.

[31] 卢盛忠，郑汉阳. 组织行为学——概念理论应用[M]. 石家庄：河北教育出版社，2004.

[32] [澳]伊恩・帕尔默，理查德・邓福德，[美]吉布・埃金. 组织变革管理[M]. 北京：中国人民大学出版社，2009.

[33] [美]巴纳德. 组织与管理[M]. 9 版. 曾琳，赵菁，译. 北京：中国人民大学出版社，2009.

[34] [美]达夫特. 组织理论与设计[M]. 王凤彬等，译. 北京：清华大学出版社，2008.

[35] [美]爱德华・德・波诺. 六顶思考帽[M]. 德・波诺思维训练中心，编译. 北京：新华出版社，2002.